高鶴年　著
陳攖寧　重編
蒲團子　校輯

戊子年
改訂本

名山遊訪記

附：山中歸來略記

心一堂

書名：戊子年改訂本名山遊訪記（附：山中歸來略記）
系列：存真書齋仙道經典文庫
作者：高鶴年
重編：陳攖寧
校輯：蒲團子
責任編輯：陳劍聰

出版：心一堂有限公司
地址／門市：香港九龍尖沙咀東麼地道六十三號好時中心LG 六十一室
電話號碼：+852-6715-0840　+852-3466-1112
網址：sunyata.cc
　　　publish.sunyata.cc
電郵：sunyatabook@gmail.com
網上書店：http://book.sunyata.cc
網上論壇：http://bbs.sunyata.cc/

版次：二零一五年五月初版
平裝

　　　港幣　　一百六十八元正
定價：人民幣　一百六十八元正
　　　新台幣　六百六十八元正

國際書號：ISBN 978-988-8316-73-1

香港及海外發行：香港聯合書刊物流有限公司
地址：香港新界大埔汀麗路三十六號中華商務印刷大廈三樓
電話號碼：+852-2150-2100
傳真號碼：+852-2407-3062
電郵：info@suplogistics.com.hk

台灣發行：秀威資訊科技股份有限公司
地址：台灣台北市內湖區瑞光路七十六巷六十五號一樓
電話號碼：+886-2-2796-3638
傳真號碼：+886-2-2796-1377
網絡書店：www.bodbooks.com.tw
台灣讀者服務中心：國家書店
地址：台灣台北市中山區松江路二〇九號一樓
電話號碼：+886-2-2518-0207
傳真號碼：+886-2-2518-0778
網絡書店：http://www.govbooks.com.tw/

中國大陸發行・零售：心一堂書店
深圳地址：中國深圳羅湖立新路六號東門博雅負一層零零八號
電話號碼：+86-755-8222-4934
北京地址：中國北京東城區雍和宮大街四十號
心一店淘寶網：http://sunyatacc.taobao.com

善的十條真義

學理重研究不重崇拜
功夫尚實踐不尚空談
思想要積極不要消極
精神圖自立不圖依賴
能力宜團結不宜分散
事業貴創造不貴模仿
幸福講生前不講死後
信仰憑實驗不憑經典
住世是長存不是速朽
出世在超脫不在皈依

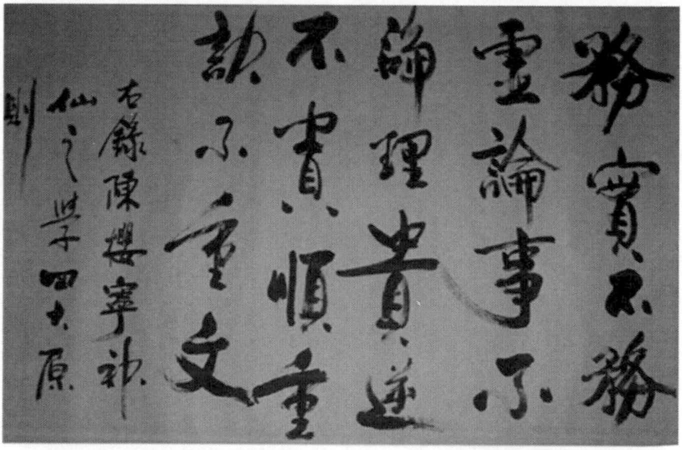
務實不務
虛論事不
論理貴逆
不貴順重
訣不重文
右錄陳攖寧神
仙之學四大原
則

神仙學術四大原則

務實不務虛

論事不論理

貴逆不貴順

重訣不重文

高鶴年居士遺像

高居士舊居—大覺精舍

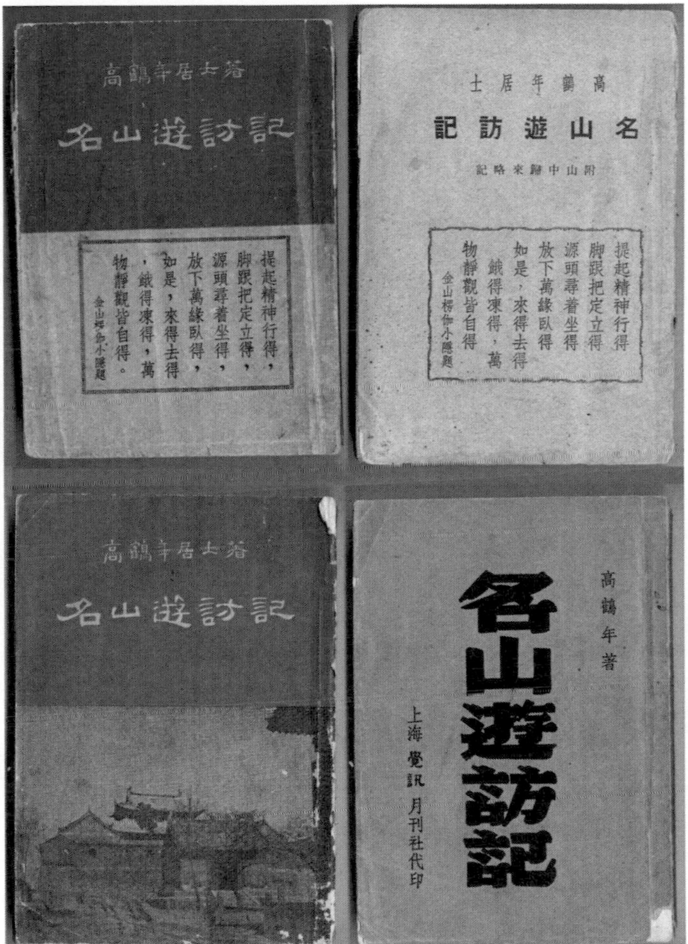
高鶴年居士著
名山遊訪記
提起精神行得，脚跟把定立得，源頭尋着坐得，放下萬緣臥得，如是，來得去得，餓得凍得，萬物靜觀皆自得。
金山楞伽小隱題
高鶴年居士
名山遊訪記
附山中歸來略記
高鶴年居士著
名山遊訪記
名山遊訪記
高鶴年著
上海覺訊月刊社代印

戊子年改訂本名山遊訪記版本四種

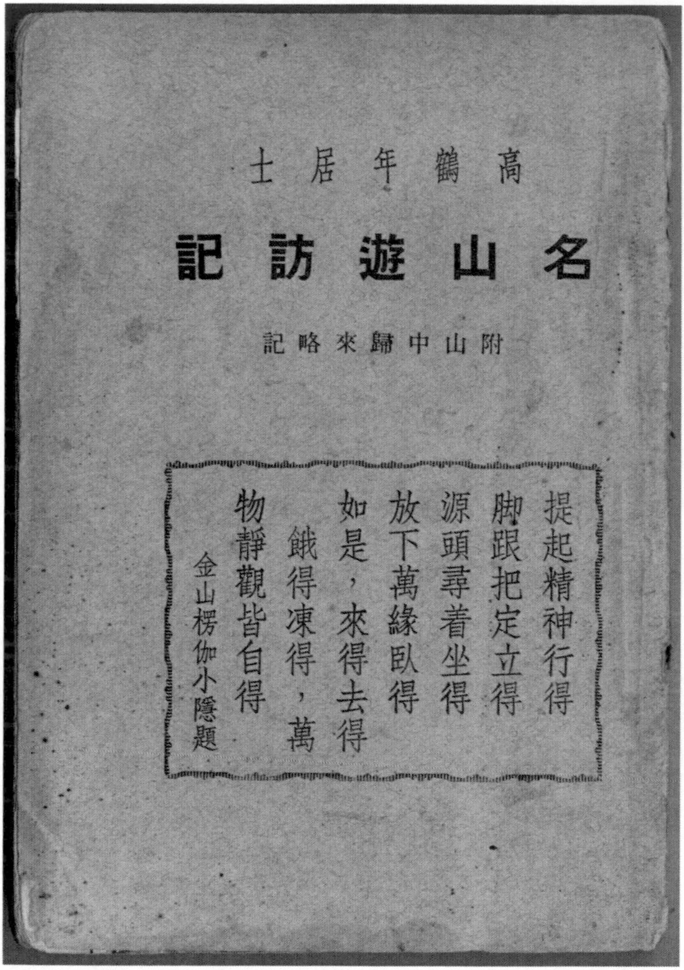

高鶴年居士

名山遊訪記

附山中歸來略記

提起精神行得
脚跟把定立得
源頭尋着坐得
放下萬緣臥得
如是，來得去得
餓得凍得，萬
物靜觀皆自得
金山楞伽小隱題

一九四九年上海國光印書局戊子年改訂本名山遊訪記

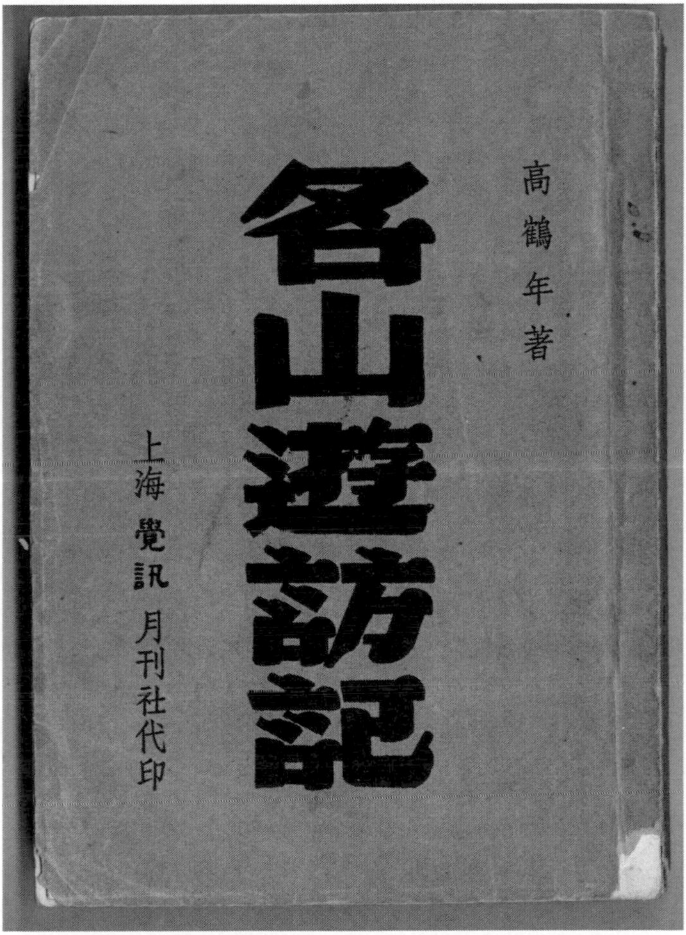

一九五四年覺訊月刊社版戊子年改訂本名山遊訪記

一九五五年覺訊月刊社版戊子年改訂本名山遊訪記

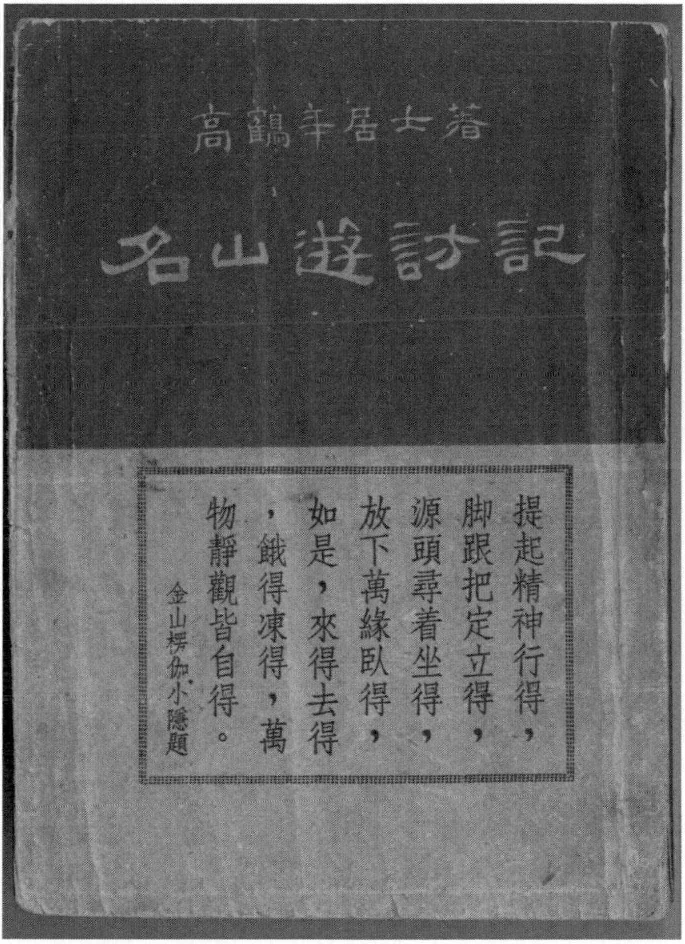
高鶴年居士著
名山遊訪記
提起精神行得，脚跟把定立得，源頭尋着坐得，放下萬緣臥得，如是，來得去得，餓得凍得，萬物靜觀皆自得。
金山楞伽小隱題

一九五六年上海佛教書店版戊子年改訂本名山遊訪記

高鶴年居士
名山遊訪記
全一冊
附增補及山中歸來略記
提起精神行得，脚跟把定立得，源頭尋着坐得，放下萬緣臥得，如是，來得去得，餓得凍得，萬物靜觀皆自得。
金山楞伽小隱題
上海佛學書局印行

一九四七年上海佛學書局版名山遊訪記

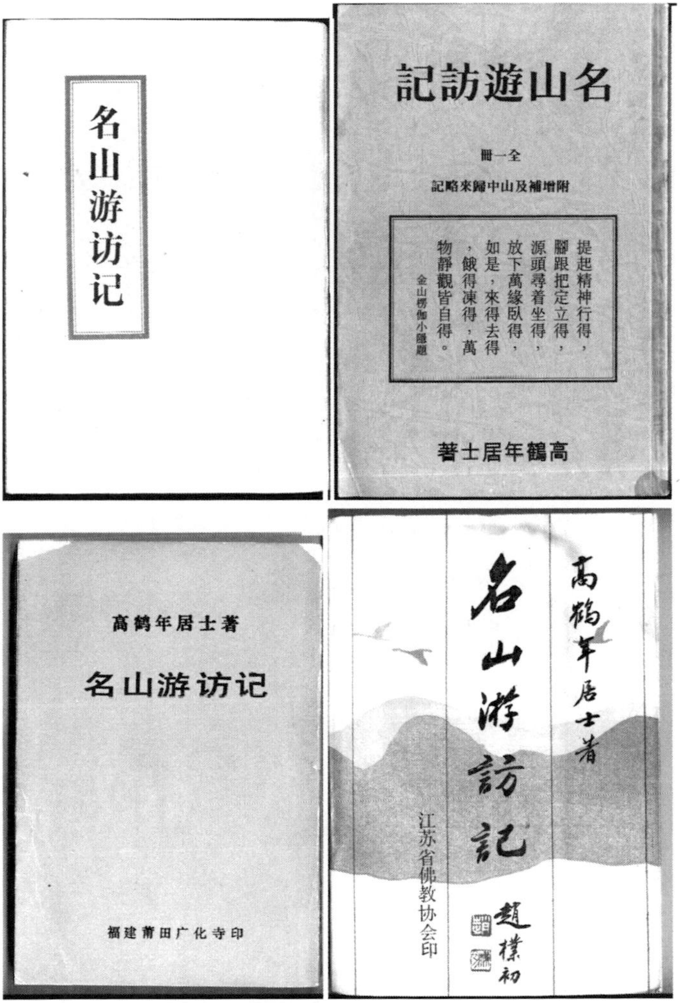
名山游访记
名山遊訪記
全一冊
附增補山中歸來略記
提起精神行得，腳跟把定立得，源頭尋着坐得，放下萬緣臥得，如是，來得去得，餓得凍得，萬物靜觀皆自得。
金山楞伽小隱題
高鶴年居士著
高鹤年居士著
名山游访记
福建莆田广化寺印
名山游訪記
高鹤年居士著
江苏省佛教协会印
趙樸初

名山遊訪記現代版本四種

戊子年改訂本

名山遊訪記 正編

雲溪高鶴年撰

彭澤許止淨參訂初編
皖江陳攖寧重訂改編

第一篇 九華山 黃山 天竺山

清光緒十六年庚寅。由南京出南門，二里，雨花台，即二祖神光說法雨花始現與初祖相見處。（金陵勝境右錄，詳見後篇。）路中與何善士語云，得人善言，如獲金珠寶玉。見人善言，美於詩賦文章。聽人善言，樂於鐘鼓琴瑟。五里，三界寺。倒佛頭，四面像。廿七里，牛首山，普覺寺。有辟支塔，觀音石，甘露泉等勝。下坡，又上十里，獻花巖，花巖寺，融祖禪師趺坐天女獻花之地。有辟蛇塔，老虎洞。三里，幽棲寺。祖師洞，四祖訪融祖之處，洞中所書佛字猶存。洗鉢泉。何公云，與好人同居，如入芝蘭之室，久而不聞其香，即與之化矣。與不善同居，如入鮑魚之肆，久而不聞其臭，亦與之化矣。次早，各別而行。出大山門，三十里，江陵鎮。六十里，采石鎮。三十里，太平府當塗縣。六十里，蕪湖縣。五十里，南陵縣。五十里，五顯廟。五十里，黃荊塔。

慮俗屏石漱流枕
天性養水漁山樵
書華萬林　擬子團蒲

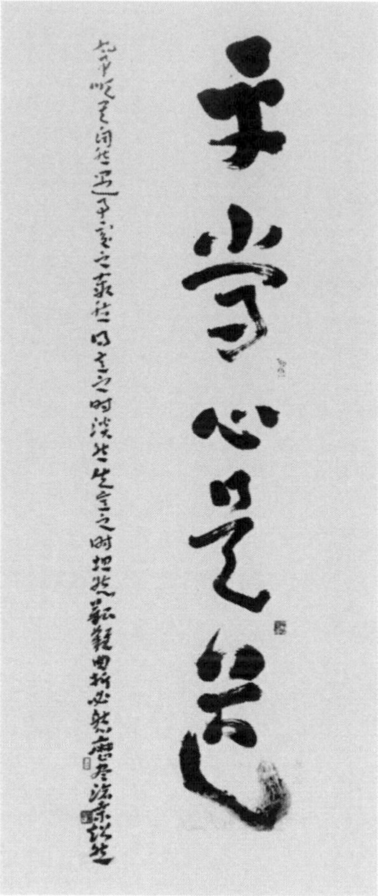

道是心常平
(書華萬林)

存真書齋仙道經典文庫緣起

仙道學術，淵遠流長，自軒皇崆峒問道，至今已歷數十年。然歷代仙道大家之經典著述，由於時代之變遷，或埋於館藏，或收於藏海，或佚於民間，或存於方家，若欲覓之，誠爲不易。故對一些孤本要典進行重新編校整理，以免其失落，實屬必要。存真書齋仙道經典文庫之編輯，卽由此而起。

存真書齋仙道經典文庫之整理計劃始於二〇〇四年，雖已歷五年，然由於諸多原因，公開出版頗費周折，文庫之第一種道言五種僅以自印本保存，流通之願難以得償。香港心一堂出版社社長陳劍聰先生，雅好道學，嘗以傳播中華固有之傳統文化爲己任。在得知存真書齋仙道經典文庫出版之困難後，遂致電於愚，願將文庫公開出版，以廣流通。善莫大焉。

存真書齋仙道經典文庫之整理出版，意在保留仙道文化之優秀資料，故而其所入选者，以歷代具有代表性的仙道典籍或瀕於失傳之佳作为主，内容皆須合乎正統仙道之原則，不涉邪僞。凡不合乎於此者，縱爲珍本，亦不在整理之列。

本文庫之整理出版，得到了胡海牙老師的大力支持，及存真書齋諸同仁的通力協助，在此謹致以衷心的謝意。另外，還要特別感謝心一堂出版社陳劍聰先生對文庫出版所提供的方便，及張莉瓊女士、王磊龍靈老弟、劉坤明先生爲文庫的整理、出版所付出的努力與關心。

願文庫之出版，能爲仙道文化資料之保存小有裨益，則愚等之願遂矣。

己丑夏日蒲團子於存真書齋

編輯大意

一　戊子年改訂本名山遊訪記係存真書齋仙道經典文庫第十四種，高鶴年著，許止淨參訂初編，陳攖寧重訂改編。

二　高鶴年，名恒松，字鶴年，又字野人，號隱塵，又號雲溪道人、終南侍者、雲山道人，江蘇興化人祖籍安徽。生於清同治十一年，即公元一八七二年，卒於一九六二年，中國近代著名佛教居士，以行脚參訪數十年並依之撰名山遊訪記而聞名。其參訪時日之久，遊覽地域之廣，頗爲希有，被中國近現代佛教人物誌譽爲「史無前例爲朝山訪道而四出行脚的旅行家」。其在行脚參訪的同時，還常常主持或參與賑灾等慈善事業。可以說，高鶴年居士，不僅僅是一位佛教的信奉者，更是一位佛學思想的真實踐行者。他一生的行跡，堪作佛教修行者或宗教信奉者之楷模。

三　名山遊訪記，最早由濮一乘、陳攖寧二先生連載於一九一二年創刊的佛學叢報。

然佛學叢報發行十二期即告終止，名山遊訪記亦未能繼續刊登。後於一九三五年，由許止淨、余了翁二居士結集出版，以後又由馬開朗印行補編，葉仲熙、陶德乾、盧象三編校續編，並有名山遊訪記詩編單行本印行。一九四八年，歲在戊子，由安淨源居士發起，吳濟時先生順序，陳攖寧先生分編，盛君壽先生助校，集眾人之力，完成了名山遊訪記之改訂，並於一九四九年秋，由上海國光印書局刊行。從內容看，改訂本除按高居士遊訪時間的前後進行順序外，還修正了以前記述的錯誤，補充了遺漏，並對相關內容進行了精簡，更方便讀者之閱讀。

四　戊子年改訂本名山遊訪記，愚所見版本共五種。

第一種即一九四九年上海國光印書局本。此版本最爲完整。

第二種是覺訊月刊社印行本，重校者爲蔡惠民。此版本愚見過兩種，一種是一九五四年三月第四版，一種是一九五五年六月第五版，至第五版時已印行七千冊。此版刪除了上海國光印書局版所有序文，只選擇了改訂以前版本序文中虛雲法師之序一篇；在書前增加二十餘幅名山圖（第五版並附有遊訪地圖一張），而刪除了初版圖片多幅。並且，此版還刪除了上海國光印書局版外編山中歸來略記全文及附編大部分詩作，增加了高鶴年居士一九五三年所作行脚住山略記一篇第五版另附有高鶴年居士一九五三年所作參加中國佛教協會成立會議附記一篇。

第三種是一九五六年十一月新一版，即上海佛教書店版，增編者爲游有維。此版書前附有名山圖二十餘幅，並收錄了部分上海國光印書局版首編中的圖片。序文部分，保留了大部分上海國光印書局版序文，增加了虛雲法師及湯國黎女士之序，對上海國光印書局版中陳攖寧先生戊子年改訂本名山遊訪記讀者須知做了刪削，並刪除了陳攖寧先生校編之戊子年改訂本名山遊訪記篇目提綱及任和聲名山遊訪記補編序。並且，增輯了行脚住山略記及參加中國佛教協會成立會議附記。在詩作部分，增輯了游有維詩兩首。

以上三種正編部分基本無大異部分文字稍有修改。首編、外編、補編則各有異同。

第四種爲江蘇佛教協會依上海佛教書店版刊印之整理本，對選用底本有增刪。此整理本錯別字頗多。

第五種爲福建莆田廣化寺依上海佛教書店版刊印之整理本，與所選底本內容基本一致。

本次整理依上海國光印書局版爲底本，除了在首編增加立禪圖、行禪圖各一幀外，其他一依原版。凡原版中無，而其他版本中有者，均收入戊子年改訂本名山遊訪記拾遺高鶴年居士遺囑、參加中國佛教協會成立會議附記及游有維詩作等未予收錄。凡書中不明之處，參考了戊子年改訂以前之版本及其他版本。

五　愚於佛教素無研究，此次整理名山遊訪記，緣於對陳攖寧先生的研究。因陳先生早年有過讀高鶴年居士名山遊訪記一文，故愚一直留意此書。後雖購得名山遊訪記一册，然未曾細讀。直至與某先生閒談時，知此書有關於陳攖寧先生之事蹟，遂仔細讀之。在閱讀之同時，發現名山遊訪記印刷次數頗多，流通頗廣。愚前後所見版本十餘種，收集版本也達九種。以戊子年改訂前上海佛學書局各種版本及依其所整理者印數最多，流傳最廣。陳攖寧先生等改訂本初版之全貌，得閱者較少。此書雖爲佛教居士所著，但書中所述，不僅僅局限於佛學，對學仙修道之士也頗有益處，故愚始將之整理面世。

六　陳攖寧先生是中國近代道教劃時代的人物、仙學的倡導者，高鶴年居士爲佛教居士中「史無前例」的行持者，戊子年改訂本名山遊訪記的問世，不僅見證了佛家、道家兩位大家之友誼，同時也體現了老一輩真修實證者虛懷若谷之氣概。這也是本書整理出版的原因之一。

七　本書部分文字混用，如「岳」，或作「岳」，或作「嶽」，今統作「岳」；「台」，或作「台」，或作「臺」，今統作「台」；「岩」，或作「岩」，或作「巖」，今统作「岩」。諸如此類，統一處理，不作校記。又，部分文字屬明顯刻誤者，直接修改，不作校記。本書涉及地名較多，很多地方無法確定是否爲地名，故標註中如有不當之處，還望識者指正，以便以後再版時修正。

八　本書之整理，龍靈老弟在希有版本的收集上付出頗多，張莉瓊女士在版式及圖文的處理上做了大量的工作，在此致以謝意。並感謝心一堂出版社及陳劍聰先生對此書出版提供的方便與幫助。

二〇一五年三月五日農曆乙未年上元日蒲團子記於存真書齋

目錄

戊子年改訂本名山遊訪記　首編

戊子年改訂名山遊訪記　正編

戊子年改訂本名山遊訪記　外編

戊子年改訂本名山遊訪記　附編

戊子年改訂本名山遊訪記　拾遺

戊子年
改訂本

名山遊訪記 首編

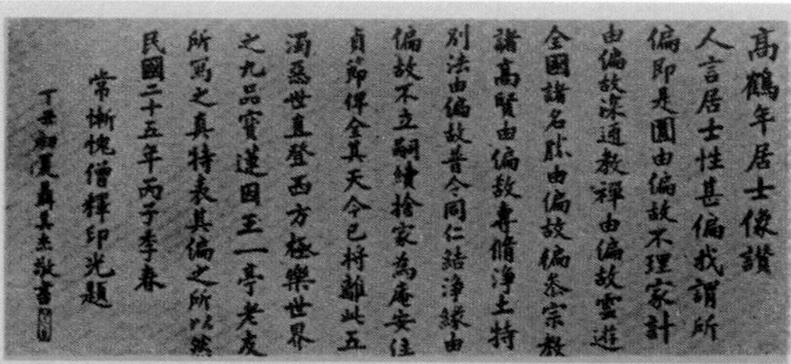

高鶴年居士像讚
人言居士性甚偏我謂所
偏即是圓由偏故不理家計
由偏故深通教禪由偏故雲遊
全國諸名山由偏故偏參宗教
諸高賢由偏故普令同仁結淨緣由
別法由偏故專脩淨土特
偏故不立嗣續捨家為庵安住
貞節儔全其天今已將離此五
濁惡世直登西方極樂世界
之九品寶蓮因王一亭老友
所寫之真特表其偏之所以然
民國二十五年丙子季春
常慚愧僧釋印光題
丁丑初夏[illegible]敬書

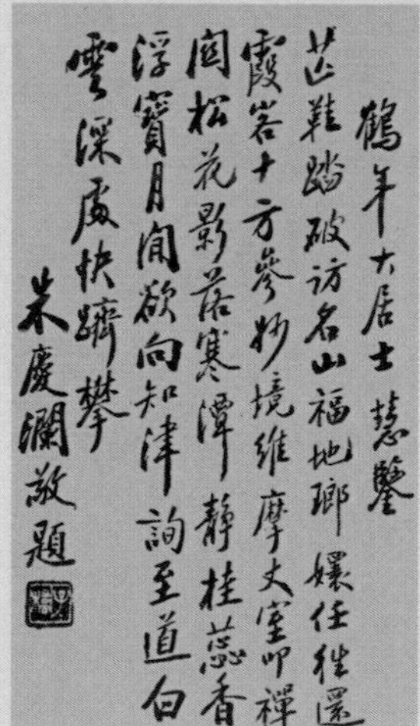

鶴年大居士慧鑒
芒鞋踏破訪名山福地瑯嬛任往還
霞岩十方參妙境維摩丈室叩禪關
松花影落寒潭靜桂蕊香浮寶月閒
欲向知津詢至道白雲深處快躋攀
朱慶瀾敬題

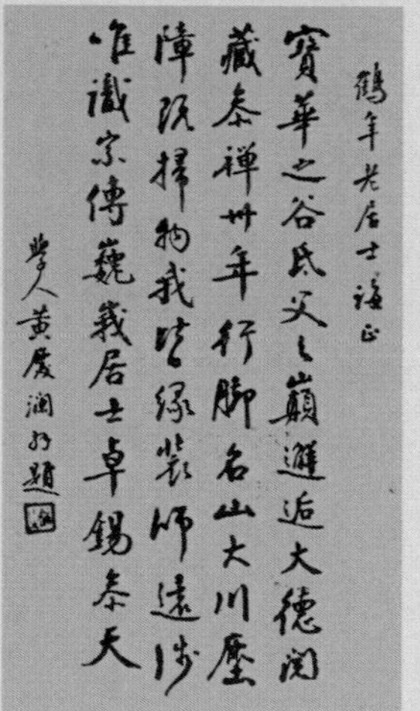

鶴年老居士誨正
寶華之谷既叉々巔邂逅大德聞
藏參禪卅年行腳名山大川歷
障況掃納我皆綠裝師遠涉
唯識宗傳巍哉居士卓錫參天
學人黃慶瀾拜題

癸丑仲春
踏遍嵩山問所圖
探玄擇要是何如
長安大道當歸去
慚愧而今尚半途
慚愧

長空何耿耿
睠顧亦悏悏
淨土眼前是
偶然立一囘

柳栗橫擔後
期爲五嶽遊
祇憑腰脚健
悟境在前頭

一髮乾坤際
而今乏道場
安心能打坐
無處不西方

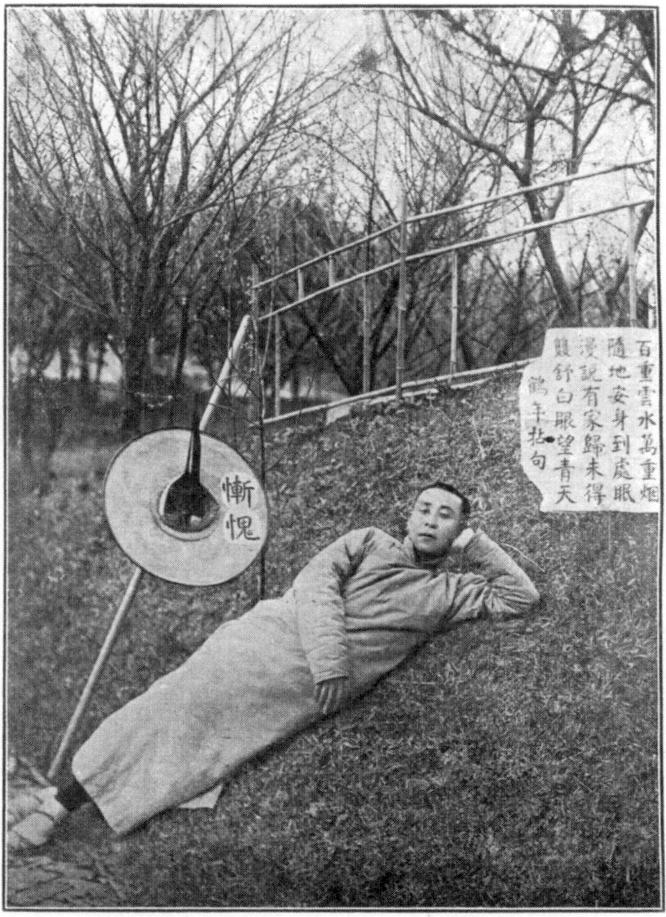
慚愧
百重雲水萬重烟
隨地安身到處眠
漫說有家歸未得
舒白眼望青天
鶴年拙句

大夢誰曾醒

惟看佛眼開

此身原不垢

何礙貼塵埃

芒鞋踏破
遊遍名山
王震題贈

百城煙水
狄楚青題

名山大觀
終南野僧敬題

題高老居士玉照 民國三十七年冬　吳慧謨

雲水飄飄任自由，依然豪邁壯年遊。何庸待到歲辛卯，纔識重來老趙州。

辛酉五月十日喜晤鶴年老維摩於南湖採蓮橋畔奉贈　錢三照

久慕高名近十年，今朝相見意欣然。略談水去雲來事，遍扣南能北秀禪。百里能行雙脚健，六塵無染寸心堅。幾時過我慈溪路，第一山頭問姓錢。

題辭一　王震

名山陟歷遍南朝，不是遊觀娛心目。居士行脚三十年，宣揚佛法吐珠玉。常以一己度僧衆，功德浩浩僉欽服。嗚呼末劫眼前來，迴挽狂瀾悲局促。

題辭二　應慈法師

趙州八十猶行脚，只爲心頭未悄然。

鶴年禪友行脚參訪廿餘年，集此遊記，以供同道。丁亥春末再版流通，拈花老人隨喜敬贊。

鶴年居士名山遊訪記序

釋諦閑

古之大德高人，痛念身世靡常，未明己躬大事，爲之割愛棄榮，涉海登山，尋師擇友，參求善知識於苦空寂寞之濱，決擇死生，發明向上，每每於明眼人前揚眉吐氣。或於棒喝之下，「囮」的一聲，忽覺身心脱落，如寒灰發燄，闇室頓明，將無量劫來生死情根一時拔出，當下猶斷索師子，跳躑縱橫，自在遊行，無纖毫繫絆，所以稱爲大力丈夫。此吾出家人發足參方之行徑也。悲夫！去聖既遥，人心非古，此道寥寥。近代以來，雖行脚者不無其人，較之古人，奚啻霄壤，得三昧者曾幾人乎？覓其如鶴年居士者，亦不多見。高君夙植靈根，英年立志，痛念生死，絕欲捨家，國内名山，無處不歷，廣求知識，無一不參。具善財知見，舉目而皆入法門；遊華藏山河，到處而無非寶所。三十年如一日。近聞息影東海勞山，其靜無雙，其樂無喻。此種三昧，海上諸居士不肯讓高君獨得，要與天下人共之。

歲在辛酉世尊成道日諦閑謹序

名山遊訪記序

釋印光

人之智識，非學問閱歷，莫由開通。而天下名山聖道場地，最足以感發人希聖希賢之志，其有關於立身修業成德達才也大矣。故古今負己立立人、自利利他之熱心者，每不以跋涉爲勞，以期凡所見境、凡所悟入，皆資益於吾身心，開發乎智識也。古之周遍遊歷者，有千歲寶掌和尚，中天竺人，在天竺（蒲團子按：「竺」，上海國光印書局版、上海佛教書店版均作「笠」，上海佛學書局一九四七年版作「竺」，據改）約五百年，於漢末來此方，歷三國、兩晉、宋、齊、梁、陳、隋，至唐高宗顯慶二年，一千七十二歲，方始入滅，以故凡南北名山、聖道場地無不親歷其地而住止焉。至明末時，紫柏尊者，亦復遍歷名山，以日行三百餘里，雖無寶掌之壽，其所遊歷，可與寶掌相齊。近世緇素中，唯高鶴年居士遊歷最爲廣遠，凡四大名山、五岳、終南、天台、雁蕩、羅浮、雞足、武當、雲居、廬岳、黃山，或一至者，或二三至者，凡所經過之土地人情，與夫古蹟勝境及道場寺宇，並高僧名士所有事蹟，根據語言問答，各皆備載，一可以慰不能行脚者無由得知聖道場地之勝蹟遺憾，一可以作初機學人尋師訪友之一大方針，以故民國元年佛學叢報曾錄之以餉同志。今者王一亭、許止淨、聶雲台、狄楚青、簡玉階諸居士，又欲特作一册，俾閱者備觀其全，亦未始非入佛海之前導也。

釋印光撰

鶴年居士名山遊訪記序

釋興慈

欲開知識，端賴學問及經歷，非經歷孰能親證其事，非學問難以洞晰其幽。古人有云：「諸法中有絲毫不透者，便為一絲毫之所礙。」是故昔有八十行脚，九上洞山，一鉢千家，孤身萬里，總為訪道明心求解脫而已。至若周遊名勝，遍涉大川，禮聖化之道場，覽奇麗之名蹟，亦為開拓心胸、裨益識智也。

夫物皆有可觀，觀皆有可樂，此樂也，豈物之樂哉？其寓境而遊心，超然乎物外，而得物理之融通者也。若斯遊者，無往而非道矣。所以古之遊者，遇上士而問道，逢相契而談心，未自信者而求法，未自證者而求證。千歲掌公，自天竺遍遊東震，開峨嵋之道場；三藏奘師，由中原遠涉西乾，立唯識之宗旨。自古勝遊，烏可勝紀，皆無適而不以道為利也，豈彼寄懷於風景、選勝於詩賦者所可同日而語哉！

高鶴年居士，自幼業儒，具信佛理，禪參知識，教徹道源，由是廓懷縱志，足跡所經，殆遍天下。含道傾心，瞻禮聖蹟，岩棲谷隱，梵刹靜居，無不參訪。凡所經歷，筆之於書，久而成帙，曰名山遊訪記。而其名勝古蹟，賢聖道場，示諸掌矣；岩居茅隱，晦跡深修，接乎目矣。居士心與境融，理隨事徹，故其觸處提撕、隨緣指示之處，清談道話，雅合玄機，讀者當離文字相求之，休作尋常遊記觀也。

見者咸請刊印以流通，既問序於余，不揣固陋，用贅其端焉。

庚申冬天台山觀月子興慈謹撰

名山遊訪記引

濮一乘

鶴年居士，早歲發心，頻年參訪，足跡殆遍天下，茲以雲水所經，著爲遊訪之記。居士平日固服膺宗門者，是以觸處提撕，不離方寸；百城煙水，終歸彌勒之樓；一宿因緣，遂識曹溪之路。可謂依正無礙，心境雙融矣。讀者當離文字相求之，莫漫作尋常山志水經會也。

民國元年濮一乘附識

高鶴年居士名山參訪事實略記

來果

居士宿根深植，誠樸敏忠，覩惡世之澆漓，覺諸行之非實，遂發慕道之心，深懷學佛之志，故別家庭，遍參知識。首訪敏曦法師於天台，獲聞四教；繼秉隱儒長老於浮金，傳持五戒。息影江天，專修禪悦，聞檐聲受供，聽板響坐香。住藏經之閣，踏翻法海；入紅爐之鞲，打破虛空。清光、冶開諸宗師，悉行參請；深山窮谷各隱士，盡爾追隨。既得根本之智，復修差別之因。瓢杖孤行，一肩雲水。五台山開接眾之單，終南山結茅蓬多處。嘉五台資起禪七，南五台建造男女兩骨塔，並修建佛堂。數謁四大名山，遍朝八道場地。崎嶇訪道，跋涉參尋。爲法忘軀，不顧塵頭土面。尋師訪道，豈分此處他方？至是道業崇隆，禪功深著，自利之行無虞，利他之心有願。比時值華北江北水旱之荒災，念饑寒難民流離之慘狀，披星帶月，茹苦含酸，放賑奔馳，毫無倦色。至於排紛解難，濟寡憐孤，救急扶危，放生勸善，六度萬行，不遑舉陳。

世所難行者，捨自有之家園，作婦女之淨院，規模嚴肅，居眾清純，感同道之扶持，獲宰官之保護，實近事男中之泰斗，誠婦女安老院内之導師，即智氏孺人之受度，亦居士德化之薰成，希有難能，讚何能盡！

余於二十年前，同隱終南深谷拴龍椿湘子洞之山，並餐松柏，六十三、五十四之歲，共話萸灣。憶居終南之時，正我禁語之際，高旻函電交馳，逼我藏身無處。躬謁居士，討論辦法。蒙力勸下山，並以自存米款給我。沿途落淚，痛哭歸揚。即今飲水思源，當頌居士盛德。今復爲天中塔之發起人，鼎力相助。余不敏，記諸事實於遊訪記之後，藉勸世人矜式云爾。

民國二十三年甲戌春揚州高旻寺丈室來果敬述

名山遊訪記發刊序

余了翁

震旦山水之勝，自康樂、柳州以後，俊遊寂寥。至明末，乃有徐霞客，其遊蹤最遠，紀載亦獨富。謝、柳皆由儒入佛，世盡知之。霞客雖不以佛著名，而西參大寶法王，負禪侶靜聞之骨以葬於迦葉道場，則固亦行佛之行者矣。用是知唯學佛者爲能遊，遊爲不虛。彼騷人墨客，塵聲俗軌，縱有濟勝之具，皆入寶山而空回者也。

鶴年居士，早發道心，嚴事石埭楊先生，雖無謝、柳之文，而抖擻邁往，足跡徧名山，不讓於霞客。所爲遊記，曾略載於佛學叢報。顧叢報至癸丑年即止，首尾爲一載，而居士行脚，則有趙州八十未休之概，積稿未刊者居大半，比以嚶求之切，始料簡付刊。居士嘗語予，謂初願未及此，山行野宿中，每草促不及爲，多追憶而補紀焉，歲月光景，已在夢痕緣影中，且遊而不記及三四至而僅紀一二者甚夥，今付闕如，即存者苦不文，懼不足以示人。予謂在道不在文，此記足爲後學導，且近世所未有也。去年居士以其稿就質於江西許止淨先生，先生爲之點定，今年秋乃挾以示予，囑略敍其由而付手民。予以校叢報中所刊之少分，則微有異同，承居士意爲次第焉。

予少讀康樂、子厚詩文，心輒慕之，饑驅四方，五岳之願未酬，而吾衰已甚，故於居士此記，不能贊一辭。唯請其匡廬遊記，有舊時東主子培長者摩尼院一段法緣，輒念先輩爲道之殷，而東林、白社之清風高躅，尤縈繞於夢寐間，未獲一履其地而徘徊之。顧瞻身世，唐喪放逸，資糧未具，愧居士多矣。

甲戌冬月嘉興余了翁拜序

名山遊訪記自序

高鶴年

予業重障深，幼攖疢疾，命等蜉蝣。偶遊雲台山，遇高僧贈予教典，披讀之，如貧獲寶，似渴得泉，知三界無安，猶如火宅，人命危脆，不能偷安，始有懺悔訪道朝禮名山之志。乃謁普陀、天台，參禮敏曦、鏡融二法師。旋往清涼山，即境安心，似有入處。回詣寶華，參叩大霖律師，謂予宿有善因，施予甘露。因導至金山受五戒，親近大定老人與融通上人，同寓經樓，日則閱藏，夜即參禪，始知終朝喫飯，未嘗咬着一粒，竟日行脚，未曾動著一步。於是復往五台山度夏，終南山經冬，凡溪流瀑布，均足以蕩滌胸襟，俾得尋源味道，以非遊玩，故於山川勝蹟，未嘗考察。旋悟翠竹蒼松，溪聲山色，頭頭是道，脚脚有路，乃始約略記之，僅糟粕耳。民國元年，避亂滬上，狄楚青先生提倡宗風，並辦佛經流通處及佛學叢報，魏梅蓀、劉樸生諸先生，勸將參訪事蹟編爲遊記，濮一乘先生爲登入叢報，終愧屬辭未達，勝蹟未周，因以中止。迨后王一亭、聶雲台、簡玉階諸先生，勸予續編，又因家鄉水旱災荒，奔走鮮暇，目昏腦暈，色力復衰，遂多延擱。近年始勉就零落殘稿，掇拾湊成，藉副諸子諄諄屬望之雅意，不免掛一漏萬，句差字訛。許止淨居士發願編輯，余了翁先生助之而成。

民國廿四年春雲溪高恒松鶴年序於大覺精舍

名山遊訪記續編序

霜亭

大道無方，不可定指，說有說無，皆未能摸著巴鼻。古人爲欲究明此事，不惜多方以求，或七尺單前高掛鉢囊，或一肩明月遍走天涯，誓期於孤峯絕處轉得身來，方肯休歇。

老友鶴年居士，同里劉莊人也。少即飽學，篤志於道，雖居末季，力追古德之風。猶憶光緒庚子春，我山隱祖老人，重修慈壽塔成，適居士乞戒來山，住經樓閱藏，以禪意而參經旨，相互發明。日入大定老人之室，請益道妙，了知文字不在紙上，山上石頭，大的大，小的小，全體透露，又何必拘於方所。於是矢願行脚，芒鞋棕笠，穿雲渡水而去。余時司職客堂佐理。癸卯戒事畢，每以有物礙膺，惴惴不能自安。且念居士以塵勞中人，尚能皭然不滓，收放自如，余寄跡空門，反生縛著，不能超脫，未免墮入死水，何日可了？興念及此，隨時蹶然而起，打包上肩，覺腰脚輕健，跋涉無勞。因之踏五台之冰，破峨嵋之雪，三叉路口，較量一番，百草頭邊，爭取一着。及後遊倦歸來，雖漫無所得，而草鞋錢幸可相抵，不致爲目前境界所弄。居士則更勝我百倍，北走幽燕，南入滇黔，結茅終南，休夏清涼，枕青山而臥白雲，侶樵牧而友麋鹿，其受用之處，洵非他人所得而測。然觀其忘鄉里而不戀，化家庭而歸公，以私人整個田宅，創辦婦女淨土院，爲天下學佛者導，世皆稱其難能，而居士行之易易，此正所以爲居士也。

居士今年壽七十二，余亦六十有四，皆垂垂老矣。於難期之後，能兩度相見，俯仰時事，不勝感慨，而叢林秋晚，老成凋謝，尤爲今後法門悲。居士著有遊訪記，風行海内已久，茲者續編又將刊行，馳函欲余一言。余年有枯坐寒岩，久守緘默，唯於居士則不得不一道款曲云。

民國三十年冬月金山石隱頭陀霜亭序於楞伽丈室

名山遊訪記補編序

任和聲

鶴年居士，余乃以兄事之者也。余髫齡即習聞其周覽四海，名山大川，乘危遠邁，行脚數十年如一日。而其所與接識，又皆一時知名之士及僧侶之賢者。其所常止處，徒從雨集，無累千百數，篤信其說而莫疑。余爲委吏，足跡亦半天下郡國，與居士不數數見，然深知其能宏揚佛道，匡扶治具，爲功不在良二千石下也。所纂述名山遊訪記上下兩册，余獲遍觀，歎爲奇蹟異能，無一字一語不從涉獵中來。斯篇補記遊訪遺佚，並請其刊附藝文，追述山中歸來所爲拯救大眾之事，貽爲有心修己治人者之攷鏡耳。居士年七十有六，猶健步强食，耳目聰明，亂後與余京口數見，每談滔滔不倦，余竊喜焉。居士爲振，嘗及於邊疆異域，余固不僅爲江淮間慶也。

民國三十五年四月任和聲敬序

名山遊訪記補篇序

沈煇

經云：「三界唯心，萬法唯識」，「唯此一事實，餘二則非真」。當人會得，佛法全彰，何論世法？但衆生無始，迷而不悟，積習難返，受苦無量，雖有衣裏明珠，實無天生彌勒，爲欲調伏習氣，不得不廣參飽學，難行苦行，淑己拯人，同圓種智也。

爰有高老居士鶴年，宿世植德，童年發心，問業於金山大定和尚，參學有得。繼又親近天台通智法師、赤山法忍禪師，智慧愈明。遂大發菩提心，效善財之廣參，作趙州之行脚，擔簦躡蹻，踽踽獨行，凡風雨冰雪，寒暑瘴癘，疾病痛苦，山徑僻壤，崎嶇阻隘，猛獸匪人，無所以避，而亦無所動於中。而名山大川，奇境勝景，古蹟高人，亦時遇而有會於心，足跡遂遍國中，朝禮名山，則再三至，參訪智識，則不擇荒途遐陬。常勤精進，何讓前賢！居士傳中未曾有也。第以慈念爲懷，隨緣處處，悲心既切，妙用繁興，晏靜終南，多修茅蓬，便利大德。遊歷所經，或護法，或濟生，或禪或施，或調化道外，不可勝記。屢次辦賑勞瘁，罔惜己身；捨田宅諸所有，爲婦女淨土院，以安婦女老年修行者。種種功德，卒難殫述。蓋居士之遊訪，念念不離自性，上求佛道，下濟衆生，是豈常人遊賞名勝者之所及哉！

居士曰：「歷境所以調心，廣參所以正見。」夫居士之遊歷，蓋爲發明心地焉。能明心則除我見，無我見則能救衆生，救衆生則能求佛道，能求佛道則能起大悲而益濟生，益濟生則能圓明本心而成佛道。經曰：「心佛衆生，三無差別。」斯之謂也。然則一遊訪也，夫豈攬名勝、探幽奇、閒敍清談而已乎？一遊訪記之作也，之補也，夫豈記名勝幽奇、敍閒話而不已乎？固以調伏煩惱，自淨其心，隨願利生，循循善誘，而示之佛道耳。

嗟乎！今世之士，不知反省自心，行與言背，而譏佛教爲虛空，視名利爲實在。循是以往，人類浩刦，世界戰爭，殆未能已，豈不哀哉！故有識之士，必以提倡佛化爲務，而後人心自明，而暴亂可止。然佛化非空言所能感動，必有躬行實踐如高老居士者，方足正己而化人。故余於其名山遊訪記之補刊也，寄以無限之期望，欲吾學佛者，悉能如居士之躬行實踐，而並爲世人勸也。故不辭鄙陋，而爲之辭。

民國三十二年夏後學沈煇法名心師序

讀高鶴年居士名山遊訪記感言

楊志聖

高公鶴年居士，原籍興化劉莊場人。童年慕道，矢求正法。以鄉閭僻壤，聞見難周，於是發心行脚，遍訪名山，歷經浙、閩、皖、魯、豫、贛、鄂、湘、粵、晉、陝及東北諸省而抵滇南雞足。萬里關河，撥雲霞而進影；百城煙水，犯霜露以前蹤。每聆法語嘉言，注心頭而解證；晤對山光水色，入眼底即明空。茅蓬宴坐，任憑雨虐風欺；古刹參禪，倏聽鐘鳴板歇。高天厚地，觸處即是菩提；翠竹黃花，悟入無非般若。動靜二相，了然不生；數十寒暑，儼如一日。而居士不捨悲心，不圖自利，於民國十年歸來，創立淨土安老院，攝受女眾，普渡羣迷，同登蓮域，道風嚴整，首冠淮南。詎自民十以來，蘇北不幸，迭遭水旱災眚，尤以十八年旱災奇重。赤地千里，餓殍載途，觸目皆是。時興、東、鹽三邑義賑會，以經費難籌，且事起倉猝，一時不能開查。居士目覩此緩不濟急之情況，挺身擔任借款，立辦粥廠十餘處，急救最重災區。曾手書遺囑，抱捨命救命之旨，以期策勵人心，共襄義舉。其事詳載居士山中歸來略記。事後各方爲居士毅力宏願所感被，餽贈詩文碑記，歌誦功德，裒然成册。至二十年秋，淮汛泛濫，災區廣闊，爲歷史以來所僅見，蘇北諸縣，盡成澤國。居士又復於千百里洪濤駭浪之中，擇地設立救生會十餘處，派人棹舟四出，撈獲溺水男女。其少壯者送出災區，老弱婦孺則收容給養。嗣即奔走南北，輔助各義賑會員星夜查放。櫛風沐雨，勞瘁不辭。綜其先後拯救難民，不下數十萬人，受惠羣黎，咸稱萬家生佛，洵無愧也。不佞僑寓海陵，密邇災區，見聞較切。深佩居士慕道求賢，不輸霞客之遊跡；爲民請命，何啻梁公之活汝。斯編再讀，有感於中，敬告後賢，用資借鏡。

民國三十五年冬淨業後學楊志聖謹記

名山遊訪記改版序

吴濟時

高鶴年老居士，余所欽慕而親近之一人也。其所著名山遊訪記，嘗置案頭，一讀再讀，頗多啟發迷蒙之處。

自其所遊者言之，中國之五岳、四大名山、終南、天台、雁蕩、羅浮、雞足、武當、雲居、廬阜、黃山等，有一至者，有再三至者。

自其所訪者觀之，高僧羽士諸大善知識，靡不躳參。如於終南山參拜年約數百歲之黃面老人，指向深谷洞中，習定坐禪。饑餐草菓，渴飲澗泉，百餘日不食煙火，修其最苦之行。又往往遇睹虎豹豺狼、異獸珍禽，以及可怖可畏之山精石怪等，皆爲奇蹟。

更舉其所記之重要者分析之，約有三端：一爲梵宇道場，古今興廢；二爲文化遺物，如五台碧山寺之墨蹟華嚴經塔、涿州雲居禪林石刻藏經、北京雍和宮之古佛、五台之轉輪藏及所藏歷朝寶器、雲崗之唐刻石佛、應州之大塔、泰山之唐宋碑銘、龍門之北魏造像、孔廟之漢魏唐宋古碑、關中之王褚聖教序碑、長安之碑林等，凡此皆爲幾經滄桑僅僅保存之古代美術結晶品，大有光於國史者也；三爲詩歌偈頌、玄機問答以及諸方諺語等，多被採擇，使閱之者心爲曠、神爲怡，矍然警惕，悠然生超世出塵之想，蕩垢滌穢，返樸歸真。

至於弘揚聖化，振救旱潦，捨宅毀家，恤孤憐寡，種種慈善事業，具載於記，功德不可思議。夫士生今世，能知晏安爲酖毒，視金錢如糞土，屏棄一切物質享受，以宏法爲旨、利濟爲懷者，已難矣。而居士更以己躬大事未明，矢願行脚，一笻一笠，掉頭振臂，驀直而去，翱翔千萬里，勞頓數十年，雲水飄飄，遊行自在。此中境界，詎常人所能窺測於萬一耶。

最近居士息影於蘇州穹窿古寺大覺茅蓬，余幸獲與居士時相覿面，直指路頭，蒙大利益。今有安淨源諸居士發意，將遊訪記改版流通，余遂得重事瀏覽，細慎玩味，不啻自己亦置身於百城煙水中矣。

岳岳居士，高子洵屬傳人； 歷歷前程，名山幸留古轍。是爲序。

民國三十七年冬荊溪散人吳濟時謹譔

戊子年改訂本名山遊訪記讀者須知

陳攖寧 作

本書性質，與尋常遊記不同。余觀昔人遊記，每多有意爲文，而不注重寫實。縱有模範山川、刻畫景物者，亦徒供一時玩賞之情，於讀者未必有何裨益。本書力矯此弊，凡關於立身處世之格言，見性明心之開示，觸機流露，不厭其煩。而且足跡所到地方，對於民間疾苦，及水利、農墾、森林、種植等事，尤特別注意，不僅以遊記見長也。

昔賢遊記，散見文集之內，不過寥寥數篇。近代各家，雖有紀遊專書，只是偶然興會所到，忙裏偷閒，於少數名山，走馬看花，淺嘗輒止。歲月既嫌短促，遊蹤常多遺憾。古人雖有「五岳歸來不看山」之語，其實域内名山，何止五岳？即如皖之黄山、白岳、天柱、九華，浙之天目、天台、雁蕩、括蒼，蜀之峨嵋、青城，陝之終南、太白，晉之五台，魯之勞山，贛之匡廬，鄂之武當，閩之武夷，粵之羅浮，滇之雞足，其中多有勝過五岳者。讀本書一周，不啻身歷其境矣。

本書各篇，有年月日記載詳明者，亦有記載簡略或未記月日者。因遊記之作，與普通日記不同。日記乃按日而記，遊記大半是事後追憶而筆之於篇，日期偶或遺漏及錯誤，亦不足怪。改訂本凡遇路線、地名、里數、日期、膳宿處所等，皆細心校勘，以期無誤，蓋欲使後來學人繼高居士而起者，有所依據，不致迷途也。其有事隔多年，雖作者本人亦不能確實指定者，只得從略。

世人每以高居士比明末之徐霞客，余則以爲同而不同。徐之天性好遊，殫畢生精力，搜奇探險，有洞必鑽，逢巔必陟，胼胝蹣躚，艱苦備嘗，且時遇盜賊饑寒之患，後得足疾，不良於行，由滇省乘肩輿百五十日至鄂，由鄂乘船返里江陰人，竟以是終，壽五十六歲。遊蹤始於萬曆丁未，止於崇禎庚辰，前後共三十四年，光陰皆在遊中消逝，是僅以遊爲目的，別無作用，勞神傷財，身心皆不得實益。所堪流傳者，只一部遊記，尚殘缺不全，甚可惜也。高居士遊蹤亦遍域内，自光緒十六年起，至民國十三年止，前後共計三十五年，皆與名山結不解之緣。十四年乙丑，至今年己丑，又過廿五年矣，每年忙於救濟事業，無暇再引起芒鞋竹杖之閒情。但鄰近諸山，亦時有往還，唯不多作記耳。高居士平日並非以遊爲目的，而着重在參訪，住山苦修，歲月頗久，較徐之遊而不訪、過而不留者，作用大有分別。高今年七十有八，壽齡超過徐霞客廿歲以上，現仍居山中做苦修工夫。其遊蹤之廣，雖與霞客相伯仲，但志不在此，余故謂其同而不同。

佛教中有理論，有工夫，有戒律。理論重在研究，工夫重在苦幹，戒律重在謹守。理論大綱，不外乎性相空有，般若業力；　戒律大綱，不外乎貪瞋癡愛，殺盜婬妄；　工夫大綱，不外乎禪宗、淨土、真言、止觀，如行脚、打坐、參公案、看話頭，皆禪宗門下工夫。高居士已往數十年，只可說是行脚，不可說是遊山，讀此書者，幸勿作普通遊記看。

所謂行脚者，最着重在兩脚步行，無論程途如何遙遠，若非萬不得已，總要避免舟車。隨身衣物，極其簡單，旅費川資，亦不能多帶。路線、地名、里數及膳宿處所，須要記得清楚。本書除每篇目錄之下已標出重要山名而外，另有每篇提綱，說明由某處起脚，中間經過某處，最後至於某處。讀者先看標題，次看提綱，再看本文，則一目了然矣。

行脚的好處，一言難盡，不言又恐讀者不能了解，反多疑惑，今特簡略言之。佛教的人生觀，就是一個「苦」字。苦有兩種，曰身苦，曰心苦。身苦因爲體質不健康，心苦因爲心中多煩惱。設若常年行脚，遠都市而近山林，勞動筋骨，飽受陽光，呼吸新鮮空氣，多飲清潔泉水，斷絕一切葷腥肉食，只以蔬菜雜糧等類充饑，日長事久，雖不求健康，而自然健康，如是則身苦可以免矣。人在家庭中，每爲煩惱所苦，一旦離開家庭，則心境頓覺寬舒，何況數十年在外行脚之人，早已沒有家庭，那裏再有煩惱？至於心中其他妄念，雖不能完全消滅，但以所接觸者皆是淨緣，而非邪緣，其勢不足以引起妄念，並且可以阻止妄念。工夫日深，則妄念日減。妄念既少，則心苦可以免矣。行脚的好處，大概如此。前人每有因行脚參訪而大徹大悟、了脱生死者，那是百尺竿頭再進一步的事，編首各家序文中已懇切言之，毋須再贅。

虛空無邊，星球無數，眾生無量。吾人以渺小之身軀，極短之壽命，託生於此多災多難之世界，受盡痛苦，究竟是什麽一回事？是誰做主叫我來的？父母未生我以前，我在何處？將來身死之後，我又往何處？假使說生前死後皆没有我，爲什麽中間一段忽然有我？再問現在所謂我者，是精神還是肉體？若說肉體是我，對於思想意志，如何解釋？若說精神是我，離開肉體而外，精神是否能够獨立存在？古今有許多人因爲這些問題弄不明白，所以跋山涉水，訪友尋師，雨宿風餐，忘情絕慮，要求一個徹底覺悟。世人如果心甘情願，受造化支配，一切聽其自然，那就無話可說。若有少數豪傑之士，於全世界人類無可奈何之中，定要打破悶葫蘆，跳出黑漆桶，別尋一條光明的大道，則高居士這本遊訪記，頗有一看的價值。

中華民國三十八年己丑歲孟夏月皖江陳攖寧寫於上海

戊子年改訂本名山遊訪記篇目提綱

陳攖寧　校編

每篇目錄，凡起脚之處，概用「由」字；中途所過之處，概用「經」字；中途停留時期稍久，且有目的者，則用「往」字；最後所到之目的地，則用「至」字；凡遇路程不順者，概用「轉」字；凡是省界及重要地名，皆特別標出。雖爲目錄，實等於提綱。

第一篇　由南京，往皖南九華山、黄山，至浙省杭州諸山。清光緒十六年二月。

第二篇　由蘇北淮安，往山東省東岳泰山、北京西山，至山西省五台山。清光緒十七年春。

第三篇　由四川成都，往峨嵋山，西北行，經雅州，轉南行，經越巂西昌、會理，入雲南界，過火燄山，渡金沙江，西行經大姚、賓川，至雞足山。清光緒十七年秋。全程共行二千八百三十三里，山上里數未算在内。成都到峨嵋山脚，四百廿八里；峨嵋縣到雅州，二百五十里；雅州到雲南界，一千三百七十五里；川、滇邊界到西雞足山脚，七百八十里。

第四篇　由昆明東行，過勝境關，入貴州界，往貴陽黔靈山。再經廣西桂林，入湖南界，經永州府，至南岳衡山。清光緒十七年。全程共行一千九百七十四里。貴陽到桂林一段路程，篇中未載。山上里數亦未詳。昆明到滇、黔交界勝境關，四百九十三里；勝境關至黔靈山，七百五十里；桂林到衡山迴雁峯，六百五十三里；衡陽縣城到南岳街，七十八里。

第五篇　由蘇北淮安，經揚州、鎮江，往金山、焦山、寶華山，至大茅山。清光緒十八年正、二、三月。

第六篇　由江蘇句容縣大茅山，經磬山、張公洞，沿太湖西岸，入浙省界，經長興縣，往四洲山、觀音山，至杭州諸山。清光緒十八年三、四月。

第七篇　由杭州，渡錢塘江，經山陰蘭亭、天台赤城，往雁蕩山。再經永嘉縣華蓋山、麗水縣南明山，過仙霞嶺，至閩北武夷山。清光緒十八年。

第八篇　由江西省九江縣廬山，往南昌西山。轉建昌雲居山。北行入湖北界，往鄂東蘄春四祖山，至黃梅五祖山。清光緒十九年二、三月。

第九篇　由浙省湖州道場山，往觀音山。西行經皖南廣德、宣城、南陵、青陽，往九華山。出山東南行，經黟縣，往齊雲山，至黃山。住山日二百日。出山經湯口，過昱嶺關，入浙省界，經昌化縣，至東西天目山。清光緒二十年三月至十一月。

第十篇　由浙省杭州，渡錢塘江，經山陰道上，過關嶺，經天台、黃岩，至雁蕩山，原路返至天台山。清光緒廿一年三、四月，住天台時間頗久。

第十一篇　由浙省杭州，渡錢塘江、曹娥江，經寧波、鎮海、定海，往普陀山。返寧波，轉往育王寺、天童山。再經寧波、奉化、寧海，至天台山。清光緒廿四年正、二、三月。

第十二篇　由陝省終南山，經長安，西行往鄠縣太白山。經棧道入川省，至成都。清光緒廿五年七、八月。全程共行二千六百餘里，時間兩月之久。途中經過古今重要地名如下：長安、咸陽古渡、五陵原周秦漢君臣陵墓甚多、高陽原秦始皇造阿房宮處、馬嵬坡楊貴妃死處、五丈原諸葛孔明死處、渭水河姜太公釣魚處、連雲棧張良用計，火燒連雲棧，即此、大散關古兵家要塞、陳倉古道古語「明修棧道，暗渡陳倉」，即此、紫柏山、鐵索橋漢蕭何追韓信處、雞頭關、黃沙驛孔明造木牛流馬處、南棧道、五丁關五丁力士開山處、寧羌州、界牌關、西秦第一關陝、蜀二者交界、千佛岩、葭萌關、西蜀第一關即劍門關、武連驛、梓童縣、綿陽縣、德陽縣、廣漢縣、新都縣、成都。太白山爲國内最高之山，超出海平線一萬二千尺，山頂積雪，亘古不化，所有名山，如五岳、峨嵋、雞足、五台、武當、匡廬、黃山、九華、天目、天台、雁蕩、括蒼，皆不能比肩。

第十三篇　由成都，水路經彭山、眉州、夾江、樂山、峨嵋諸縣，至峨嵋山。清光緒廿五年九月。

第十四篇　金陵、京口諸山遊訪畢，遂至滬。清光緒廿九年春季。

第十五篇　由上海至北京西山。清光緒廿九年四月。船行至天津，車行至北京。

第十六篇 由北京，經保定、阜平，出龍泉關，至山西省五台山。清光緒廿九年五、六月。

第十七篇 由山西省五台山，西南行，經太原、平陽、運城，至蒲州永濟縣。清光緒廿九年六、七月。全程一千四百五十里，共行二十三日。

第十八篇 由永濟縣，過黃河，入陝省同州。轉北行，經韓城縣，往龍門山。返同州，西行渡洛河，經蒲城縣，往藥王山。經耀州、東西乳山，往大香山。轉南行，經三原縣，渡渭水河，至長安。清光緒二十九年七、八月。全程一千餘里，途中共行十六日，經過重要地名古蹟如下：龍門山夏禹王治水鑿龍門處、藥王山唐孫思邈真人隱居修道處、涇河渭河二水濁清不同，古有「不分涇渭」之語，即此、杜曲鎮唐詩人杜甫故鄉，在少陵之側，杜甫自稱杜陵布衣、少陵野老，因此。

第十九篇 由陝省長安，至終南山經冬。清光緒廿九年八月至次年二月。

第二十篇 由終南山至長安。清光緒三十年二、三月間。

第廿一篇 由長安至西岳華山。清光緒二十年三月。途中經過古蹟如下：灞橋人工所造石橋，歷代著名。古人送別至此橋，折柳爲贈、華清池唐楊貴妃賜浴處，有温泉、新豐漢高祖、楚霸王鴻門宴處、玉泉院宋陳希夷先生隱居處。

第廿二篇 由長安，東南行，經藍關，往湘子洞。再經武關、紫荊關，渡漢江，至鄂北均州武當山。清光緒三十年三、四月。全程一千餘里，時間十八日。途中經過重要地名古蹟如下：輞川唐詩家南派書祖王維隱居處，風景幽勝、秦嶺、藍關古道唐韓昌黎詩集中有詩云「雲横秦嶺家何在，雪擁藍關馬不前」，即此處、藍橋唐裴航遇女仙樊雲英處、商州宋數學大家邵康節先生故里、湘子洞韓文公遇韓湘子處、武當山張三丰真人修道處，内家拳術三丰派發源處。

第廿三篇 由江蘇省鎮江圌山，經無錫惠泉山、黿頭渚，至蘇州虎邱、天平、靈岩、穹窿、鄧尉、洞庭諸山。清光緒三十三年三、四月。

第廿四篇 由蘇北海州，往雲台山。轉西行，經邳縣、徐州，入河南界，經商邱、開封、鄭州，至中岳嵩山，並至少林寺。再西行，至洛陽縣。清光緒三十三年三、四月。全程一千八九百里左右，時間三十六日。少林寺，達磨祖師面壁處，外家拳術少林派發源處。

第廿五篇 由上海船行至普陀山。民國前二年八月。普陀山在中國東海，即舟山羣島之一，俗誤稱南海。

第廿六篇 由上海船行往九江，至廬山度夏。民國元年五月中旬至七月上旬。水程一千數百里，出吳淞口，進揚子江，逆流而上。沿途重要地名如下：蘇省之江陰、鎮江、南京，皖省之蕪湖、大通、安慶，到贛省之九江縣。江陰有要塞，鎮江有金山、焦山佛教名勝之地，蕪湖下游有采石磯唐詩人李太白酒醉捉月墮江處及東西梁山要塞，九江下游有小孤山獨立江心，形勢奇特，儼如海島及彭澤縣城城在江邊山上，極小可笑，晉陶淵明爲澎澤令，不肯爲五斗米折腰，遂罷官作歸去來辭處。

第廿七篇 由九江船行往武漢。轉京漢鐵路北上，往河北省定州。轉西行，經曲陽、阜平，過龍泉關，入山西界，至五台山。仍返定州。民國元年七月中旬至八月上旬。定州至五台山，約三百餘里，共行五日。

第廿八篇 由河北省定州，南下抵漢口。改船行，過洞庭湖，經長沙，至湘潭縣。民國元年八月中旬。

第廿九篇 由湖南湘潭縣，經衡山縣，至南岳衡山。民國元年八月下旬。

第三十篇 由衡山，往長沙岳麓山。經岳陽，至漢口，轉滬。民國元年九月。

第三十一篇 由北京往房山縣上方山。轉至涿州西域山、小西天。民國三年三月。

第三十二篇 北京遊訪畢，由京綏鐵路北行，出居庸關，過八達嶺，抵察省張家口。轉車西行，入山西界，經天鎮縣，至大同。遊訪畢，南行渡桑乾河，經渾源縣，至北岳恒山。民國三年四月中旬至五月中旬。此行在恒山飛石窟内獨住十五日。

第三十三篇 由渾源西行，經應縣，入雁門關，至五台山度夏。民國三年五月中旬至七月下旬。

第三十四篇　由五台下山，西南行，經山西省忻州、太原、介休、靈石、霍州、洪洞、平陽、解州、蒲州，過黃河風陵渡，入陝界，經潼關，往西岳華山。西行經渭南、臨潼，過灞橋，抵長安，至終南山久住。民國三年七月下旬至民國六年十月。

第三十五篇　由長安東行，過潼關，入河南界，過函谷關，經陝州，抵觀音堂。乘潼洛車東行到鄭州。轉車北上，至保定、天津等處勘災畢。由津浦鐵路南下，至寧，轉滬。往普陀返滬。復由海道至津、京放賑畢，回南。仍返終南山，轉至紫柏山。民國六年十月至民國七年夏季。

第三十六篇　往陝西鳳縣紫柏山洞中數月，出山，北行，往甘肅平涼縣崆峒山。再西行往蘭州。轉東南行，穿陝入鄂，往均州武當山。回均州，渡漢江，東北行，經南陽臥龍崗，至中岳嵩山。民國七年秋季至十月。全程約計五千里左右，途中日期未詳，所經過地名如下：　陝省鳳縣、連雲棧北口、寶雞縣、鳳翔縣，甘肅省平涼縣、華亭縣、隆德縣、安定縣、皋蘭縣、小康、内官、蘆張、洮州、隴西縣、寧遠縣、禮縣、西和縣，陝省略陽縣、沔縣、南鄭縣、城固縣、洋縣、石泉縣、紫陽縣、安康縣、洵陽縣，鄂省鄖縣、均州，河南省南陽縣、魯山縣、寶豐縣、郟縣。崆峒山，在甘肅一省有三處，皆非黃帝問道於廣成子之山，據研究地理者言，真崆峒山在河南省臨汝縣，距嵩山甚近，惜高居士未曾一訪；祁山，在甘省西和縣，世傳諸葛孔明六出祁山即此；定軍山，在陝省沔縣，諸葛孔明墓在此；臥龍崗，在河南省南陽縣，三國時孔明隱居處。

第三十七篇 由蘇北淮安北行，至雲台山，及沿海諸島。民國七年十一月。雲台山，一名鬱林山，在江蘇省灌雲縣東北海邊，昔本海島，今已與陸地相連。古書中所謂鬱洲、郁洲、郁山，皆此一山。隴海鐵路終點，距此頗近。

第三十八篇 由雲台山海濱北行，過臨洪口，經贛榆縣，入山東省界，搭船往青島，轉至勞山。民國七年陰曆十一月至陰曆十二月中旬。

第三十九篇 由勞山返青島，經膠濟鐵路西行，往濟南，轉車南下，抵泰安縣，至東岳泰山，並曲阜孔林。民國八年一月至二月，即戊午年十二月至己未年正月。

第四十篇　由上海船行抵漢口，轉湖南長沙，至株州、醴陵等處放賑。順禮南岳。回滬，轉南京，往九華山。民國八年陰曆二月至五月。

第四十一篇　由皖省大通鎮，至青陽縣九華山。民國八年陰曆六月初至閏七月底。民俗相傳，閏七月三十日，方是地藏菩薩真生日。閏七月已難逢，而閏七月未必就是月大，故閏七月三十日，尤爲難逢。此歲恰值七月大，因此九華山香客、遊客，遂盛極一時。

第四十二篇　廣州遊訪畢，由廣三鐵路西行，經三水縣，至高要縣鼎湖山。民國八年陰曆九、十月。此鼎湖山，非黃帝鑄鼎處。原名頂湖山，後人遂誤稱鼎湖山，音同字不同。

第四十三篇　由廣州北行，經韶關，至曹溪。民國九年陰曆正月。曹溪爲唐高宗時佛教禪宗六祖發祥之地，今南華寺内尚有六祖肉身在。

第四十四篇　由香港船行過瓊州海峽，往海防。轉車行，經河口，入雲南界，直達昆明。順遊西山諸名勝，遂往武定獅子山。返安寧，轉西行，往大理，至雞足山。民國九年。

自昆明碧雞關，至雞足山，約行一千四百餘里，時間廿二日。途中經過重要地名古蹟如下：獅子山明太祖之孫建文帝，在位四年，被燕王所逐，逃至此處，出家爲僧、富民縣、武定縣、安寧縣、祿豐縣、廣通縣、楚雅縣、高頂山志書載，楚雄縣鳴鳳山雲泉寺，泉水甘美異常，爲南方第一，即本記中高頂山雲泉寺是、鎮南縣、白崖三國時諸葛孔明七擒孟獲，在此處立鐵柱紀功、趙州、大理縣、點蒼山雲南大理石，產於此山。山最高，在海平線一萬二千尺以上，可比陝省郿縣之太白頂，雞足山高不及此、洱海古名昆明池，滇池亦名昆明池，但滇池稍大。**蒲團子按**「楚雅縣」，疑爲「楚雄縣」。

第四十五篇 由香港，經廣九鐵路石龍鎮，轉往九子潭，至羅浮山。返香港，至沌門杯渡山，閉關靜修百日，出關後遊大嶼山，並往澳門。復由港乘輪往滬，轉至寧波。民國十年陰曆九月至次年春季。

第四十六篇 由浙省海門，經黃岩、臨海，至天台山。民國十一年陰曆五月中旬至七月中旬。

第四十七篇 由天台返海門，經大溪鎮、大荊鎮，至雁蕩山。民國十一年陰曆七月下旬。

第四十八篇 由安徽九華山南行，經皖南石埭縣、太平縣境，至黃山。出山經青陽縣、大通鎮、和悅洲，至鎮江金山。民國十二年陰曆五月下旬至七月上旬。

第四十九篇 由江西省九江縣，經南潯鐵路，往建昌縣，至雲居山。返九江，轉至廬山度夏。民國十三年陰曆五、六月。

第五十篇 由上海船行，抵廣東汕頭，轉車行，經潮汕鐵路，至潮州韓山。復回汕頭，往香港，至杯渡山。民國十四年一月。

第五十一篇 由浙西山中，經杭州花塢、西湖，至蘇州太湖濱、穹窿山、香山度夏。後往靈岩山，轉至揚州高旻寺，仍返蘇州穹窿山。民國三十六年春至三十七年夏。

第五十二篇 由蘇州胥門，往堯峯山。回城，轉往鎮江金山寺，慰問火災。仍返穹窿山楞嚴台度夏。民國三十七年。

第五十三篇　由蘇州閶門，往上方山、天池山、小華山，仍返穹窿山大覺茅蓬。民國三十七年。

戊子年改訂本名山遊訪記原目

蒲團子按　此標題係我所加。

戊子年改訂本名山遊訪記　首編目錄

蒲團子按　高鶴年居士三十六年前行脚攝影四幀，底本只有坐禪圖、臥禪圖兩種，後據他本補入行禪圖、立禪圖兩種。陳攖寧先生民國二年題高居士行脚攝影詩並書後，底本未見。考一九三三年七月十六日揚善半月刊第二期載有陳攖寧先生題高鶴年居士玉照詩一首，標題下小註云：「圖爲擔笠着屐徘徊山石間」。詩云：「返照回光一現身，飄然雲外隔風塵；相看是我還非我，可笑知津又問津。夢裏河山老行脚，鏡中笠屐倍精神；本來面目今何在，流水無情草自春。」不知此詩是否與之有關。

讀高鶴年居士名山遊訪記補編感言楊志聖
戊子年名山遊訪記改版序吴濟時
戊子年改訂名山遊訪記讀者須知陳攖寧
戊子年改訂名山遊訪記篇目提綱陳攖寧

戊子年改訂本名山遊訪記　正編目錄

第十一篇　普陀山　鄮山　天童山　天台山
第十二篇　終南山　太白山
第十三篇　峨嵋山
第十四篇　牛首山　獻花岩　棲霞山　紫金山
第十五篇　北京西山
第十六篇　五台山
第十七篇　五台山至永濟縣黃河灘
第十八篇　龍門山　藥王山　乳山　大香山
第十九篇　終南山　太乙峯
第二十篇　終南山
第二十一篇　西岳華山
第二十二篇　武當山
第二十三篇　圖山　惠泉山　蘇州諸山
第二十四篇　雲台山　中岳嵩山
第二十五篇　普陀山

戊子年改訂本名山遊訪記　外編目錄

戊子年改訂本名山遊訪記　附編目錄

雞山遇鶴年居士詩一首潘飛聲
贈高居士鶴年詩一首沈臚仙
懷鶴年老居士詩八首石鳴鏞
送鶴年禪兄由廬山往五台山詩三首黎端甫
鶴年老居士來滬枉顧長談感賦奉貽詩二首濮一乘
鶴年居士將歸興化賦此贈行兼訂後會詩一首濮一乘
奉題鶴年先生名山遊訪記詩一首成靜生
題鶴年居士淨照詩一首王震
贈高老居士　七律詩一首姚定中
又　七律詩一首楊繼洙
又　七律詩一首祝澍
又　七律詩一首釋醉禪
又　浪淘沙詞一首錢春華
又　菩薩蠻詞一首華世忠
又　浪淘沙詞一首周雲鵬

讀名山遊訪記敬呈鶴年老師　七絕四首 七三老人淨禪

寄贈高居士 樵谷

雲溪高鶴年 撰
彭澤許止淨 參訂初編
皖江陳攖寧 重訂改編

戊子年
改訂本

名山遊訪記 正編

第一篇　九華山　黃山　天竺山

清光緒十六年庚寅

由南京出南門。

二里，雨花台，即二祖神光說法，雨花始現，與初祖相見處。金陵勝境古蹟，詳見後篇。路中與何善士語云：「得人善言，如獲金珠寶玉；見人善言，美於詩賦文章；聽人善言，樂於鐘鼓琴瑟。」五里，三界寺。銅佛頭，四面像。廿七里，牛首山，普覺寺，有辟支塔、觀音石、甘露泉等勝。

下坡，又上十里，獻花岩，花岩寺，融祖禪師趺坐天女獻花之地，有神蛇塔、老虎洞。三里，幽棲寺。祖師洞，四祖訪融祖之處，洞中所書「佛」字猶存。洗鉢泉。何公云：「與好人同居，如入芝蘭之室，久而不聞其香，即與之化矣；與不善同居，如入鮑魚之肆，久而不聞其臭，亦與之化矣。」

次早，各別而行。出大山門，三十里，江陵鎮。六十里，采石鎮。三十里，太平府當塗縣。六十里，蕪湖縣。五十里，南陵縣。五十里，五顯廟。五十里，黃荆塔。六十里，青陽縣。

長江兩岸，有多數破圩，皆未修理，產量收穫減少，則貧民日多，苦矣。

四十里，九華山脚，二聖殿。客談：「時行方便，廣作陰功。」又一客言：「病從口入，禍從口出。」

上山七里，甘露寺，一天門。二里，半霄亭，龍池庵。二里，二天門。三里，望江亭。四里，三天門。五里，經太白堂，九華山塔前街，化城寺。左右寺庵林立。藏經閣請印，看菩薩鞋帽等件。三里，直上，地藏菩薩真身塔。禮塔僧俗人多，皆是虔心敬禮。有念「地藏王菩薩」，有念「阿彌陀佛」，等等不同，聽人發心。五里，東岩，地藏菩薩結茅處。二里，觀音峯，百歲宮。五里，老虎洞。仍回塔前街宿。

三里，回香閣。經閔園，陡上小天台，過德雲庵。五里，長生洞。與昌師同行。師言：「我昔所造諸惡業，皆由無始貪瞋癡。從身語意之所生，一切我今皆懺悔。」一里許，朝陽洞。二里，吊橋。一里許，觀音峯。一里，拜經台，紅鬚子羅漢重興。昌師留住。師開示十者回向、各種發願文。有猿猴至廚窗要飯吃，爭食相打。雖可笑，亦可憫也。

次朝，師送三里，至小天台頂，捧日亭，餘室被焚。下看三十六峯，師指云：「正南半天之中，即是黃山。」此處東去羅漢墩，再上日照茅蓬。天台後山，有廟四處。下坡五里，黃幽溪，五里亭。陡下，三十里，羊腸鳥道。沿途山崗坡底，亦能開墾農場，種植森林，自然民豐國富。途中無人，崎嶇難行。毛草中野獸頗多，幸昌師與我毛竹筒，聞響即逃。坡底，陵陽鎮。四十里，銅官寺。琉璃嶺，宿。

七里，石埭縣。時有張公同路，談孔子三圖計：「一身之計在於勤，一年之計在於春，一日之計在於寅。」廿里，觀音橋。十五里，望岩嶺，甘棠鎮。廿五里，黃山腳庵，住。

十五里，上山，經芙蓉嶺，松谷庵。主人開示：「但得心頭無我相，於中幻跡亦消磨。休於格外求奇特，求得玄機也是魔。」山中幽秀非常，無心觀看。十五里，獅子峯，有林，住二老僧有道，開示裴相國送子出家故事。有詩云：「江南江北鷓鴣啼，送子忙忙出虎溪。行到水窮山盡處，自然得個轉身時。」又詩云：「含悲送子入空門，朝夕應當種善根。身眼莫隨財色染，道心須向歲寒存。看經念佛依師教，苦志明心報四恩。他日忽然成大器，人間天上獨稱尊。」留住數日。

三十里，經天海、蓮花峯、閻王壁，至文殊院。圓老上人開示云：「念身不求無病，身無病則貪欲易生；處世不求無難，事無難則驕奢必起。」亦住數天。

下山，經天都峯。此處產雲霧茶、萬年松。過天門坎、蓮花洞、小心坡、仙度橋、一線天、石崖，沿途勝蹟頗多。三十里，硃砂庵，即慈光寺。主人出外，淨師代理。所示：「面上無瞋是供養，口裏無瞋出妙香，心上無瞋無價寶，不斷不滅是真常。」三里許，溫泉，硃砂水一浴，仍回慈光住。

次早，再浴，出山。七里，湯口。七十里，屯溪。搭船蒲團子按「搭」，國光印書局版作「塔」，據上海佛學書局一九四八年版改，沿途灘河，龍飛鳳舞入錢塘，石峯如削，石子如星，行舟危險非常。同舟汪君，朝白岳來，言：「傷人之語，痛如刀刺。刀瘡易好，惡語難消。口是傷人斧，言是割舌刀。閉口深藏舌，安身處處牢。」

經過雲頭潭、慈灘。舟中許善士談古語云：「鳥窮則啄，獸窮則攫；人窮則詐，馬窮則跌。著意栽花花不發，無心插柳柳成陰。」

經淳安縣、遂安港，過瓦窰、倒插潭，抵嚴州府建德縣。許君又談：「清貧常樂，濁富多憂；作惡禍生，煩惱病生。良田萬頃，不如薄藝隨身。」

經橫港、釣台、桐廬縣、新城港，過富陽縣、魚浦口、六和塔，抵杭州錢塘江。

自徽至杭，兩岸江濱，有許多地方可以築堤蓄水種田，增加莫大生產，鄉村自然豐富，人民就可安樂也。

上岸，大碼頭。經梵天寺、萬松嶺、淨慈寺，濟祖應化之地。經石屋洞、濟祖塔、虎跑泉、理安寺，走煙霞洞、龍井、法相寺，至天竺山。

所有三山聖境古蹟，岩洞勝景，庵宮寺院，詳載後篇復遊中，茲不多述。

第二篇　泰山　北京西山　五台山

清光緒十七年辛卯

由淮安府山陽縣陸行。

廿五里，板閘。　十五里，清江浦。　時有田少雲道者，往沂州，同路。沿途談：「濟人之急，救人之危，樂人之善，憫人之凶。」　十里，過黃河、王家營。黃河上、中、下游，大都淤塞，當道如能注意，報告國家，徹底設法，實行浚河，利益不可思議也。　三十里，漁溝，宿。

六十里，眾興集。　五十里，仰花舖，住。

五十里，順河集。　五十里，司務，宿。

五十里，紅花舖。　六十里，郯城縣，住。　田公談：　「大富貴人，多從修福德來。如般若正智不忘，則來生高位，五欲具足，而心時在道。」

六十里，李家莊。　五十里，沂州府，蘭山縣，宿。　田公談：　「經目之事，猶恐未真；

背後之言，豈足深信？人不知己過，牛不知力大。」

五十里，半城。六十里，青駝寺，住。

三十里，翁眾城。六十里，鰲陽，住。

八十里，楊柳店，宿。與田公分路。日日清談，得益良多。又有范、王二君，朝岳同行，說：「知恩報恩，風光和雅；有恩不報，非爲人也。」存誠之道，不妄語也。

五十里，崔家莊。王君談：「日食三餐，每念農人之苦；身被一縷，常思織女之勞。一星之火，能燒萬頃之薪；半句非言，誤損平生之福。」五十里，泰安府泰安縣，住。城內岱岳廟偉大，有温涼玉圭等寶，羽士居。

出北門，五里，紅門宮，孔夫子登泰山處，今僧家居。上山廿五里，由金石玉、回馬嶺、五大夫松。十五里，瀑布，南天門，天街，岱岳聖母殿，銅碑。五里，觀音洞，捨身岩，觀日峯，泰山極頂，住東岳廟。范公曰：「人生智未生，智生人亦老；心智一切生，不覺無常到。」時有叔姪爭產，對神明心。王老勸云：「一派青山景色幽，前人田土後人收；後人收得莫歡喜，還有收人在後頭。」

次早，五六人觀海日出。五里，後石塢。相傳聖母修道處，有墓在焉。怪石奇松，最幽之地，内住五六人，所談儒、釋、道三教同源之理。仕丈人峯，大觀岱岳諸勝，概在眼底。留住三日，下山。范公談：「欲識其人，先觀其友。君臣不信國不安，父子不信家不睦，兄弟不信情不親，朋友不信交易疏。」陳君言：「溪壑易盈，人心難滿。」經萬丈碑書院，古柏異香。

五十里，日照寺。五十里，往後山。途中見人以小刀取大樹。范公說：「孔子云：『工欲善其事，必先利其器。』」淨妙之境，幽秀非常，別有洞天。傍有孔氏之後青雲先生，往京，順遊岱岳，曰：「言不中理，不如不言；一言不中，千言無用。刀瘡易好，惡語難消。」

次朝，下山，范、王諸君，朝畢回家，余與孔君同往京師。途間孔談康節先生言：「有人來問卜，如何是禍福？我虧人是禍，人虧我是福。」四十里，店台。五十里，張廈，宿。孔君談：「蘇東坡曰：『無故而得千金，不有大福，必有大禍。』」又云：「福來會收，禍來會救。」

五十里，杜家廟。五十里，宴城，宿。孔君云：「愛人者人愛之，敬人者人敬之，公心若比私心，何事不辦？」

五十里，禹城縣。五十里，平原，住。

五十里，黃河涯。孔談：「尺璧非寶，寸陰是金。」三十里，德州，住。

四十里，桑園。三十五里，蓮鎮。廿里，東光縣，宿。

四十里，保頭。　七十里，滄州，住。

四十里，新集。　孔老云：「久住令人賤，頻來親也疏。但看三五日，相見不如初。」六十里，唐官屯，宿。

六十里，靜海縣。　八十里，天津府縣，住。大悲院主人詢余沿途人民純厚否。答：「最好。」並談：「黃金千兩未爲貴，得人一語勝千金。天時不如地利，地利不如人和。遠水難救近火，遠親不如近鄰。入山擒虎易，開口靠人難。」孔君談：「千金易得，好語難求。求人不如求己，能受不如能推。知事少時煩惱少，識人多處是非多。」

五十里，老米店。　七十里，河西驛。　七十里，和合驛。　七十里，張家灣。　十五里，北通州。

余自蘇至京，陸行二千餘里，經過山林曠野，都市村莊，人民大多不肯墾荒浚河，若遇久旱，則無水救濟，久雨又苦水無放洩之處。地方當道，如能設法使水有出路，旱有救濟，人民自然豐富安樂矣。

四十里，北京城，皇城、景山、後宰門、西方境、西苑、萬善殿、紫光閣等勝。大城內，龍鳳寺；　南城內，天壇、琉璃廠；　紫禁城內，皇宮。順天府，大興、宛平二縣。進東門，過賢良寺，至栢林寺。孔君來，皆寓此，有大藏經版。昆峯當家之師老和尚開示：「娑婆世界，不能藏身久；　光陰有限，莫待死臨頭。名聞利養總是空，世俗恩愛終分手，冤緣相會不到頭。」

次朝，與孔、昆二公同往雍和宮，喇嘛叢林，數百人。時逢光緒皇帝進香，肅靜異常。又與文、劉、孔、昆諸君，搭轎車，同往大旃檀寺，禮旃檀佛像。昆老談：「人貧志短，福至心靈。嫩草怕霜霜怕日，惡人自有惡人磨。」許公說：「閒中檢點平生事，靜裏思量日所爲。」萬壽寺看造成四大名山之勝。午後，文老談：「寬性寬懷過幾年，人死人生在眼前；　隨高隨下隨緣過，或長或短莫埋怨。自有自無休歎息，家貧家富總由天；　平生衣祿隨緣度，一日清閒一日仙。」到大鐘寺，看大鐘，上有華嚴經一部，金剛經鎖邊。余問五台山路。僧云：「路上難行，不甚太平。」

次早，許公說：「妙藥難醫冤業病，橫財不富命窮人。藥醫不死病，佛化有緣人。」昆老與文、許諸公遊圓明園、綺春園。余與劉、孔二公朝西山各寺。山坡之下，見有女屍被盜，赤身，數狗爭食屍身，鄉人趕來打死一狗。孔云：「此係有錢惹禍也。」廿里，碧雲寺。劉先生問往五台途程。長者曰：「山路崎嶇少人行，不易之事也。」寺有西藏石塔數座。劉公與主談古語云：「閒居慎勿說無妨，纔說無妨便有妨。爽口物多終作病，快心之事多爲殃。與其病後方求藥，不若從前能自防。饒人不是癡，過後得便宜。」七里，玉泉山，山下有湖。十里，香積寺。劉公詢五台道路。僧答：「可問臥佛當家便知。」廿里，臥佛寺。劉公代余訪問往五台山路程。方丈說：「吾僧家朝五台的人希少，可問旃檀寺當家也。」廿里，龍潭。當家言：「禮佛者敬佛之德，念佛者感佛之恩，看經者明佛之理，坐禪者登佛之境，得悟者證佛之道。」三十里，李家莊，旃檀寺，禮楞嚴壇。陳老談漢書曰：「勢交者近，勢盡而亡；財交者密，財盡則疏；色交者親，色衰義絕。」劉公談：「自知者不怨人，知命者不怨天。喜怒在心，言出於口，不可不慎也。」

次早，諸公請求老當家開明往五台道里記，不下千里。當家師勸余：「出家方可行脚訪道，磨煉身心，千里不帶柴和米，萬里不要零用錢，有寺好掛單，逢廟便趕齋，隨地應經懺，處處好化緣。如做居士，朝山參學，有寺不好宿，有廟不能飯，有錢不能帶，無錢不能行，難哉苦矣。」余答：「自愧無道，不敢出家。諺云：『不耕而食，不織而衣。』若無真正道德，不能消受，罪過大矣。學人之志，願食野菜草根充饑，不沾世人絲毫。」頂禮告辭。

諸居士回京，余仍孤行。叢山峻嶺，過萬里長城，往五台、終南，朝峨嵋，禮雞足，雲水飄然而去。彼時入山不看山中景，渡水不觀取魚人。所有一切名勝古蹟，無心考察，未能記載，詳見以後諸篇。

第三篇　峨嵋山　火燄山　雞足山

清光緒十七年辛卯

自成都出遊，山青水秀，氣象新鮮，出產豐富，食品精美。文殊院道風興盛。有師云：「學道人先戒婬殺諸慾，然後纔能修證；行脚磨煉身心，日久自能解脱。」龍源寺，昔日西域高僧住所。秦時石牛，身刻經文，字已不明。約數百步，有假山，即俗傳支機石也。

十里，草堂寺，有杜少陵像。向主者求道，答：「善事可作，惡事莫爲。」三里，青羊宮，太上老君化道之地。

由省城東門外乘船。八十里，青龍場。三十里，彭山縣。上岸，宿。

次早上船，三十里，太和場。廿里，郿州。六十里，夾江縣。舟中客多，皆是來朝峨嵋者。客說：「濟人利物，寸心不昧，萬法皆明。」九十里，嘉定府樂山縣。對河大石佛寺，留詠石，坡公書室。

仍由府城陸行。　十五里，茶亭。　廿里，草溪渡。　廿里，蘇溪。于君談：「得寵思辱，安居慮危。念念猶如臨敵日，心心常思過橋時。」　五十里，峨嵋縣。進東門，出南門，即峨山脚。至頂一百廿里，山有七重銀色世界。經登峯第一坊，住。保寧寺前，林木森深，別有佳境。

次早，經楠木坪，傍有龍門大峨水。　廿里，至伏虎寺。對澗二坪，善覺寺。　四十里，經涼風洞，上坡華嚴寺，過馬鞍山、萬福橋、飛流界、雙飛橋，息。于老云：「不言無益之語，不入無益之境，不做無益之事，不近無益之人。」傍坐長老云：「內覺無諸妄念，外覺不染六塵。」茅蓬長者曰：「未曾生我誰知我，生我之時我是誰。」長老導看雙龍奪珠，水中種種奇勝。至三大殿住。禮大行普賢王，坐大白象。

次早再上，十里，經點心坡，奇險。觀心道。至此萬緣皆息，纖塵不立。　五里，長老坪，雲海一覽。　十里，經蒲公庵，華嚴頂。主人云：「先從懺悔忍辱入手做去。」于老云：「誠無悔，恕無怨，和無仇，忍無辱，懼法朝朝樂，欺公日日憂。」　五里，蓮花石。由雙飛橋分路上山，至此合路。由此崎嶇更險。　五里，洗象池。當家開示：「獨坐澄心，萬緣放下；靜裏消息，朗照太虛。」　五里，大乘寺，用木板當瓦蓋。求示。長老云：「佛法如海，唯信能入。」　上五里，雷洞坪。經胡孫梯、三倒拐，最難行。　三里，觀音岩，太子坊，歡喜亭，峨山之險已去矣。　七里，經天門石。　是時風雪交加，嚴寒非常。過七天橋，真身塔，相傳普賢菩薩真身在焉。　里許，錫瓦殿，宿。　長老開示：「多年古鏡要磨功，垢盡塵消始得融；　靜念投於亂念裏，亂心全入靜心中。」梵宮林立，上華嚴禪林，上有祖殿。　再上金頂，敬禮大行普賢王菩薩銅瓦殿金身。　覲光台，天晴可見。　殿中銅像莊嚴，清涼之風，令人絕想，真妙境也，即古光相寺，又名普光殿。　是朝晴霽，瑞師同往千佛頂、萬佛頂。　云：「此處好一個茅蓬基，羣山俯首，萬壑爭流，東觀滄海，西望雪山崑崙，南看六詔，北覲幽燕長城。」午後上台，覲光一現，即被雲霧蓋覆不見矣。　頃刻風雪交加，已成銀色世界。　仍歸錫瓦殿住。　僧俗多人請開示。　長老云：「流光易度，幻形匪堅。　凡心未盡，聖果未圓。　可懼可憂，可嗟可歎。」

山中留住數日，見聞頗多。　每年六月十五日大會，山內西藏朝拜者，絡繹不絕。　山中出峨參、峨茶、峨木、峨蓮、萬年松、放光石等等。

下山，由蓮花石分路，往九老洞，趙公明修道處。　當家談：「香客來山登臨，要誠心禮拜，遇晴天，可覲寶光。　相傳超出七天，已非凡境。　猶恐障深慧淺，忽然雲霧迷漫，風雪交加。　必須至誠，則有感也。」

次早，數客往大坪，忽遇猿猴數十，擋阻去路，幸有數客將饅頭拋入山坡下，眾猴爭食而去。我等至大坪，主人云：「處世若大夢，必須看得真。任汝千般快樂，無常終是到來。」經蛇倒退，山路崎嶇，危險非常。至洪椿坪，午餐畢，數人同行，又遇猿猴，余將乾饅頭打碎，丟入岩下，一齊去奪，遂不見矣。仍宿寶寧寺。

次早，至峨嵋縣。于老返成都，余獨行。三十里，張崗，入山。四十里，木城場。行約廿餘里，谷中小道，少人行。遇有一人，持棍檢查，見余口袋內裝有皮糠數升，詢作何用。答：「當飯吃。」伊云：「去罷。」四十里，洪雅縣，有洪州勝蹟，舊傳諸葛武侯因水患繪製石圖以石釘釘洪州云。廿里，正戈街。四十里，竹井關。五十里，太和場。廿五里，大興場。遇一李善人同行，云：「人能咬得菜根，則百事可做。少壯不努力，老大徒傷悲。」廿里，雅州府。三十里，八步石。路傍有多人觀看，眾云驗屍，乃圖財害命之事，凶犯當場捉獲，冤冤相報也。廿里，飛龍關。廿五里，孟山營。十里，榮經縣，即孔明初擒孟獲處。仕城隍廟。當家說：「造燭求明，讀書求理。明以照暗室，理以照人心。」廿里，磨刀溪。三十五里，由黃泥舖，上大象嶺。途中見人兄弟爭鬧。李公曰：「忍耐好，忍耐好，『忍耐』二字真奇寶。一朝之忿不能忍，鬬勝爭强禍不小。身家由此破，性命多難保。逞權勢，結冤仇，後來要了不得了。讓人一步有何妨，量大福大無煩惱。」十里，大關。十五里，長老坪。有凍雲庵主談：「人心不可模糊，又不可疏忽，更不可執著，否則諸事不得自然。」李公曰：「此身常在閒散處，榮辱得失誰能差遣我；此心常在安靜中，是非利害誰能瞞昧我。」十里，自頂至草坪。十五里，廿四盤，清溪縣。十里，白溪關。三十五里，龍洞營。十里，藍家營。十里，盧林營。過大渡河，山水暴發，漲得快，落得快。山澗之水容易復原，世人之心則難滿足，將心比心，便是佛心。十五里，大樹鋪。廿里，晒經台，唐三藏晒經處。詩云：「一片晒經石，須知唐僧留；誰人能說法，莫教石點頭。」相傳建文君題。廿里，河南站。四十里，深溝。觀音閣當家真蓮有道。因風雨阻留，息一日。當家談忍辱法云：「休添心上火，只作耳邊風；長短家家有，炎涼處處同；是非無實相，究竟總是空。」李公言：「忍是身之寶，不忍禍之殃。」

六十里，海棠，與李公分路。四十里，撩葉坪。四十里，利濟站。廿五里，猓玀河。三十里，越巂營，有城。六十里，由小峭上山。三十里，小象嶺。四十五里，猓玀關。三十里，冕山營。四十五里，啞泉，有孟獲廟。與客言：「人生禍福，念想造成。故佛云：『利欲熾然，即是火坑。』念頭不可不慎。」此處即三國時之啞泉，由武侯設法解之。林君說：「快意事不可多得，便宜事不可再往。口說不如身逢，耳聞不如眼見。」五里，瀘沽河，諸葛先生五月渡瀘之處。三十里，松泉。四十里，禮州。五十里，寧遠府西昌縣。　十里，磘山橋，古有孟獲城，今已無存。　五十里，黃連坡。　五十里，胡家灣。　三十里，一把傘。　四十里，觀音塘。時有行人互鬧。徐君談：「是非只爲多開口，煩惱皆因强出頭。忍一時之氣，免百日之憂。不忍不耐，百事不成。」　四十里，公母營。　廿里，摩婆營。　廿里，分水嶺。　十里，猫猫營，武侯塞。　廿里，夷門。前有二人帶狗打狼。徐君云：「龍游淺水遭蝦戲，虎落深坑被犬欺。」　廿里，塞坡營。　三十里，會理州。　六十五里，鳳山營。　四十里，小關河。　五十里，松平關。　三十里，由綠水河至界牌塘，四川、雲南交界處。　廿里，火燄山。山石赤色，冬無霜雪，氣候温暖，夏天極熱，無樹木，草現紅色。　五里，坡脚。　十五里，金沙江過渡。有人往親戚家借款未就，意欲投江，衆人拖住。徐老云：「求人不如求己。酒食親友好，急難無人問；　倚人都是假，跌倒自己扒。」　三十里，蒲草溝。　二十里，黃瓜園。　五里，坡上，中山寺。主談：「大道有岸，佛法無邊。」見有人打鳥，勸曰：「勸君莫打枝頭鳥，子在巢中望母歸。」

次晨，告別而行。　三十里，馬街。　廿里，已探河。　四十里，上浪巴。　四十里，鐵廠。　四十里，黃泥坡。　三十里，象子坡。　三十里，大姚縣。宿觀音寺。時有妙道法師，禮雞山來談：「看經費眼力，作福畏奔波；　何以度心眼，一聲『阿彌陀』。」　四十里，鍋廠。　四十里，龍珠庵。　廿里，白鹽井。　十五里，上坡，甘露庵。　四十里，孔仙橋。遇有二客同路，說：「白髮不隨老人去，淅淅又上少年頭；月到十五光明少，人到終年萬事休。」　十里，人投關。　五十里，黃草哨。　四十里，米店。　三十里，喬店。　四十里，賓川州。住玉皇閣。

五十里，牛井。萬壽宮。主人言：「春日纔看楊柳綠，秋風又見菊花黃；榮華終是三更夢，富貴還同九月霜。」　六十里，拈花寺。吳公談：「老病生死誰能替，酸甜苦辣自承當。」　廿里，沙址村，西雞足山脚，有「靈山一會」坊，傍有雞足大王廟。入山有東西二路，二客走西，余走東路。　五里，大士閣，留宿。當家與客閒談：「青山綠水依然在，爲人一死不相逢。」

次朝，上坡，得師同行。　五里，興雲寺。　三里，龍華寺。　三里，石鐘寺。　五里，大覺寺。　三里，寂光寺。千里來進香者，多從西域東來。由中國來朝拜者，亦不少。就是言語不通，幸有翻譯。　五里，彌勒院。　五里，錦襴寺，有迦葉尊者真像，乃西天初祖。此像係二祖阿難親造，靈異非常。　三里，銅瓦殿，住。數百步，華首門，天然聖蹟，生成城門，在岩壁千仞中，左右雙護塔。昔尊者在崖中入定，待彌勒出世。

次朝，朝頂。　三里，金頂，朝禮正殿迦葉尊者，大殿供佛。頂平而長，形如雞足，故稱雞足山。寺內住老僧一人。得師談云：「廝因香重身先死，蠶爲絲多命早亡。」留午飯，邀覩佛光。適湊其巧，五色霞光將現，佛在其中，亦將余等四人攝入光內，同見一人，余動伊亦動，奇哉怪哉，他山無此現象。約三四十分鐘，光即不見矣。法師云：「山上晴天，山下打雷。」隨與師至華首門一觀，聞得半山雷雨之聲，亦奇怪也。寓銅瓦殿。

余在山見聞頗多，得益不少。一覩佛光，二見山下雷雨。唯亦有人日夜禮華首門來觀靈異而不得一見者。一日，九重岩後山有黃黑二種猴爭食，亂打數小時，經人鳴鑼散去，兩猴類死傷十條餘。人爲財死，猴爲食亡，苦哉！經由獅子林、栴檀林、古難陀寺、鐘鼓峯、極樂庵、鉢槐庵、悉檀寺，林中見有老熊，聞響聲及人聲，即飛跑而去，據云食人心肝爲常事。文筆峯禮靜聞長老骨塔，塔院壯觀。淨禪大師云：「貪瞋不肯捨，徒勞讀諸經；看方不服藥，病從何處輕。」送余下山。

山中天氣，陰雨連綿時多，晴時希少。

第四篇　昆明西山　黔靈山　南岳衡山

清光緒十七年辛卯

由雲南省西山普賢祠、華亭、太華寺，遇妙雨法師。見有打鳥者，勸之曰：「人人愛命，物物貪生。世間最苦者饑荒，天下最慘者殺傷。」佛崖寺，觀昆明池，水出螳螂江，與灑江、金沙江，匯於四川雅州，經入長江歸海。

次早，與師搭小舟。舟中有人進省告狀，師勸曰：「勸君莫結冤，冤深難解結。一日結成仇，千日解不澈。若將恩報冤，如湯去消雪。若將冤報冤，如狼重見蝎。我見結冤人，盡被冤磨折。」普陀岩，花草頗盛。師云：「近水樓台先得月，向陽花木早逢春。」岩洞奇觀，妙景極多。有金馬碧雞故事，詳見後記。三十里，上岸，大觀樓。經五華山，至圓通寺，宿。師開示云：「蘇東坡曰：『佛以大圓覺，充滿河沙界。我以顛倒想，出沒生死中。我造無始業，本來一念生。既從一念生，還從一念滅。滅盡與佛同，佛亦眾生來。如水投海中，如風鼓橐內。雖有大聖智，亦不能分別。』」

師與余次日出東門。三十里，由鸚鵡庵上金馬山，有吳三桂金殿，今即真武銅殿，建築壯觀。師回省城，余獨行。九十里，小哨塘。九十里，關嶺。九十里，馬龍州，遇有曾、林二公同寓，談處世話：「守口如瓶，防意如城。責人之心責己，恕己之心恕人。寧可負我，切莫負人。」三十五里，玉龍庵。四十里，霑益州。二公坐轎，余步行，晚仍同寓。

五十里，茶亭寺。山坡見有人赤身臥地，下部被割，血流不止，痛哭叫苦。傍有人言：「自作自受。」犯姦媱也。五十里，清溪洞。洞深莧遠，內有石鐘、石鼓、石花、石菓等勝，到者方知別有天地。三里，平彝縣，仍同寓。

十五里，「滇南勝境」坊，雲、貴交界處。石乩亭，看石龍。九十里，海子鋪。連日微風細雨。休息一日。觀音閣主言：「耳目見聞爲外賊，情欲意識爲內賊，主人惺惺不昧，賊化爲家人矣。」

十里，馬家莊分路，有新老二道，老路爲最高，山名江西坡，人人聞之吐舌，個個聽之搖頭。今走新路。九十里，上塞塘。五十里，老鷹岩。上下十五里，險峻崎嶇，陰雨難行。三十五里，阿都田。曾公談：「畫龍畫虎難畫骨，知人知面不知心。君子好與事，小人願難滿。」五十五里，打鐵關，即拉邦坡頂。一百里，黃菓樹。林老談：「意合則吴越相親，意不合則骨肉爲仇敵。樂極則悲，久合必離，勢盛必衰，物極必反，否極泰來。」此地新老合路。看大瀑布、分路碑、老陽陰新彌陀碑。　三十五里，鎮寧州。　六十里，安順府普定縣。　八十五里，安平縣。又與乘轎嚴君同行談：「貧居鬧市無人問，富居深山有遠親。一家飽暖千家怨，半世功名百世冤。」　六十里，清鎮縣。　三十里，狗場。　廿五里，三橋。伊等坐轎直下省城，余往靈山。

十里，經聖水泉，看奇水石。至黔靈山弘福寺，貴州風景勝地也。主人開示云：「一念貪私，化剛爲柔，塞智爲昏，去潔爲污，壞了一身名譽，故古人以不貪爲寶也。」

廣西省桂林，素稱山水甲於天下，洞窟幽深，峯巒奇異。

九十五里，百子舖。　四十里，興安縣。　六十里，板山。途中客談：「結怨於人，謂之種禍。」　四十里，赤關。　四十里，湘山壽佛寺，佛真身在塔中。妙明寶塔傍有護法神，威靈赫赫。主人談到靈異者，唯觀音大士悲心最切，度生最普，若能虔心持誦，菩薩隨念即感，切勿疑心爲要。　三十五里，土馬舖。　七十里，浮橋。永州府零陵縣東城外綠水庵，懷素禪師靜室，看師親筆石刻、棋盤石等件。　八十里，祁陽縣黄虎坪。某君云：「推古驗今，所以不惑。欲知未來，先察已往。」　三十里，浮嶺。　五十里，東河舖。　廿里，排山祖師殿。主談：「學道如牛毛，成道如麟角。因緣熟時，水到渠成。」　四十五里，茶亭。　三十里，亭子山頭塘。　十里，正中亭。　某君曰：「鏡以照面，智以照心。心明則塵埃不染，智明則邪惡不生。誠信之至，吳越皆爲兄弟。」　五里，花欒山。有寺，宋徽宗御弟瓊俊禪師道場。有亭碑石。某君談：「賢人多財損其智，愚人多財益其過。禮防君子，律防小人。」　三里，南岳衡山之首迴雁峯，敕賜乘雲寺，道風頗好。

次朝，進衡州府衡陽縣。　出城十里，埜塘鋪。　四十里，九渡鋪，通省大道，今走内路。　廿五里，店門。香客自千百里外來此朝拜，通宵達旦，絡繹不絕。途中客談：「凡事留人情，後來好相見。」　三里，衡山七十二峯，南岳街，謁岳廟衡山大帝，其殿高大巍巍，國中第一。　直上祝融峯，敬禮畢，與客僧往南天門懶殘岩。途中談「千僧無一衲子，時光不可空過，佛經不可不讀，宗門不能隨便問答」等語。　經磨鏡台，禮懷祖塔。　至復嚴寺。方丈外出，堂主陪客。是晚談：「心生業有，心滅業空。萬里無雲，月印江中。」

次日，與客師往雞公岩，訪寄禪上人。詩云：「雲霧山高路又遥，溪邊黃葉水上飄。爭似老僧常不動，長年無事坐逍遥。」飯畢，開示：「念起便覺，不可隨境所轉。轉禍爲福，起死回生關頭，切莫當面錯過。」

第五篇　金山　焦山　寶華山　大茅山

清光緒十八年壬辰

正月

初八日　由淮安圓明蘭若，沿運堤陸行。　四十里，平河橋。出街適遇益林潘大先生朝大茅山，同行。談及大劫將臨，我等學道之人，要發廣大心，捨己利人，救濟一切，普渡眾生。　四十里，寶應縣。宿泰山寺，香火之地。時有超凡、宏台二師，與潘公相識，殷勤招待。互談救人之難、濟人之急，難行之法、如何進行等語。

初十日　四十里，氾水鎮。　廿里，界首鎮。潘公勸化世人「諸惡莫作，眾善奉行」。

十一日　廿里，六安閘。　四十里，高郵州御碼頭。東門秦游台，風景幽雅。潘老談水利：「湖底淤高，下河各縣，受害不淺。當道如能發意浚河，功德不可思議也。」

十二日　出南門，經南關壩、新壩、五里壩、車邏、昭關等壩，皆是歸海。黃、淮二水泛瀾，先開通江各壩。如水再大，開入海等壩。乃下河數縣生命關頭。三十里，露筋娘娘廟，稍息。潘公談「救人自救，害人自害」等語，聽者大爲感動。三十六里，邵伯鎮。鐵牛灣，相傳劉伯温治水處。

十三日 三里，六閘。十里，經普賢墩、陳家溝。十里，灣頭。十五里，揚州。

十四日 往北門外。經天寧、重寧，氣象宏大。觀音山，茂林圍繞，殿宇輝煌，香火盛旺，非常靈異。潘公談：「無力放生，先行戒殺；有心爲善，切莫欺天。」往遊平山堂、小金山，風景極佳，文人雅士，絡繹不絕。回觀音山宿。

十六日 經東關，城内瓊花觀，昔隋煬帝來遊看花，今則空觀而已。滄桑幾更，人事不同，真可歎也！四望亭，綠牡丹駱宏勳故事。亭猶存焉，英雄何在？亦可悲也。出南門，文峯塔。十五里，三叉河，高旻寺，乃宗門之法幢，清乾隆帝曾遊此。雍正時，高僧天慧徹祖，道風大振。常住數百人。適首座朗老在客堂招待。潘君請開示。朗公云：「汝欲學道，先明因果。起心動念即是因，善惡之報即是果。要知前世因，今生受者是；欲知後世果，今生作者是。」

十九日 廿里，瓜州。十五里，乘義渡過江，鎮江府。上岸，觀音洞，香火頗旺。三里，金山寺。見方丈，潘君請開示。秋老云：「先盡人事，然後發菩提心。從靜中觀人忙，纔得超塵脱俗。遇忙處會偷閒，是安身立命工夫。」知客談：「『紅羊』時，本山遭大劫，由曾、左、李、彭諸大名人，發起重建。藏經樓、大殿、禪堂、妙高台、佛印樓，先後落成。蘇東坡玉帶，永鎮山門。唯山頂寶塔空洞，『紅羊』火焚未修。法海洞、朝陽洞、中泠泉、仙人洞、蘄王殿、忠臣等祠，一覽道風，爲三江之冠。常居數百人。」禪堂坐香，聽開示，頭頭是道，法法貫通。

廿二日　雨後看山色，江上觀波濤。　十二里，南門外鶴林寺，有杜鵑樓。　五里，竹林寺，松竹清幽。獅子窟。　三里，招隱寺，峯巒幽奇；　望江亭，山水大觀。

廿三日　大雨。

廿四日　十里，北門外甘露寺，龍泉試劍石，觀江樓。　渡江，焦山豎立江中，中流砥柱，昔日焦公修道處，故名焦山，有焦公洞。　別峯庵，花草茂盛，樹木清幽。　松寥閣，看朱太祖像、龍蛋奇物。　鶴鳴庵，有瘞鶴銘碑。　定慧寺，淨門叢林。　潘君請知客帶至方丈，開示云：「看破有盡身軀，萬境之塵緣自息；　悟入無懷境界，一輪之心月獨明。」清言有味。各房細看墨寶古蹟。

廿七日　紅船渡江，潘君直往茅山，余獨行。　三十里，高資鎮。　三十里，空青山，有誌公泉，山高清秀，行道之所，唯發心者希。

廿八日　三十里，下蜀。　三十里，龍潭。定水庵，華山下院。　十五里，寶華山，慧居寺，古隆昌寺，天下戒壇第一，常住數百人，道風行戒。蓮華域，環翠樓，戒公池，八方亭，四望亭，拜經台，龍池，諸祖塔院，一葉庵。「紅羊」劫後，由聖性老和尚重興，傳有二法子。長者大霖，羅漢形像，道德高上，留余小住，常談因果報應，言律學戒法頗詳，話心性，論教義公案，開我迷途。

三月

初五日　下山。　十五里，東陽鎮。　五里，牌頭庵，慈蔭律院。此去有溫泉，在山澗中沐浴。　三十里，靈谷寺。代理本根師，同看無梁殿、八功德水、誌公塔、玉帶白菓、十里松。

初六日　七十里，句容縣。

初七日　五十里，大茅山。山有三峯，障於半天，秀接長空，周約三十餘里，高約三里許。道云第一洞天、第八福地。山麓南正街，飯店客寓林立，專住香客。東街頭上山大道，有大碑豎立，三橫字「大明律」，下書「不許婦女上山進香」。話雖如此，但婦女入山進香者仍眾。曲折而上，沿途山洞、仙景頗多。　三里，大茅峯山門，大棋欄大殿，供奉三茅真君。內有六房道士，皆依香火生活。面向東南，前低後高。唯大茅宮香火極盛。

初八日　二里許，二茅宮，香火次之。有二羽士誦金剛經。

初九日　約三里，三茅宮，香火極微，一人看門而已。禮畢，引余由北山小徑，三里許，乾元觀。宮殿古色，茂林深幽，乃行道之所。內有三五人，皆是修煉之士。留住。指示修身之法三花聚頂、五氣朝元、水火既濟等工夫。一道者言：「意粗性躁，一事無成；心平氣和，千祥雲集。真人云：『身在天地後，心在天地前；身在萬物中，心在萬物上。』」

第六篇　磬山　四洲山　觀音山　杭州諸山

光緒壬辰

三月

十一日　由大茅峯麓，廿五里，搭夜航船。舟中客談：「舉步勿傷蟲蟻，禁火勿燒山林。修崎嶇之路，造往來之橋。」

十二日　至溧陽縣，城頗錦秀，風氣極佳。

十三日　陸行。途中有二人同行。一苦人缺少路費，一人將長衫脱下助之，乃濟人之急也。　九十里，宜興、荊溪二縣，城近太湖。

十四日　出南門。　三十里，丁、蜀二山，出粗細窰貨紫砂陶器，爲國中之冠。　十里，羅埠。　十五里，張渚山，出大宗毛竹。　十五里，磬山。其山如磬，故名。有寺，住廿餘人，住持有道，因山得名，有御碑鎮山。張公洞，乃張道陵修真處，中有飛崖瀑布，奇花異草，果然仙境，題詠亦多。

十六日 午後微雨，數里，海會寺，林木森森，風景幽盛。

十七日 過嶺，禹門，龍池寺，住僧三人，幻有祖師塔在焉。

十八日 下山。 十五里山坡，行太湖浜，至烏溪關。 見太湖四邊淤塞，如能築堤造林，耕種生產，利莫大焉。 廿五里，長興縣，浙江湖州屬。

十九日 五十里，經梅溪鎮。 廿里，小市鎮，山中產大宗毛竹及藥材等等，江北湖廣人在此尋生活者頗衆。

廿日 五里，四洲山，暫住，採藥十餘天。

四月

初二日 經紅心橋、四安塘、楊家莊，至湖州李家港，搭船至弁山，龍華澄海寺。 六和泉，泉水清澈，花石磵上有茅蓬。

初四日 過天井嶺，羊腸鳥道，約廿里，白雀寺，觀世音菩薩行化之地，外省來朝者頗多。

初五日 經湖州城，搭夜航船。 九十里，武康縣。

初六日　九十里，拱宸橋，寓地藏殿。

初七日　十五里，半山，靜室數家，訪天朗禪師。

初八日　十五里，花塢，進口竹林，遮蔽天日。經肯庵、梅溪庵、樹雪林，直上白雲堆。靜室主人法成師，道心超羣。

初九日　往各靜室訪道。

初十日　十里，經龍居塢，有二茅蓬。尼僧居。老東岳，香客頗多。三里，秦亭山。三里，松木場，彌陀寺，内有崖壁，石刻大字彌陀經全部，沈善登書。里許，昭慶寺，殿宇宏大，古燃燈佛降生地，有戒壇，山門外對西湖，小市頗盛。昭慶經房，西行彌勒院，山上保叔塔。六條橋，蘇堤春曉，斷橋殘雪，平湖秋月，曲院荷風，聖恩寺，皇宮等勝。林處士放鶴亭，孤山梅嶼，行宮，文瀾閣，御書樓，西泠橋，與裏湖瑪瑙、招賢、葛仙廟等處。合路經岳坟，拜宋岳武穆王祠，門首看鐵人。後上紫雲洞。僧云：「靜居不隨流水動，安閒常笑白雲忙。」又至金鼓洞。

十一日　由大道南行，玉泉寺看大魚。往靈隱，即雲林寺，山門外呼猿洞、飛來峯，石刻佛多，寺内有五百羅漢堂。二里，韜光，昔呂祖煉丹處。聯曰：「樓觀滄海日，門對浙江湖。」北有雙峯插雲。上山五里，北高峯。

十二日　五里，經三天竺，法淨寺。二里，中天竺，法鏡寺，三生石，寶掌橋。一里，上天竺，法喜寺，入圓道門，禮天然觀世音菩薩。回出谷口，東南行，約五里，法相寺，定光佛肉身。六通寺，主人云：「忍辱耐煩，明因果，勤念佛。」

十三日　約十餘里，觀雷峯塔，即「雷峯夕照」。禮淨慈寺，濟祖吐金佛、宗鏡堂木井勝蹟。約三里，虎跑泉，林木清幽。濟祖塔院。

十四日　四里，玉皇山。五里，六和塔，開化寺，唐永明禪師建。三里，徐村。五里，理安寺。原路出徐村。十里，范村。七里，松竹並茂，老幹參天，雲棲寺在焉。禮蓮池大師骨塔。寺僧無多，今非昔比。

十五日　約三里，梅家塢，上郎當嶺。十二里，下坡。三里，龍井寺。住持談：「坐臥千聲佛，昏晨一炷香。」龍池翁家山產茶。約五里，南高峯，有廟，塔頂倒地，無人重修。下數十武，有無門洞，內住一僧。憶寒山詩：「今日岩前坐，坐久煙雲收；身上無塵垢，心中更無憂。」師用數息觀工夫，談至深夜。

十六日　下坡，約五里，赤山埠。約三里許，石屋嶺，石屋洞。三里，水樂洞。里許，煙霞洞。經大麥嶺，五里，茅家埠。乘舟往三潭印月，永明禪師庵，湖心亭。過湖，湧金門。三里許，上城隍山。二縣一府城隍廟，四圍廟宇林立，茶坊亦多，面對江海，後詣湖山，乃江山大觀。城中風景，全在目下。五里，出望江門，海潮寺，觀潮。

十七日 三里，鳳山門。三里，梵天寺，思齊大師道場。三里，勝果山，勝果寺，南宋故宮，趙氏排衙石，下慈雲嶺，八卦田。五里，淨因寺。約五里，天龍寺，即天龍一指道場。約里許，錢大王坟，即忠肅吳越王，乃浙江福主。

十八日 約十里，仍往南高峯無門洞。

十九日 約廿里，至上天竺。後上小徑崎嶇，石人嶺，有關廟。下坡。約十五里，留下鎮。三里，花塢，白雲堆，休息。

次朝，善權法師來談：「晚聞哭聲夜聞歌，世事無憑變幻多；歌哭兩忘心自淨，單單一句『阿彌陀』。」並說杭州風景古蹟甲天下，相傳十大勝景，四十八小景，乃是佛地。

第七篇　赤城山　雁蕩山　南明山　武夷山

光緒壬辰

杭州花塢茅蓬蓮成師說：「浮生若夢，一切皆空。人人知之，亦能言之，而終被名利所牽，五欲所縛，死而後已。苦哉苦哉！」師專門律宗，精嚴非常，今因母病，回家一走，邀余同往武彝山。

出鳳山門，過錢塘江，上岸皆沙，難行。四十五里，西興鎮，蕭山，宿。師說因果：「有修橋人，有拆橋人，此天堂、地獄之小因也；有坐轎人，有抬轎人，此天堂、地獄之小果也。」

八十里，紹興府山陰、會稽縣。師云：「水底魚，天邊雁，高可射兮低可釣，唯有人心不可料；天可度，地可量，唯有人心不可防。對面與語，心隔千里。」出南門，禹王廟，禹王陵，治水蝌蚪碑。廿五里，婁公埠，看晉時王右軍蘭亭序碑。仍由縣城東門搭夜航船。舟中師云：「點七層寶塔，不如暗處一燈。」八十里，嵩壩，搭船。一百里，仙岩公舘。　陸行四十里，嵊縣，遇雨。　三十里，新昌縣。　五里，大佛寺，大佛椅山，三世造成。傍有路，通天台後山。方丈談：「欲做精金美玉之人，定從烈火中鍊出；　要立掀天揭地之事，須向薄冰上履過。」師說：「貪是逐物於外，欲是情動於中。君子憂道不憂貧，丈夫謀道不謀食。」　四十里，會墅嶺。　六十里，關嶺。　四十里，天台縣，赤城山，玉京洞，住。

九十里，台州府臨海縣。　九十里，温嶺，禮雁山。師談：「量大福亦大，機深禍亦深。」　六十里，大荆鎮。　二十里，北雁蕩，靈岩寺。北斗洞，居羽士。觀音洞，居和尚。天然奇境。　廿里，經靈岩，羅漢寺，途觀龍湫瀑布，嶺外不見奇勝，反至谷中，干霄森然，諸峯怪奇，細觀方知其妙也。　四十里，樂清縣。　八十里，温州府永嘉縣，寓頭陀寺。諦閑法師引見方丈，云：「財施有盡，法施無窮；　財施欲界報，法施出三界報。」

次早，往江心寺，有雙塔。南城有吹台山，古傳王子晉吹笙處。東城有華蓋山，道書稱爲第十八洞天，黃帝時容成子修道處。三生石，謝公岩。昔謝靈運曾爲永嘉太守。　一百里，青田縣。　六十里，途中見二人相罵。師勸曰：「忍難忍之事，恕不明之人。寧結千人緣，莫順一人意。」石門雙峯，對峙如門，左有飛瀑數十丈，亦大觀也。　九十里，處州府麗水縣。三溪之流，圍繞府城。南城外，有南明山，亦名蒼嶺，又名括蒼山，高插雲霄。高陽洞有梁，王右軍觀之稱奇，故書「突星瀨」三字。寺中休息。主人言：「掃除貪瞋癡，斷絕殺盜婬。道明德立，足爲人師。」師言：「有心無相，相自心生；有相無心，相從心滅。有心用到無心處，知到無心又是誰。」

再行九天，經閩、浙交界處，繞道師家，日日微風細雨，路滑難行。經崇安縣，抵武夷山，言語難通，諸多不便。及到伊家，伊母已入土安葬矣。

經梅溪村古橋，乘義渡登岸。赤石茶市，商務頗盛。天后宮，華光廟，桃李園，武榮勝地。師與人言：「坐密室如通衢，馭寸心如六馬。」

下林洲，過雞母林，渡桂林岩、碧玉岩、彌陀岩、慧苑岩、青源岩、狗洞，到水坑，祖師廟，曼陀峯，東岳岩，火焰峯，天井岩，摕珠岩，三姑村，有坊，大小觀音岩，獅岩，虎岩，過武夷官渡，蘭湯村，武彝山，一曲書院，冲佑觀，問津亭，彭祖墓，萬年宮。師與人言：「欲量他人，先須自量；傷人之語，還是自傷。」看水光石、川石、巾石、猿石等勝。

上山，當仙台，遇雲長者云「用工之法，心光洞徹。無物不融，寂照河沙。了無罣礙，如鏡當台。胡來胡現，漢來漢現。光影相照，森羅萬象。皆從妙明流出」云云。止止庵，大王岩，會真廟，上有北斗峯，左有神通岩，右有仙鶴岩。三里，天鑑池，殿堂頗多。客說：「大辯若訥，大巧若拙，澄心清靜，可以安神。」左有亭峯、蘭谷岩，右有象鼻岩。三里，三姑石，天心岩，日昇岩。師與人談：「慾多傷神，財多累身。不學富貴相，常行澹泊風。」馬頭岩，石馬，石磊，象鼻峯，嵩岳岩，水濂洞瀑布，九井峯。有二客互爭，師曰：「無事被他罵，佯佯耳不聞。舌亦不須動，心亦不許瞋。關津無障礙，方是出塵人。」

上下馬坑，三才峯，李仙峯。御茶園有碑，看御茶園通仙井，天柱峯，方印石，七賢峯，一線天。右山臥龍潭，空谷傳聲，上有更衣台、老虎岩、五老峯。上虎嘯岩，天台穩步，凌霄峯，鏡台。左山棺木仙，機雞洞，大小藏峯，鐵牛桶，十地亭。師談：「謹則無憂，忍則無辱；靜則常安，儉則常足。」

左下二曲，上有玉女峯，右下架壑船。三曲大藏峯。四曲平村渡，石青蓬亭，羅漢洞。五曲書院。孫先生說：「患生於多慾，禍生於多貪。」

伏虎洞，雲窩，上宋文公祠，拭劍石，鈎魚台，上有小九曲，右石筍。上冲賓亭，上有天游岩，右有桃園洞，三仰峯，左天台庵。去仙人床，玉華峯，仙跡峯，大小嶺岩，上城高岩。師與人談：「百巧百成，不如一拙。未來休指望，過去勿思量。常將有日思無日，莫待無時想有時。」

下城高岩，雲峯岩，成雲峯，磨岩，香亭。六曲對岸，雲裘洲。七曲渡，二龜石，上水獅。八曲兆郎岩，樓閣岩，上百花莊。師與人說：「心安茅屋穩，性定菜根香；世事靜方見，人情淡始長。」

鳳林岩，香爐石，人面石，靈峯觀，左觀音岩，上相沙峯，福井，左有碧霞洞。師言：「風波境界立身難，處世規模要放寬；萬事盡從忙裏錯，此心須向靜中安。」

右下九曲，右上寒岩，白雲岩頂，東觀滄海日，西看峨嵋月，南覩羅浮春，北望蓮華雲。仍回觀音閣。定長老云：「登山耐險路，踏雪耐危橋。『耐』字極有意味，種種情境，若不得一『耐』字撐持，必墮入榛莽坑塹。如看破五欲皆空，耐去不行，是最上乘也。」

過星村浮橋，上老佛岩頂，遊山中岩洞，奇石異景。沿途庵宮寺院林立，皆可住宿。大都產茶，唯大紅袍最美。山水勝景極佳。故古人言：「臨終觀武彝九曲圖，可以超生。」東坡公云：「如觀西方極樂圖更佳。」

余因陰雨連綿，恐發山水，未能久停。成師於此留住，送余出山。云：「看書須看蓮池、蕅益、憨山、紫柏等集，讀經須讀五大部華嚴等經。」又云：「心内日用事，勿被五欲牽；如猿捉水月，捉月纔知難。送君千里，終須一別。」師去，余一人原路回天台，往普陀山度夏。諺云：「五湖四海爲上客，逍遥自在任我行。」

第八篇　廬山　南昌西山　雲居山　四祖山　五祖山

清光緒十九年癸巳

二月

初六日　至廬山東林遠公道場，看虎溪白蓮池。殿房數間，今非昔比，真可歎也。西林道風頗好。　三里，上山，經王陽明先生坊。　廿里，大天池寺。山高奇寒，多處積雪未化。　三里，佛手岩。　三里，大林寺。　五里，黃龍寺，娑羅樹二株，高十數丈。各寺只有一二人居，皆苦行僧。此時牯嶺無租界，荆棘少人行。　十五里，日照寺，山頂觀日。　五里，三疊泉，觀瀑亭。　約三十里，至海會寺。上看五老峯，時有二人取石耳，一人失足，墜岩而亡，人爲財死。下去白鹿洞書院。　十五里，棲賢寺，龍潭瀑布，神羅漢像。　十里，秀峯寺，看地獄變相圖。青玉峽。　十里，經黃岩觀瀑。　十里，萬杉寺，看五指樟、包龍圖書「龍虎嵐慶」四字。　十里，歸宗寺，看王右軍耶舍尊者像、墨池、鵝池、噴雪泉、右軍讀書處。觀音洞，三祖庵，金輪峯，舍利塔。此山乃撲天鳳勢寺基，右軍捨宅建寺。山中勝跡風景，詳見後記。各寺留住數日，每天貼飯錢三十文。

三月

初八日　三十里，經張韓嶺，珠璣街。　三十里，牛欄。　十里，小九華。

初九日　五里，吳城鎮乘船。舟中客談：「一船西來一船東，順逆風波勢不同。寄語順風船上客，來日未必是順風。」湖浜若周圍築堤，興辦農林，大有生產。　百里，至南昌府章江門，有先賢澹台墓。寓城內南海宮。

初十日　由塔下寺，往百花洲，又曰東湖，有滕王閣。

十一日　出惠民門。三十里，生米街。　三十里，西山。蒼翠橫空，雲飛鳥迷。萬壽宮，乃許真君修道處，香火盛旺，有孽龍井、響石等勝。

十二日　四十里，翠岩。白雲流水，翠滿長空，山中小徑，崎嶇難行。

十三日　七十里，經馬祖道場，至建昌府屬雲居山，真如寺。山巔四周蓮花城，朱晦庵先生讀書處，東坡佛印談禪地。經趙州關，仰天窩，東茅蓬。智根師云：「多靜坐以收心，寡酒色以清心，去嗜慾以養心，誦古訓以警心，悟至理以明心。」清言有味。

十六日　東下。三十里，白沙。　五十里，小江口。

十七日　過江。九十里，湖北廣濟縣，路通黃州，蘇長公賦赤壁處。

十八日　三十里，經五里坡，荊竹鋪，繼宗庵。　三十里，雙城驛。

十九日　五里，四祖山，蘄春屬。　一天門，漸入佳境。　五里，種松和尚塔，林木清幽。五祖前生，號種松道者，求道於四祖。　半里，傳法洞，五祖得心印處。　毗盧塔。　二里，花橋，碧玉流，四祖山，即西山，名雙峯。　正覺寺住持慧淨云：「木有根則榮，根壞則枯；魚有水則活，水涸則死。」大殿供奉禪師真身，今是香像。　所傳法器、寶印、千佛衣、鐵主杖、夜明珠、金盆，今失去矣。

廿日　三十里，石上休息，見山下水邊，有蝦蟆食百脚未完，來蛇又吞蝦蟆。　余慚無法施救，因果循環。　上山，高山寺，背詣高峯，雲滿谷中，峯幽怪秀，氣象雄厚。　羅漢洞，觀音洞，壘石最奇。　靜監祖師道場。

廿三日　下坡。　三里，妙高山。　十里，楊梅嶺。　三十五里，經石城廟，至東山，即五祖山。　南北山，老祖山，蓮花洞，受法洞，白蓮峯，有池。

廿六日　三里，講經台，活佛洞，中峯庵，方丈華香有道，談伊法弟惹病魔，常有男女用刀棍索命，衣自扯破，飯連碗食，口舌俱流血，此乃宿世冤業。　二里，聖母殿，大殿，麻城殿，真身殿，五祖弘忍禪師真身大殿，香桌羅紋石頗奇，相傳西域送來。

廿八日 七里，下山，經龍亭、真慧庵等處。

廿九日 五祖山，一天門。 廿五里，黃梅縣，西城外東禪寺，五祖菩薩道場，六祖證道之地。墜腰石，石刻偈云：「塊石繩穿祖跡留，曹溪血汗此中收； 應知一片東禪月，長照支那四百州。」進城，高塔寺，塔有奇境未見。甘濁港，離母墩。

四月

初二日 三十里，孔壠鎮，一宿庵，乃六祖回粵，五祖送此一宿處。

初三日 搭船。卅里，曹家壩。 十五里，清江鎮，即小池口。過江，南岸九江府藥師門，龍池寺煙水亭，能仁寺鎖江樓。 參觀後，仍返廬山。沿江兩岸，修圩築堤，大可種植生產。

第九篇　道場山　九華山　齊雲山　黃山　天目山

清光緒廿年甲午

三月

初十日　天氣晴和，遊道場山萬壽寺。岩谷清幽，秀出雲表。開山者伏虎禪師。中有龍池如鏡。嶺上有塔五級，登臨遥觀，太湖汪洋一片，湖州即在眼底。頃刻風起雲湧，瀰漫不見。白雲本是無心物，却被清風引出來。如身境根塵，本無一物，由無明風動，能見能現也。下山十里，湖州府，位居太湖東南。進南門，出青銅門，朝禮觀音山，松竹載道，白雀寺在焉。寺宇宏大，香火甚盛。

十一日　出西門，乘夜行船。三十里，四安塘。五十里，順林橋。舟中客談：「世人知求利之害，而不知好名爲害尤甚。利害粗而易見，名害細而難知。若有暗室虧心，神目如電也。」言次，到岸。

十二日　黎明，上岸陸行。四十里，泗安鎮。五十里，廣德州宿。途中多山。

十三日　微雨。五十里，四吉渡。十里，分界山，雨止天晴。四十五里，紅陵橋，宿。

十四日　廿里，金絲岡。四十里，寧國府。四十里，寒亭鎮，宿。

十五日　五十里，南陵縣。廿里，峨嶺。三十里，揚店舖。廿里，公館驛，宿。遇旅客數人談：「此生不學一可惜，此日閒過二可惜。一息不來，便成隔世。」又言：「他人騎馬我騎驢，仔細思量我不如；回頭又見推車漢，比上不足下有餘。」

十六日　三十里，石庵舖。四十里，青陽縣。遥觀九華諸峯，如青蓮九朵，雄據江上。入谷廿五里，九華山脚。二聖帝殿，宿。沿途山青水秀，林木幽森，出產頗豐，民眾富樂。

十七日　五里，茂林翠竹。頭天門，甘露寺在焉。五里，經二天門，半霄亭，龍池庵。坡下里許，燕子洞，有羽士肉身像。仍回大道，過望江亭，三天門，經太白堂，參拜化城寺。左右庵堂林立，寺前放生池，兩傍街市，店舖約三四十家。秋天朝拜人多，香會最盛。羣山圍繞，蒼松翠竹，秀溢雲嵐。其中美田千頃，出產頗豐。里許，上坡，經上禪堂，正天門，王靈官殿，據云靈感非常，過者心驚膽怯。西轉折北，爲十王殿，殿後上壁陡石級八十一層，即真身殿，中奉地藏菩薩肉身，四面刊菩薩像，諸衆禮敬。僧談：「唐時新羅國王子，航海來山，掛錫於此，相傳爲地藏菩薩化身。大士有誓云：『衆生度盡，方證菩提；地獄未空，誓不成佛。』故稱大願菩薩。」是夜守塔敬禮通宵。

十八日 晨，與雲水僧數人下坡至飯店餐畢，上坡，經松竹道，五里，東崖禪寺，爲十方叢林，傳地藏在此結茅修道處，石上有足跡在焉。峯頂東南行，經觀音峯，四圍老幹，中夾修竹甚茂。二里，至百歲宮叢林，有百歲公真身。出後門，經林間，過砂崗，小道崎嶇。三里許，下坡右行，山坳中岩壁間，有一小洞，名曰伏虎洞。外有庵數楹，內住一僧。上有怪石，登梯而上，長江如帶，大通即在目前。靜坐二三小時，至暮下來。

十九日 仍過山岡。五里，經觀音洞，至衹園寺，亦四叢林之一也。敬禮各殿，仍返禮真身塔。

廿日 大雨。時有朝山僧五六人守塔。某師開示云：「我等凡夫，福薄孽重，故要志心禮佛，磨煉身心，懺悔多生孽障，增長善根。」由此發意先朝齊雲山、黃山，再禮南海、天台。

廿一日 五里，經竹林，出山岡，至回香閣。對面小天台山，諸峯峻拔，障蔽南天。二里下坡，閔園，產竹松杉木，茶尤佳。拾級而上，經華雲慧慶庵，朝陽洞，翠雲庵。約十里，拜經台。時逢猴來討吃，僧由窗中擲食，羣猿爭拾，一奇觀也。當家昌光有道，開示云：「幼年發心，希有之事，必須要真參實學，不作虛頭，依明師指導而行，始終一如，切忌有名無實也。」

感師時常開示，留住數日。嘗往峯頂打坐，訪觀音堂獅子洞，猷春師，機鋒敏捷；道生洞，談空師，苦行超羣，菩金師，專心淨土；一柯松，普法師，苦參禪宗；文殊洞，如真師，宗教皆通。親近善知識，受益不淺也。

廿九日　復往肉身塔，敬禮通宵。至次朝，紅日昇天，仍回拜經台。時有人求道，師教切勿貪名圖利，唯一心學道，久久自能揚眉吐氣云云。

四月

初二日　辭別，陡上三里，小天台頂，路絕人行。下坡，沿黃幽溪，循岡背西南行，經八里澗。知津云：「此路羊腸鳥道，險惡難行。」荒草中見野獸數頭躍去，不知何物也。陡下三十里，山麓陵陽鎮。午餐再行。五十里，兩岸皆山，中有一溪，水出青陽，入龍江。沿溪而上，有烏炭河，河中皆烏石。上琉璃嶺，嚴關寺。五里，柳家渡。廿五里，桃嶺，宿。五更時，有客侶早行，余亦隨之。約里許，聞猿呼嘯。前一人退回云：「我之涼帽、擔子，被猴搶去。」於是皆不敢進，俟天色大明纔行。至嶺頭，見有空擔，物件不知去向。

初三日 五十里，羊棧嶺。四十里，黟縣，宿。

初四日 三十里，漁亭鎮。二十里，岩腳，即齊雲山麓，又名白岳山，山中岩石多綠色如翠。七里，榔梅庵，茂林蔽道。直上三里，經水珠簾。水從山壁下如珠簾，故名。沿壁折向太符房，羽士接入，止宿樓上。羽士談：「禍福無門，唯人自召。善惡之報，如影隨形。人能信禍福，亦可相安無事矣。」

初五日 山中大雨，午後霧散雲消。出門，至太素宮，前臨懸岩，背倚圓屏，左右鐘鼓峯，大殿中供元天上帝像。庭有明碑。細觀門前，深崖大壑之中，一峯突起，名曰香爐峯，上有鐵鍊，攀之可登。左行捨身崖，紫霄岩。西去三姑峯，展旗峯，獅象峯，五老峯，筆架峯，峯皆峻拔玲瓏，見之足以悅目賞心。由山坳中，渡芙蓉橋，出西天門。廿里，欲往雙溪觀石橋、龍涎泉、龍井等勝，見山雨欲來，作罷而返。

初六日 再登，約七八里許，獨聳寨，相傳方臘寨，四面凌空，非梯莫登。大雨一陣，不及躲避，拖泥帶水，歸來午餐。

初七日　出遊天門，從天梯下崖壁，至壑之深處，爲羅漢洞，深十餘里。沿岩飛瀑如簾，雨後更盛。懸岩盡處，有天門，高丈許，寬約四五尺，石刻頗多。內有兩江總督高某詩云：「千里迢迢得大觀，天門一望入雲端。」詩不詳記。是晚羽士談云：「暴怒傷人傷己，和平容我容他；躁急多生荆棘，忍耐事後無差。」佛門戒瞋尚忍，道教亦同也。

初八日　下山。十里，岩脚。三十里，虎嶺。望黃山諸峯，如陣雲橫於天際。三十五里，江村。十八里，湯口，宿。

初九日　循溪而上，適有浴客三人談：「上有桃花洞。」石應孫詩：「桃花五色四時開，片片香隨澗水來；況是軒轅曾手植，紫雲深處有樓台。」十里，經湯泉，急流奔騰，倒灌有聲。近慈雲路，上數十步，至甘露門，有紫雲庵，當家性海上人接待。飯畢，先入溫湯洗浴。池底有硃砂石，水如珍珠，滾滾而上，故名硃砂泉。蒸氣如雲，又曰蒸雲泉。上蓋長亭，下造一孔出水，流去垢膩，其水澄清瑩澈，味厚且美，無硫磺氣。深三尺許，長丈餘。側有冷水池，水溫和，洗濯更宜，並云能去百病。余意求性水澄清，去我心病也。浴畢，度小補橋，有寺破敗，唐名古湯院，宋改名祥符。僧來引余觀獅子峯、虎頭岩、水濂洞等。夕回紫雲庵，海師勸余出家。余云：「自愧無道，不能爲僧，恐壞法門，罪過不輕。」師開示云：「自身有病自身知，心病還將心藥醫；心境靜時身亦靜，心生還是病生時。」

談至夜深始寢。

次朝，微雨，主人留息。師談黃山多猴，人獨行者，猴得而侮之；又多狼，遇人則避；有小青蛇，盛夏時，自懸竹木上，人行林中，有被囓者；有松鼠，黑背白腹，其行如飛；更有山牛、山羊、豪猪等，豪猪毛如簪，能發之射人。

十一　晨，拜別登山。沿路溪聲山色，大有山陰道上應接不暇之勢。三里，諸峯排列，硃砂庵在焉，額曰慈光寺，背倚硃砂峯，前環池沼，古基宏大，明普門大師開化之地也。中有毗盧殿，中奉七級銅塔一座，名曰「千佛繞毗盧」，明神宗頒賜。殿後一鉢泉，甘美可供千僧。主人雪領談：「國初山中草木深茂，虎豹縱橫，非數十人不敢行。」此山無主峯，橫疊岧嶤，各自爲尊，異於泰、華、武當諸岳。然登至蓮華頂，始知「山河及大地，全露法王身」。

十二日　師再留住，談山中歷代仙佛頗詳。

十三日　叩別出寺，左上，仰見羣峯羅列，天都蓮花獨立其上。三里，見羣猴呼躍而去，乃由亂石間，轉入石洞中。蜒蜿而上，硃砂峯落於杖底。七里，森林，蔭蔽天光。盤旋上天門坎，走雲巢，度小心坡，經仙橋，一線天，蓬萊島，穿窟登岩，天都直衝霄漢。山徑愈險愈奇，雜以怪石奇松，天然圖畫。出洞上坡，文殊院，殿宇三楹，四圍石崖如椅。前有文殊台，真慧師招待。是時登山不易，山路被水冲壞。余倡修路，並勸造林。飯畢，師引觀左獅右象兩石。文殊院背玉屏峯，前臨絕壑。霧氣漸濃，微雨隨至，留連數日。師云：

「黃海亦文殊道場，山氣雄而不聚也。」

十六日　曉起，天朗氣清，雲海千里，一片汪洋中，現峯巒數點，活潑生動，一大觀也。飯畢，同遊蓮花峯，經大小閻王壁，面壁蟹行。上觀音岩，天門蓮花溝，約三里，至蓮花峯頂。平周數丈，如花葉形。岩壁皆有萬年松，尺許至數寸不等。峯中有峽，石磴爲梯，僅受足尖，奇險非常，盤折而登。是時白雲瀰漫，一無所見。下山腰，有蓮花庵，久圮。師於此購杉板遮蓋其上，邀余同住。余甚喜，約朝罷即來。師引登百步雲梯，循壁行，下臨絕壑，緩步出鰲魚洞，疊巘環抱，其中曠蕩，周約十數里，在絕頂上，闢一平陸。從此南行，皆土蕩，產蘆，爲前海。由北行岡背，上下四五里，達天海平天矼，古有茅庵，今一無矣。南爲前海，北爲後海，矼爲中心最高處。若平地遠望，即光明頂，如海中一島耳。四面皆塢，空曠清幽，松下怪石，石上奇松。　約六七里許，經松竹叢中，轉過山坡，入獅子林，萬松環繞，老幹如傘，遍滿山中，一派幽清之境，又一洞天也。至獅林精舍，當家接入。是晚暢談，昔年開山祖師一乘，於始信峯築一斗室，靜坐其中。古時前後海塢中靜室頗多，道風大振，今則希少矣。並談禪淨不分之道。

十七日 至清涼頂，再觀雲海。 午後，經塢中里許，有奇石生怪松，名曰「夢筆生花」。里許，穿叢出斷岩，深不可測，有石橫上，謂之「仙人橋」。傍有一松如欄，度過彼岸，名曰始信峯，有石刻字曰「諸天變相」，並有「麗出生彈琴處」、「寒江子獨坐」等字，餘碑記多模糊不能辨。放眼四顧，諸峯拱立，嶙峋幽秀，而石筍矼最奇最勝，莫可名言。仍返獅子林。師談：「歸元無二路，方便有多門。末法之中，去聖時遠，唯有淨土一門，極穩極捷也。」

廿一日 師同往松谷庵，經說法台，下坡。亂峯間奇松怪石，觸目豁心。十五里，深林中蘭花散馥，即松谷舊址。 五里，松谷庵，爲宋張尹甫修道處。僧引玩青龍潭，下即白龍潭，瀑水流注。有石中凹，名「油鍋」。近石縫中，有水流出，名曰「油榨」。其下名「油潭」。 循壁行蒼翠中，約二三里，芙蓉洞，茶園。禮開山塔，並觀老人峯、鐵線、老龍潭諸勝。上有澗水，自西來，繞庵前而出。

廿二日 返獅子林。當家談：「唐時有麻衣祖師，中和二年，卓錫翠微峯下，爲開山之祖，歷代高僧頗多。」過午，隨師至蓮花蓬住。每日二餐，尋野菜和食，終朝常至峯頭靜坐觀心。

一日，坐蓮花峯頂，遠眺千峯羅列，長江若一白線。北望九華，南觀天台，東睹天目，西瞻白岳，如陣雲朵朵，障於天壁。其下雲如大海，波濤澎湃，即所謂山海大觀也。

一日，師坐峯頭，余造飯熟，上頂請師用齋。師入定，鼻有兩道白毫，與峯下雲霧相接。余一見驚奇，念「彌陀」一聲，師答「佛」一聲，白毫不見。細思之，或風氣動盪關係也。

一日，至蓮花峯頂，打坐至午，師造飯熟，呼余喫飯，放眼一看，見杲日當空，白雲層層在下，唯蓮花峯獨露其上，人似躍身虛空，四圍一片汪洋，諸峯不見。頃刻微風吹動，雲霧漸昇，一層層上至峯邊，砥柱中流似水。視之山峯似動，其雲不動。憶古有公案曰：「人從橋上過，橋流水不流。」所謂幻化變相也。余在峯巔經行，雲亦隨之，余下石磴，雲亦隨下，皆風氣鼓動而行也。

師下山數月未回，連日陰雨，忽下雪寸許，滿山玉柱冰花，奇寒難受。師嘗談山居生活：「岩上臥，雲霧爲被我不惡；峯頭住，飽餐煙霞我不苦；嶺上坐，念念直往無生路；山中行，脚脚踏著本來人。」

一日，師歸來云：「恐大雪封山絕糧，天寒難受，我等同往天目經冬最妥。」

次晨，師云：「今日天霽快行，否則再雪封山，我等將爲餓殍。」飯畢出蓬，冰天雪地，寒風烈烈，經鰲魚洞，雪中有大小獸足跡頗多。十五里，光明頂，轉折而下，一路琪花玉樹，大好雪景。十五里，丞相源，有丞相墓，傳宋丞相程元鳳讀書處，又云陶學士棲隱處。江麗田琴台並墓諸勝，皆埋雪中，不能往。至擲鉢院，其下無雪，一路蘭花送香。轉折渡溪，夾道兩岸，樹木林立，水聲潺潺，冷風蕭蕭。前即九龍潭，瀑聲如雷。紆迴越溪，即見崇山壁上，飛瀑千仞，如白布蜿蜒而下，名曰九龍瀑。下有九潭，名曰九龍潭。經苦竹溪，俗呼三岔，沿岸居有人家。共約十五里，抵湯口，宿。蓋冬月初四日矣。

初五日　九十里，純行山嶺中，一巨石上稍息。師談：「相識滿天下，知音能幾人。」至箬嶺界山，宿。師談：「佛言：『人有過，能懺悔，罪自消滅，如病得汗，漸次痊可。』」

初六日　天微雪，行山峽中。四十里，朱柳道中，師說：「道人見欲，必當遠離。如被乾草，火來須避。」三十里，白日橋，宿。

初七日　十里，昌化縣。十八里，太陽橋。十八里，方圓舖。三十里，藻溪。廿里，化龍舖，宿。

初八日　十里，淩村舖，即錢王廟。十里，涼亭西市。十里，西天目山。樹木蕭森，老幹參天，寺在其中，額曰「禪源寺」。登山禮玉琳國師塔、中峯國師塔、獅子口高峯祖師塔。並覽西方岩、龍潭諸勝。禪源寺爲浙省第一叢林，規模宏大，道風亦盛，內住二百餘僧。師住此過冬。是晚師講：「古人心地未通，不遠千里，求師問道。既得真師，久久親近，終成大器。萬萬不可甘愚守拙，白首無知。」又叮嚀云「頓捨萬緣，一心求道」云。

初九日　叩別。　二十五里，峯嶺峻拔，松竹並茂，即東天目山。　上約五里，昭明寺，護法韋馱道場。天下皆是立形，唯此是坐像。梁昭明太子讀書處。分金剛經爲三十二份之分經台，至今猶存。途遇一師云：「世有名成而學不成者，有學成而名不成者。世間多是名利法，我等學道人，萬萬不可爲名利所轉也。」余答：「饑寒由他逼，名利不關身。」言次，與師分道矣。

第十篇　雁蕩山　天台山

清光緒廿一年乙末

三月

初一日　天氣晴和，風平浪靜。出鳳山門，過錢塘江，由西興鎮，三十里，蕭山縣。五十里，錢清，宿。

初二日　廿里，河橋。　三十里，紹興府，山陰、會稽二縣，山清水秀，風景絕佳。出東門，禮禹王陵，看蝌蚪碑。乘夜航船，有孫慧清君，道學頗高，談及「萬言萬當，不如一默；百戰百勝，不如一忍」。　八十里，天明，至蒿壩。　陸行百里，仙嵒公館，住。

初四日　四十里，嵊縣。　三十里，新昌縣。　五里，大佛寺，住。大佛就山雕成，外罩數層大樓，相傳發願三世造成。由此通天台後山。

初五日　先去雁山。六十里，關嶺。　四十里，天台縣，宿。

初六日　九十里，台州府，宿。

初七日　搭船。九十里，黃岩縣，住。

初八日　五十里，盤山嶺。　三十里，大荊鎮，雁山諸峯在望矣。　七里，老僧岩，如老僧兀立岩上。　里許，抵石梁，宿。梁懸洞口，曲折而入，左右清泉不竭。洞有石窗，洞下石梁寺故址。

初九日　五里，謝公嶺。　過澗三里，寓靈峯寺。左有北斗洞，右有觀音、碧霄諸洞。

雁蕩山，簡稱雁山，有南、北、中之分，以北雁爲最高。在溫州樂清縣，高四十里，頂有一湖，淺草叢生如蕩，雁多宿之，故稱「雁蕩」。周百餘里，其中羣峯爭奇，萬壑競秀，飛瀑掛壁，峻嶺迴雲，千奇百怪，莫可言喻。開山於晉永和時，十八羅漢內第五尊者諾詎那，爲開山祖師。諾詎那於瀧湫觀瀑坐化。唐一行禪師讚曰：「雁蕩經行雲漠漠，龍湫晏坐雨濛濛。」蓋紀實也。太平興國元年，僧全了遊方，至山結庵於芙蓉峯下，後興十八寺。楊友龍曰：「雁蕩千形萬狀，莫可定名。奇不足言，幾於怪；怪不足言，幾於誕。信哉！」諸景之名，相傳爲謝惠連手定，亦有前人所未及見，而至今始發現者。不動之體，亦時有變更。年來山間人事日衰，寺院樓閣，名存實亡者多，可慨也。

初十日　五里許，雙峯寺。寺北雙峯並峙，高插雲表。　十餘里，穹明洞，又名仙姑洞，爲雁山北境。北山之景，會萃於此。洞南向，深四五丈，闊倍之。傍有一門，高數十丈，梯而升。　轉南山，十里，塞潭。潭水澄碧，風景幽絕。其上瀑布懸垂入潭。經龍虎門，緣山徑行，回靈峯寺。沿路奇峯怪石，莫能殫述。

十一日　往觀音洞。洞門狹，而高數丈。入門上三四層，至石洞大殿禮佛。經響岩，循溪往淨名寺，風景最幽。經翠微連雲障，時有北京僧妙明，由靈岩來。言：「我等參訪，爲生死大事。無常迅速，萬萬不可以遊山玩景爲道。」邀余同返天台，親近善知識。所言有理，同回靈峯。

十二日　同妙明師行。

十三日　宿黃岩。

十四日　宿台州。

十五日　至天台縣城。天台山高萬八千丈按：實測不過一千餘公尺高，等於華尺三千餘尺，周迴八百里。山有八重，九峯環抱，若蓮花形。其中神峯秀嶺、幽溪絕壑、寶剎精藍、琳宮道院、嘉樹修竹、靈藥瑤草、石梁飛瀑、赤城栖霞、瓊台夜月、華峯觀日、寒崖夕照、桃源春曉等境，爲東南一大名勝也。自隋智者大師親證法華三昧，幽溪諸大師皆有著述，勸修淨土。禪宗自德韶國師以秘密心印，授永明壽禪師，舉一心爲宗，照萬法如鏡，是爲宗門。而壽禪師大悟之後，更專修淨土。又五百應真，行化此山，土人時聞鐘聲梵音，隱隱從地中出。曇華亭，在石梁傍，爲應真舊跡。而彌陀現豐干，文殊、普賢爲寒山、拾得，應化無方。聖賢先後託跡其間者甚眾，故稱三寶地。在昔叢林林立，而今寺院彫零。峯頂仍有茅蓬數十處，誠心修道者尚有其人。又談神仙者，如司馬子微、葛玄、張紫陽等，皆於此山悟道。故知此山爲靈氣所鍾也。

十六日 出北門，二里許，萬松徑。里許，茶亭。三里，樹木參天，國清寺在其中，舊名天台，天下四絕之地，此其一也。前有大塔十三級，隋煬帝遣司馬王弘爲智者大師建，今呼爲無頂羅漢塔。七佛石塔七座，立於護山門外。雙澗匯流於寺前。寺有大雄殿、藏經樓、五百羅漢堂、西方殿、念佛堂。智者大師曾於此建金光明道場，大著靈感。王右軍書「鵝」字尚存。若欲尋豐干騎虎、寒山燒灶、閭丘問道之蹤，則悉歸夢幻泡影矣。往遊各處，休息。

十七 早，右去五里，有齊田橫五百人墓在焉。按山東即墨縣東北海中有田橫島，江蘇海州雲台亦有田橫崗，何得此地又有田橫五百人墓？恐俗傳之訛也。五里，赤城山，土人呼曰紅崖。此山孤崖獨立，秀出千峯，搏石作梯，上有精舍。崖名紫雲洞。洞樓三層，闊七間，深三間。赤城有洞十八，此最大也。上二里許，傍有小洞，女尼住。再往華陽洞、玉京洞。有曇猷洗腸井，井邊至今猶生青韮。仙人井，飛流噴沫，冬夏不竭。上有塔七級，高數丈，梁岳王妃建。徘徊久之，仍返國清。

十八日　有香客十數人同行。十里，金地嶺。　右約里許，梁定光禪師結茅處。嶺頭東南下五里，喬木參天，即高明寺。　當家師留住，同往各處拈香。　傳智者大師手書陀羅尼經四卷，失去三卷，四明元通法師習大師書法補完。　復恐散失，別書四卷。　隆慶間，智者書爲釋海慧持去，今所存者是元師所書。　又華嚴經晉譯六十卷，爲唐虞世南書，傳爲秦檜取去。　禮幽溪大師像，看龍衣、寶鐵鉢、貝葉經、陀羅尼經，後有「福泉」二字，幽棲大師書。　方丈述敏曦老法師言：　「性原湛寂，則鐵面銅頭，化爲諸佛；　心垢未除，則玉毫金相，亦是羣魔。」下午，東訪圓通洞。

十九日　由高明後，上三里許，幽溪大師墓在焉。　師名傳燈，卜居高明寺，立天台祖庭，嘗著生無生論，闡揚淨土法門。　經太平寺，梁建。　又有晏坐崖、石鼓、石床、看經台，皆智者大師經行處也。　里許，「佛隴」二大字，前崗上有「天台山」三大字，皆指堂書。　前有說法台。　半里許，大慈寺，古名修禪，陳大建七年爲智者大師建，蓋師思修十二地，此唯厥初。　佛隴有高麗銅鈴杆，永樂時尚存，今則片瓦無存矣。　半里許，真覺寺。　此智者大師說法，大教重光之地。　隋開皇十七年建，智者大師葬於此，龕前置雙石塔，號定慧真身塔院。　原有繪像與御賜方袍等，今俱忘矣。　現敏曦老法師，大力維持，松竹成行。　余與香客多人宿此。

廿日 七里，漢陽嶺。 二里左去十里桐柏宮，直上。 三里，寒風闕。 三里，龍王堂。左去十五里方廣寺。 右行三里，察嶺。漢隱士高察隱此，故名。 三里，接佛亭。 五里，華下亭。 五里，華頂寺，今名善興寺，圓覺道場，山門有「蓮花淨域」四字。當家談：「初爲晉天福元年僧德韶建，歷朝至今，屢燬於火，非昔製也。」

廿一日 五里許，上華頂拜經台，隋智者大師拜經處。時華峯頂上，出五色雲，日輪漸昇，一望無際。東滄海，西括蒼，南雁蕩，北錢塘，了然在目。九峯崒嵂，猶如蓮花。此爲花心之頂。有降魔塔，下瞰衆山，如龍虎盤踞、旗鼓布列之狀。有葛玄丹井、王右軍墨池等蹟。 三里許，地藏庵，太白讀書堂。 至龍泉庵，訪融鏡法師。示曰：「常想病時，則塵心漸滅； 常防死日，則道念自生。」

廿二日 往各茅蓬參禮。

廿三日 復至華頂拜經台。

廿四日 五里，分路，向西北行。 十里，松竹幽深，上方廣寺，雲崖道場，有大雄殿、藏經樓、五百羅漢堂、法堂、大悲樓、念佛堂、禪堂，有僧二三十衆，上年文果老人重興。出門西行，樹木蔽天，即石橋山。 隨流一曲，爲中方廣寺，古曇華亭也。 三面臨空，背倚崖頭，舊傳五百應真隱於其中。 兩山相連，有石梁，架兩崖間，龍形龜背，廣不盈尺，長約二丈許，甚滑，不易度。橋西有小銅殿一坐，高三尺，闊二尺，内有銅佛像，明太監供奉。十餘人中，僅有二人度過，拈香而回，眾爲色戰，自不覺懼。

宿方廣寺數日。其上雙澗合流，洩爲瀑布，下臨絕澗，飛泉回射，過者目眩心悸。按赤城舊志云，此處巨壑喬松，干雲翳日。瀑布高瀉，神狀姝潔，響若奔雷，皎如素雪，此水出新昌也。

廿七日 請照禪上人開示。云：「對境安心，清淨之體小露；止觀成熟，真如之理森然。」

廿八日 過東橋，經蓮花橋，達「棲真金界」。憶王十朋詩云：「路隔僊凡信已通，天公容我踏長虹；情知方廣神遊久，不在登臨杖履中。」書「第一奇觀」，其下題曰：「神龍掉尾，又曰壽布。」至下方廣寺，亦有五百羅漢。寺前雲崖天樂，不鼓自鳴；石室金容，無形留影。

廿九日 十五里，萬年寺，看九曲河，羅漢田。十五里，地藏寺。十五里，滕公嶺。松竹幽秀，天然圖畫。至清涼寺宿。

四月

初一日　仍回方廣寺。

初二日　十五里，龍王堂。　十里，桐柏宮，即金庭洞天，唐司馬承禎建。前有梭溪，古有會仙亭，相傳周靈王太子喬於此跨鶴登仙，上帝命治桐柏宮，即天台山主神，佛院奉爲伽藍神。又吴越王銅天尊像，瀑布崖宮伯夷、叔齊像，洞天宮禹鐘，皆古之遺蹟也。

初四日　下坡。十八里，桃源庵，荒草一片。數百武，護國寺，即桃源洞口。東北行，約深四五里。東漢劉晨、阮肇入天台採藥迷路，糧盡食桃，遇仙女，留住半年，思歸返里，無人相識。詢問，孫已第七世矣。復去，訪桃源洞不見。後二人亦莫知所之。余於谷口，遇少年三人，口稱：「此回若不見仙，決不回家。」余隨之行，四五里，至絕壁高岩，無路可登。內一人說：「有樹可攀，上去就可遇仙。」三人攀上二三丈，兩人陸續跌下，皮破血流。近前詢問：「君欲遇仙何爲？」云：「遇仙有好酒美女之樂。」余歎曰：「修仙已非究竟，況爲貪酒色耶！」詳思遊桃源洞者，多半癡心妄想。山志載，昔有僧亦如劉、阮之遇，以佛法斷之，乃是魔境。古有道人詩云：「賺他劉阮是何人，畢竟迷樓莫當真；我是天台狂道士，桃花多處急抽身。」此爲具正知見，足以喚醒癡迷。

谷口名曰秦游嶺。　里許，宋會稽郡錢吳越王墓。　里許，護國寺，住。

初五日　行經雙塔，殘敗不堪。　五里，方洞，羽十居。　廿五里，平頭鎮。　十五里，廣嚴寺，懷容羅漢真身在焉。內有貧婆鐘，被人竊去半邊。

初七日　原路十五里，出張家隴，分路。　五里，寒岩寺，宿。有「龍髮洞」、「潛真洞」，米芾書，昔寒山、拾得修道於此。洞口數丈，闊數十丈，深亦然。湛然和尚開山。寒山詩曰「重岩我卜居，鳥道絕人蹟」是也。

初十日　五里，明岩寺，舊名闇岩，後唐時高僧全宰居廿餘年，惡鳥革音，山精讓窟，鬼神執役，爲掃路、汲泉、採菓等。岩前峭壁，屹立摩空。轉北數武，怪石森然。上有雙峯倒側，號曰合掌岩。常有光如月，號石月寺。岩洞中透光，有棲真洞。泉由岩下。東有響岩、日光洞、月光洞、天柱峯、洞中天諸勝，皆寒、拾二大士隱處。此處岩石，足稱奇絕。

十二日　原路十五里回平鎮。經岩頭廟，廿五里，洪家山。　五里，清溪橋。　十里，仍至赤城山玉京洞。師喜不爽約，相留暫作法侶。常云：「念頭起處，須急照察。纔向欲路去，便挽回理路來。一起即覺，一覺便轉，此是轉禍爲福、起死回生之關頭。」

第十一篇　普陀山　鄮山　天童山　天台山

清光緒二十四年戊戌

正月

十八日　由杭州出城，渡錢塘江，經紹興，過曹娥江，走餘姚慈溪。途中陰雨，陸行七日，到寧波府鄞縣。市面繁盛，人煙稠密，出產豐富。時小輪尚未通行。

廿五日　乘民船至鎮海縣，兩山相對如門，乃出海之口。

廿六日　阻風。往遊招寶山、總持寺等處，風景極佳。

廿七日　早飯畢，開船。舟中搭客十八人，艙中以竹槓爲界，對面分座。經渾水洋時，風濤洶湧，顛簸之極，眾客嘔吐，衣履盡汙。然人皆虔敬，齊念「救苦救難觀世音菩薩」。聞之一念清淨，頓忘汙染。海中羣島林立，舟行恐觸礁，所以南海不易到也。午後，至定海縣，爲舟山島，山水幽秀，魚鹽豐富。上年法雨寺方丈化文長老由定海登舟，談及「佛教振興不易，佛經言國王、大臣、宰官、居士皆能護持我教，唯我徒子不能行道，裨販如來，猶如獅子身上蟲，自食獅子肉。故我到縣請示，整理山規，爲助道之緣」云云。

廿八日 至沈家門，又被風阻。

廿九日 出蓮花洋，四十里，普陀山。上年三日登山，今行五日矣。道頭，登岸，經妙莊嚴路，越小嶺，入三摩地，對面諸峯排立，互相掩映，前寺左右庵堂林立，爲入山之勝境。住天華堂。

三十日 朝普濟寺，即前寺，氣象宏大，三大叢林之一也。上西天門，圓通庵，往磐陀石，回至紫竹林，石紋略似叢竹。觀潮音洞，潮水入洞，有如雷音，故名。有雲水僧云：「目翳除則空華陡滅，心障撤則妄業全消。」仍返原寓。

二月

一日 往法華寺。怪石蒼松，峻壁環抱，瀑流交映。峽壁上下數層，内有茅蓬數處，皆行道之士。由仙人井，入後山大道。兩傍松竹林立，庵堂隱現其中。三里，入法雨寺，即後寺，規模宏大，氣象肅然，三大叢林之一。北倚高峯，面臨重洋，林木茂盛，風景清幽。敬禮大雄殿、九龍殿。各處禮畢，聞化文長老西歸，往吊。與化鼎方丈談：「上年與文老同舟抵山，開示頗多，今來即不見，人命在呼吸之間，真可怖也。」參見印光法師。師曰「六祖言『於一切時自淨其心』，可能否？如其不能，不可沉空守寂，即須廣學多聞，識自本心，達諸佛理，和光接物，無人無我，直至菩提」云云。師爲山中導師，海上慈航，親近數次，得益頗多。後經千步沙，頗覺難行。禮梵音洞。兩山相合，峽下有洞，海水吞吐作音，故曰梵音。小樓跨其上，在此禮拜，可見大士現相。余參拜經數小時，未能獲覩，恐是唯心所現也。老當家留住。

初二日 往禮洛伽、文殊、善財、碧峯諸洞，皆倚崖壁結茅。青峯師留住，談云：「學道歷千魔而不退，遇辱堅百忍以自持。」半夜方息。

初三日 往後山古佛洞，倚崖築室，内有小洞。老僧留住，述六祖言「自修自度，名爲真度」。

初四日 往小山洞。小山如珠，現於海上。有沙路一條，闊數尺，潮來即沉，潮去方可渡過。來三次，始得到。海深路絕處，小山洞有一南京僧，頗奇。其上另有茅蓬兩處，皆靜修之人。回古佛洞住。

初五日 朝佛頂。自峽中盤折而上，經雷祖洞，上慧濟寺，亦三大叢林之一，道風極勝。各殿禮畢，見方丈源順上人。示云：「若欲參禪學道，切須仔細用心，個中頓悟正因，上報四恩，下濟三苦。」留住。

初六日　告辭，仍往梵音洞。

初七日　仍朝梵音洞，復至碧峯洞青峯大師處。師所行華嚴字母之功，頗有心得。

初八日　仍返原寓。

初九日至十五日　與王君等仍往前寺、普門庵、南天門等處。

十六日　風平浪靜，海不揚波，與王、孫諸君十餘人朝洛伽山。海道四十里，眾心至誠誦念名號，由至誠而不生恐怖也。是日順風，約一小時即到。唯海浪低昂，不易登岸，危險之至。

上山約里許，遠眺三面大海，一望無際。島周約三里，海風狂大，草木不生，上有茅蓬四處。一蓬師示云：「用功之法，如水投水，似空合空。」又一蓬師云：「汝等發心，先須持戒修福。」第三蓬師云：「歸去勿忘在此處所發真誠之念，切記切記。」禮謝。回第一茅蓬，與諸人午飡。下船行，約三小時，仍回普陀。

十七日　王君邀再去梵音洞過夜。

十八日　回寓。

十九日　觀音菩薩聖誕，在普濟寺志心懺悔累生業障。是夜通宵達旦，朝拜者絡繹不絕。東方稍明，復禮法雨各殿。禮畢，又至印光法師處。示云：「業海茫茫，難斷無如色欲；塵寰擾擾，易犯唯有邪淫。拔山蓋世之雄，坐此亡身喪國；繡口錦心之士，因茲敗節損名。今昔同揆，賢愚共轍。近人欲念愈滋，淫念愈旺，苦哉！楞嚴經云：『淫欲乃生死之根本也。』」山中叢林三處，庵堂約六七十處，茅蓬約四五十處，小有山產，大都靠香火佛事募化生活也。

廿日　出山，仍乘帆船，住定海。

廿一日　住鎮海。海中淤灘多，亦好做圩晒鹽生產。

廿二日　抵寧波。由三眼橋搭船。四十里，至七寶鎮，登陸。　里許，鄮山，諸峯峻秀，穹壁削岩，深樹古籐，松竹茂盛，阿育王寺在焉，亦名廣利寺。敬禮釋迦如來真身舍利寶塔，參拜七晝夜，日日觀看舍利。他人所見五光十色，各有不同。住眾約二百餘人。方丈普濟開示云：「萬緣皆假，一性唯真。聖人借假以修真，愚夫喪真而逐假。」上人戒行精嚴，專門淨土。寺前有放生池、妙喜泉、佛足跡、放光松等勝。

三月

初一日　晨。卅里，經小白嶺，遇雨。　十里，天童寺。沿途蓮花石板，樹木深幽，水聲潺潺，寺在其中，三面倚山，規模宏大。方丈寄禪，湖南人，幼住衡山濟公崖，參禪得悟；監院心靜，行解相應。

初二日　參禮各殿及御書樓廿餘處，整潔幽清。至晚，知客引入禪堂坐香。方丈講「淨染在心，何關形跡」云云。

初三日　朝密祖壇院及老天童。遊玲瓏崖，二師互談「昏散者，凡夫之病根；惺寂者，對症之良藥」等語。

初四日　又至玲瓏崖。

初五日　四十里，回寧波。往七塔寺。門有七塔，故名。訪皈依上人，示云：「眾生本來是佛，因迷自作眾生。」

初六　晨。八十里，奉化縣，寓岳林寺，山林清曠，門臨大溪，彌勒佛道場。知客引見方丈文果，形似羅漢，道行頗高。

初七　晨。朝中塔。渡溪。山勢兀突，林木環抱。上封山寺真身塔，相傳彌勒化身。禮畢，仍回岳林。

初八　晨。辭行，由此沿麓而上，山谷內行九十里，泗橋鎮，住。

初九日　廿里，毛竹園。　三十里，寧海縣。　四十里，梁皇山，宿。

初十日　廿里，分路碑。　七十里，雞籠石。　荒山深谷，少人行蹤。　十五里，經羅

漢塔、七佛塔，至國清寺。羣峯圍繞，林木參天，山明水秀，風景絕佳，時已入暮。前有雙

澗，合流南注大溪。古云：「雙澗水聲流不輟，頓覺胸襟萬慮空。」溪源出於佛隴山，經豐

干橋入寺。

十一日　參禮各殿堂，看漏沙鍋，禮三賢堂豐干、寒山、拾得像。

十二日　早。出谷，遙觀赤城，孤岩獨立，秀出雲表。　十里，赤城山。復遊紫雲洞、

華陽洞、玉京洞，經峯頂七級浮圖、曇猷洗腸井等處，仍返國清。

十三日　與多人同行。　上十五里，好似天梯，寺落杖底。經金地嶺，至真覺寺，禮

智者大士真身塔。　飯後，五里下，高明寺。四面皆山，面臨一溪，松竹圍繞，寺藏其中，

往禮智者、幽溪像，看貝葉經、寶鉢、朝衣等。　更上，拜幽溪塔院。幽溪講肆，纖塵不喧。

看佛隴。仍回真覺寺，宿。

十四日　經察嶺，廿五里，直上華頂寺，即善興寺。峯如華蓋，實未到頂，倚山臨澗，

松竹參天。將至山門，即見華最上人迎來，參禮畢。是晚，談及永明壽偈云：「渴飲半掬

水，饑湌一口松；　胸中無一事，長日對華峯。」

十五日　晨。三里許，經地藏庵，太白堂。師云：「會心不在遠。」　里許，拜經台，

上有鎮魔塔、龍爪井。　里許，過嶺，下坡。　二里許，龍泉庵。融鏡法師，一見深器，留

午飡。云：「境隨心變，地假人興，古今一也。」王君云：「心亂難定，奈何？」師曰：「日間有事，或處分不定，睡去。四五更坐起，是非可否，忽然自了。古云：『靜見真如性。』又云：『性水澄清，智珠自現。』」禮謝而別，往黃經洞。適逢二師談云：「閒中不放過，忙中有受用；靜中不落空，動中有受用；暗中不欺隱，明中有受用。」此數句現成話，說之最易，行之頗難。

次早，六七人同往永慶寺。一山抱圍，平田數畝，種竹於外，頗幽敞。入定居，即昔永明禪師入定處。仍回華頂。是晚，主人談：「真發心學道，必須掃除習氣，磨鍊身心。日久月深，工夫純熟，自然一塵不染。」山中茅蓬共約五六十處，日日往訪，親近善知識，得益良多。

廿日 辭別。同行者九人。十五里，上方廣寺，背倚羅漢嶺，松柏森森。上有鐵船。湖水注溪，由寺前西行，匯流入石梁。參禮各殿，出寺。溪隨山轉，人傍溪行，數百武，奇峯插天，長空疊翠，瀑布龍湫，涼風襲襲。隨山一灣，中方廣寺，即曇華亭，倚山臨水，隔斷紅塵。余等未入方廣，直至橋邊脱鞋，與王君三人，走過石梁，朝禮銅殿。飛瀑如虹，懸岩飄曳。過時心虔，忘却危險，隨後思之，仍覺可怖。有雲水僧題方廣壁間云：「一條拄杖一腰包，不憚千山萬水遥；舉目未觀方廣寺，脱鞋先過石梁橋。亭前瀑布懸空瀉，屋後曇花帶雨飄；慚愧此生難再到，臨行又過二三遭。」亦高人韻事，與余意同。過橋里許，至下方廣寺，仍回上方廣。

廿一日　復入中方廣寺敬禮。上年來朝，廟宇齊整，今被火劫，重修未竣。是晚入堂坐禪，掛單者約三四十眾，常住十餘人，文果老和尚重興。是時，方廣道風爲台山之冠。余欲往寒山度夏，因王君有病欲回，故送伊下山。

廿二日　十五里，古木千章，平田數頃，中有梵宮，幽勝異常，即萬年寺。有九曲河、羅漢田。

廿三日　由地藏寺，下滕公嶺。松竹夾路，風景幽絕。清涼寺，宿。當家見王君有病，曰：「古云：『病者眾生之良藥。』蓋無病之時，嬉怡放逸而不自覺，唯病苦逼來，始知人命無常，則啟悔悟之機，而爲進修之助。予出家至今，大病垂死者數次，而每於病中發悟，道念增長也。」王君與友皆回，余獨往天目，至黃山度夏。

第十二篇　終南山　太白山

清光緒廿五年己亥

七月

初二日　由終南深處，道出南五台屬終南大茅蓬，內有得定、道堅諸師，皆現世龍象。主持覺朗上人，談及：「古之學道者，纔入門，賓主相見，便以一大事因緣互相研究；今人相逢，羣居雜談，率多世諦。遐哉古風，不可復矣！」

初三日　隨澗而行，往各茅蓬參訪。湘子洞，來性師，事理清徹；老虎窩，明性師，覺性頗明；鎖龍場，妙慧師，有上上智，無了了心。仍回大茅蓬。

初四日　覺師同上太乙峯。登峯遠眺，渭水晴光，一望無際，終南佳氣，盡入樓台。終南高大深廣，峻極於天，青靄叶吞，白雲變幻。古詩云：「太乙近天都，連山到海隅；白雲迴望合，青靄入看無。」信不誣也。詢覺師：「此地佛法如何？」答：「叠叠南山峻，滔滔渭水深。」問：「見麽？」良久云：「半句當峯諸緣息，觸目無非露真宗。」師語滴滴歸源，令人意解心開。下坡里許，四天門。經臥佛殿，丈六金身釋迦文佛涅槃像，並諸大弟子圍繞像。過普光寺，在太乙峯麓。太乙峯者，終南之別名，爲洞天之最勝，東接驪山、太華，西連太白至於隴山，北去長安八十里，南入楚塞，連屬東西諸山，周迴數千里，名爲福地。沿山庵宮寺院重疊，唐時極盛，俗呼唐皇廟。諺云：「長安三千金世界，終南百萬玉樓台。」今則失修湮没矣。共三十里，出口，西有子午峪，斜谷，曹操道出漢中地也。五里，劉村。廿里，牛首寺，即少陵原。山脈至此已盡，如牛頭相似，故名。形勢開展，氣候温和。有杜工部祠，貞元十一年建。寺内有古幢古碑，前有四季柏，四時皆花，尤稱奇絕。

初五日 師送至大道，指云：「不可錯認路頭，只須直下長安。」言下指歸，令人警省。十八里，大興善寺，創自晉武，隋開皇間易名，時有僧徒千衆，極一時之盛。太和二年，得梵觀音像，移内，作大士閣。住持體安上人，住錫於此。主云：「用功夫的人，必先斷欲去愛，識自心源，達佛深理，悟佛無爲。内無所得，外無所求，心不繫道，亦不結業。無念無作，無修無證，即名爲道。」

初六日 體公同行。里許，大雁塔寺，即慈恩寺，唐三藏法師譯經處。高宗永徽三年，法師於寺建塔，高二百尺，下如雁形。「雁塔晨鐘」，「關中八景」之一也。古有梵文藏經頗多。　西行里許，小雁塔寺，唐天授元年改薦福寺。有碑，宋時雷轟。諺云：「時來風送滕王閣，運去雷轟薦福碑。」即此事也。此寺在昔，曾翻譯佛經，造浮圖十五級，高十餘丈。　五里，長安省，歷代帝王都會之所，古京兆府，即雍州。東距黃河，西抵壠坂，南據秦嶺，北臨沙漠。進永寧門，即南關，經文廟碑林，有唐吳道子畫觀音像，刻於石上。歷代名人古碑總匯一處，曰「碑林」。一覽而出。

初七日　至舊都故宮一遊。

初十日　出西關，五里，金勝寺，羅漢堂中供丈六金身佛，唐玄奘法師譯經處。四十五里，臨渭堡，過渭河，俗呼「咸陽古渡」，「關中八景」之一也。登岸，咸陽縣，秦始皇舊都。進城，假宿安國寺。

十一日　二里，咸陽原，在渭水北九嵕山南，西起武功，東盡高陵，稱五陵原，即長陵、安陵、陽陵、茂陵、平陵是也。上有文、武、成、康、周公、太公及秦、漢君臣陵墓在焉。高陽原，在縣東南，秦始皇作阿房宮於此，與長安接界。

十二日　北風早至，雲物淒涼。五十里，興平縣，住城隍廟。沿途麫食，三十文可度一日。

十三日 三十里，馬嵬坡，楊貴妃墓在焉。貴妃擅寵時，楊氏兄弟姊妹窮奢極慾，未幾皆敗，亦千古之鑒也。 五里，東扶風鎮。 四十五里，武功縣，宿善閣寺。寺在半山，目收全城風景。遥觀太白山上積雪，炎夏不化，望之皎然，如白蓮千朵，横於南天半壁。相傳山下行軍不得鼓角，鼓角則有疾風暴雨。水經注云：「山半有横雲如瀑布，則澍雨，人常以爲候。語曰：『南山瀑布，非朝即暮。』」關中諸山，莫高於此。山巔高寒，不生草木。山上有洞，道家名爲第十一洞天。**蒲團子按** 所引水經注文字，據太平御覽卷四十，當出周地圖記。原文曰：「太白山甚高，上恒積雪，無草木。半山有横雲如瀑布，則澍雨。人常以爲候，驗之如離畢焉。故語曰：『南山瀑布，非朝即暮。』」

十四日 渡河登山，廿里，朝陽洞，二仙橋，龍盤山。西望香煙山，爲大士佛地。萬笏山。 廿里，石壘山，一峯挺秀，拔萃羣峯之中，名曰獨秀峯。東南黑風嶺。 十五里，神會天坡。六月中，霧撤山顯，曰開山。其先後爲霧雪所塞，曰封山。自黑嶺至松花坪廿里，沿路盡松。登坪甚險，下有水簾洞，岩景極佳。 廿里，二仙山。山有二石如人。 又五里，望仙石。 東南廿里，救苦嶺，險峻益甚。 十里，宿上坡寺。人行亂石間，西南寒風關。 三里，神窪。 廿里，牆壁直上如線。俗言：「太白放光，異光現神像，或星光如斗。」至此鳥獸草木甚稀，寒氣逼人。 十里，經魔女嶺，東天門，衝天嶺，雷神峽，皆陡絕。　西南五里，分天嶺。遇西風起，山之東，向陽頗熱；　山之西，雖大暑而奇寒。　五里，孤魂窪，險峭。嶺上風起，人行必伏，若起則吹墮如葉。更有觀雲海處，極佳，有三山九牙十二樓諸勝，高插碧空。　廿里，住金鎖關，鳥獸草木絕無矣。山勢森羅。　窪西南里許，大太白池。地廣三十餘畝，水面如鏡，照徹天地，森羅萬象，中無寸草點塵，唯龍潛焉。池面常放五色光，虔叩則應，否則無。池爲雲霧籠罩不常見，曰封池。禱而後見，曰開池。六池皆然。　東南上三里，雷神池。洞中有亘古凝冰。洞上有石塔，名觀星樓。又有龍鳳二小池。　大太白池西南，有二太白池，過稻地窪，至此十里，池大數畝。　五里，有三太白池，大亦數畝，其傍不可久憩，久則雷電疾至。　十里，玉皇池，大二十餘畝。其東爲龍門。上走馬嶺，相傳山神乘馬處，石上蹄跡宛然。　十里，佛池，大數畝。　五里，三清池。池傍金背枇杷樹，擷其葉可療百病。諸池皆有神司之，凡禱者以黃楮投之，誠則楮沉，否則浮。自宿清湫廟上至三清池，約計一百八十里。

廿日　回武功。

廿一日　三十里，漢班超故里，有祠墓在焉。路遇秀空師同行。　三十里，扶風縣，宿。秀師徹夜坐禪。　廿二日，五十五里，道傍有碑曰：「五丈原南行四十里即是。」　五里，岐山縣，宿。復遇宏源師。渭河之南有祁山，昔武侯六出祁山，即此。此去七十里鳳翔府，大道通甘肅。渭河兩岸，亦有多處淤灘，可以築堤種植。　廿三日，出南門。　四十里，第五村，寶雞縣屬。不經眉縣，分路。　四十里，抵店，住。

廿四日　廿五里，渭水河源出鳳翔，東去太公廟，有釣台，無橋無渡。幸水涸，跣足而渡。　十五里，夷門鎮，棧道北口連雲棧。　棧道有南北之分，自此至褒城爲北棧道，自沔縣進口爲南棧道。

廿五日　入北口，路崎嶇難行。　李白詩云：「蜀道之難，難於上青天。」信然。　三十五里，古大散關。　下坡，廿五里，東河橋，宿。

廿六日　三十里，黃牛舖西聖宮，稍息。　是時天氣亢旱，住持留二師求雨。　午後小雨數陣。

廿七日　微雨。　四十五里，草涼驛。　午後陰寒，宛若冬天。　廿五里，白家店，住。

廿八日　三十里，鳳縣，即古鳳州。　上山廿五里，鳳嶺關。西去甘肅兩當縣。　十五里，新紅舖，住。

廿九日　十五里，三岔。　十里，古廢邱關。　廿一里，南星台。　五里，蓮雲寺，宿。　街頭有碑曰：「陳倉古道。」

三十日　十五里，松林驛。　十里，紫柏山口。　紫柏山有前、中、後之分，内有三十六洞、七十二塘。塘者，平曠也。皆非凡境，無緣得遊。昔聖性長老，居此茅蓬數年，後入寶華，大興律宗。七里，柴關嶺。八里，妙台子。宿留侯祠。相傳張良從赤松子學仙，得道於此。

八月

初一日 四十七里，留壩廳。廿里，青羊舖，宿。

初二日 十里，青龍寺。是時天雨路滑難行，源師歎曰：「行脚真苦，衣履不就時，用具不能帶，食宿無所，早遲不便，冷煖不均，精細莫調，饑寒交迫，深入異鄉，逢危履險，種種是苦。」余言：「去夏過金山，訪大定長老，談及行脚參訪之事。長老云：『人人皆說行脚之苦，其中之真樂，人所不知也。行脚者，有真僞二種。僞行脚者，假此名目，貪名圖利，到處侵擾，販賣貨物，欺人自欺，真可愍也；真行脚者，名利不能牽，情欲不能縛，煩惱不能擾，幻境不能轉，獨爲生死大事，上求佛道，下化衆生，一念中無障無礙，無上妙味，不可思議也。』」十三里，武關驛。五里，武關河。渡登彼岸。五里，鐵佛寺，宿。

初三日 廿里，武曲舖。廿里，馬道，宿小南海。漢韓信投蜀，夜走至此，遇水漲，蕭何追及於此。道傍碑曰：「寒溪夜漲。」

初四日 過河。鐵索橋長十數丈，下深數百尺，行時鼓動，能挺人墮澗，行者留心。 四十里，青橋驛。 廿三里，雞頭關。 關上有連城，爲漢王練兵處。 頂有十二峯，連接如城壘，皆平曠可居。 峯各有池，其下有黑溝。 十里，出口。 東出褒城縣。 東南四十里，漢中府南鄭縣。 去沔縣百十里。 北廿里，丙穴水下注褒水。 東南行，有小石門，穿山通道，六丈有餘。 南北二棧道山中，亦有地可開荒造林種穀，補助生活。

初五日 西南行，五十里，黃沙驛，諸葛造木牛流馬處。 廿里，菜園子。 渡河三里許，定軍山，諸葛武侯墓在焉。 墓前漢江水經此一曲而下，內有八陣圖。 漢水之源出自嶓冢、五丁諸山西北天蕩山。 八里，武侯祠。

初六日 里許，古平陽關，今沔縣，西通甘藏。 南行里許，破城，進南棧道。 十五里，土關舖。 十五里，沮水舖。 源師云：「沿山居民太苦。」秀師答：「憫濟人窮，雖分文升合，亦是福田； 樂與人善，即片言隻字，皆爲良藥。」 六十里，大安鎮。

初七日 金牛道。 即金牛峽，一名五丁峽，五丁所開，今在漢中府寧羌州東北四十里，通西川大道。 其山高峻，峯巒連接，中分一道，勢同斧劈。 自古稱蜀道最險，莫此爲甚。 相傳秦惠王謀伐蜀，患山險隘，乃作五石牛，置金尾下，言能糞金。 蜀王貪，乃開道引之。 秦因進兵滅蜀。 沿澗路僻人稀，不可獨行。 三十里，寬川舖。 過單人峽，要小心。 十五里，上嶺，五丁關，關上有小小飯店數家，不宜住宿。 此山係古力士武丁所開通蜀大道，道傍有武丁碑。　下嶺，十五里，滴水舖，宿店。

初八日　冒風雨而行，道滑路險。　廿里，柏臨驛。　十里，寧羌州。　廿里，界牌關。　三十里，黄埧驲。宿店。自此食米飯，每碗六文，二碗並一碗，名曰毛耳頭飯。

初九日　天陰氣寒，上坡五里，下坡八里，出石峽關，又名「西秦第一關」。　過河，二里，上嶺，七盤關。　此爲陝、川交界。　下武侯坡，廿五里，中子舖。　十里，紙坊舖。　過市，雨大風狂，但見東澗泉通西澗水，南山風送北山雲。　沿途樹木森立，景緻絕佳。　十里，神宣驲。　寓棧。

初十日　小雪。　十里，龍背，下有龍洞，深不可測，隱隱水聲如雷，自洞口出。　廿里，朝天鎮，大橋頭，小峨嵋寺，留息。　午後謁普賢洞。　返時師談：「念佛一法，並不在多，只要字字分明，句句接續，步步踏實，念念到家，純一不雜，風吹不入，雨打不溼，自然久久成片，花開見佛，即證菩提。　絕妙法門也。」

十一日　早，晴。如由陸路經朝天關，九十里廣元縣。　搭船，八十里，經沙河驲，小雨，至千佛岩登岸，大雲洞。　岩有千佛，湧現壁空及石洞間。　十里，廣元縣，即古利州。四川屬。

十二日　早，晴。　廿里，皂角舖。　是時天氣暴熱，山吐煙霧，浮雲亂飛，來去不定。　三十里，過河，昭化縣，古葭萌關。　遇暴雨，住梵天院。

十三日　上坡，十五里，天雄關，一名牛首山。　三十五里，高廟舖。　廿五里，誌公寺，住。遙望劍閣，天險高峻，形如半天之城，石赤如丹，岩上色青翠，千峯萬疊，合抱而來，但有一線之道可通，所謂「一夫當關，萬夫莫開」。古云：「直造懸岩上上關，白雲影裏轉身難。」沿途有千年之古木遮蔽，乃西蜀之一大觀也。　上坡，三里，劍泉。　三里，劍閣。赤壁高千百丈，中有劍門，上書「西蜀第一關」。過橋有鉢盂寺，山深有雨寒仍在，松老無風韻亦生。

十四日　里許，劍門關驛站。　十四里，天生橋，有坊曰「天然圖畫」。大路兩傍古柏，陰遮古道，陽光不入，微雨不溼，樹林直至梓潼，數百里連接不絕。　十里，漢陽驛。　廿里，抄手舖，西蜀古蠶叢之國，崎嶇險阻，古詩云「見說蠶叢路，崎嶇不易行；　山從人面起，雲傍馬頭生」是也。　廿里，劍州，古雄州，宋隆慶府，西門外南禪寺，住。

十五日　廿里，清涼舖。　廿里，柳池溝驛。　四十里，武連驛，宿。古之武連縣，武侯駐軍處。

十六日　四十里，上亭舖，古郎當驛。　廿里，吉陽舖。　廿里，遙望一派茂林，天然佳境，即七曲山，有九曲水，文昌帝君聖里。　廟西南有石，名曰檗陀石，帝坐其上。　聯曰：「檗陀石上留仙蹟，陰隲文中現化身。」

十七日　微雨。下坡十里，送險亭，有坊曰「陂去平來」。古瓦口關，下有古劍泉。　再下十里，梓橦縣，古潼川府。　三十五里，羅漢橋。華嚴寺，宿。

十八日　微雪。　五里，宣化舖。　廿里，魏城驛。　十里，銅瓦舖。　廿里，蔡家橋。　十里，杭香舖，宿。

十九日　十里，爛泥橋。　十里，芙蓉溪。此處出甘蔗，產量豐富。　七里，老綿州城，在溪邊過河。　廿五里，興安寺。　三十里，雞鳴舖。沿途大雨，拖泥帶水而行，唯方寸中寸絲不掛。　十里，金山舖，住。

廿日　微雪，天寒地凍，每日踏破草鞋三雙。　三十里，羅江縣。　七里，落鳳坡。有碑曰：「龐士元盡忠處。」再上，碑曰：「須知天下苦人多。」上曰：「一體同觀。」下曰：「善惡循環。」　二里許，白馬關，上有龐祠。　出山廿五里，仙人橋，泥濘路滑。諺云：「高山容易過，平路最難行。」亦如學人方寸間，粗惑易除，細妄難消也。沿路多樹木。　十五里，德陽縣，南門外宿廟。

廿一日　當家開單接眾留住。是夜浮雲滿空，不見大月，幸一輪之心月獨朗。

廿二日　四十里，大漢鎮。　三十里，廣漢縣，宿開元寺，主人尚好。

廿三日　廿里，彌牟鎮。沿途米飯，每大碗又加一碗，名毛耳頭，錢七八文。小菜每小盤，錢一文。三十文足度一日。廿五里，新都縣，北門外寓寶光寺。寶塔巍巍，殿閣輝煌。羅漢堂五百尊者，種種妙相，諸方莫比。暮鼓晨鐘，經聲佛號，足以喚醒迷人。林木森羅，三溪周匝，竹影松濤皆道韻，花香鳥語盡禪機，昔悟達國師道場也。此處家風純靜，種種如法。方丈本立，道氣迎人；領袖祖鏞，宗教皆通；果亮專門禪宗。緇素百餘眾。

廿四日　入城，桂湖池一遊。是午，果師談及禪宗云：「祖師西來，不立文字，直指人心，見性成佛，更無別法。」祖鏞師曰：「向上一着，人人本具，個個不無。如能二六時中，回光返照，步步踏實，不妨頭頭獨露，法法全彰，萬境不能侵，諸緣不能入，情消見絕，自見本地風光，不從他得。没有一番寒徹骨，怎得梅花撲鼻香。」留息三日。

廿八日　與源師同行，出西門，經八陣圖，沿路小鎮甚多。四十里，昭覺寺。周匝數里，梵室數百重，殿閣凌雲，莊嚴法界，曰天下第一叢林。清規頗好。住僧有三百眾。乃圓悟禪師道場。主人天性，班首空月，性天月朗，皆有道氣。

廿九日　七里，驛馬橋，馬祖故里。七里，北關，進四川省城成都府，成都、華陽二縣。宿大慈寺。

三十日　往文殊院一覽，清規嚴肅，海單。主人崇慧，道德風高；首座修奇，專門持呪。是日宿草堂寺，主人心泰，福德過人。

九月

初一日 仍回省城。城中街市繁盛，物產殷富。自成都西去，有青城山，山在灌縣西南五十里，自岷山發脈，連峯接岫，千里不絕。

四川爲禹貢梁州之域，取岷江、沱江黑白二水以爲名，洵奥區也。北走秦鳳，有鐵山、劍關之塞；東下荆、襄，有瞿塘、灩澦之險；南通六詔，有瀘、蒙之水；西拒土番，有石門、崆峒之障。山水襟束，自爲藩籬。誠所謂「天府之國」也。

第十三篇　峨嵋山

光緒己亥

九月

初二日　由成都東門搭船，七十五里，青龍場。三十里，彭山縣，觀音寺，宿。

初三日　仍上原船，順風順水，快上加快。四十里，眉州。同舟互談「是非只爲多開口，煩惱皆因强出頭」「忍一時之氣，免百日之憂」云云。七十里，思蒙場。午後晴朗，舟中遙觀峨嵋山矗立青霄，嶙峋聳拔之勢。三峨高出五岳，秀甲九州，震旦國第一山也。在禹貢時，爲蒙山之首；華嚴經爲光明山；水經注謂峨嵋山。其山有大、中、小三峨之分。三山連屬，高數千仞，周迴數百里，其中奇跡異景，尤難窮焉。九十里，夾江縣，上岸住寓。

初四日　仍登原舟。九十里，嘉定府，樂山縣，寓護國寺。

初五日　五里，渡過性河，詣大佛寺。大佛就山刻成，高大莊嚴，勝過諸方。有坡公讀書堂。峯後見有一僧，端坐於岩頭，遂作禮與談。伊云：「我不異人，人心自異。人有親疏，我無彼此。水陸飛行，等觀一體。貴賤尊卑，手足同己。我尚非我，何嘗有你？」仍回護國寺。

初六日　冒雨而行。廿三里，草鞋渡。廿里，蘇溪場。遠望峨嵋山，白霧裝成銀色界，紅雲圍繞上方天。三十里，鎮子場。市上演戲，幻中加幻。二十里，宿文昌祠。

初七日　峨嵋縣。進東門，出南門，里許，十方院。三里許，聖積寺。寺前有老樹一株，周圍十步。傍有坊曰：「登峯第一。」六里，寶寧寺。漸入妙境。忽見牧童與牛往林間而去，憶古詩云：「綠楊陰下古溪邊，放去收來得自然；日暮碧雲芳草地，牧童歸去不須牽。」實見道後境界。十四里，伏虎寺。宋紹興間，虎狼爲患，人跡罕至，有僧士性，建尊勝幢一座，始靜。寺前有「震旦第一」坊。經無量殿，上有風洞，風自洞出而涼，故曰涼風洞。五里，上坡，華嚴寺，唐福昌達道禪師道場。五里，經楠木坪。坪上楠樹孤挺，老幹撐雲，枝葉茂盛。其上有千尋峻壁。壑中一水，湍激有聲，水中有石形如舟，逆水而上，山上劖有「藏舟於壑」四字。途中有人指云：「西有龍門洞，壁間有『龍門』二字，乃宋東坡居士筆。」經五十三蹬馬鞍山，過萬福橋，深谷幽林，別有天地。共約六里。大峨石，石有「福壽」二字，宋希夷先生書。石下有玉液泉，泉自流出，約五丈餘，復入地中，後人爲題曰「大峨神水」。余觀水忘路，又值白雲瀰漫，憶古偈云：「來時有路，去時便誤。撐起眉毛，放開脚步。日上中峯，雲消野渡。努力向前，切莫回顧。」九里，龍昇崗。到此峻嶺崇山，頓忘俗念。三里，飛流界，峨嵋真境。此處山水極佳。雙飛橋，在牛心寺下。兩山相對，水出牛心嶺，自中亘垂如貫珠，左水從雷洞來，右水從九老洞來，至此界作二道。雙橋跨淵，水分黑白，即符文水，勢如虬龍奮舞，兩不相下。過橋始狹，久之乃合。其下有石，狀如牛心，鎮峽口，晶瑩似鏡。二水如雙龍鼓舞而來，牛心石如珠，謂之雙龍奪珠，爲峨山第一勝境。黑龍潭、寶現溪諸水，俱從此下匯出龍門。此處上山有二路。一由大坪、洪春坪、九老洞，至蓮花石，合路。今由金龍寺。六里，虎跳橋，亦名七笑橋。右有楚天佛國萬年寺，昔蒲氏事佛舊址，創自晉時，唐僧慧通重修。前有大峨樓，左豎「祇樹林」。大普賢殿，有七層，其中磚砌作旋螺形，勑鑄大士丈六金身，騎於象上。今分三殿。時晚，投宿於寺。寺乃海光上人大開十方叢林，豁然一新，今平光和尚維持。

初八日　磚殿禮普賢大士。上有三千銅佛，前有觀音樓，下有十八羅漢過海像。再後，新殿，毗連相通。後有明月池，前有十七峯。

初九日　余獨登點心坡。向上一路，崎嶇險惡，足跟不穩，强作主宰。此處乘轎不便，只有木架背負而上。余仍步行。五里，觀心坡。至此觀心，諸緣皆息。雖然如是，照顧脚下。 五里，經仙女橋，直上天梯。回視谷口，白雲浩瀚，若大海波濤矣。至息心所，光明世界。 五里，長老坪。峯後一覽皆峻嶺，杳無人跡。胡世安學士登峨嵋記云：「峨嵋天挺峻拔，萬仞插雲，連峯千里不斷，勢壓五岳，見其洞壑之幽、佛光聖燈之奇，以及瓊草琪樹，怪鳥異獸，靡不寓諸目而得於心也。」坪右見有僧俗曳柴攀藤而下。問之，曰：「歲寒山深，乘時積薪，不久大雪封山，遊客絕往來，僧眾亦不能出門矣。」 五里，蒲公庵。 五里，華嚴頂。 五里，蓮花石，石如蓮花。再上，路復崎險，爲潛天坡。彼時天色晴朗，忽見白雲一片自西而來，冉冉不絕，布散虛空，如綿如雪，四面皆塞，無路可升。幸一念獨朗，未入迷途。 五里許，寒氣侵人不可當，急趨殿內避之，即洗象池，相傳普賢浴象於此。再上，寺院無片瓦，乃木板蓋成，因雨雪嚴寒，多遭凍裂故。 主人普玉留住。

初十日 五里，大乘寺。此處雨雪分界，其上雨結成雪，其下雪化爲雨。 七里，白雲寺。 斯寺常屯白雲，因此得名。余詢：「前面可以無險？」僧答：「莫道此間無險峻，前途猶有最高峯。」 上五里，雷洞坪。懸岩萬仞，不可俯視。相傳雷伏洞下，聞人語輒震。舊有鐵碑禁語，今廢。坪過，稍憩。相傳下有伏羲洞、女媧洞，皆人跡不能到。再進，盤迴旋轉而上，俗呼爲八十四盤，雲聚不散。 三里，接引殿。 里許，山勢壁立，行人皆攀藤蘿，彼此相牽而過，謂之猢猻梯，俗呼爲三倒拐。 再行三里許，峻拔絕險，爲觀音岩。里許，太子坊。近歡喜亭，倚險憑虛而立。稍息。頂後有光猶是幻，雲生足下未爲仙。峨山之險，至此已盡。從此登山無險處，故謂之歡喜亭。亭過，爲桫欏坪。坪有桫欏樹，春夏之間，花開如錦，非人間所有。一里，開山祖殿，有通天和尚肉身，相傳大士化身也。半里，沉香塔。里許，天門石。兩石壁立，如門對峙，插入雲表，巋然峭拔，中通一線，深二尺許，爲天然門户。坡下有老僧樹，傳言年久枯樹，有老僧常時跏趺其中坐化，後其樹復活。僧生樹滅，僧滅樹生，如一念從真起妄，今仍返妄歸真矣。里許，七天橋。峨山爲七重天，故名。橋跨溪流，水聲泠泠可聽。橋水流時明佛性，松風動處了禪心。里許，真身塔。相傳普賢大士真身圓寂後，肉身塔此，遂稱普賢塔，訛也。此乃順治時，有僧名照玉者，精修梵行，康熙時敕封速成正覺，人稱爲「活普賢」。里許，錫瓦殿，梵刹林立，巍峨並峙。上華嚴禪林，時逢雲霧將收，四顧千山積雪，望成都於日下，指荆襄於雲間。蘇軾詩云：「峨嵋山西雪千里，北望成都如井底；春風日日吹不盡，五月行人凍如螘。」彈指間，寒氣滿空，雪花片片，裝成銀色世界。投入祖殿，即開山正殿，住。

十一日　破曉時，往大殿金頂朝禮大行普賢菩薩。殿中銅像頗多，種種莊嚴供奉，清淨之風，令人絕想。如是妙境，真不可思議也。按普賢大士爲華嚴長子，入法界品善財南參，最後見普賢菩薩。普賢乃教以十大願王，導華嚴海眾，求生極樂，得見彌陀，再分身塵刹，濟度眾生。可知一切法門，無不以淨土爲極則也。金頂者，古光相寺也。在大峨峯頂，相傳漢明帝時建，名普光殿，唐改光相寺。明洪武時，遣僧寶曇重建。始以鐵爲瓦，明末傾圮。昔金殿皆銅，廣四丈，深丈三，高二丈五尺，中供大願王像，四壁萬佛圍繞，門陰刻全蜀山川形勝，一覽了然。昔妙峯祖師至長安，募造金殿四座，分送五台、峨嵋、九華，其一座欲載送普陀，道險難達，後送江寧華山供奉，近來殿不見矣。但有銅板數塊，銅塔一座。適與心浩上人相談。伊說：「人心之險，險於山川。山川之險，人心爲之。持地菩薩云：『但平心地，則大地自平矣。』」直上絕頂睹光台，性天朗朗，萬里無雲。雪覆千山，一塵不染。轉瞬間岩下嶂氣衝起，業雲層層，境霧重重。一點圓光纔失照，眼前覺路盡成迷。唯願得善知識，開我迷雲，指我覺路也。

是晚，上台觀燈，隱隱月下淡煙之中，牛心嶺有寺在焉。許久不見聖燈而返。

十二日 至錫瓦殿，訪通慧長老。示云：「我佛所說之法，門門皆能解脫。今時上根人少，普通人多，故念佛法門，最爲契機，三根普利。法華云：『念佛一聲，福增無量。禮佛一拜，罪滅河沙。』楞嚴云：『念佛憶佛，現前當來，決定成佛。』若能二六時中，行住坐臥，語默動靜，念念不絕，久久成片，山河大地，彌陀獨露，舉足下足，無非極樂矣。」師勸修念佛，贊歎念佛，與十方恒河沙佛異口同音。信乎念佛三昧，爲諸三昧之王，末法修行，唯仗此一法門，方能脫生死海，證菩提道也。禮謝而行，再上睹光台，峨嵋絕頂，乃普賢大士示現之所也。峨嵋勝甲天下，周數百里。八十四盤，入於青雲之際；空中樓閣，架於霄漢之間。十二大洞，二十八小洞，又有雷洞坪、睹光台、金剛台諸峯，峻極於天，彩霞如畫，與岷山對峙。山之上，天霽則圓光大現；山之下，雲開則聖燈夜明。以及種種妙色妙境，均足滌人塵襟，流入性海。每逢六月香會，四民雲集，遠及西藏喇嘛，朝拜者絡繹不絕。今則大雪封山，往來幾絕矣。時有僧道數人同觀，但見白雲瀰漫，渾如銀色世界，而未覩圓光也。不見日光，唯回光返照，不昧心光耳。下台，大雪紛紛，急回祖殿。主人送炭火來。夜飯餐筍菜，鮮而甜，實心不空。問此時鮮筍從何而來。答：「本山四時皆有。」

十三日　復禮金頂。適遇坦然、月照二大善知識談：「峨嵋縣城至絕頂，百二十里，登山履險，非常之苦。朝拜者咸增福慧，敬禮者罪滅河沙。如能發大誓願，成大因緣，視人之苦猶己之苦，以己之願合眾之願，則尤上契佛心。普賢大士十願，尤以恒順眾生爲重也。」是日天暗暴暖，登台遠眺，頃刻風吹雲散，縱目千里，雪山諸峯，銀色映天，玲瓏屏漢，如在几席，象嶺崑崙，俱在縹緲間矣。忽又霧起，布滿空谷。隨僧人觀金剛台捨身岩，岩懸萬仞。僧云：「數日前有人捨身。聞之傷心。凡聖賢捨身，必有益於天下。捨身以救眾生，是菩薩所行之事。今以凡夫地位，至高山窮谷，投身而下，與遭横死何異？

晶。」

於己於人，兩無益也。」余因勸寺主向官廳請示，禁止捨身。僧云：「下有三霄洞，山出水

十四日　祈光觀燈，均不見。

十五日　雪霧漫天，再祈光不得。

十六日　星朗月明，觀燈仍然未見。古詩云：「元氣開青碧，雲軿落紫煙；笑登天九萬，別有界三千。」

十七日　再至金頂，更上一層。適遇坦然、月空二上人，談及光、燈二瑞，人能見之，獨余屢求不得，何故。上人云：「若能返本還元，當下即是圓光，追之不見其首，伺之不見其後，不可以智知，不可以相見。故寒山子云：『吾心似秋月，碧潭光皓潔；無物可比倫，叫我如何說。』」言次，睹光台，飛雪瀰漫，頃刻萬里晴空。忽雲中閃出一輪白光，淡如虹霓之色，自小而大，大而又大，光華充滿三千世界。師問余曰：「見麼？」答：「見。」師曰：「見個甚麼？」答：「見即不見。」師曰：「舉頭天外看，誰是個中人。」遂別而歸。

十八日　夜中寒氣逼人，不能久立。忽一燈從山外飄來，漸點十數點，爭相上下。彈指千百萬點。倏忽即無。僧曰：「聖燈。」余曰：「心燈。」唯心所現也。山頭月朗，攀登

其上，去天尺五，塵念均空。

十九日　往千佛頂萬佛嶺，訪能修、了禪二上人。後至九老洞遇仙坡，大雪封山，遍埜銀色。放眼遠看千里近，置身高處萬山低。

第十四篇　牛首山　獻花岩　棲霞山　紫金山

光緒廿九年癸卯

正月

十二日　天氣清和，遊南京雨花台。相傳二祖神光說法處，其時天雨成花，故名雨花台。登台遠眺，水色山光，菩提妙境。花香鳥語，般若禪機。全城風景，一目了然。山中有小石，五光十色，爲雨花石。前有高隱諸庵，後有三藏等殿。山麓有泉，爲天下第二泉。此地梁代佛法最盛，有四百八十寺，今則多半敗殘於煙雨之中矣。仍回經房。

十三日　晴和。出南城，道路寬暢，春光明媚。遥望牛首山祖堂，相對咫尺，崢嶸並峙。三十里，牛首山，林木清幽。至普覺寺，禮辟支佛塔。歷捨身岩、觀音洞、文殊洞、三茅殿等勝蹟。峯頂遠眺，長江如練，砥柱中流者有采石磯。憶昔乘民舟遊太白樓、彭公等祠，經東西梁山，往池州朝九華，彈指六載，流光如駛，可怖也。

十六日　至獻花岩，即懶融禪師棲隱之地。時有天女獻花，蛇虎護衛，故有老虎洞、神蟒塔，寺名花崖。有聯云：「僧歸夜月，龍出曉堂。」假宿於此，並訪祖師足跡。

十七日　有客同行曲徑，約三里許，茂林修竹，即祖堂幽棲寺。側爲祖師洞即虎洞，相傳融祖伏虎處。回城。

廿一日　出太平門，崗巒起伏，村落儼然。　三十里，棲霞山，古稱攝山。進谷，荊棘礙道，稍加芟撥。頃刻間，風起雲開，諸峯羅列，溪聲山色，又一佳境。寺在煙樹之中，當家外出，山門蕭索。昔南齊僧紹曾居此。左側數百武，名千佛嶺，下有無量殿。岩壁上，刻有石佛像二百餘尊。隋文帝建有舍利塔。右去西澗，名桃花，古蹟已多湮沒。　上坡三里，峯上有廟數楹，供三官大帝。登臨一望，氣象萬千。時有客僧言「世法須從身試，大道不在口談。雖善清言，無當實際」云云。偕同下山，仍返城中經房。

廿二日　遊紫金山。　三里，明故宮。一片荒郊，有方孝儒先生祠及血跡碑，其石已被遊人磨爛，而血跡依然，忠魂毅魄不泯如此。南城上，有景陽鐘，於此起更。　里許，朝陽門。　出城三里，孝陵衛禁門。石人、石象、石獅，均偉大。進頭門，甬道寬長，適逢杏花春雨碑。前殿仁皇帝御書治隆唐宋碑、純皇帝詩碑。正殿龍亭，供奉明太祖及皇后神位。殿後過橋，即寢陵。更上一層，松竹幽深，天然佳境。四顧羣山，本來面目。陵在城東北鐘山之麓，一名蔣山，又名紫金山，高百數十丈，周迴數十里。正瞻眺間，驟雨狂風，剎那四散。但見飛瀑橫斷千澗路，亂雲捲盡萬山空。　下坡，九里，回寓。

廿三日　因欲行脚，向楊仁山先生告假。先生云：「出外參訪，務須着眼。學必參而得悟，津以知而不迷。知之非難，行之維艱。」余禮別出城，搭輪。經草鞋峽、燕子磯、八卦州、黃天蕩、大河口、四源溝、十二圩、瓜州。江中遙望金山，浮圖巍聳，殿閣嵯峨，七峯崢嶸，與焦山對峙。到岸至金山。京口有山數處，以金、焦最勝，屹立揚子江邊。相傳唐裴頭陀於此開山得金，故名。古名浮玉山。去鎮江城七里。山上有寺，名江天，又名龍游。昔日山在江心，寺廊周山之趾，而江水環寺檻之外，隨波蕩漾，浴日凌霞。每登妙高峯，遠望焦山、海門，歷歷可見。而本山之樓台殿閣，森列足下，令人心曠神怡，真天下名區，江山勝處也。今淤沙成洲，與江南接連，不舟可登矣。　山巔有塔，曰浮玉塔，今名慈壽，秋崖長老重建。左有觀音閣，右有法海洞。上有御碑亭，石劖四字曰「江天一覽」。下有藏經閣，內有清藏全部。余前憩此數載，晝則閱藏，夜則習禪。如不調飲食，則病患必生；不閱三藏，則智眼必昧。知佛心者，則言言了義；不知佛意者，則字字瘡疣。余常學禪，愧不能諸緣放下，難得真實受用，虛度光陰，抱慚極矣。當時八安上人，重修念佛堂前後串樓，代余修一房間。余獨居前樓，清淨異常。後因人事變遷，故不欲久居。本山歷代高僧名人詩詠古蹟甚多，詳寺志。

一日，與諸老遊中冷泉，經郭璞墓，里許，泉水方池，王仁堪先生重修，並書「天下第一泉」。據楊仁老云：「同治間，予辦工程局時，修中冷泉，見泉底有氣眼數處，氣起鼓動，如泉水泛漲，周年不息，實是氣泉，並非水泉，名曰『鰲魚吐氣』。泉水泡茶，味厚而甘。」大定老人談行脚之事云：「朝山原爲求道而修苦行，須要精進猛勇，期了生死大事，如救頭然。」大霖師云：「要具忍辱之心，發菩提之願，不擇飲食，不辭淡泊，縱遇險難，亦所不辭。」慈本西堂曰：「華嚴經入法界品文殊告善財言：『求善知識，勿生疲厭；見善知識，勿生厭足。於善知識所有教誨，皆應隨順；於善知識善巧方便，勿見過失。』善財據此金訓，南詢百城，見五十三善知識，一生了辦大事，乃行脚之榜樣也。」

三月

初八日　同月朗、寂山諸老乘輪至上海，寓海潮寺，即留雲蘭若，乃觀月老人之師結茅處。經觀老修建叢林，開單接眾，清規嚴肅，宗風大振。並有微軍、戒本二老實力相助。後應乾和尚接任，福德具足，更加興盛。

十九日　與治開諸老遊哈同花園。主人好道，就園中布置放生池、萬生園，水鳥樹林，樓閣欄楯，橋洞假山，景物富麗，極人間樂事，惜不能免老病死諸苦耳。遊畢，仍回海潮。觀老云：「朝山爲參訪知識，開明心地。足出户庭，即不免憂喜驚悲憎愛順逆等境。如昔善財南詢，見無厭足王、勝熱婆羅門等，尚起疑惑，況今末法，豈能掃除？倘遇斯境，須當視如夢幻，不可隨境而轉。」以上種種開示，皆行脚人之指南也。

第十五篇　北京西山

光緒癸卯

四月

十日　偕高旻月朗諸老由滬乘輪往天津，渠等進京請藏經也。黎明出口。余曰：「嘗聞人言『百川歸大海』，不知大海之流，究竟歸於何處？」月老云：「五湖四海千江水，總屬曹溪一脈通。」是夜月湧滄波，光明如鏡。

十二日　午，海雲密布，狂風大作，白浪滔天，搭客皆不能行動，多數頭昏嘔吐。約三時，風平浪靜。余問諸老：「彼時一念如何？」月老云：「貪瞋癡愛消除盡，本地風光始現成。」過煙台，未停。

次日，進大沽口，下午抵天津。上岸，住紫竹林。地名仍舊，而氣象更新。

十四日　乘火車，經楊村、落垈、郎坊、黃村、鳳台、馬家堡，直達北京正陽門，俗呼前門。下車，進城，往北新橋柏林寺，內有大藏經版。住持崑峯迎入，送往行宮，冶開、觀月長老約會於此。南省入都請頒藏經者，共有九家。常州天寧寺冶開長老、揚州高旻寺退居月朗並諸山長老，同寓此寺。首由諸山請僧祿司具呈內務部轉奏，御批「知道了」，僧祿司始出示開印。每部共約費洋三千元之譜。是晚，談及朝山之事。冶開老人云：「論到已悟本分，無欠無餘；若乃初機因緣，宜攷宜證。所以，借朝山以證宿因，假參學而消分際。」

十六日 與瑞堂大師出得勝門，往紅螺山。中途遙觀燕山，峯巒森秀，粲若雲錦。蘇軾詩云：「燕山如長蛇，千里限彝漢。首銜西山麓，尾掛東海岸。」

廿三日 與空浩、普常諸師同回京城。

廿四日 與大禪諸師出遊雍和宮。彼時陳白喇嘛招呼往諸殿一覽，並與白喇嘛一談持呪之法。遂出西直門，五里，大鐘寺看大鐘。上書華嚴經一部，金剛經鎖邊。南行，萬壽寺，內看四大名山圖。後至弘仁寺，即旃檀寺，禮旃檀像。此像乃佛住世時優填王所造。佛往天宮爲母說法而回，像出迎之，佛與受記云「若能一見，即同見佛」。此爲造像之始。殿上蒙藏莊嚴，有七珍八寶種種供養。余前二次朝五台，在此禮敬，今則不見，乃因「庚子之亂」失去也。住圓光寺。與方丈首座清一會談。清曰：「參學略有五種：

一，已事未明，尋求知識；　二，機緣不契，別訪高明；　三，已明大事，隨方應化；　四，特爲進香，植福培因；　五，誇張勝境，私圖名利。前三正當，第四猶可。至於散意雲水，名利自欺，其誤甚矣。」

次朝，與寂老乘車繞湖，道出萬壽山，經玉泉山，下車，往玉皇頂，去京約卅里。其山幽深蔚秀，泉石之美，甲於都城。每大雪初霽，千峯萬壑，積素凝華，若圖畫然，爲京師八景之一，有香山、玉泉山、潭柘山、聚寶山、翠微山等名，總稱爲西山。

次日，遊碧雲寺。昔日遊此，文老居士開我迷雲，施我甘露，暢談數日。並遊香積、戒台諸寺，小西天、上方山、雲水洞等處，洞中奇觀未載。

次日回京，預備五台度夏矣。

第十六篇　五台山

光緒癸卯

四月

某日，與高旻退院月朗上人及滿碧諸師，於北京搭火車，經蘆溝橋、涿州、定興縣、安肅縣、保定府，下車，住店。

次日。廿里，江城。　卅里，北鋪。　五十里，完縣。住店。

次日。四十里，唐縣。　四十里，大陽。住店

次日。廿里，阜平屬。數日前，有尼僧三人朝山經此，遇盜，斃老尼一人。或云：「宿冤現前，定業難逃。」冤深難解，因果歷然，豈能幸免？故經云：「假使百千劫，所作業不亡。因緣會遇時，果報還自受。」　三十里，王快鎮。　廿里，王柳口。忽遇濟南長者及諸大師，從台山來。濟公曰：「小心為要。投宿須防夜，雞鳴早看天。」忽忽而

別。　十里，長壽莊。住店。

次日。廿里，阜平縣。　過河，十五里，李家台。　廿里，安子嶺。　十七里，下關。住店。　朗老述憨山大師之言曰：「若論此段大事因緣，雖是人人本具，各各現成，不欠毫髮，爭奈無始劫來，愛根種子，妄想情慮，習染深厚，障蔽妙明，不得真實受用。一向只在身心世界妄想影子裏作活計，所以流浪生死。佛祖出世，千言萬語，種種方便，說禪說教，無非隨順機宜破執之具，無實法與人。」

五月

初一日　廿里，招提寺。　三里，龍泉關。　五里，益壽寺。　十二里，虎跑泉。　二里，長城嶺。　遠望五峯之間，紫氣盤鬱，神人所居也。鎮澄詩云：「西望龍泉錦繡開，紫雲鬱鬱鎖仙台。就中一片清涼地，劫火曾經幾度來。」舊有龍泉寺，今廢。嘉靖初，盜賊縱橫，有馬大師不知何來，結眾擊賊，羣盜乃絕，由是道路平靖。後大智禪師開化。土人皆曰：「前去馬那吒，今來智菩薩。」　十五里，台鹿寺，住喇嘛僧數十人。　廿里，海會寺。　十五里，白雲寺。　五里，月明池，即觀海寺。魏建。住持慈心利物，本分為人。　三里，沐浴堂，即文殊寺。康熙間吻叶和尚建，後本空禪師中興，立為十方常住，授戒安禪，寸陰不廢。今廣慧和尚復興。 七里，上佑濟寺，即南山寺。宿。

初二日 五里，由台懷鎮至顯通寺，住持和尚怡諄接進。

初四日 往東台，同行廿餘人。 由東台往北台，經中台至清涼橋，投宿。

初五日 往西台，晚回顯通。

初六日 與清波上人由圓照寺、廣宗寺，至菩薩頂，謁大喇嘛，白姓名道昌。 午後，遊羅睺寺、塔院寺、五郎溝、金剛窟諸勝。

五台山，本名清涼山，文殊大士演教之區也。 聳峙於雁門、雲中之表，接恒岳而俯滹沱，横臨朔塞，屏藩京畿。其地風勁而高寒，層冰結於陰岩，積雪留於炎夏，故名清涼。 然地雖寒，而嘉禾芳草，蒙茸山谷，稱靈異焉。 五峯竦立，上矗霄漢，煙霞掩映，蒼然深秀。 是以自漢迄今，歷代皆有崇建。 古刹精藍，遍滿岩谷，佛家四大名山，峨嵋、普陀、九華而外，五台爲尤盛焉。 又稱五頂。 清涼神境，潛育百靈，時乎珠林焕現，仙域洞開，靈霞生宿客之衣，圓光射遊人之影，觸目通玄，非人間矣。

初十日 月朗長老及諸上善人下山，再四勸余回南，謂：「予等數十人到京，請頒藏經，朝禮五台，而居士獨留，予等心中不忍。」余答：「學人今日行脚，專爲生死大事。無常迅速，故決意在此度夏，再往終南過冬。前面已將出口，恕余不送。」即合掌作别，回頭就走。伊等含淚而行。 隨遊鎮海寺，谷中幽靚，樹木森羅，章嘉喇嘛塔在焉。 內住喇嘛二十餘人。 禮塔出谷，往梵仙山。 此乃中台案山，昔有五百仙人餌菊成道，故名。 下山，經殊像寺，回顯通。

十五日　單獨朝台。帶乾糧往東台，當午至頂一覽。羣峯歸冥漠，大地入虛無。入望海寺，俗呼兜率天宮，供聰敏文殊師利王菩薩。　夜間禮佛。彼時心同滿月，大地光明。

次朝，觀日。宋丞相張商英詩：「迢迢雲水陟峯巒，漸覺天低宇宙寬；　東北分明觀大海，西南咫尺望長安。圓光化現珠千顆，旭日初升火一團；　風雨每從岩下起，那羅洞裏有龍蟠。」　下坡。十五里，華嚴嶺。　十五里，說法台。相傳昔時常有鐘梵之音，人多聞之。五台灰色蛇多，觸者傷身。猶如五欲，染者毒心。蛇不傷人而人自傷，苦矣。　里許，北台頂，靈應寺斗牛天宮，供無垢文殊師利菩薩。中有隱峯塔，側有黑龍宮。台後半麓，生陷獄。隋繁峙民張愛，盜龍池錢若干，將歸，暴風卒起，吹墮於澗。上聳巉崖，下臨絕澗，黑雲四蔽，冰雪擁身，求出莫由，志心悔咎，稱菩薩名，經宿雲開，見白兔隨出。鎮澄詩：「迷裏清涼生地獄，悟時地獄化清涼；　須知二法元無相，不離當人一念彰。」　台東北七十里，秦戲山，無草木，多金玉，上有品字泉，即滹沱源。西流由北台之陰，諸溪競注，過繁峙城，北經代州、五台、忻州、定襄、盂縣，由正定平山入海。左繞台山三面。台南麓，龍門石，上裂如門，濤聲若雷。北有藏雲谷，下有留雲石，雲生為雨，雲入為霽。對岩有萬年冰，近看約數十丈。　正顧視山光，忽狂風大作，雨雪交加，頃刻間風雨稍息，石室之內，水有寸深，難以度夜，只得冒風雨而行。陰雲遮覆，當午如如同深夜。四面懸岩，覓路不得。忽見雲中隱隱有牧童騎牛而過，余隨詢之，牧童不答。余行快，牛也快。余行慢，牛也慢。行約三四里許，豁然雲開萬嶺，光照大千。瞬目之間，人牛俱不見矣。奇哉怪哉！彼時歷歷分明，毫不昏昧。余若造妄語欺人者，永墮拔舌地獄也。　里許，澡浴池，在中、北台間。古有湧泉，澄潔可愛，今荒基一片，亂石而已。　下午，從小徑下山，泥滑如油，行約數里，失足，直衝下去，約四五里許，幸未墮澗。是時幸正念現前，別無他想。半點鐘時，漸漸蘇醒，睜目一看，周身是泥。起身再行十餘里，出谷，問樵夫此是何處，云此地名紫霞谷，俗呼北台溝。左去塔兒溝，有雜華庵，余改名寶華寺，勸其開單接眾。寺後上有憨山石。　是日仍回顯通。

十七日　往中台。經三塔寺、西寧寺，均喇嘛住。遊玉花寺，有喇嘛數人，即萬壽寺，在中台東南麓。隋有五百應真棲此，龍神修供。有騾數十疋，不用人驅，自能入市運糧，朝去暮歸，率以爲常，過夏俱隱。是時白蓮生池，堅瑩若玉，名玉花池。　後上鐵瓦寺，殿上有鼓，傳言人皮鼓。唐僧法愛，以常住財私置田，遺其徒，死轉牛身，託夢將伊皮爲鼓，並書名於上，禮誦擊之，以求懺悔，否則田變滄海，不能消災。其徒乃依言剥皮爲鼓。歲久遂訛爲人皮鼓。　再上約廿餘里，中台頂，中有舍利塔。唐藍谷禪師，從梵僧乞得舍利若干顆，造鐵塔於內，外建大塔藏之。萬曆庚辰塔傾，一夕怒雷大震，塔乃正焉。西北圩有太華池，見者深淺不定。臨池鑑影，令人豁然。西南祈光塔，余虔禮儒童文殊師利菩薩。

十八日　往西台。八里，八功德水，磊石重重，石中有水長流。古有不二樓、二聖說法對談石。鎮澄詩云：「大士說法不二樓，八功德水印明秋；泠泠清梵滿山谷，散入冥空不可收。」左右獅子蹤、牛心石、龍窟。　五里，西台頂，有池有塔。石室有水。往東天宮，禮獅子吼文殊師利菩薩。是台向無人居，夜間靜坐，片石孤雲窺色相，清池皓月照禪心。

廿日　早。下坡。山凹中有二路。北下廿里，成果庵。路歧，走錯恐有他虞，余從南去。　七里，清涼橋，稍息。有朝台僧開忍諸師，昔日在九華山相見，忽晤於此。忍曰「涅槃經云：『若聞文殊名，或見菩薩像者，百千劫中不墮惡道。若稱念文殊名者，設有重障，不墮阿鼻、猛火之獄，常生他方清淨國土，值佛聞法，得無生忍。』」云云。午餐，各別。　十里，獅子窩。明智光、淨立等五十三人結社，唯十方道者共居，不許子孫承業。寺前一塔高九級，綠磁造成，奇巧浮於天宮。昔時清淨佛地，今作放牛之場。內住一僧。

十里，清涼石，即清涼寺。天井大石一方，厚七尺，圍四丈七尺零，面方平正。南上十五里，仙花山。沿山奇花異草，一陣風來一陣香，不知風送到何方。頃刻至南台頂，亦無人居。前有老南台，傍有白龍池。萬仁甫詩云：「南台孤聳隔諸台，極目氤氳瑞氣開；花滿重崗堆錦繡，岩藏濕霧鎖莓苔。千尋寶剎摩雲出，百道飛泉帶雨來；欲證菩提何處是，暫從法地一徘徊。」當年由此下石城靈境寺，經五台縣、定襄縣，往太原。台之東北有插箭岩，相傳宋太宗北征入此，見菩薩現八臂相，插箭而回。南台頂，忉利天宮，供奉智慧文殊師利王菩薩。夜來清淨獨居，峯頂無一物，坐看大雲流。

廿一日 下山，北行四十里，金閣寺。昔人見金閣浮空，建寺以擬之。回顯通。

廿二日 南山寺午飡。遊寺後兩茅庵。

廿三日 由棲賢寺里許，觀音洞。洞在岩畔，躡雲梯而上，住喇嘛十餘人。洞有滴泉，味甘。對山翻大嶺，異常難行。約廿餘里，山凹深林，即娑羅樹，內有娑羅寺，住二僧，人跡罕至。其樹大小百餘株，葉同松柏，稍長而寬，陣陣清香，聞之心靜。詩云：「寂寂孤峯萬事休，雲封古路少人遊；終朝不睹繁華境，盡日常聞瀑布流。」一宿出山。

廿四日 三十五里，文殊洞。洞內有一僧名圓明。見塑有僧像，傍立虎。清道光年間，有江蘇鹽城僧住此有年，虎常侍其傍，一日僧坐脫，其虎亦亡，後人於洞中塑像供之。十里，大螺頂。松柏圍繞，徑曲谷幽，爲香客求燈處。回顯通。

廿五日 往鳳林寺休息。山中亦有開荒種植之地。

六月

十三日 飯後往九龍崗，謁令公塔。宋楊業死忠，子五郎收骨建塔於此。九里，回顯通寺。

十四日 往菩薩頂，參觀喇嘛講經。

十五日 大喇嘛邀至菩薩頂午齋。是日爲奉旨道場，俗呼爲騾馬大會。西北、北口及蒙、滿、藏喇嘛，齊來赴會，萬商雲集。掌印喇嘛，坐八人大轎，旗鑼執事，並裝成神鬼種種異色，山中頓現一時之盛。文官武員，上山鎮壓。雲水堂十方僧衆，沿門托鉢，所得錢文，施食利孤，供佛及僧。每歲舉行一次，不知何時遺風。

十六日 往秘密岩，經鳳林寺，住宿。住持雙目不開，而智眼頗明，專修淨土。

十七日 清涼橋。過午下山，以澗爲道，崎嶇異常。五十里，秘密岩。山峻而秀，陡若天城。岩谷幽深，内有秘密寺，唐木叉和尚於此藏修。

十八日 謁龍洞，相傳文殊菩薩收伏五百孽龍於此。下有茅蓬，住關東喇嘛僧，專修密宗，苦行第一，唯採野菜連根而食。古云：「野菜連根煑，山柴帶葉燒。」如此境界，亦不多見。回寺與住持談及。伊云：「欲學三乘法，須參一指禪。」余答：「三乘法可以說，一指禪參不來。」伊云：「放下身心，真真實實用功。二六時中，念茲在茲，不著一些間雜。十年五載，以悟爲期，勿生懈怠。如是行去，忽得心開，一聞千悟，歷代祖師無容身之地。」

光陰易過，到山已將近五十日，明日復起行脚矣。

第十七篇　五台山至永濟縣黄河灘

光緒癸卯

六月

廿一日　由五台秘密崖下山，五里，過河，岩頭鎮。　十里，圭峯寺，翠柏蒼松，谷幽峯秀，形若單鳳殿翅。寺内一僧，爲余素識。留住，午飡，暢談。師云：「庵摩提女問文殊曰：『明知生是不生理，爲甚麽却被生死之所流轉？』文殊曰：『其力未充。』」

廿二日　五里，穆家寨，相傳宋穆桂英故里。　五里，峨口，即峨谷，有文殊、白雲雙寺。門迎綠水，寺後青山。有某師往年同在焦山聽教者，留余休息。

廿三日　師親送行。十三里，滹沱河。河闊里許，約深三尺，無橋亦無渡。師云：「照顧脚下。」足跟立定，慢慢渡過。是時萬緣放下，一念不生。　登岸，十八里，夢王鎮。此地以小米、玉米爲大宗，廣種薄收。　五里，磨坊。師回。　十五里，代州。東關外，妙覺寺，宿。

廿四日 三十里，陽明堡。四十里，崞縣。住店。同住有二客，由寧武來，往陝西鄉試。是年山陝合併。談：「持身如泰山九鼎，凝然不動，則愆尤自少；應事若落花流水，悠然而逝，則趣味常多。」

廿五日 行七十里，由平原鎮、忻口，至金山舖，宿。

廿六日 冒雨而行，九十里，由忻州當年假宿於城外城隍廟後樓，深夜有怪驚人，幸未受害、馬回鎮，至石嶺關，宿老爺廟。住持有道，余允補助接眾。

廿七日 三十三里，黃土寨。五里，鰲頭坡。是時小雨，無處休息。憶覺仁句云：「踏遍溪山問所圖，探玄擇要是何如。長安大道當歸去，慚愧而今尚半途。」勉强再行。三十五里，陽曲鎮。宿林中，夜未成寐。

廿八日 三十里，北瓜廠，千壽寺。寶塔巍巍，殿閣崢嶸，乃晉省之名勝。住持相周迎入會晤，並託開單接眾之事。

廿九日 三里，山西省太原府，民俗淳厚，有上古之風。住東門內極樂寺。吴慧蓮居士談：「道在人宏修在己，善由我積福由天。」沿途山坡上下及平地，皆可開荒植樹，就是廣種薄收。

七月

初一日　出南門，紅土溝，白雲寺，頗有道風，前已遊過。今由大道，三十五里，小店。四十里，徐溝縣。住孤廟。

初二日　四十里，賈令。廿里，祁縣。三十里，洪山村。宿孤庵。

初三日　廿里，平遥縣。四十里，張蘭鎮。四十里，介休縣，寇萊公故里。宿十方院，並允補助接眾。南門外有眉山。有好道老紳士來談云：「口裏聖賢，心中戈劍。勸人而不勸己，名爲『掛榜修行』。拖泥帶水之累，病根在一『戀』字；隨方逐圓之妙，便宜在一『耐』字。」余答：「人有百折不回之真心，纔有萬變不窮之妙用。」

初四日　廿里，義棠鎮。四十里，靈石縣。三面臨山。太原諸流所匯，名曰汾水，由此出口。十五里，上逍遥嶺，俗呼韓侯嶺，淮陰侯韓信有墓在焉，古名汾水關。下坡，廿里，仁義鎮。宿財神廟，管理人宋昌貴留住。有某先生來，說因果事，曰：「蛾撲火，火焦蛾，莫謂禍生無本；菓種花，花結菓，須知福至有因。」余答：「善惡之報，如影隨形。」暢談而去。

初六日　管理人發心開單接眾，余亦相助，置田作爲常年經費。送余往長安。卅里，莊師鎮。遥觀中鎮霍山獨秀，高出雲表。卅里，霍州。北門城外，有鎮水鐵牛。夜宿延慶洞。

初七日 廿五里，辛置鎮。三十里，趙城縣。寶嚴寺，宿，並助接眾。

初八日 三十里，洪洞縣。近城有稻田，汾河之水注此。路過「羊生獅處」牌坊。五十里，高河鎮。十里，平陽府，臨汾縣。城中市面蕭條，飛沙撲面。宿大雲寺，勸住持接眾，並允幫助。塔内塑大佛頭像。南門有碑曰「倉頡造字處」。

初九日 十里，堯帝故里。堯廟極大，敗塌不堪矣。五里，分路。昔年由曲沃縣侯馬鎮，至聞喜縣，合路。廿五里，襄陵縣。廿里，南辛鎮。宿孤林。

初十日 廿里，京安古城鎮。廿五里，太平縣，文中子故里。廿五里，四洲鎮。宿孤廟。

十一日 十八里，路傍有牧童騎牛唱歌云：「浩浩乾坤似海，昭昭日月如梭，偷閒聽我唱山歌，各要存心改過。貴賤前生已定，有無空白奔波，從今安分樂天和，福人長享福果。」稍息又唱：「十年之後看如何，百歲光陰一刹那，富貴又窮窮又富，滄江成路路成河。人生莫作千年計，在世須留陰隲多，莫道蒼天無報應，十年之後看如何。」直是暮鼓晨鐘，令人警醒。二里，絳州城。倚山臨水，風景頗佳。唯有南北二門，無東西門。宋司馬光故里。是日狂風，飛沙滿面，雙目難睜。七十里，聞喜縣，住。唐裴晉公及郭樸故里。

十二日　經劉海戲金蟾處，有碑及枯井一處。四十里，水頭鎮，夏禹王故里。四十三里，安邑縣，神禹舊都。宿古廟。己亥年，由大道經鳴條，帝舜陵，磐橋，共百四十里，至蒲州。

十三日　十五里，運城縣，俗呼鹺城。住觀音堂。長者有供養心，因相助接眾。城內駐有河東道。南門外半里許，有鹽場，鹽池長八十里，闊約十餘里。此鹽水由中條山下注。長老同往一覽。仍回觀音堂。時有某君與長老言及唐太宗問許敬宗曰：「朕觀羣臣之中，唯卿最賢，人有議其非者，何也？」敬宗對曰：「春雨如膏，農民喜其潤澤，行人惡其泥濘；秋月如鏡，佳人喜其玩賞，盜賊惡其光耀。天地之大，猶有憾焉，何況臣乎？且是非不可聽，聽之不可說，君聽臣遭誅，父聽子遭戮，夫婦聽之離，朋友聽之別，親戚聽之疏，鄉鄰聽之絕。人生七尺軀，謹防三寸舌。舌上有龍泉，殺人不見血。」其言可爲輕聽人言、好談是非者之棒喝，故錄之。

十四日　四十里，解州，漢關聖帝君故里。西門外大武廟，基址暢寬，逢會期，貿易極盛。十八里，住靜林寺，名實相符。住持頗有道氣，此地稍有稻田。

十五日　十五里，扁鵲墓。八里，虞鄉縣。城外林木清幽。七十五里，蒲州府永濟縣，虞帝故都。山西人民淳厚，風俗極佳，古出四聖人，堯、舜、禹、湯是也。住禹廟。

十六日 往城內一遊，市上寥落。至城樓遠眺，黃河九曲，羣山萬壑，儼然在目，壯觀也。

十七日 出西門大慶關，黃河故道，有三十里水灘路，不易行。黃河上從葱嶺，經甘肅，由榆林府府谷縣入境，下注豫、齊入海。此是秦、晉交界處，河之東屬山西，河之西屬陝西。

黃河上下游，由甘肅沙漠中泥沙隨水冲下，兩邊淤沙，寬闊約有三十里至五十里不等，潼關至峽州兩邊高原冲下，洛口以下，淤沙更多，與岸相平，闊數十里。據外人談，非國家雄力不能開辦。要將上下游兩岸造成石堤，高二三丈，闊二丈許，數年完工之後，產量豐富，人民永享安樂云云。

第十八篇 龍門山 藥王山 乳山 大香山

光緒癸卯

七月

十八日 晨。入黃河灘上至禹門，下臨潼關，約二百餘里，闊四五十里，陸行三十里，至灘心。水程十里，候渡。忽禹門之上，陰雲密布，頃刻間暴雨即來，無處可避。一小時，三四寸許河水陡漲數尺，全灘陸沉，一片汪洋。彼時共有十餘人，皆立水中。衆見命在須臾，皆哭。余攀樹梢，囑衆人同念「救苦救難觀世音菩薩」。轉瞬間，中條山雲開萬嶺，須臾雨止。忽見一舟飄來，招呼上船。余等大喜，率衆扒上慈航。過黃河，十里，陝西之朝邑縣，同州府屬。四十里，同州府，隋文帝故里。文帝爲帝王中最信佛者，禮舍利有感應，遍天下置塔百數十處；勵行節儉，倉庫之儲，足數十年用：賢君也。

十九日 九十里，韓城縣，住。

廿日　微雨。八十里，龍門山，即禹門，夏禹王治水所鑿也。斷崖峭壁相對，巨口谽岈如門，上合下開，故曰龍門。氣象雄偉，飛閣臨空，出門則怒濤駭浪，奔流橫溢，東西亘數十里。然勢雖洶湧，而兩岸相望，舟楫瞬息可達。兩岸石壁峭立，大河盤束於山峽間，千數百里，至此豁然大開，無涯奔放，聲如萬雷，自上而下，若建瓴瀉也。漢張騫訪河源，得之葱嶺。唐劉元鼎訪河源，得之星宿海。入中國河州界，折東北，於寧夏出塞，又數折入延安，伏流一線，千數百里，至此宣洩。同州志云：「龍門乃梁山之下幹，兩山各有禹廟，壁上斧鑿痕猶存。」時有一僧立崖上，謂此間水光撲面，層樓摩空，吞吐雲雷，海天一氣，似覺身在混茫中矣。光陰如此流，人生似夢幻，風雷雲雨，道在其中。龍門山勢雄壯，奈不能聚，隨流而散，被境所奪，故行道甚難也。時有四五人同渡東山一遊，有舉袁了凡語者，謂學道人「從前種種，譬如昨日死；以後種種，猶如今日生」也。舟至波濤中，忽逢驟雨，聞瀑聲如銀河倒瀉，萬馬奔騰，風雨從天而來。兩岸遍栽鐵環，名曰「師公救生環」。桃浪趵突，即桃花浪。並有秋水歸帆、鳴泉嗽玉、平田春江諸勝。訪道爲重，未及遍遊。晚寓禹廟。

廿一日　大雨觀瀑，雪花騰躍空際，川江三峽之流，無此奇也。仍回同州。

廿三日　卅里，船舍鎮，渡過洛河。卅里，龍陽鎮。廿里，蒲城縣。住孤廟。

廿四日 行八十里，頭昏，臥於林下，正是「百重雲水萬重煙，隨地安身到處眠」。旋因雨，無宿處，抖擻精神，再行十里，曹村鎮，住荒廟。

廿五日 四十五里，藥王山。雨過天晴，放大光明，如一念相應，即萬里無雲。藥王山，層巒疊翠，洞壑幽深，山勢逶迤連接，五峯宛如筆架，俗呼五台。上有石室，唐高士孫思邈先生舊隱之處。下坡里許，松柏叢中有石洞，中奉孫真人像。唐書隱逸傳云，孫思邈於陰陽、推步、醫藥靡不精善，兼好釋典，隱居太白山，年百餘歲。後人以其精於醫術，稱爲藥王菩薩。他書載思邈後成仙。左上石佛洞，仙洞，關帝廟，前有石人石馬，再行至千壽寺假宿。

廿六日 早。孫家園，爲孫真人故宅。此去三里許，隱洞。余乙未年憩息於此，彼時境界頗好，今但見荆棘縱横。憶詩云：「岩前古路盡生蒿，數日無人走一遭；圖利固然居市好，韜名恰是住山高。三更明月爲良伴，百尺喬松作故交；念頭純淨無眷屬，一言相契勝同袍。」原路仍回千壽寺。過午，復經太玄洞，嶔崎幽渺，深不可測。洞之東畔，下有仙姑洞。有過客羽士二三人，談及「多飲傷神，貪色滅神，厚味昏神，飽食悶神，妄動亂神，多言損神」云云。內有石刊「千金不傳方」。上有五台石，叩之鏗然有玉聲，故曰玉磬山。東有巨穴，風從此處，名曰風洞。山南有山，爲東乳山。耀州城西有山，名西乳山。

兩山環抱州城，形若二乳相似。漆、沮二水會於山下，又名鸛鵲谷。出谷爲富平界，有萬里長城、孟姜女廟在焉。　下山七里，耀州城，北寺，住。

廿七日　沿途泥濘，左右荆棘，路僻少人行，念中頗覺清淨。　六十里，柳林子，假宿於人家。

廿八日　二十五里，大香山。上有三峯，峯峯環翠，奇麗可愛。　三里許，東峯頂。矚目遠眺，地闊天高，尚覺鵬程之窄。　山中氣候，初秋如冬。　下嶺，香山禪林，空亮上人，發願成此十方叢林，開單接眾，余補助之。　諸方禪和朝拜者，絡繹不絕。是時有行脚僧，約三四十人，相識者成徹師等十數人，一見皆大歡喜。　午飡後，詣真身洞敬禮。　是洞高大深遠，洞中有洞，洞内觀音菩薩真身隨意像，面向東南，靈感異常。

次早，散步，中峯有特拔千仞之勢，雲從地起。　下坡里許，院内藏黄玉梵文印一顆。

三里，西峯，最高而秀。　下山五里，龍泉寺。　内有石室石洞，洞中龍口，吐水不息。　上有鳳凰池。　原路仍回香山寺。

次日，爲地藏菩薩誕辰。　早課，普佛結緣。　午設齋，供佛及僧，晚施食利孤。　是日，有某、某僧互爭某事。　成師云：「世俗煩惱處要耐得下，胸懷牽纏處要割得下，意氣忿怒處要降得下。」二人聞之即解散。

八月

初一日　下山。憶詩云：「盡日行山不見山，始知心與眾山閒；　明朝山外遥回首，蒼翠横空是此間。」原路至耀州，仍住北寺，並託空老修客寮接眾。

初二日　行九十里，三原縣，宿西寺，助修雲水堂。

初三日　廿五里，崇文塔，即涇陽塔，高十餘丈，相傳神人所造。是時有慈忍師因病息此，余詢其所苦。伊云：「迷則樂境成苦海，悟則苦海爲樂境。苦樂無二境，迷悟非兩心，只在一轉念間耳。」斯言開我迷雲，道謝而行。　五里，渡口，即涇河。涇水色紅，從長武入境，由高陵合渭。　上坡，廿里，渡口，即渭水河。色黑，自秦州入境，由華陰會歸黄河。渡過彼岸，即草灘鎮。　三十里，陝西省西安府，咸寧、長安二縣。進安遠門，即北關。　三里許，柏樹林陸海里臥龍寺，有唐吴道子畫觀音像，故名觀音寺，後因宋太祖曾臥此寺，故又改名臥龍寺。相傳有八景，如下所列幾種名稱：　佛梵書「唵」字、佛足靈跡圖、唐吴道子畫觀音像、無眼神鐘、明時開花碑、宋太祖錢石等等是也。寺主東霞長老，山東人，早年爲官，後看破紅塵，棄職出家，開單接眾於此。慈禧太后西幸，聞其道行，賜帑千金，建造石坊，内住五六十眾。唯恒產無多，並助資置田及種種功德事。是晚長老暢談云「聽靜夜之鐘聲，可醒夢中之夢；觀澄潭之月影，足見身外之身。山河大地，已屬微塵，而況塵中之塵；血肉身軀，且歸泡影，而況影外之影。非上上智，無了了心」云云。休息數日。

初十日　出南關，三里，大雁塔，即慈恩寺，昔與含元殿相直。雁塔層層中心皆藏舍利，並有褚遂良聖教序碑。三里，大興善寺。形勢闊大，方丈體安上人，住終南有年，善知識也。並助開單接眾等事。伊云：「宋淳化間，崇辨禪師居閣誦經，夜深有老狐聽經。明永樂時，雲峯和尚重葺殿堂等處，稍復原制。」又云：「心體光明，暗室中有青天；念頭暗昧，白日下有厲鬼。人知名位爲樂，不知無名無位之樂爲真；人知饑寒爲憂，不知不饑不寒之憂更甚。」

十一日　廿里，杜曲鎮。在少陵原之陽，即杜工部故里。十五里，俞曲鎮，興教寺，有唐三藏法師塔在焉。假宿於此。明日將往終南山經冬矣。

第十九篇　終南山　太乙峯

光緒癸卯

八月

十二日由長安經王莽村、劉秀村，八十里，至北道嶼，即終南山麓。上山，十五里，破山石護國寺，俗呼嘉午台。終南者，從陝南連接葱嶺萬餘里。俗云：「萬里終南，八百里秦嶺。」西域記云，終南山相屬數千里，未嘗間斷。其山爲天下之祖，出異類之物，不可勝數。百工之所取給，萬民之所仰足也。其北爲秦爲雍，其南爲蜀爲梁。上逼諸天，覺紅日之近；下覩渭水，繞長安之城。是時本昌上人有茅蓬，假與余住，名小梯，昔慈本上人休息處。山勢壁削，上摩穹霄，下臨絕澗，耳不聞雞犬之聲，目不睹塵俗之境，獨居茅蓬，清淨異常。

中秋節，余邀茅蓬諸師及行脚僧四五十眾，普佛利孤，設上堂齋供佛及僧施食等事，仍回茅蓬。將至門首，沿山一望，月朗如畫，世界清涼。余在此山後谷，結茅二處，供養慈筏、覺苦二師。並邀請本山各茅蓬有道四五十人中之學禪者，多聚集破山寺，專學參禪。起七經冬，推明道、修元、復成爲首座，志純、化祥爲西堂，慈筏、妙諦爲後堂，易全、定慧爲堂主，當家爲典座，修元上人兼維那，余負擔經冬供養並充當內外護七、當值行堂、茶頭、飯頭、菜頭、庫頭一切雜務等事，另僱一人燒火擔水，光景較南方金山、高旻等處更佳。並助新棉被十條及棉衣數十件供養諸師。接連四十九日，並留諸上善人度歲。

余因煩勞太過，兼受風寒，遂回茅蓬，獨住休息。光陰迅速，不覺度年，道明、修元二師履雪來看余病。忽聞山下隱隱炮聲。道師云：「何處放炮？」修師答：「人家過年。」真所謂：「山中無甲子，寒盡不知年。」

一日，由破山經嘉午台大頂，巍然壁立，允爲勝境。有寺五進，中殿造有花開見佛各像，上供佛菩薩清淨海眾，下有雜色白鶴、孔雀迦陵頻伽共命之鳥。池水欄楯，羅網行樹，重重圍繞。花開說妙法，花合證無生。種種勝妙，並可推轉。左推似白鶴叫，右轉如孔雀鳴。供有藏像，古之名刹也。時日光初出，照於高林上，石徑曲斜，野花覆被，山光淡蕩，羣鳥合鳴。天井有潭，潭影澄清，面面皆圓。一塵不染，萬籟寂然。唯聞鐘磬之音，徐度樹林之外。憶常建詩云：「清晨入古寺，初日照高林；曲徑通幽處，禪房花木深。山光悅鳥性，潭影空人心；萬籟此俱寂，唯聞鐘磬音。」不啻對此寫照。由峯背下坡，異常崎嶇。龍脊最險，稍不經意，即有墮坑落塹之虞。下面深不可測。約里許，五華洞，昔五華祖師成道處，今德安師住。問師安否。答曰：「此間堪避世，箕坐已忘年。」二里，觀音洞，住者為江西僧，專求生西。五里，清華山。山勢陡峭，插入雲表，怪石中起，積雪在林，道路欹側。上有茅庵一處，訪僧不遇。下山，至維摩茅蓬。覺苦、慈筏二師出迎。是晚暢談住山忘山之事。

次朝，下大禹洞。大方師專行苦行，定慧師同往後山。五里，踏雪履冰，異常險惡，諸師擬勿去。余曰：「欲向蓬萊去，那問路難行。」余先上，翻大嶺下坡。時天霽雪化，路滑如油。至修元師茅蓬，師住此十餘年矣。余問師在此寂寞否。師曰：「霽月風光同作伴，青山綠水共為鄰。」又至復成師茅蓬。復師同至明道師茅蓬，明師住此已廿餘載。余問：「再進深谷，還有人否？」答：「無他人。常聞內有隱僧，有時而現，鬚長過膝，不知幾百年矣。時聞木魚聲，我屢屢覓訪，無緣得見。」予問山中食糧如何。答：「在此住山，非比他方。每夏秋間下募化，無如山下居民太苦，托鉢一二月之久，稍得蘆秫小米而已。假曰春熟，自負上山。另種洋芋，又有野獸滋擾。柴草自斫。山中水少，自圍水井。天旱時，下山數里負水，非常之難。嶺高奇寒，一片荒山，人跡罕至，道路險惡。種種苦境，若不具真真實實道心，決不能住。體弱之人，更不能居也。唯紅塵遠隔，真為辦道者之勝處耳。」仍回茅蓬。

光緒三十年甲辰

二月

十日，下山。山中諸老送至北道嶼大廟。

十七日，與諸上座禮別獨行。一身之外，別無他物，唯攜竹杖、草帽而已。廿五里，入谷。但見雲來雲去，塵境全空。前面翠華山，諸峯崢嶸，溪壑幽深，天然佳境。相傳唐時此處曾駐兵，忽山崩壓斃無數。此亦同業所感也。五里，悟祖窑，悟祖修道處。五里，天池寺，在峯頂。頂高平如月，四圍松柏成林。寺內曲徑幽深，住僧數人，專持戒律。是日宿此。晚間問主人居山如何。答曰：「靜裏禪機，風生貝葉；閒中妙諦，月滿竹枝。」

次日，由南山諸峯沿山盤行，仰望雲在山頭，行到山頭雲更遠。余來有路，雲去無蹤。下坡至太乙峯麓，天色已暮，小徑多歧，見澗邊有人，問之，得路進口。五里，訪青蓮上人。上人於此靜修十餘載矣。是夜問及山居情況。答云：「有時帶鍬鋤藥草，無事焚香對古松。」

次朝，與上人同遊台溝普光寺。在太乙之麓，有龍泉。昔無懷尊者談經，有龍出聽，故名。上坡廿里，沿途有庵宮寺院數十處，唐時極盛，俗呼唐皇廟。上至峯巔。古云：「太乙者，終南也。」摩詰言：「終南廣大深遠，峯在省南，故稱南山。」南山佳麗，獨此爲最，連接五峯，俗稱五台。雲煙峻極，居然鷲嶺。水月晴空，不亞西天。其大頂有寺，宋太平興國中，前後現五色圓相祥雲等瑞，賜額爲「圓光寺」。寺後有火龍洞、拴龍樁。左下後山里許，有大茅蓬，體安、覺朗長老同修處。昔法忍上人住此開悟，微軍老人等息於此。

次晨，行數百步，湘子洞，住老僧。再下半里，至拴龍樁茅蓬。志純大師出迎，談及此蓬乃常州天寧治開老人結茅處。志師同遊一匝，地基頗佳，擬即添修茅蓬六處，託覺朗上人一手建造，供養十方高士，並接眾等事。

次晨，往葱嶺。高寒積雪，並無明路。踏雪沿澗而上，約卅里，黃龍洞。行經半山澗邊，見有山犬行動甚快，不知口啣何物，後追老狼與犬爭食，兩不相下。突有一物來，狼、犬見之，各棄物而竄。諺云：「鷸蚌相爭，漁翁得利。」復回黃龍洞，敬禮長老。先問年高幾何。伊答：「住山人不計歲月，那問春秋？」問日食何物。答：「洋芋野菜充饑。」問黃龍三關。答：「本來無關，說甚三關。君既真心爲道，切忌口頭三昧，全無實解。步步行有，口口談空，如說食數寶，有何利益？」師語言言見諦，句句朝宗，令人茅塞頓開。

次日，回大茅蓬，仍經太乙峯。峯爲洞天之勝，故曰天都。其山連亘數千里，忽而白雲迷漫，望之如合；忽而葱翠浮靄，近之則無。分野之廣，連跨二州；陰晴之變，異於萬壑。深山曠野，一望無際。下坡，登總持閣。昔時頗盛，今難比矣。憶岑參詩云：「高閣逼諸天，登臨近日邊；晴開萬井樹，愁看五陵煙。檻外低秦嶺，窗中小渭川；早知清淨理，常願奉金仙。」

第二十篇　終南山

清光緒三十年甲辰

二月

廿三日　由終南太乙峯下山，廿五里，白塔寺，即逍遥園，羅什法師譯經處。鳩摩羅什，譯云童壽，龜兹國人。後秦主姚興，奉爲國師，敬之如神，親率羣臣及沙門，聽師講經，公卿上下，率皆奉佛。秦弘始十五年四月十三日，師入滅，壽七十。所譯諸經，義契佛心，焚身之日，舌不焦壞。　十里，子午鎮，對子午谷。　五里，香積寺。唐王維詩云：「不知香積寺，數里入雲峯；　古木無人徑，深山何處鐘。泉聲咽危石，日色冷青松；　薄暮空潭曲，安禪制毒龍。」　經數里，入於雲峯之下。但見古木參天，人跡罕到。鐘聲隱隱，不知何處飄來。泉聲日色，危石青松，今猶古也，而古人安在哉！　嗟歎間，時將薄暮，懼毒龍之擾我，匆匆入寺，學高僧安禪靜坐而歇息焉。毒龍比諸欲之害身，故宜制之，方能入道。　廿里，澧餘口，岩谷峻峭，路狹難行。　八里，淨業寺，乃唐道宣律師道場。師生於京兆錢氏，父吏部尚書，母夢月輪貫懷而孕。及長，決志出家，以律自持，感天人送供侍衛。寺中現住僧二人，遂假宿於此。回憶清光緒廿二年，余初入終南山訪道，經高人棒喝，生大慚愧，發大精進勇猛之心。由此處直往深谷，三晝夜不見一人，又有虎豹奇怪等物，怖畏異常。幸遇老僧，年齡頗高大，指示洞中習定，饑餐草菓，渴飲澗泉，經多日夢幻泡影。出谷後，疊思再去，決不可能。蓋因彼處無路可登，夜間又無宿處，縱然覓得山洞，非野獸之窟，即精怪住所，危險萬分。有一次聯合十數人同去，亦被駭退轉。今已事隔五十餘年，特追憶而略記之。秦嶺深遠高大，有數百重，野獸之區，石砂之土，水亦甚少，可以種植。唯冬來土民放火，沿燒千百里外，天赤地紅，洵奇觀也。

廿七日　盤山遠眺，長安萬井之樹，渭水五陵之原，歷歷在目。下坡，憶覺仁詩云：「芒鞋踏破遊三楚，問山尋山過五陵；徒把風光銷蝕盡，此心慚愧百無能。」

廿八日　宿草堂寺，羅什法師譯經處，今則敗壞不忍目睹矣。

廿九日　宿大興善寺。

三月

初一日，午，至長安，住臥龍寺。

次日，遊長安市，經皇城，城垣周約三里，昔年宮殿，今日荒郊。友人約往八仙庵，爲道家叢林，内住百餘人，清規頗好。經北院，即督署，庚子兩宮西幸居此，内中宮殿樓閣，氣象仍新。南院即撫署。西去城隍廟，市面繁盛。經碑林，内藏歷代名人碑石甚多。仍回原寓。適月霞法師從南岸茅蓬來，始談入關之苦，繼言我僧家以自利利他爲宗，奈近時比丘，違背佛制，所以龍天不能護佑，檀越不肯信仰，若再不設法整頓，將來不堪設想矣。余告以因法忍老人之約，故來山中，邀請各處茅蓬道者，聚集嘉午台，打七經冬，添結茅蓬。人事太俗，不能安心辦道，因此即往他山休息矣。

第二十一篇　西岳華山

光緒甲辰

三月

初八　晨。由長安起程，出東門，野色連天，春風撲面。　廿里，灞橋，石造，長約半里許，横跨灞溪之水，下有七十二洞，古稱「灞橋風雪」，「關中八景」之一也。　廿五里，臨潼縣，住南門外十王殿。就近有温泉，水清而暖。當長安盛時，建有宫殿，王公大臣，常臨此沐浴。此泉在驪山之下，古名温泉，唐元宗時改爲華清池。然不如黄山蒸雲泉水甘美無硫磺氣。

初九日　十二里，新豐，道傍有碑曰「漢高祖鴻門飲宴處」。　四十里，渭南縣。　卅里，赤水鎮。　廿里，宿華州，唐郭子儀故里，汾陽王廟在焉。

初十日　廿里，柳子。　五十里，路傍有華封三祝碑。近華陰縣東城外，有老樹一株，相傳李老子扣牛處。　五里，西岳廟。廟中宮殿壯麗，有明太祖神遊華岳圖，雲生石，唐時柏，高插雲表。宋祥符四年，山神迎駕，御書碑文贊之。其碑高數丈，闊丈餘，天下第一碑也。遙觀太華如仙人之掌，亦「關中八景」之一也。三秦記云，太華山在長安之東三百餘里，不知幾千疊，如半天之雲，上有三峯而接三光，中有石池廿八所，下應廿八宿，左抱桃林之塞即潼關，右產藍田之玉。名山記云，山頂有池，生千葉蓮花，因名華山。以西有少華，故此名太華。千峯林立，若青蓮瓣瓣擁護。

十一日　十里，玉泉院，謁陳希夷先生祠。祠後石洞內有先生睡像。左畔有三蓀亭，踞盤石上。泉聲泠泠出其下，水色若漿，相傳曰玉井，清冽而甘，服之可去沉疴。有樹四株，名無憂樹。　七里，進谷，土地台，羽士住。登山憩息。　二里，天然石。又三里，至五里關，即第一關，住羽士。稍息，辭別，上王母台。　一里，添壽宮，漸入仙關。　四里，三聖洞，道傍希夷峽，娑羅坪，大上方陳羽士，談三花聚頂、五氣朝元等語。中上方、下上方皆住羽士一人。其下三峯突兀，險不可登，鳥道可通。今由大道。　七里，仙洞。　二里，三皇台。　上十八盤，飛來石，九天宮。左去有梅花洞、白衣洞。　三里，青柯坪。　半里，雲門。　半里，迤東而上，石壁插天，當山之半，有回心石。東南路皆斜削絕壁，攀鏁升岳，遊者須捨輿易裝，遊人憚險輒還，故曰回心石。又云至此轉惡爲善，因曰回心。鼓勇直登，斷岩千尺，人自壁中行，其峽如幢，好似天梯，故曰百尺峽、千尺幢，水經注所謂「天井」也。五里，聚仙台，二羽士頗有道風。乾元洞，相傳王子求仙處。四里，二仙橋。手執鐵鏁，足踐木板，東移轉過石嘴，曰仙人橋。橋當山曲，徑路中斷，以金橛貫石骨中，架棧懸渡。一里，聚仙台，清幽峻極，紅塵不到，有羽士二人，談内觀其心、外觀其物等語。仍由大路，經御坊道。五里，老君坡，傍觀太乙池、八卦池，石仙人，腹中有洞，深莫能測。中有瑶台玉室，遥望方圓丈餘。鳥道絕跡，時出異雲。上有瀑布飛流，下垂約五十餘丈。有耳能聞，有眼皆見，唯足不能登。右上，北峯鎮岳宮。是日宿此。後岩有老君梨頭、梨耳，掛於壁上。

十二日　三里，日月岩。挽鏁而上，百餘步，名曰天梯。兩岩高起，日月從山隙射入，可謂奇觀。南爲蒼龍嶺，有坊曰「仙關」，又曰「通天門」。俯岩坐看，渭、黄二水會歸滄海。相傳三元八節及諸齋日，即有神燈或三或五，見於岩壁。循徑南行，有坊曰「雲台峯」，又曰「雲台仙境」。北有試鑿穴，高約百尺，深不可測，乃希夷先生蜕骨處。相近有公主峯，王莽作亂，漢南陽公主避入此山得仙，有朱履遺跡。又有五雲峯，飛龜石。五里，宿西峯翠微宫，有當家老羽士舊相識，夜談金剛經「四相皆空，五藴非有」，頗有玄義。華岳氣象，首推西峯。巨靈足跡，在頂石上，長三尺許，深寸許，儼然趾痕，傍鐫「巨靈足」三字。又有神香子救母劈華山之斧劈石，長數十丈，截然斷爲三。其北若峽，壁上有履石，其下若門可容人，相傳古仙人息足於此。二十八宿潭，在井傍。井潭二水，自北而南如貫珠，從岩壁山腹水簾洞出。洞在西峯之腰，正臨削壁。玉井匯廿四潭，奔注西峯間，懸瀑數千仞。至洞口，下有丹石承之，倒灌入洞，伏而不現。至青柯坪，於石隙中外行成澗，出谷入渭，匯歸黃河。二里半，有羽士云，南峯即落雁峯，乃華山之主峯，背臨絕壑五千仞，上有仰天池，下有黑龍潭。潭有三，深淺不等。深者不過三尺，大旱不涸，龍在則水黑，龍去則水清，旱禱必應，華之頂門水也。右有菖蒲池，池有蒲九節。下南天門，天然石門，門中石洞，名曰朝元洞。從洞口垂雙鏁橫縋，鏁盡以鐵杙撐壁，承以狹板橫綴，名曰長空橋。人行時，手攀鐵索，面壁舒臂，以足橫移，里許有回心洞，上有「全真岩」三字。仍回南天門迎陽洞希夷先生眠睡處。三里，宿東峯，即玉女峯。有下棋亭，頗不易到，危險異常。余往一看。下時，擦傷皮膚，幸無大礙。相傳爲宋太祖與陳希夷著棋處。岩下有王刁三洞，上洞莫能到，中洞有飛石遮洞，下洞可隱居。毗連碧雲洞。仍回東峯。是夜，羽士談動靜工夫：「燈動不能照物，水動不能鑑物。人性亦然。動則萬象皆昏，靜則萬理皆徹。『靜』之一字，刻不能離，離之即亂，天機不能活潑也。」山中皆清修羽士，他山希有。山靈之氣甚佳，奈山不寬廣，無採野食之處，故不易立足。羽士可以募化，我輩不能如是，只好再往武當看機緣矣。

第二十二篇　武當山

光緒甲辰

三月

十六日　陝西省九十里至藍田縣終南山麓，便遊輞川，石刻頗多堙没。

十七日　十里，上棋盤嶺。叢山深谷，崎嶇異常。行到山窮水盡處，前途更有路高低。人之念頭，亦復如是。再上秦嶺，路徑益幽險。四十里，横道，有坊曰「藍關古道」。唐韓文公遇難處。十里，藍橋。上山三里，碧天洞。昔韓湘子在此修道，俗呼湘子洞。隨帶乾糧於此休息三日，下山回廟。

廿一日　八十里，龍口嶼。

廿二日　八十里，商州，宋邵康節先生故里。

廿三日　六十里，夜村街。遇雨，住店。終日谷中難行。

廿四日　六十里，龍駒寨。此處水陸交通，若水大可以乘舟，水小即無。今從陸路。

廿五日　三十里，桃花村。　廿里，峪街。　三十里，宿武關。

廿六日　三十里，青牛河。　四十里，黨家店。分路，不經商南縣，由城外近數里。

廿七日　沿路風景，紅紫芳菲，而柳絮紛紛，漫天似雪，如念頭之放逸，不可收拾。　四十三里，青山鎮。　廿里，宿馬蹄店。

廿八日　三十里，大觀嶺。　十里，梳洗樓。自藍田入山，路僻人稀。由此出峪，三省交界，漸多平野。　廿里，紫荊關，河南省淅川屬。

三十日　過河入谷。八十里，白廳，宿，湖北省屬。

　　八十五里，中嶺寺，宿。

四月

初一日　卅里，槐樹關。沿路山崗小道。聞谷中不靖，冒險而過。　五里，過河，即漢江。登岸，均州，進城，出南門，住寓。　入城謁淨樂宮，宮殿凋零。城外漢江，漢水自東川漢中府嶓、冢二山導漾東流至此，俗呼「滄浪水」。漢江東石壁上鐫有四字曰「孺子歌處」。

初二日　出南街，遥望武當七十二峯，峯峯拱秀，如青雲千朵，障於南天半壁。紫霄南岩，峯巒層擁，儼似千葉寶蓮，湧現碧空，藍翠撲天，應接不暇也。武當山在湖北省均州城南百廿里，又名太和山，爲高明靈異之地，周迴八百里，山有七十二峯、三十六岩、廿四澗、廿四洞、九台、九井、三泉、三潭、三天門、三洞天、一福地，真神仙奧區也。　廿里，經大炮山打兒窩，有碑大書「第一山」三字，米襄陽筆。

廿里，石板灘街，南迎恩橋，蜿蜒跨澗，澗水潺潺，聞之洗心。漸與山近，謂之界山。五里，兩山連屬，峽口有坊，曰「治世玄岳坊」。至此則野盡峯來，去坪陟險。　七里，紫陽觀。觀前有小道人，朗呼曰：「武當仙境似瀛洲，三世爲人始得遊；今世福因前世積，來生功過此身修。富無仁義風中燭，貴不公廉水上漚；慇懃寄語來山者，踢破塵關速轉頭。」童音嘹亮，聞之有味。　里許，周府庵，明建，就近玄岳宮。　三里，草店村，暫息。與姜丕文先生談，多知道語，欲隨余游學，未果也。

初三日　經上街玄岳門，俗呼進山門。　三里，仙關。仰觀金殿嵯峨，高聳太和之頂。玉階縹緲，徘徊雲漢之間。沿途香客，男女老幼，不絕於道。乘輿者甚少，多步行。　二里許，遇真宮。其上常有金光旋繞，仙鶴飛鳴，内有張三丰仙人金斗篷、金拐杖。冲虛宮，金花樹。右去會仙館，五龍宮。今由玉虛宮南上好漢坡，入門曰「洞天深處」。計十里，回龍觀。　八里，磨針井。相傳觀音大士化貧婆磨杵作針處，杵井尤存。　十里，太子坡，有九曲城，復真觀。傍爲太子岩，有殿置太子像。前有聖父母滴淚池。遠望主峯，天然佳境。詩云：「萬丈丹梯倚帝宮，紛紛求福往來通；我來訪道妙峯下，到此令人百慮空。回首千岩紅日麗，舉頭一柱白雲籠；修真苦行當年事，欲問頻催玉兔東。」再轉平台，五里，下十八盤，俱石坎數十級，入九渡澗，劍河舖。五里，上坡，爲龍泉觀。又上，爲文津橋。循九渡岩，經淵默亭東，三里，爲玉虛岩，轉入太和澗，西入瓊台觀。半里許，瓊台峯，曰「仙跡流風」。經南天門，黑虎廟，七星洞，上有掛劍松、掛劍亭。向南，始入南天路，還知別有天；仙宮懸石壁，道室插雲巔。十五里，殿旗峯，負峯建築曰紫霄宮，甚高敞，爲道家首刹。內有黃貞白羽士，會晤，頗有道風。峯巒秀拔，勢若凌空。五龍宮，七星池，天池，地池，日月池，真一泉，甘露水，前有禹跡池，池上有橋，橋上有亭。右爲福地，南則賜劍台，北則萬松亭，七星岩。三里一轉，雷神洞，雷神殿。內有陳幹卿先生，江蘇崇明人，研究金剛經玄義頗深。互談不覺天曉，紅日上昇矣。

初四日　五里，右上數轉，經烏鴉廟，俗呼神鴉關。其鴉頗大，他方所無，行人呼之，則遮天而來。余帶有饅頭，碎拋於空，飛鴉接食。又上，南岩宮，亦道院。清規頗嚴。住百餘人。正殿有古金燈一盞，前有玉露井，後有聖父母殿，岩前龍頭香。太和山之奇，以南岩爲最勝。左有石室，內供五百靈官像。傍有下棋亭。再下，黑虎岩，西轉爲元君殿，南薰亭，其東風月亭，岩上有飛昇台、五龍捧聖亭、禮斗台、試心石、插劍石、臥床龍、金錢、金鐘。黑虎岩向上有二路：其左下度嶺，爲歡喜坡，經鳳凰三轉身西南出峽，爲清風崾，乃洞道也；其右則由朝天宮，出三宮岩，文昌祠，上摘星岩，以達天門，此通衢也。五龍宮去此三十里，路僻非大道。朝禮者都從紫霄南直詣天門，留五龍爲返路。五里，七星樹，謁榔梅仙祠。梅與榔本山中兩種，相傳聖帝折梅插榔，乃有此榔梅樹，爲兹山中獨有之異種。沿途乞化者頗多。四里，黃龍洞。詩云：「太子峯吞獅子峯，洞聲雷響半虛空；黑龍去作人間雨，白鶴來棲澗上松。」十里，經下斜橋、上斜橋、朝天宮、一天門，闢山爲路，一面懸岩，二天門，會仙橋。三里，三天門，朝聖門。二里許，元君殿。樂醒居士詩云：「嵯峨眾派獨巃嵸，應是崑崙第一峯；四大名山皆拱極，五方仙岳共朝宗。鳥啼隱隱聞天語，鶴影翩翩度晚鐘；我正欲尋招隱地，桃花洞口白雲封。」天柱峯下，共有六房，曰黃金堂，曰高樓，曰天一樓，曰天池樓，曰鳳凰石，曰天合樓。亦傍吊鐘台。上紫金城，有王靈官，靈感素著。一里，古銅殿。舉頭四望，太和仙境，諸山莫比。岩之奇峭，澗之幽邃，峯之最高曰天柱，境之最幽曰紫霄。紫霄有碑云：「開天以來有此山，元始以來有此神。」詩云：「直上南天景更幽，金城台殿甲中州；丹梯萬丈雲霞杳，白浪千層雪霧收。點點秦山橫地出，悠悠漢水接天流；銀河夜色清如水，蓬島何須海上求。」再上丹梯九轉，至天柱峯。明永樂中，曾撥官款修武當宮殿。峯頂有金殿、金像、金童、金案、金爐瓶、金燭台、金龜蛇二將，後殿供奉聖父母像，左有竿房，右有印房。每天放明，朝禮之人，絡繹不絕，到此者塵念都消。殿中供奉北極玄天上帝。山爲五龍捧聖之勢，爲武能當，故曰「武當」。峯頂有殿，曰金殿。元置銅殿，明永樂創建文石，冶銅爲殿，鍍金。殿外銅柱，柱外爲檻，檻外即山，山腰是城。城開四門，以向天闕。東、西、北三門，逼臨絕巘，唯南天門通路。全石造城，羣峯捧托，帝闕高居，洵爲黃金世界，白玉乾坤。相傳山有八景，曰老猿獻果，曰仙鹿奉花，曰海蓮遍野，曰飛蟻來朝，曰金殿倒影，曰海馬吐煙，曰烏鴉引路，曰黑虎巡山。

初六日　晚。往金殿度夜，更深見有黑虎，眼如金鈴，經殿前一匝而去，頃刻間，杲日麗天矣。峯頂四顧，海雲遍野，如萬朵白蓮，擁浮碧空。武當妙境，攝歸一念矣。至午，仍回天合樓。

初八日　散步於天柱峯前，南下二里許，碧天洞，訪胡羽士。遠望立於洞前，鶴髮童顏，頗有高致。見面，談及當年遊齊雲山相聚，今復遇於此，亦天緣也。

次日，往五龍谷。道出元關，地幽境勝。訪得一洞，在不二峯下，可居。商請胡羽士，代辦白麵三十斤，乃假靈岳之氣，作爲助道之緣。入洞休息，即境安心，氣象自別。憶寒山句云：「今日岩前坐，坐久煙雲收；身上無塵垢，心中更無憂。」

第二十三篇 圌山 惠泉山 蘇州諸山

清光緒三十三年丁未

正月

十八日 由金山江天寺出發，隨方丈青權、當家鶴山及濟南、諸山長老，往五峯山，祭大定上人塔。乘本山紅船出江，由焦山東行，六十里。沿江之南，山水青秀。大江之北，青翠曠野。圌山居江之中，中流砥柱，五峯並立。大江如帶，回流盤旋，真風水地。至大港上岸，約五里，繞至山中，面對綠野，後詣長江，松木深森，天然佳境。上坡，即金山下院紹隆寺。晴玉師來迎。

十九日 於寺後坡上，入塔安葬。上有數塔，皆是金山老祖。事畢，濟南老人邀方丈、當家及余等，往圌山楞嚴寺一遊　東行約三里許，過嶺，順遊扁洞等處。山之陰麓洞內，各有一二人苦修。濟老云：「苦修極好，就是男女應各別分開用功爲宜。」　復上嶺，約三四里，桃仙洞，是女尼居。地頗幽清，房屋錦秀，内無人居。濟公云：「不守清規而去。」三里，寺在峯頂。濟公云：「東觀大海，西望長江，南看重山叠叠，北眺綠野無際。山形勢如人，地理家名爲『將軍捧印』，又言『萬里長江一口吞』。山之西北崖壁，有一小洞，古葬一棺，名曰『壁上點燈』。」濟公邀余同往天寧，參觀經版。

廿日　下山僱車，三十里至丹陽縣，寓地藏殿。

廿一日　搭船。濟公談：「以勢欺人，勢盡而被人欺；以財侮人，財散而被人侮。」由呂城，奔牛，九十里，常州。城内武進、陽湖二縣。東門外，天寧寺。自「紅羊火劫」後，今新建大雄寶殿，寬大可容千餘人。有僧房數百間，規模齊整，亦住二百餘衆。住持清鎔，號冶開，宗門大善知識，在終南拴龍茅蓬開悟，福報超羣。昔因楊仁山先生命余往勸冶開、濟南二長老續刻藏經，由濟老與余勸冶公發心。今來參觀經版，版之大小、書之長短寬狹與金陵版同，唯刻工不如。合成一部，仍缺十分之三四。

廿三日　搭夜船，九十里，至無錫縣。

廿四日　順遊惠山。經黃浦墩、小金山，至惠泉寺，即龍山。御額「寄暢園」，即秦園，明孝子秦氏兄弟祠，假山池沼，風景甚佳，石刻不少。春申公故里，忠臣祠頗多。數十家小店，賣雜要、食物等等。聽松庵，品天下第二泉。茶廳天井皆賣茶，遊者絡繹不絕。秦園「介如峯」美人石，清高宗南巡駐蹕於此，惠泉名勝之冠。　上山三里，頭茅宮，住二人。　二里許，二茅宮，一人。　三里，三茅宮，無人。絕頂南觀太湖，白雲千朵，清風相送，捧入長空。　由劍門北下崎嶇，約四里許，沿途道僧二門靜室頗多，脱俗者希。　至山麓西行，宜興大道。余往東向，十餘里，錫山龍光寺，有塔在焉。

廿五日　十八里，開元寺，二三人居。沿山有梅林。　三里，千頃堂。　三里，過湖，黿頭渚，廣福寺，僅一人。皆因遭「紅羊兵燹」，未能恢復舊觀。

廿六日　五里，由後山過界渡。　廿五里，回無錫南禪寺。

廿七日　九十里，由滸墅關至蘇州，閶門外西園寺，有五百羅漢像、放生池。　廣慧方丈留住。

廿八日　陪往楓橋寒山寺，破敗非常。　昔有詩云：「姑蘇城外寒山寺，夜半鐘聲到客船。」今非昔比。　十里，山塘，經怡賢王府，故號王宮。李公各祠，至虎邱山。入門半里許，生公說法台。大石一塊，相傳可容千人。試劍石，劍池，四面觀音菩薩石洞、顏公等碑。頂有雲岩寺。　茶廳坐飲，眼界大開，心地一暢。　山頂遼王七層塔。　回寺順遊留園，假山石筍、樹木花草、飛禽走獸、亭台樓閣俱全。

廿九日　進城參觀北寺，即報恩寺。　登九級大塔，極頂目收全城風景。　往城中心觀前大街，市面繁盛。入元妙觀，香火盛旺，三大門，三甬道寬暢，皆是零星小賣買、小喫店、小戲館、說書場、測字、算命、把戲、洋畫等等。大殿宏敞，供奉三清大帝及六十甲子諸神像。兩傍後殿，字畫店十餘處。大天井上，有玉皇樓，高三層，建築偉大，爲三江之冠。登樓遠眺，心目豁然，清曠異常。四圍玄門多家。南往獅林寺，假山頗奇。至開元寺，即瑞光寺，有放光塔。禮石佛，所謂「吳中石佛」。往報國寺，古基偉大，今新建小大殿三間，客房在內。參楚泉法師，是高旻退居。故人相逢，談至深夜。

三十日　法師邀遊西山。出胥門，師云：「姑蘇地濱太湖，羣山環列，夙以水秀山明，馳譽國內。如天平、靈岩、石湖、鄧尉等，勝蹟如林，成爲絕大之風景區。春秋佳日，遠道來遊者，絡繹於途也。」途中遇一僧問工夫，師答曰：「泉眼不通被沙塞，道眼不通無明塞。」　廿里，觀音山，香火頗盛。　三里，茂林中有坟，即范文正公祖墓。西北有麗水公墓，刻有「唐丞相六世孫」，文公高祖。范文正公祠，入禮尊像，匾題四字曰「應時良相」。山形俗呼「萬箭穿心」，公見是絕穴，歎曰：「但絕吾，無誤人，許將麗公葬焉。」是夜感天，風雷大作，忽變萬笏朝天。上天平路登山，有坊曰「萬笏朝天」。上數百武，過鸚鵡石鉢盂泉，泉水頗佳，就岩點綴樓台，曲折幽雅。白雲泉，蓮花洞，上白雲寺，遊人必經之地，內住僧招待頗佳。當家陪同上山。問云：「此念不淨，如何？」法師云：「淘米去沙，徹底澄清。」石觀音像側有塔，彌勒像。至頂，沿山石刻頗多。石筍變相，如人物山水、飛禽走獸等狀，頗奇，山頂大觀。原路下坡，仍出天平門，經白雲古刹，茶廳行宮。

二月

初二日　十里，上靈岩山，崇報寺，殿宇皆燬於「紅羊之亂」，空心寶塔。西有吳王行宮，琉璃井，即智公造。甜、苦二井，妙湛泉，法華大鐘。寺西，吳王琴台；寺東，誌公衣鉢塔、西施洞等勝。當家請開示。楚老云：「佛說一切法，爲度一切心。若無一切心，何用一切法。」

初三日　法師與余往遊西山。下山廿五里，經善人橋，上山九里，穹窿山，即鍾吾山。松林深深，山巔有窩，建築宮殿，樓閣宏大，有三清、玉皇、祖師、三官、三茅、文帝、武帝、星宿諸殿。因奉玉帝，故稱穹窿。國初施亮生真人中興，有三十六將，裝與真像同。羽士十數房。至春秋季中，遠道來遊者，絡繹不絕。傍有寧邦寺、穹窿寺等茅蓬。諸師來請開示。楚公云「福慧俱足，妙性天然。圓解大開，一超直入」等語。一師云：「我的境界不同。」楚云：「水流源歸海，月落不離天。」

初四日　僧家數人同過大嶺。上下五里，香山草庵歡迎，頂禮楚老。所問：「病眼見空花，空花結空果。」所答：「海底摸針，空中覓縫。」眾師各回。

初五日　十里，光福鎮，銅觀音寺，山頂有塔可觀。　三里許，經費家湖頭，至司徒廟。茶廳看古柏，即斷松臥地，復長幹枝，可觀，名曰「清奇古怪」。傍有「香雪海」，此三字翠華臨幸御題。萬頃梅花圍繞，一時大觀。山上古有二銅井。　五里，太湖浜。　里許，茂林内，有茅蓬靜室，名曰「五十三參」，住二師。　二里許，沿路松茂竹盛，山水大觀，風景甲於江蘇。鄧尉山，即玄墓山，聖恩寺，乃晉太史郁秦玄之墓在焉，故名。有僧問工夫。師云：「離心意識參，絕凡聖路學。」大殿前古柏，樓台亭閣。靜室幽秀，數百餘間，昔日萬峯時蔚禪師創建道場，名曰鄧尉，有太湖朝宗、萬峯拱峙、洋山晚照、松柏參天等勝。對面太湖萬頃，中有山，名曰東西洞庭。二山產碧蘿春茶葉，紅白沙枇杷，桃、橘、楊梅菓樹等。方丈外出，知客招待。是晚，楚公云：「人心本善，清淨明朗，因七情六慾所迷，故此墮落三途，受輪迴苦。」

初六日　回木瀆。乘船至湖中，東洞庭山，波光雲影，湖山大觀。

初七日　遊西山，山水清幽，別有佳境。是時陰雨連綿，不便暢遊。

初八日　仍與楚老返蘇。接滬義振會電，囑視察徐淮海水災。楚公云：「佛言『救人一命，勝造七級浮圖』，快去。」

次日回申，將應子衡先生所繪水災流民圖分寄布散各大都市及南洋羣島。時逢水利專家會商，擬請政府治黃導淮，並請外人相助。如能實行成就，北七省永無水患，利益之大，莫可比倫矣。乘舟先至徐淮海，視察水災之區，後遊嵩山。

第二十四篇　雲台山　中岳嵩山

光緒丁未

三月

初二日　海州出發，沿途春暖花香，麥苗茂盛，綠翠連天。春振開查，饑民有望。先往雲台山謝神。　廿里，新浦。　三十里，千金閘。經五洋湖。　沿山麓行四十里，宿城山。經法起寺。途中二人談：「陰謀暗算，天眼分明。禍到懊悔，始知念頭差。」　上山三里，靜室，昔余結茅處，今無人居。

初三日　經中鼎東磊，七十里，雲台前鼎海寧寺。禮三官大帝。因上年勘災，祈求平靜豐登，果如其願故。

初四日　經水簾洞，印心石，望海樓，清風頂，昔日常遊之地，風景勝蹟。未能詳載。接徐星槎先生函，邀往唐王洞。談人生世間，皆被名利所牽，五欲所縛，如能不被境轉，準可超出苦海。

初五日　十二里，黨路村。　十里，南城，即鳳凰城，唐太宗征東駐蹕於此。　十八里，板浦。東去臨新中正場，皆出晒鹽，有海分司署。至淮城，水陸皆通。

初六日　搭船。五十里，將近大伊山，舟中一客有病，口中亂言「要我命」「不是我害你」，隨將另一客拖入水中。眾人不及救，二人溺斃。船主往鎮報告，我等證明入葬。宿世冤業相報，真奇也。

初七日　三十里，張家店。　十里，龍溝。　廿里，新安鎮。

初八日　十里，白頭關。　三十里，五江口。　廿里，八角墩，至傳門鎮。

初九日　三十里，安東縣。過黃河口。　五十里，淮安縣。沿途春麥皆佳，開放春振有期，須往徐州觀察。

初十日　十五里，板閘。　十五里，清河縣，即清江浦。　十五里，福興閘。　十里，新莊閘。　廿里，羅家營。

十一日　五十里，桃源縣。　四十里，崔鎮。

十二日　廿里，古城。　廿里，白洋河。　四十里，宿遷縣，即伍子胥、楚霸王故里。

十三日　十五里，落馬湖口。　四十里，趙河。　十里，直河。　十里，沙坊。　五十里，邳州，無東門。南關外，圯橋，相傳張子房見黄石公三進履處。

十四日　廿里，唐石。途中有一牛食草，一人擔山芋乾來，牛即隨後追至，觸死途中。捨廿餘人，獨追伊一人，大有來因。　六十里，拷拷灣。　四十里，黄鐘集。

十五日　十五里，樊家店。沿途麥苗大旺，皆天恩所賜。春振放畢，難民得益。廿里，徐州府銅山縣，昔楚覇王遷都之地。南關有吕布戲馬台。雲龍山風景清幽。災區視察完畢，即電義會告辭。適遇葛君雲卿，邀余同往參訪少林神拳，謂可以降魔。君言，睡時嘗見二人向伊索命，哭鬧不休，不知是何因果，今望同往求高人解冤釋結。時余冒感，勉强同行。伊談：「靜坐常思己過爲要。」

十九日　僱轎車一架，經歸德府商邱縣。余病困車中。伊談「爲人處世，若步步佔先，必有人以擠之；事事爭勝，必有人以挫之」等語。

經五日，至河南省開封府祥符縣。

廿六日　余病退，同遊城内相國寺，廟宇宏大。内有市場盛旺，香客頗多，供有相公婆像。藏經樓，僧房數處。北城有宋太祖金鑾殿，即龍亭城。東南有鐵塔寺。

廿七日　經朱仙鎮，車中言：「經一番挫折，長一番識見，容一番横逆，增一番器量。」　七十里，中牟縣。

廿八日 微雨。七十里，鄭州，京漢鐵道中心。

廿九日 往許昌光武山，觀山洞，看黃河鐵橋，長約數里。仍回鄭州。

四月

初一日 三十里，須水鎮。 六十里，崔家廟。

初二日 八十里，禹台。

初三日 廿八里，過馬跑市。 至龍潭寺，看九龍潭，深遠冷清，另有佳境等勝。途中老狼食山羊，見人來遂拖之而去，無法救之。 十二里，中岳廟。後詣華蓋峯，供奉聖父母。有老僧指示云：「放大振救人，小振救飛鳥走獸，放蟲蟻糧、老鼠糧，亦皆有功德。」

初四日 由放鶴亭，飲馬井，至峯頂。山脈來自秦嶺，黃、洛二水匯合洛口，東流洛陽城如盆，東南太和諸山重疊，漢江如龍，陣雲朶朶，山水大觀也。禮北極殿崇壽宮。 五里，嵩陽書院，天下四大書院之一，有漢柏，相傳漢武帝植。唐碑四面如一。 八里，法王寺，即初祖道場。住持談：「心不妄念，身不妄動，口不妄言，君子所以存誠。」 十五里，聽法地湧金蓮勝蹟。 六里，三祖庵。 三里，嵩岳寺。當家談：「月到梧桐上，風來楊柳邊。」禪機甚妙。 十二里，會善寺，有龍樵泉。

初五日　廿里，少林寺，登封縣屬。方丈善清，寺中約廿餘人，家風有威武之勢。嵩山曰太室，少林曰少室。因山有左右，故分太、少焉。看面壁石，禮大聖緊那王真像。像有三尊，左銅右鐵，中係竹篾所成，乃是真像。

初六日　三里，初祖庵。有僧云：「做官好。」葛君答：「一家飽煖千家怨，半世功名百世愁。」有六祖手植槐。五里，面壁洞。回至二祖庵，煉魔台。仍反少林，看神拳。非至誠有緣，不能一見。

初七日　七十里，偃師縣。白馬寺殘敗非常。昔因白馬馱經，故名。有焚經台故事。

初八日　三十里，河南府洛陽縣。葛君返寓，余往熊耳山。

第二十五篇　普陀山

民國前一年辛亥

八月

初二日　由滬乘輪。

初三　早。至寧波。隨時過輪，四十里，鎮海縣。初禮南海時，往來無輪船，坐帆船航海，阻風於此。　六十里，穿山。　三十里，舟山，即定海縣。　六十里，沈家門。自鎮海至此，環山皆海，塁邊鹽場，土人呼爲七十二叉。出口，蓮花洋，波濤洶湧，頃刻萬丈。風停浪息，則見海天一色，渾如琉璃世界。「蓮洋午渡」，「普陀十二景」之一也。遥望大海之中有山，即普陀，梵語「補怛洛伽」，華言「小白華山」，爲震旦一大道場，觀世音菩薩行化之處。周約七八十里，山有十八峯、十五岩、十二洞、十嶺、七泉、六澗、五橋、四池、廿四石、三塔、三井、四天門。梁貞明中，始建佛寺。自梁迄今，千百年間，廢興屢更。今山中有三大叢林，僧寮不下七十餘所，緇眾及掛單僧約千餘人，齋糧不敷，全仗慈雲庇蔭。自佛法東流，圓通大士從耳根證聖，尋聲救苦，建號大悲，究竟本願，在普攝眾生同歸淨土，不退菩提，直至成佛，遂指此山爲應身說法之地。屹立波濤，紅塵隔斷。有梵音、潮音二洞，相傳大士現身處。德清詩云：「孤懸不動白華山，滿目寒空大士顏；若到岩邊相遇着，分明莫作等閒看。」四十里，抵普陀。渡登彼岸，名曰道頭。巨石上有四字曰「短姑聖蹟」。經慈雲庵涼亭，佛頂下院，過海岸禪院，入三摩地。「金繩開覺路，寶筏渡迷津」，董其昌書。寓白華庵，在雨華峯之麓，距海不數百步，殿閣幽靜，古木凌雲，雲影水光，掩映樹隙，寺西最勝處也。趙孟頫詩云：「縹緲雲飛海上山，掛帆三日上潺湲；兩宮福德齊千佛，一道恩光照百蠻。澗草岩花多瑞氣，石林水府隔塵寰；鯫生小技真榮遇，何幸凡身到此間。」悟開法師云：「此庵乃宋真歇禪師結茅處。師蜀人，博通經論，自覺說食數寶終非究竟，出峽參丹霞，往五台諸山，復南遊至此。初結茅於庵之北岩下，並有真歇泉，後建真歇庵。師自禪宗悟入，大宏淨土法門，有語錄行世。此開山第一祖師。」庵有剪鑑池，泉清味美。德清詩云：「補陀岩下白華村，日夜潮聲誦普門；試問庵居何所事，幾回鸎鵡報黃昏。」

十四日　出行，微風細雨，一路茂林交接，蔚然悅目。里許，正趣亭，在妙莊嚴路中，上有正趣峯，巔平秀峻，相傳昔善財參禮大士於此。三聖堂，前寺坊，照牆石刻大字曰

「南無觀自在菩薩」。自道頭至此，爲妙莊嚴路。 約三里，築石甃成孔道，矢直砥平，隨形高下，宛委蕩蕩。道傍古木，垂陰環翠，山陰道上不足彷也。前有御碑亭，海印池，又名蓮花池，廣十餘畝，東西各有橋，中築石堤，故分三池。中有八角亭。池涵清波，水面如鏡，環山樹木倒影，窺之如畫。東西二池，俱產蓮花，蓮開五色。東池上永壽橋，高大精采。西有瑶池橋，與永壽相望。俱產千瓣白蓮。十二景之一曰「蓮池夜月」，即此。迎面普濟禪寺。寺在靈鷲峯下，山石嵯峨並立，左有觀音峯，右有達摩峯。寺外東西庵堂林立，樹木幽深。山門三座，門内鐘鼓樓、御碑亭、天王殿、大圓通殿。經云：「若有眾生受諸苦惱，一心稱念觀世音名號，皆得解脱。」故稱大慈大悲救苦救難觀世音菩薩，不可思議功德也。出殿，東街舖户數十家。外有藥師庵、澄心庵、大善堂、洪筏房。法華洞對面龍沙高數丈。在寺之東，飄沙累積而成，古木怪藤，森陰芬鬱。 經無畏石，石高約五六丈許，三面方廣如佛座，不可登。石上題句頗多。上有真歇禪師塔。 上几寶嶺。山石磊落，如珍寶委積几上，故名。嶺麓東側下丈餘，有石窟，距海百步。窟中寒氣侵人，雖酷暑不可久居。其内沙土中有孔如斗，注泉不竭，味美，故名曰仙人井。坡上慧靜蓬，金斗閣。嶺上東行數百步潮陽洞，爲十二景之一，曰「潮陽湧日。」嶺西妙峯庵，上有煉丹峯。嶺上有隱賢蓬、隱度蓬。坡上悦嶺庵，金沙幽境。翠柳拂開金世界，紅蓮湧出玉樓台。 道之東，有香水庵；道之西，有鶴鳴庵、大乘院、金粟庵、常樂庵。經長生庵，風涼亭，阿蘭若對峙，清涼院右去，禪那庵。左行，龍壽院、旃檀庵，接伴山庵、雙泉庵，更經常明庵、海曙庵、楊枝庵、積善庵、彌勒庵，道傍逸雲庵，而至法雨寺。自前寺至此三里。萬曆間，僧如珂募甃石成道，坦平。一路帶山映海，翠靄銀濤，應接不暇。僧號玉堂，故名玉堂街。徐如翰詩云：「緣岩度壑各擔簦，翠合奇環賞不勝；竹内鳴泉傳梵語，松間闢路露金繩。山當曲處皆藏寺，路欲窮時又遇僧；更笑呼童扶兩腋，遡風直上最高層。」寺前蓮池海會橋，又名智度橋。即青玉澗與諸水交匯入池，橋跨其上。澄潭廣渚，林木茂盛。是時雨大，亂泉奔流。東數十步，有雨瀑橋。溪流東折，泉懸石上，俯窺之如瀑布。過橋，法雨寺，俗呼後寺。寺前松竹幽深，溪聲亂鳴。寺後錦屏山。巒石晶瑩，林木清碧，加以白葩丹蕊，四時開放，掩映如錦，故名。進天王殿、大佛殿，左右松風閣、水月樓、玉佛、珠寶殿、御碑九龍殿，敬禮。古有偈云：「觀音菩薩妙難儔，清淨莊嚴累劫修；浩浩紅蓮安足下，巍巍金佛立冠頭。瓶中甘露常遍洒，手内楊枝不計秋；千處祈求千處應，苦海常作渡人舟。」佛地重新，穹碑插漢，紺宇凌霄。遂出法雨。東行經無量庵茅蓬，上有寶塔峯、寶塔洞。洞岩石上，刻有寶塔七層，故名。轉過山坡，碧峯洞，昔有青峯師住此。東有蓮台洞，轉灣飛沙嶴。北去後山獅子洞、古佛洞、小山洞等蓬。僧來談：「目前真實爲道者不多，都是名利之客，亂種邪因，專攀世緣，自不行道，障礙有道，苦哉！」此地沙皆虛浮，履之輒陷。自西至東亘三里，曰「千步金沙」，十二景之一也。經文殊、善財洞等茅蓬。郭立傑詩云：「煙水重重只一人，分身滿地太零星；不知當日毗盧閣，幾見銅頭鐵額形。」過洛伽洞東去，青鼓山，青鼓岩。其麓瞰海處，即爲梵音洞。洞在正東，境面大洋。再東，土窮山盡，汪汪太平洋，亦不知彼岸何處矣。自後寺至此，約五里許。入門灣東直下，洞口峭壁危峻，石色青黝，高三四十丈，陡劈兩岩如門。海潮入洞，激宕有聲，如龍吟虎嘯，雷霆怒興，聽者悚怖。岩間加石甃台。來此參拜者，皆求睹真容。凡謁洞者，先至石頂，紆迴隨磴而下，數百步。然僅至台而止，去石根潮嚙處，猶遠數十丈。與潮音洞東南相峙。此二洞者，靈壤之眉目也。康熙御書梵音洞額。石台上架二層房，上供菩薩，下爲人士禮拜之地。是時大雨，震法雷，鳴法鼓，布慈雲兮洒甘露。一切境界，直下分明，似覺唯心所現，透過海門三級浪，大千何處不宗風。對岸洛伽山，昔有茅蓬四處，今成華堂。山有天燈高照。原路經後寺，至藏經樓，謁印光法師。師云：「幾年不見，今日相逢。昔紫柏大師大悟以後，遊歷名山大川，隨方設化，以廣見聞。聖地道場，無不親歷其境。以其色力健强，日行三百里。以後遊者未聞其人。近來賴佛偷生之徒，奔南走北，販賣零碎，以求微利。雖到名山聖地，絕無一點景仰之心。」師辨精緻麵餅一餐，飯後回寓。

十五日　中秋，獨往佛頂山。沿路天暗無光，而一念中頗覺杲日當空。道經後寺，右上里許，石中有字曰「覺度羣迷」。回首一望，南山起雲，北山下雨。再上里許，雷神洞，半路亭，石劖有字曰「海山砥柱」。又登里許，石上有石，曰雲扶石；石下大石，曰「海天佛國」，侯繼高書。右有大字曰「苦海無邊，即心即佛」，孔昭題；「慈航普渡」，李成謀題。轉上里許，但見一派煙樹，淡含秋色，白雲深處，超凡入聖。直上絕頂，即白華頂，一名菩薩頂。高五里，頂圓而平，地迴多風，杳無林木。上有石亭，俗呼天燈蓬，高懸明燈一盞，普照海天。就梯登高遠眺，海闊天空，一望無際，日本、朝鮮皆在指顧中矣。此處爲十二景之一，曰「華頂雲濤」。左有光熙峯，望之聳秀，林木森蔚，亦十二景之一，曰「光熙雪霽」。右有雪浪山，上多白石，朗然輝映。又雙峯對峙，亦稱大小雪浪山。後有茶山，其地深廣多溪澗，山中產茶。又有茶花樹，春夏之交，若珊瑚林，曰「茶山宿霧」，十二景之一也。西北境與龍頭山相接，蜿蜒如游龍出海。或云：「小山洞，乃其珠也。」望之果然。坡下小路，去法喜庵，曲折深深，圓通妙境。忽有煙飛雨至，柳洒山中露，蓮生海上雲。行抵慧濟寺，入普度門，遂晤文正退院。文老言：「染緣易就，道業難成。情欲牽纏，何能脫塵離垢？若能洗滌乾淨，當下即是道場。譬如風捲白雲去，杲日自然來。」

是晚，往絕頂覲月。月色濛濛，濤聲隱隱，頭頭物物真月現，雲雲霧霧何曾滅！

十六日　又登華頂。四望諸峯環拱，啡茶山獨秀，清泉瀑流，古木繁蔭，奇石縱橫。返顧身在覺海性天中矣。原路下山，五里，法雨寺，由後門入，直達藏經樓印光法師處。與師同遊珠寶殿上客樓，樓前有羅漢松，結紅果，其味甘美。東行衣鉢寮、丈室、念佛堂、看經樓、玉佛殿、御碑亭、千僧堂、庫房，看墨寶、御書心經、舍利塔等件。内有客寮數十間。九龍殿銅、鐵二像，妙相莊嚴。諸殿略閲，回至經樓。印師云：「刻下當機之法，貴乎念佛。抱着『慚愧』二字，可作入聖階梯。」過午，返白華庵。

十七日　出門。適遇印光法師偕引緣師及了清方丈來予處，同往訪昱山大師。經磐陀庵，至般若精舍。昱師正在掩關，真實用功。並有守靜師，刺血書華嚴經，血繪佛像；定如師亦刺血書法華經。舊友重逢，皆大歡喜。殆畢辭行，往看磐陀石。經靈石禪院，約三里許，即磐陀石。石狀重台，下石周廣百餘丈。高身鋭頂，磬陀托焉，廣踰下石。傍空中倚有罅，照之通明。其上平坦，可容多人。藉梯始登，環眺山海，洋洋大觀。石上刻有大字曰「磐陀石」，侯繼高書。「金剛寶石」等題頗多，爲十二景之一，曰「磐陀夕照」。相距百步，説法台，相傳大士説法處。按華嚴經，善財童子遊行至此，見岩谷中觀自在菩薩於金剛寶石上結跏趺坐，無量菩薩恭敬圍繞，而爲宣説大慈悲法。謂善財言：「我以大悲行門，平等教化一切衆生，相續不斷，以布施、愛語、利行、同事，攝取衆生。」故此後衆生在急難中念大士名者，無不蒙救度，而發菩提心求生淨土者，無不蒙接引也。

西有奇石，參差矗立，若聽法者，名曰五十三參石。再西，二龜聽法石，一石平伏，一石昂首延頸直上，筋膜盡露，酷似龜形。傍有一石如柱，屹立空際。隨至玉佛殿。諸殿清潔，道風甚好。香煙繞座，瑞氣靄林。一覽而行。出門下坡，鬱鬱青松，珊瑚翠竹，曲徑幽深。半里許，佛頭庵。又下，金剛洞。再下，觀音洞。由竹林小徑橫上，東行半里許，藤蘿境。在磐陀石東，幽徑縈迴，奇岩壁立，上多古藤翠蘿，欝葱蔓繞，海天蕩漾中又一境界也。里許，梅岑峯，南山最高處，相傳漢梅子真修道於此。下有丹井，清波泓然，大旱不竭。經修竹庵、圓通庵，下坡，西天門，石刻大字曰「山雲自在」。在金剛窟西，兩石對峙，峻秀如門。北有圓通岩，大石險峻，凌空孤峙，題曰「圓通境」。天門右有不二石，南有一葉舟石，石平廣畝餘，儼如虎邱千人石，遠望如扁舟，石上刻「心」字甚大。石下，普慧庵。經福善庵、白象庵、息耒庵等處而回。

十八日　由海灘，經永福庵，白蓮台。茂林修竹，黃葉飄飄。過佛首庵，上嶺行，至崗上，滿目青山。約四里許，觀音跳。回走西方庵，紫竹林，大悲閣，內有紫竹石，隔壁潮音洞。洞在龍灣之麓。金沙盡處，岩石叢起，廣至畝餘，齒齒然不可容足。歧處如門，潮水遇風怒號。駛入洞中數十丈，鏗訇鏜磕，聲若雷轟。巔上有穴孔，名曰天窗。倒窺之，玲瓏嵌掛，險怪百出，海濤吞吐，盈縮倏忽。每浪投孔中，扼束翻騰，飛沫飄高數十丈而下，濛鬆洒面，不覺身之霑濡也。蓋潮音之奇，不止洞內，洞口石門數處，巉岩佶屈，怒濤排突凌跳，没石淋漓，若怒若嬉，觀者眩目震耳，悸魂墮魄。種種奇異，不可盡述。洞口有龍潭，舊傳有娑竭龍王居此，興雲吐霧，常致靈異。有龍女洞，石壁巉岩。岩上珠泉，噴滴不斷，號菩薩泉。此亦十二景之一，曰「潮音古洞」。張澧詩云：「水勢奔騰峭壁開，半空雪浪似鳴雷；相傳大士從中現，一日天花散幾回。」丁鶴年詩云：「捲雪春雲自古今，洊溯洞口淡禪心；聽來悟入無生處，始信潮音即梵音。」據云，洞口時有愚夫投岩捨身，求生淨土。夫欲生淨土，但淨其心，心若不淨，捨此幻化之身，有何益哉？入於九種橫死，反受苦矣。洞前大洋，中有善財礁，小而低，每浪觸礁間，恍如小艇投岸也，相傳爲善財南詢參大士處。半里，經普門庵、淨土庵、西竹庵。是時煩熱特甚，幸遇風雨一陣，頗覺自在。法雨消心火，慈雲掃世塵。半里許，龍樹蓬，谷中正覺庵，天福庵。經化身窰。左有天華堂，百子堂。右有太子塔，即多寶塔，元太子施鈔與孚中禪師建，用太湖美石製造，雕琢精巧，共有五層，四面各安佛像，妙麗如生。今多損壞。北行，曇花庵，文昌閣，越龍沙嶺而返。

十九日　遊道頭、彌陀庵、天后宮、勺庵、廣福庵、寶蓮庵、般若精舍。更往法華洞。經普慧庵、息耒庵、土地宮、報本堂、錫麟堂、友慶堂、寺前東街，入法華洞。洞在寺東岩畔，一路多奇石重岩。廣壁中孔穴宛轉，彼此可達，狀如靈隱之飛來峯石。但彼則玲瓏竅成，此則方圓鉅石，自相累架，如人工結構者，此其異也。轉折登陟，兩石對峙，下寬上偪，宛轉承接，欲墮不墮，仰之悸栗。此外洞壑頗多，無此層複幽奇矣。此亦十二景之一，曰「法華靈洞」。法華樓之左後門外，有祇圓蓬，又訪寶明禪師，正在閉户打七，於窗孔中見余來，遂開門入坐。師住此十餘載，守淡泊，耐饑寒，逆順不退，可謂山中高人矣。

第二十六篇　廬山

民國元年壬子

客冬往秦未果，來申與沈、狄諸居士設講經會，請月霞法師主講，畢，至杭州花塢樹雪林度歲。今春應諸公邀來滬，仍請月老講經，圓滿。往廬山經夏。

五月

十二日　乘輪遡江而上，狄君楚卿囑帶藥品五種，自攜藥十餘種，沿途施送。

十三日　經南京、蕪湖，兩岸盡成澤國，奈無力施濟，遂報告義振會。

十四日　過安慶，經馬當山，有名之江流險處。小孤山，山立水中，有砥柱狂瀾八風吹不動氣象。下午，抵潯陽登岸，江干盡遭水淹。入城，住慈航閣。因急於廬山之遊，九江各寺無暇造訪。

十五日　由九江往廬山，出大南門，有湖曰甘棠湖。過渡上岸，十里，石塘舖。是日萬里晴空，忽有片雲點之。此雲來無所從，去亦不見，其象甚妙。志云，「廬山奇秀甲天下，「南康當其陽，九江倚其陰，延袤數百里，而深七重，高立七千丈」。按：實測不過四百五十丈高。其中丹岩碧澗，瀑布飛泉，仙宅靈居，禹碑漢石，不可殫述。煙霞明滅，巒壑陰晴，頃刻變幻，好遊者裹糧宿舂，流連不返，亦不能窮其勝也。　由此小道五里，謁宋周濂溪先生墓。濂溪開宋儒程朱道學之門，而實得之於東林、壽涯二禪師，故宋儒之學，多本於禪。墓前古木森森，氣象甚幽。　十五里，上吴嶂嶺。是日天氣雖炎熱，余心地尚覺清涼。此處九南大道。下嶺，過谷口，上智林寺。寺爲晉時所建，南宋多名僧，後衰。今秀空上人住持。秀爲余舊友，連夜暢談出世之因、了心之法。

十六日　陪往虎洞。攜炬進洞，蝙蝠甚多，擾擾不容進。旋竟全飛洞口，內有大蝠約重五六斤許。余直入至數十丈，路狹難行，有水洶洶而出，其深莫測。　一里，上馬祖山。松竹茂盛，古木森森。寺前蓮池羅漢松，爲唐馬祖道場，魑魅獻地也。憶張無盡偈云：「馬師一喝大雄峯，深入髑髏三日聾；黃蘗聞之驚吐舌，江西從此立宗風。」　七里，姑塘舖，大孤山，在湖濱，俗名鞋山。其形如鞋，高數丈，昔大禹治水刻石紀功之處。相傳有乞食鳥嘗飛逐客舟，摶飯投之即接，高下不失，與武當山神鴉相同。　由易台觀、紫雲庵，回智林。

十七日　經慧日寺，九峯寺，看磁因緣碑。寺前澗水，萬縷紛紜，如馬尾相似，故呼馬尾山。四面皆山圍繞，日光當午一現而已。咸豐間兵燹後，重新山寺，茂林修竹，水聲潺潺，蔚然一佳境矣。澗北峭壁，即龍門山之背。寺傍有書室，余宿此。

十八日　由寺前燈台山，過摩尼院，爲沈子培長者所建，月霞法師、端甫居士、果龍諸師皆曾居此。院前地址陡峻，勢如蓮台，下臨深澗，外即九峯。谷口仰觀，羣峯環列，萬木森羅。院後有高峯。約五里許，天花井，芳草幽深，古道迷茫，幸有山僧土人引道。倘無導者，要墮坑落塹矣。至山巔，四望千百里，西北爲丫髻山，側有寶嚴寺，香岩禪師之道場也。

廬山本名匡廬，古有匡隱士，結廬於其下，故名，後略稱廬山。

十九日　經大雄庵，乃金山退院性老人苦志重興。出王家坡，過登雲寺，至佛佑庵。四圍松竹，境地清幽。將及門前，有僧含笑來迎，乃集海大師，留住暢談。是晚經行山門之外，明月林間照，清泉石上流；上下無點埃，令人塵襟淨。

廿日　由慈雲庵，五里，至海會寺。迴看五老峯，蒼然面目，如天人敷座而坐。此寺新建，近四十年，開山乃至善長老，淨土宗人也。師俗姓唐，江蘇東台人，幼依秋水大師出家，後入廬山，住黃岩洞，六年苦行，專修淨土，歷有異徵。後結茅於五老峯前，天人護法，不事勸募，蔚興叢林。寺屋百餘間，僧數百衆，置田三百餘畝。戊戌年，於西山翠岩寺，端坐念佛而逝，年八十歲。

廿一日　往華嚴寺，復經龍雲，時五峯霧起，陽光返照如火，頃刻間，霧塞半空，如宿業發現，一念不覺，業雲障蔽。行者當時時慧日返照，毋爲迷雲所蔽。仍回海會寺住。

廿二日　由此七里，至白鹿洞。洞前有白鹿書院。其脈由五老峯坡南下，如頓萬馬。忽突起一山，是爲屏山。其下即鹿洞書院，内供至聖像，並四聖、十二哲、七十二賢像。山志云：「貞元中，李渤與其兄涉，俱隱廬山，渤養一白鹿甚馴，常以自隨，人稱爲白鹿先生，謂其所居曰白鹿洞。迨後爲江州刺史，即於所隱地創台榭以記其事。」後唐末兵亂，淡泊之士，往往讀書講藝其中。有禮聖殿，宋時朱文公所構，後廢。明正德間，王陽明先生巡撫南贛，增置學田，大宏講肆。凌雲峯有水奔注，經書院東流出峽，爲貫道溪。上有橋，名貫道橋。蒼松翠柏，鳥語花香，的是勝境。憶王宗沐詩云：「洗心賴境終非靜，避俗躭山亦是塵。」住山者不可不知此義。此去十里，即南康府星子縣。鄱陽湖中有石如星，縣以星名，即取於此。二十里，過秀峯寺，經萬杉寺，寺前有五株樟樹極大。後有慶雲庵，宋大超建。十里，即歸宗寺，先勤上人主席。晉時古刹，門首書「江右第一名山」六字，氣象極大。寺甚宏敞。金剛殿東，有右軍墨池，古碑甚多，舊有耶舍像、迦陵像。先勤師昔在金陵法會同參，故人再見，相敍甚歡，夜深方息。

廿三日 諸師導登金輪峯。三里，即玉簾泉，又噴雪泉，舊有右軍讀書處、鵝池。三十一里，至金輪峯。氣接長空，銀河倒瀉，遥望湖光，煙波無際。峯頂平周六十步。三面岩壁，如輪相似。頂有鐵塔七層，高約三丈餘，内供舍利，爲耶舍尊者由西域奉來供此。昔人有詩云：「拔險凌空絕所憑，一行人笑我猶僧；可堪脚處頻飛渡，但轉身時即快登。劈面如同九載壁，穿雲不掛五絲藤；此來非爲浮圖影，直取金輪最上乘。」志云，晉王羲之守潯陽時，嘗覽勝廬山之陽，解組後，卜金輪峯卜家焉。時有梵僧佛陀耶舍持佛舍利來，右軍雅重其德，因捨宅爲寺以居之，即歸宗寺是也。按：佛陀耶舍尊者，本罽賓國人，後至龜兹，聞鳩摩羅什在漢地姑臧，欲往就之。姚興迎至長安，立室於逍遥園，四事供養，俱辭不受。南至廬山，與釋慧遠結蓮社。後還西域，不知所終。又慧通禪師有上堂偈曰：「從無入有易，從有入無難；有無俱盡處，且莫自顢頇。」勤師留住。

六月

初一日 五里，烏日寺，乃憨山大師修道處。五里，秀峯寺，即古開元寺。圓明長老，道氣盎然。

初二日　往黃岩。將轉山坡，不辨路徑。後有二犬奔來前行，余尾之得路。七里，至黃岩。松竹森森，四圍峻嶺崇山，天然佳境。又一里，黃岩洞，上有四字曰「自在所在」。三里，文殊塔。看瀑布如玉帶垂下，不知幾百丈。仍回秀峯。寺前招隱橋，有石刻觀音像碑。古樹成行。頭門至正殿，半里之遥。寺內古蹟，有康熙所書心經一卷，地獄變相圖一幅。此圖上年到此一覩，今已不見矣。寺右青玉峽，看瀑布瀉龍潭勝景。

初三日　行十里，至觀音橋。橋東有招隱泉，亦稱「天下第六泉」。橋下有三峽澗。此橋宋時造，現尚如故。橋北有二指指，最古。三里，龍潭，上有「玉淵」二字。澗水倒灌，如雷聲不絕。中有靈物，深不可測。半里，棲賢寺，山南古刹。波月住持，迎款甚殷。寺有許虎頭繪五百羅漢像，計百廿餘軸，爲世間珍物。歲久蟲傷，余請雲窟上人修補。看舍利子，古銅塔。由太平寺，至木爪洞，竹木幽深，澗水穿流。正瞻眺間，忽見白雲飛來。古云：「竹密不妨流水過，山高豈礙白雲飛。」可以觸境悟心矣。仍回棲賢。

初七日　十五里，上含鄱嶺。十六里，牯牛嶺。沿山洋房數百重，華街亦有數百家。寓梅振華君處。嶺上爲西人避暑之地，設有教堂布教，並設醫院，利濟貧民。此間夏令時，寒暑表較九江低廿度，故至此逭暑者甚衆。昔日山林，今爲廛市。

初八日　遊黃龍寺。此寺屢出禪宗巨擘，宋時有誨機禪師，大振宗風。又有死心禪師，徹悟後勸人修淨土云：「參禪人最好念佛，恐今生未能大悟，且假彌陀願力，接引往生。汝若念佛不生淨土，老僧當墮拔舌地獄。」寺内有響石，傍有娑羅樹，其樹枝枝相對，葉葉相向，時出妙香，高十餘丈，不知幾千百年。諺云：「山中到有千年樹，世上難逢百歲人。」當家師留住，遂暫憩於此。

廿日 出遊。十里，上女兒城，云是明太祖練兵處。上屋脊嶺，如登天上。匡廬峯巒，横溢四出，競秀爭奇，各爲尊高，故峯峯有徑，徑徑達嶺。十五里，會仙亭。看三疊瀑布，唯中叠水大。此水由五老峯背來，三叠而下。將到時，霧起千峯看不見；頃刻間，雲開萬嶺望分明：極幻觀之妙。下三里，有「竹影疑蹤」四字，相傳爲羅漢棲真之地，有緣方得遇。傍邊有洞，空谷傳聲，九叠屏開，天然佳境。廬山大觀，此處爲最。岩上有詩，相傳爲清康熙皇帝所題。句云：「廬山竹影幾千秋，雲鎖高峯水自流；眼觀西北三千界，足踏東南十二洲。萬里長江飄玉帶，一輪明月滾金球；滿山美景觀不盡，天緣有分再來遊。」 三十里，由日宫院，回黄龍寺。

二十九日 由筋竹坪，往仰天坪，經上霄峯，往漢陽峯，廬山絕頂處。南去紫霄峯，大禹治水時，常登此峯，以眺六合，望水湍，因刻石於石室中。一統志云：「紫霄峯石室極險，有好事者冒險而下，摹得百餘字，奇古不可辨。」人不可至。時天色已暮，路僻少人行。

行至林中，四不見山。憶東坡句云：「不見廬山真面目，只因身在此山中。」噫！身在山中，即不見真山面目，況歷劫在無明殼裏，能見吾人生前真面目乎？林中石上稍息，見山猫，身作虎斑形，與家猫同，其尾甚長而大。三里，欲登上霄峯，見片雲忽起，風雨驟至，急趨入附近茅蓬避雨。中有老僧、老道，與談修行。伊云「言行不能相應，如畫餅充饑，有何利益」等語，令人心開意解。錢起詩云：「咫尺愁風雨，匡廬不可登；只疑雲霧窟，猶有六朝僧。」此境似之。及雨止，盛夏六月，儼如深秋矣。

三十日 由降龍石，三里，黃龍潭，亂瀑噴雪，亦是奇觀。山頂有池，冬夏不溢不涸。右有清涼台。郭明龍有詩云：「千岩萬壑台之東，只有西方一望空；天末金輪持世界，晚霞散作滿天紅。」王守仁詩云：「多病維摩臥法台，凌虛悵望爲誰開；解經佛子能傳法，只許文殊一度來。」志云，宋朱晦翁山北紀行言，天池院西數十步，有小佛閣，下臨絕壑，是遊人請燈處。僧云：「非禱不見。」是日不禱，而光景明滅，頃刻異狀。今余遊至此不見光，但外有天光，內有心光而已。東上三里，佛手岩，岩如佛手相似。有洞在其下，其嶺極峻，橫塞太虛，雖夏亦霜。仍由天池東下，廬山石牌坊，陽明先生書。一里，甘露泉。十里，錦澗橋。於此稍息。傍有樵夫燃火吸煙，隨手放火燒山，余勸止之。古云：「行時時之方便，作種種之陰功，舉步常看蟲蟻，禁火莫燒山林。」樵子竟從焉。十五里，宿西林寺，乃廬山開山第一道場，慧永法師開建，後有萬佛塔。

七月

初一日　一里，東林寺，遠公道場，蓮宗之初祖也。遠公本雁門賈氏，年十三，博綜六經，時道安法師建刹於太行恒山，祖往歸之，聽講般若，豁然開悟，深入理智。安歎曰：「使道流東國者，其在遠乎？」後道安入秦，祖入廬山，與一百廿三人結白蓮社，六時行道，求生西方，是淨土宗之始。寺宇舊甚宏闊，有三百六十棟。南望天池、香爐峯等九十六峯。黎端甫居士東林詩云：「一門横出三千界，大室圓收九六峯。」即指此也。寺前山峻處，東有龍潭，西有虎崖，皆遠祖遺蹟。故端甫詩又云：「不信密嚴融淨土，看師伏虎更降龍。」蘇東坡有句云：「溪聲便是廣長舌，山色無非清淨身。」亦詠此景。寺內有出水池、神運殿、古龍泉。又有古銅塔，高丈餘，明萬曆間置。前有虎溪白蓮池遺蹟，今淤塞爲田矣。遠公塔場，皆被土人栽樹木。寺内古碑頗多，李北海碑今歲被人舁去。五里，選佛寺，遠祖戒場。黎端甫居士舊遊有詩云：「選勝來登選佛場，四山雲氣鬱蒼蒼；煙浮遠岫晴曦上，翠抹平林一帶長。壓寺老松巢鸛鶴，蔽門修竹傲侯王；潺湲澗壑無今古，誰聽華嚴十萬章。」此處有徑，通烏龍潭，每逢亢暘，禱雨於龍潭，有驗。

初二日 過峻嶺，至鐵佛庵，當家留住。

初五日 五里，蓮花洞。此地大道，上通牯嶺，左去太平宮蛇崗嶺，右向馬尾水吴障道。余由馬路下行。 廿里，達九江，仍住慈航閣。

初六日 遊煙水亭，在甘棠湖中，正對廬山。遊燕子山望廬亭，能仁寺，大塔内有石船、鐵佛。

初七日 出城，獨上鎖江樓，登塔一覽，唯見江城外秋景淒清而已。

第二十七篇　五台山

民國元年壬子

七月

初九日　晚。由潯陽搭輪往漢口。時近中元節，滿江燈如星斗。

初十日　早。抵漢口，即古夏口。登岸，僱划子渡江，至普度寺。時值「張方風潮」，武昌風聲鶴唳，一夕數驚。

十二日　月霞法師同遊。進武勝門，至南樓口，爲省城市面最盛之處。上黃鶴樓遠眺。長江出峽口，東至於巴邱，沅湘二水入焉。再東至夏口，漢水入焉。其源肇自葱嶺，入中國，西自岷山，西南自牂牁，南自桂嶺，西北自嶓冢。五水所經半天下，皆匯於此。江夏黃鵠磯當其衝，江環三面，再折而東，故地形稱險。憶崔顥詩：「昔人已乘黃鶴去，此地空餘黃鶴樓；黃鶴一去不復返，白雲千載空悠悠。」北望漢陽，城外有鸚鵡洲，樓下有蛇山，上有大禹碑。下樓，渡江至漢陽，上龜山，禮禹王宮，石劖四字曰「荆楚雄風」。入晴川樓，見江上舟船，往來如織，風狂浪湧，不避危險，都因名利所牽也。登大別山頂，空中踏實地，忙裏作閒人。睹漢陽、夏口，則在足下。南望大江，長流如帶。漢口大埠，一片焦土，去秋兵燹遺蹟也。一里，歸元寺。門前放生池，内有五百羅漢堂。法門氣象，道德家風。去年被轟，大半損去，至今未修。過襄河，即漢口。昔日市面最爲繁盛，今遭喪亂，冷落異常矣。

十三日　晨。起程，月霞法師送行。至車站，狂風大作，紅塵蔽地，白浪滔天。如我一念不覺，業風催動，全水成波，瀾翻潮湧，刹那不停。仁者施我妙法，息我業風，則全波成水矣。冒險過江，由漢口趁京漢火車北上。車由灄口往祁家灣，過孝感縣，聞汽笛聲，到花園站。木蘭山，此去四十里。遥望峯巒奇秀，仰插雲日。由廣水武勝關過山洞，至信陽州，河南屬。此處難民最多，齊來行乞，余見不忍。奉勸當世諸君，略省煙酒之費，聊發慈悲之念，於自身無損，而窮民已受惠多矣。過長台關、明港、確山縣、駐馬店、遂平縣、西平縣、郾城縣此處有河道通安徽、臨潁縣、許州、新鄭縣。二日前，此路中火車出軌，司機人盡化灰塵，車中人死傷數十，有坐前而未死者，有在後而斃命者。諺云：「天有不測風雲，人有旦夕禍福。」人能平時存心濟貧救災，修德放生，庶免横劫，所謂「一善能改百惡」是也。由此抵鄭州另有汴洛鐵路，經滎澤縣、廣武山洞，過黄河鐵橋。此橋全鐵造成，約長數里。水聲潺潺，兩岸多淤沙，與岸相平，即望設法利水。河流經山東過直隸入海。黃河之北，新鄉縣、衛輝府、彰德府、豐樂鎮、磁州。河北省屬邯鄲縣、臨洺關、沙河縣。

十五日 晨。經順德府。仝座有湖南張旭滄諸君談論云「制治於未亂，保邦於未危。明鏡可以察形，鑒古可以知今」等語。已過內邱縣、臨城縣、高邑縣、元氏縣、欒城縣、正定府此處正太鐵路、新樂縣，至定州下車，住店。

七月

十七日 進定州城，謁漢中山靖王墓，漢昭烈遠祖之墓也。松柏成行，氣勢宏敞，自古稱爲勝地，州署匾書「古中山國」四字。西去古寺基，有碑獨立，上有偈云：「慣經行脚老禪和，南北東西叉路多；幸得台山驀直去，行行勘破趙州婆。」此偈正中余意。仍回客店。

次晨。向西行，三十里，高門鎮，早飡。沿途淤沙難行，經桃園，過梨園，棗林內有葡萄架，隨購而食，味甚美。三十里，曲陽縣。出城向西北行，山岡小徑，路曠人稀。據云此路諸多不靖，最宜小心。行至廿里，天變細雨。十里，南口，住店。

十九日 天暗仍行。十里，黨村。傳言此村左近迭出搶案，須人多可行。近來台山一帶，陰雨連綿，滹沱泛漲，全路是水。十里，鄭家莊。十里，過流沙河。對岸三里，賈家口。十里，王快鎮。廿里，王柳口，腰子河，水流迅激。十里，長壽莊，住店。天色將昏，到時大雨。

廿日　早，晴。三里，白玉河。十五里，阜平縣。渡大河，無橋無舟，騾亦不前。河中亂石滾滾，水聲如雷，深約三尺。對岸里許，天色又變，恐有大雨，急急赤足執杖而行。行近河中，脚踏石滑，被水冲倒。是時，真常獨露隨他去，濤湧瀾翻不礙人。頃刻里許，冲靠彼岸，覺有扁擔靠身，翻身上岸，開眼，始知樵人來救。禮謝，帶濕衣而行。進山十五里，李家台。道路崎嶇，異常難行。過黃土亮、安芝鎮、不老樹、萬年橋，共廿餘里。過大河，經栗元舖、東關、下關，共十八里。河有行宮，清初創建，今但有亂石圍牆而已。一里，教場，昔日練兵處，住店。

次早，二點鐘，戴月起行，天明抵招提寺。樹木圍繞，靜室幽深。三里，龍泉關。有城。上山五里，益壽寺。三里，印沙石。十里，虎跑泉。稍息，有王善人亦憩於此。互談。伊云：「我存心學文昌之行，救人之難，濟人之急，容人之過，憫人之孤，行時時之方便，作種種之陰功。雖行之未逮，而時存此心。」旋即別去。二里，長城嶺，秦始皇造。長城萬里今猶在，不見當年秦始皇。庚子之亂，轟塌城門，往來行人諸多礙。直隸、山西交界。　十五里，射虎川，台鹿寺。林木深幽，氣象宏大。喇嘛住。　五里，石嘴台。山前口，水出清河，轉灣普濟寺，南山寺廣慧重修。　十五里，海會寺。　十三里，北統，住店。

廿二日　早行。七里，明月池。昔人晦夜見皎月澄池，故名。此時冒雨而行。　五里，沐浴堂，相傳文殊菩薩沐浴處。　九里，台懷鎮。前有巡檢司署，今改僧俗保安會。　半里，大行宮。昔乾隆六巡五台，建宮於此，今已廢。稍有圍牆，樹木猶存。因雨大，直入顯通寺，換衣，住前清行宮。時當秋令，如江南初冬氣候。幸有暖榻，靜坐禪觀。

五台山，在山西雁門關內，代州五台縣屬。由縣治至台頂，百廿里。古名清涼山，乃曼殊大士之化宇也。以歲積堅冰，夏仍飛雪，曾無炎暑，故名「清涼」。五峯聳出，頂無林木，有如壘土之台，故曰「五台」。雄據雁代，盤繞數州，在四關之中，周五百餘里。左鄰恒岳，秀出千峯；右瞰滹沱，長流如帶；北凌紫塞，遏萬里之煙塵；南擁中原，爲大國之屏蔽。山之形勢，如蓮花狀，五峯中立，千嶂環開，曲屈窈窕，巍嚴敦厚，他山莫比，故有大人狀焉。其間鳴泉歷歷，萬壑奔飛；嘉木森森，千巒綿布；幽涵神物，湓洩雲龍。雖寒風勁冽，而瑞草爭芳；積雪夏飛，而名花競發。此其常境也。若夫精心鑽仰，刻意冥求，聖神靈區，有時而現。或神燈觸目，或佛光攝身，或金閣浮空，或竹林現影。金剛窟裏，列聖森森；百草頭邊，神光赫赫。披雲撥霧，或登物外之天；躡險捫蘿，每入非常之境。實百靈之中府，乃萬聖之玄都。其間靈境有不可得而名言狀示者，不思議境界，非人間也。徵其原因，乃曼殊大士之所持，如幻三昧之所現，無方無體，非色非空，觸類而彰，隨緣而顯也。

次日休息，至雲水堂，晤晴朗師。聞彼與人談云：「宿業人人皆有，不過輕重不同。

無業不來，來即有業。業冤牽纏，萬不饒一。經云，眾生業報不盡，終難證道。末後業報最大，苦惱難忍難受。若人生恨，不肯甘心忍受，業根未盡，重新再來。所以，悟達國師，十世高僧，尚招人面之報；波斯匿王，多劫善因，還受最後之苦。因果不昧，如影隨形。」言別，互約天晴上台。

顯通寺，古名大孚靈鷲寺。漢明帝時，騰、蘭二尊者來此，以五台環繞，中有山，形若天竺靈鷲，寺依山名。帝以始信，乃加「大孚」二字。後魏孝文帝再建，環匝鷲峯，置十二院，前有雜花園，故亦名曰花園寺。至唐太宗重修，武后以新譯華嚴經中載此山名，改稱「大華嚴寺」，觀國師於中造疏。至前清太宗重建，感通神應，賜額「大顯通寺」。古傳中有兩堂聖眾，非戒定慧全者莫與，然今非昔比矣。歷朝勅旨護持。地在鷲峯前麓，面南，平周約百餘畝，其頭門回首朝北有匾曰「悟震大千」。二大門有牌樓，兩面厢房。第三大門朝東，額曰「大顯通寺」。天井歷代御碑頗多，左右碑亭。觀音殿銅藏像廿餘尊。文殊殿銅藏像亦多。大佛殿中供大佛，兩傍羅漢及銅藏像。無量殿壽佛，丈六金身。殿有七大圓門，門門相攝，處處融通。千手殿銅千手觀音像，高丈餘。銅殿，明妙峯禪師鑄全銅造成，高約二丈餘，內供藏銅像多尊，萬佛圍繞，蒙藏莊嚴，供器甚多。殿前有銅塔五座，亦高二丈有餘，分東西南北中，按合五台。殿前甬道，外周環住有四十餘堂僧眾，仍歸一處開飯。所食小米、油麥麪，別無他物。合寺共約二百人。顯通寺乃騰蘭派，在五家宗派之外，爲僧界朝山掛單之所。夏天僧俗朝山頗多，蒙藏喇嘛，更四時不絕。自去秋國變後，山中諸多不靖，朝拜者絕蹤，靠香火者苦矣。

廿四日　往塔院寺。門前牌樓上書「清涼勝境」四字。遇行妙大師，歡喜無量。伊云：「我現在專念佛，也不貪淨境，也不參是誰，也不除妄想，也不求見佛，只要至誠懇切實心念去，聲聲不離，念念不斷，口口相應，句句真實，心不離念，念不離心，心心在念，念念在心。念到一念不生處，西方極樂顯家風。」斯言實念佛準繩也。文殊殿後大塔，在靈鷲之前，漢騰、蘭天眼見此。有阿育王所置佛舍利塔，歷代帝王不廢修飾，亦名慈壽塔，明萬曆己卯重建，高二十七丈，狀如澡瓶，十三級。寶瓶高一丈六尺，鍍金爲飾，覆盤圍七丈一尺，匝以垂帶，懸以金鈴百餘個。更造金銀寶玉等像及諸雜寶，安置藏中。余繞塔三匝，請守塔喇嘛開門入內敬禮。殿上供有銅藏像大小數十尊、蒙藏供器七珍八寶等種種精奇，外圍千佛。下有紫銅轉輪藏五百個，今剩三百八十一個，上刊梵文「唵嘛呢叭彌吽」。下層黃銅轉輪藏百零八個，今剩六十一個，高二尺許，周尺許，亦梵字，用手推去，快如飛輪之速。另有蒙藏五彩畫繪佛菩薩說法利生像六十片，玻璃照安置。大塔周圍四角四亭，亭內各有五彩轉輪藏一架，高約五尺，內裝藏經，喇嘛俗呼轉輪藏，其意謂之大轉法輪。塔後藏經閣中，供五彩大轉輪藏，高約三丈，如寶塔狀，十數層，內裝明藏全部，三人方能推轉。台山進香，用燭者稀，點燈者多。余點四盞，懸在輪上。僧云：「可轉藏麼？」余問：「轉有何益？」僧云：「慧燈高懸清涼界，法輪大轉利人天。」登樓遠眺，對面南台獨秀，高出雲表，天晴則景色愈奇。有雲冠於峯巔，土人謂之山帶，三日之內必雨。一脈寒煙，淡涵秋色；兩溪流水，洗滌塵心。樓上供明藏一部，今多殘闕。下樓見大轉輪藏，傍有千佛繞毗盧像，蓮花寶座三層，花花有佛，均銅鑄，可推轉。見喇嘛十數人繞塔，余問其故。僧云：「梵經所載，繞塔八萬四千匝，滅盡河沙罪垢，功德不可思議也。」塔下有佛足碑。塔左丈室。行登大樓，則見殿閣嵯峨，佛塔巍巍，煙霞覆其上。進內，地藏殿。是晚雨雪交加。

廿六日 天陰。與退院及方丈談及文殊顯化事，謂菩薩聖境，初不遠人，若能念念忘機，管取頭頭示現。如斯靈宇，不唯玆山。若天台之方廣，鼓山之竹林，終南之樱榈，白鹿之靈隱，神境顯彰，載諸傳記，信不誣矣。

是日天變數次，或雨或雪，或猛風怒雷，或冰雹雪珠，自北台而來。烏雲漫天，其勢甚惡，如人宿業頓現，或貪愛如雨潤，或瞋恚如雷霆，或障礙如烏雲，或嫉垢如冰雹。跋山涉水，參訪明師，即所以求銷除之法也。

廿七日 微雨。早飡後，上圓照寺，古稱普寧寺。殿堂五進，中供銅藏像，小銅塔，五彩轉輪藏頗多。上廣宗寺，俗呼銅瓦殿，鷲峯南麓。正德初，上爲生民祈福建寺，鑄銅爲瓦，故稱銅瓦殿。紫柏僧可詩云：「方丈蕭蕭倚鷲峯，顯通久寂講經鐘；更憐銅瓦風霜老，只恐重來不一逢。」上頂，真容院。經大牌樓，松風鳥語，天然佳境。四望白雲出岫，行住無心。寺院林立，殿閣巋峨，左右峯巒，爭奇競秀，台中風景，即在目前。門內左向喇嘛宮，隨謁大喇嘛羅藏增墜，西藏人，蒙藏呼爲佛爺，其銜爲「欽命五台山掌印札薩克堪布大喇嘛某某」。進文殊殿，觀帶箭神像，頗爲奇妙。後至正殿，中供文殊、普賢、觀音，座下青獅、白象、朝天吼，均銅鑄造，約高八尺，神妙異常。四圍各殿，銅藏像、小銅塔頗多，蒙藏種種供器莊嚴奇異之物，非言能盡。監院喇嘛邀至寮房等處參觀，遂問：「貴刹建於何時？」答：「唐僧法雲自建殿堂，名真容院，俗呼菩薩頂，歷代人君不廢修飾。永樂初，勅旨改建大文殊寺，賜貝葉靈文，蒙古經呪，梵文藏經，亦有漢文清藏，朱書御製序贊，欽造文殊鍍金等像。住四五百眾，蒙、藏、滿洲及關東人俱有。齋糧不敷，往蒙、藏募化布施。日用功課，早晚上殿誦經，吹大法螺，擊大法鼓。」遂辭而回。

廿八日 大雪。暖閣靜坐。夜半吹燈方就枕，忽然這裏已天明。

廿九日 天晴。午後經法王寺，昔妃子出家處，俗呼妃子寺。廣緣寺古名大王寺，世傳昔有王子出家，故名。均喇嘛僧住。旋至碧山寺，古稱普濟寺，亦名北山寺。成化間，代王成煉始建，門前老樹數十株，有歷代御碑、戒台。殿内懸墨蹟華嚴經全部，書成大寶塔形式，長約三丈，闊約五尺，康熙十二年姑蘇南禪寺沙門某某敬製。大殿藏經閣上有明藏，零落不堪。閣下銅像、銅塔，雖小而秀。東西廂房，今爲藥材棧。過牌樓，一里，般若寺，正殿左畔有金剛窟，深不可測，今已杜塞。外造小窟，石頭小門，高約尺許，寬約八寸。點燈鑽進，十餘步，見有小小佛像數尊，仍出。考此窟乃萬聖秘宅。祇桓圖云，三世諸佛供養器，俱藏於此。迦葉佛時，楞伽鬼王所造神樂及及金紙銀書毗奈耶藏、銀紙金書修多羅藏，佛滅度後，並收入此。昔佛陀波利入此未出。又唐無著禪師至此參訪，忽有老翁牽牛而至，邀師入寺。有童子出迎。入見殿堂金色熀耀。師問：「此間佛法如何？」翁曰：「龍蛇混雜，凡聖同居。」師曰：「多少眾？」翁曰：「前三三，後三三。」師不解其意，欲宿未許。童子相送至門外，師問童子：「『前三三，後三三』，是多少？」童子即呼大德。師應。童曰：「是多少？」師無對。復問：「此是何處？」童曰：「金剛窟。」言訖，童子與寺俱隱。師因駐錫建寺於此。余四來五台，屢參金剛窟，都因心不真切，一無所見，愧之極矣。後上白水池，其泉若乳，山人多取洗眼。般若寺右邊，即太平興國寺。進後門。昔宋僧睿見，結廬於此，自發誓願者四：「眼不睹非法之色，耳不聽非法之聲，口不道非法之語，心不緣非法之事。」太宗平晉，聞師有道，召見，敕建寺，賜額曰「太平興國寺」。正殿廊房，住有喇嘛廿餘人，專持密宗，淨修梵行。經宏恩寺，高樹密層。仍回顯通。

三十日 天霽。參觀退院諸寮，遂同晴師出寺散步。見山田無多，長有油麥，將收割。傍種蠶豆，方纔上市，因寒故遲。別無他物。土人素來純厚，平常唯食油麥、小米，無多嗜好。

八月

初一日　早五點鐘，與晴朗師並引導師，攜帶乾糧、綿衣，先往東台。行近東莊，有小孩子來云：「快捨針來快捨線，早早去見文殊面。」晴師頷之，此是台山土風。引導師直向小路。余知此道難走，伊云最近，定由此進。余同晴師仍走大路，登七十二盤，碎石崎嶇，緩緩而上。至觀音坪，昔日有寺，今已無。以上無路，人跡罕至，未曾至者，必須熟人引導。踏雪履冰，至東台頂。　頂高卌八里，周三里，形若鰲脊。四面一覽，東南西北四台，皆從中台發脈，一山連屬，勢若游龍，唯南台獨秀。東望明霞，即大海也，亦見滄瀛諸洲，因名望海峯。顯通至此三十里。東下數百步，那羅延窟，古稱靈蹟。其內寒風凜冽，盛夏有冰，吐納雲霞，或燈光時出。華嚴經云：「是菩薩住處，亦是神龍所居。」宋宣和間，代牧康弼，與慈化大師，見異人入那羅窟，遺笠子於峯上，建塔藏之。　東溪之水，北注滹沱，南入阜平，西北繁峙界上有寺，亦名望海，後廢。今蒙古王修石室六間，如洞形，其牆厚數尺，向無人居，內供石鉄文殊佛像數尊，門前御碑倒地。台高甚寒，又無人跡，腹中已饑渴。導師未至。候至三點鐘，始見其來，遂加綿衣，食乾糧，嚙冰雪，又同往北台。

廿里，華嚴嶺，昔法雲寺唐三昧姑開化處。坦之詩云：「欲覽諸山勝，先須登法雲；萬山開釜口，五頂各支分。」今有破石室三間，久無人居。回顧二師在後。約四五里，余見天色不早，遂急急過嶺下坡。忽來一陣大風，將余吹懸於空，御風而行，飄里許墜落峯上。彼時正念分明，頗覺奇異。西望日已落山，天漸昏黑。抖擻精神，達頂，天已黑。直至茅蓬，恒、乘二師，知余上台，早備歡迎。余懇其速去援助落後之人。伊等隨帶海螺吹聲而行，以防虎豹。黑漫漫踏雪直下三四里許，一人去接引導師，一人負晴師至。晴曰：「自東台至北台，無一處可息，既無明路，天又昏黑，積雪甚深，寸步難移。若非二師接我，即了脱矣。」昔日來此無住處，今幸二公發心，蓋茅蓬結緣，功莫大焉。

次日，余虔禮文殊，隨遊台一匝。台高四十里，頂平，周約三里，亦名葉斗峯。風雲雷雨，出自半麓。有時下方驟雨，其上暴晴。四方雲氣，每歸朝而宿泊焉。常有大風吹人墮澗。東望海天，北眺沙漠，放眼壯觀，益覺此念清涼極矣。靈蹟有黑龍池，亦名金井。側有龍王祠，四方禱雨輒應。龍池西北爲古靈應寺，今蒙王修石室三間，中供石鐵佛像文殊像數尊。遂與喇嘛文記談論。伊云：「人之在心，猶魚之在水。魚之在水，果知水乎？人之在心，果知心乎？魚能知水則龍矣，人能知心則聖矣，故百姓日用而不知。嗚呼！人爲萬物之靈，生既不能知，死又豈知乎？可不痛哉？」伊乃蒙古學士，漢文甚好，道念頗真。

次日，與二師同往中、西二台。道經余當年失路見牧童騎牛指迷處，詳前記中。五里，澡浴池。五里，中台。高卅九里，頂平，周約二里。有演教寺，唐建，弘治間，玉禪師重修，鑄鐵塔供舍利，今無。蒙王修石室三間，久無人居，冰柱數尺。中台峯巒雄曠，翠靄浮空，亦名翠岩峯。西、北二台接臂，五溪發源，二水注清河，三水出峨谷，入滹沱水。經云：「峨谷之水，出於中台。」即此也。其靈蹟爲靈鷲峯。台東北有萬年冰數十丈，炎夏不消。由此直往西台，沿路滿山柔草色黃，日光照處，如金毛相似。十里，八功德水。五里，至台，高卅五里，頂平，周約二里，亦名掛月峯，寺名法雷，唐建，法聚師重建又圮，今蒙王造石室三間，人不可居。台中有塔二座，西北角鐵像三尊，御碑横豎，台上有泉。十里，清涼橋，即吉祥寺，思曇重建，離塵和尚，不剃度，不分釁，不蓄私，不別眾，凡有作務，以身先之，故內外諸省，皆知清涼橋叢林，代不乏人。此寺在中台下，南溪上，牕外澗水潺潺。精舍對山多古意，明窗流水適天機。主人亦是舊相識，迎入。午餐告別，引導師咋遇虎脱險，於此相會，遂同行過嶺。七里，鳳林寺。四面高山，古木寒岩，道繞重樓，門控碧水。嘉靖間，徹天和尚卓庵住。常有盜賊至，見二虎據門，賊因呼爲「二虎禪師」。萬曆初建，額曰「鳳林」。師辟穀七月乃終，塔於本山。一江和尚詩云：「五月清涼界，談經入鳳林；松風和梵語，流水奏幽琴。雲淡曼殊面，花妍古佛心；不須覓黃卷，遍演法王音。」當年住此數十日。是時天已大黑，腿痛鞋破，足跟迸裂。八里，出谷，至顯通。

初四日 二里，殊像寺。地面遼闊，形若椅，老樹甚茂。門前牌樓，鐘鼓樓，明清御碑。大殿高大，左右海島上有五百羅漢，中供文殊駕狻猊像，據云乃神人所造，係油麥麪和成，見者肅然。後有藏經閣，明藏一部已殘缺。左右廂房頗多，昔日頗興盛也。

初五日 往羅侯寺。在顯通之東南隅，有歷代御碑。各殿銅像、銅塔，精巧晃妙。後至西方殿，見兩傍貝葉靈文，蒙滿經咒，梵文藏經，漢文清藏，羅列其中，造成大大車輪，如蓮花狀，七寶池，八功德水，羅網欄楯，光明五色，白鶴、孔雀、鸚鵡、舍利、迦陵頻迦共命之鳥，上供佛像、觀音、勢至，下有清淨海眾諸上善人，周匝圍繞，種種莊嚴奇妙。余點燈敬禮。伊撥轉機關，左轉花開見佛，右轉花合。形同真像。余問：「上刹建於何代？」答「唐建。張天覺於此見神燈有感，更加修飾。成化間，趙惠王重修。清初大興。今有房數百間，喇嘛二三百人」等語。

初六日 往善財洞。在顯通東南約二里許，林壑幽深，就灣依山，有殿數處，其末有洞，名曰善財洞。洞外有室，連接大殿。守殿喇嘛，蒙古人，手執小轉輪，念快轉快，念慢轉慢。問之，答「念『唵嘛呢叭彌吽』」。言次入內，見大小銅像數十尊，像設莊嚴。問常明喇嘛。答「外出」。住有喇嘛五六人，專事靜修。因華蒙語不通，故未多談。

初七日 與晴師往南台。是早，天寒地凍，有數處履冰而過。 廿里，白雲寺。稍息。上山道險難行，澗中有石，石中有沙，如藥丸大小，土人呼爲金沙舍利子。 十里，千佛寺，即千佛洞，在南台東北崖畔。洞大約三間，中供石像。洞內有小洞，黑暗。憶余己亥年初次入洞，小和尚遞燈一盞曰：「與你一隻眼。」余聞豁然，伸手接進，大放光明。千年暗室，一燈能破。見有小佛像三尊，坐於石壁之上。夏日潮溼最重，寒氣侵人。向前數步，有水寸深。燈光照入，見有千百燈光來去不定，映於水面，心甚奇之。即念「文殊菩薩」，棄燈急出，如一夢也。由大殿至五髻童子殿，老和尚有道，以麪餉。食畢又行。 十里，金燈寺。南台東北麓，元建，成化間，一庵重修。性善詩：「梵刹碧山傍，金燈夜吐光； 眾生心有感，菩薩用無方。」今殿宇零落異常。內有粥飯僧一人。 五里，碎岩。沿山五里，瑤草奇花，異香徹鼻。慧曰：「花香。」晴曰：「風香。」余云：「二師心香。」已到南台。高卅七里，頂若覆盆，約周一里，亦名錦繡峯。山峯聳峭，煙光凝翠，細草雜花，千巒彌布，猶鋪錦然。支山南延六十里，其靈蹟仙花山，即南台之山名。有寺名普濟，宋建，後廢。今蒙古人修石室三間，前有御碑，後有藏塔，亦無人居。性善詩云：「策杖尋幽上翠巔，清涼春盡景方妍； 千岩花綴千岩錦，五頂峯連五頂天。梵刹岧嶢凌日月，經堂寂寞鎖雲煙；　真容欲睹知何在，極目蒼蒼意惘然。」　下山，至白雲寺。地面宏大，左右有鐘鼓樓、御碑，可知昔日之盛。今仍有殿房數十間，僧四五人。慧師辭歸。是晚宿此，與客僧暢談。伊云：「文殊菩薩，因功浩渺，果德難量，備諸藏教，靈異非常。故大華嚴經言：『東北方有處名清涼山，從昔已來，諸菩薩衆於中止住。現有菩薩名文殊師利，與其眷屬諸菩薩衆一萬人俱，常在其中而演說法。』即遥指此處。又寶藏陀羅尼經云『佛告金剛密跡主言：我滅度後，於南贍部洲東北方，有國名大震那，其中有山，名曰五頂，文殊童子遊行居住，爲諸衆生於中說法』及『有無量天龍八部圍繞供養』等，則更確指此處矣。又唐道宣律師，行超三界，道重百靈，感諸天人常侍衛焉。諸天冥遠之事，無不明答，因知清涼乃文殊所居。」五台不產百穀，半麓已上，並無林木，唯生香草，細軟如綿。其諸台麓溪壑之間，純生杆珠異草雜花，不可悉記，其金芙蓉，他山所無。至若靈芝神藥，啗者能開迷易骨，自古往往有之，然非肉眼可識。今據妙濟傳，略錄數品。名花有六：曰日日菊，晝開夜合；曰金芙蕖，亦名陸地蓮；曰零苓香，出妙香；曰鬼見愁，能驅邪；曰鉢囊；曰玉仙。出南台。其他如台蘑，如天花菌，蔬中佳品也。藥草尤多。五台台內梵刹六十四所，台外三十六處，成敗不一。俗人數百家，土人最苦，呼爲受苦人。商人稍好。余以寒冷，未能久留。

初八日　早起程。原路出山，進龍泉關，冬境仍轉秋景。至招提寺，天已大黑，住持迎入。夜飯畢，閒談，「我等出家人要明因果，粒粒施主辛苦，吃了若不修行，做牛做馬還補」云云。

初九日　至賈家口，住。

初十日　午後至曲陽，腿軟足痛，勉强而行。日已落山，路絕人行，遇强暴，因余身邊無財，幸免。天已大黑，村間有小庵，並無人居。進內稍息，時約三鼓，起行。廿里，天漸吐光。十點半鐘，到定州。是午，風狂雨大，住寓。巧遇寶秀、性慈諸大導師，與蔣、錢諸居士，朝台同寓。秀老問：「人傳虛雲和尚在終南茅蓬入定多日，有此事否？」余答：「實有其事。」又問：「見地如何？」答曰：「言言明心，句句見性。」寶公問：「華山大霖律師，有道宣再來之說，確否？」答曰：「是苦海之慈航，岐路之導師。」又詢金山大定長老境界如何。余曰：「百花影裏過，片葉不遮身。」秀師談：「世俗癡人，倚權仗勢，昧心喪德，百般取巧，縱得巨富，豈能常久？」性老云：「因果不昧，報應甚速，如影隨形，絲毫不差。」又云：「若無切實工夫，名利關頭，五欲牽纏，不能出離。必須二六時中，磨煉身心，久久純熟，方可解脫。」話言未了，值妙成法師與諸居士亦來朝台同寓。錢公問：「如何是明心見性？」成師曰：「明心本淨，見性本空。此心非是色身之內肉團血心，亦非方寸之中生滅妄心，乃是周遍法界、洞徹十方、超出對待、絕諸戲論、不滅不生、非有非無、虛靈不昧、圓妙應物、卷舒無礙、出沒縱橫、隨緣不變、常住之真心。過去諸佛，概證此心；現未後學，咸明此心；眾生在迷，即迷此心；行人發悟，即悟此心；達摩西來，直指此心；一大藏教，唯顯此心；古今知識，開示此心；宗門參禪，專修此心；諸祖說法，說的此心；我等凡夫，用的此心。有心用到無心處，無心猶隔一重關。」慈師云：「百尺竿頭重進步，十方世界現全身。」妙師說：「虛空粉碎，大地平沉。」性老言：「若人識得心中法，山河大地一口吞。」張君問：「如何是本來面目？」寶公靜默。又詢：「念佛的是誰？」慈師答：「不是家里人，不談家裏話。」又問：「狗子有無佛性？」寶師說：「路逢劍客須呈劍，不是詩人不語詩。」

次早天霽，各往西東。

第二十八篇　洞庭湖

民國元年壬子

八月

十一日　由定州乘京漢車南下。時當正秋，氣清雲歛。是夜月明如晝。經黄河橋，兩岸淒風，寒霜布地。忽聞空中雁聲，憶梁佩蘭詩云：「黄河兩岸起悲風，夜半清霜下碧空；鴻雁自南人自北，一時來往月明中。」情景逼真，唯余亦隨鴻雁而行，無南北之異耳。至鄭州，欲往嵩山。聞沿路不靖。

十二　晚，抵漢口，隨至花樓口，復茂盛行，與厲石如君會晤。伊云：「我久欲入山修道，終被名利纏縛。」余曰：「先生將廛市作山林。」伊曰：「此事我行三十年，勉强不來。那如紙上談兵，自欺欺人。務須言行相應，方爲有得。」厲君出言真實，亦屬希有也。

十三日　早行，厲君送余乘昌和輪船，赴長沙，往南岳。十點，展輪。是夜月色水光，上下輝映。古云：「禪心江上月，佛性水中天。」　六十里，金口。　六十里，牛角尖。　卅里，下排州。天明。

十四日　三十里，蒿州。　四十里，嘉魚縣。　廿里，寶塔洲。　廿里，六溪口。　廿里，赤壁，係周瑜、曹操鏖兵處。歎昔日英雄何在！　船中客談：「於福造罪，其罪非輕；於苦造福，其福最大。」聞之令人有省。　四十里，茅埠。　六十里，白羅山。　廿里，臨湘縣，湖南界。　廿里，道人磯，最險，輪舟亦不敢夜行。　三十里，城陵磯，湘省最要門户。　十里，岳州府，巴陵縣。城外洞庭湖，相傳周廣八百里，上接長沙省城，下出湖北大江，東控岳州，西臨常清。時當八月潮平，澄清蕩漾，而天光雲影交輝。憶孟浩然詩：「八月湖水平，涵虛混太清；氣蒸雲夢澤，波撼岳陽城。」雲澤、夢澤，二水名，在楚二水合一，故曰雲夢。停輪半點鐘即開，行四點之久，穿湖而過，約百餘里。回首一顧，湖光如鏡，日月出没於水中，羣山如雲煙縹緲，波浪似白蓮層疊。飽領洞庭秋色。　進口，白玉堤。堤邊孤塔一座。時已黄昏，征雁初來，柳上蟬聲已寂，青霜凝露，白月揚輝，如淨心之一念相應，寸絲不掛。　三十里，瀘林潭。　三十里，湘陰縣。　六十里，清江縣。

天明開駛。　三十里，金紫灣。　三十里，湖南省城長沙府，善化、長沙二縣。　城在湘河東岸，河中有沙洲，約長十餘里。船抵碼頭，搭客一齊登岸，唯余獨守空艙。是日爲中秋佳節。余行脚廿餘年，無節無年，無冬無夏，每逢世間佳節，余多半忍饑懷渴。正思惟間，忽來搭客李公敦本父子兄弟三人。是時下貨，搬夫與水手互毆。李公曰：「忍一時之氣，免百日之憂。得忍且忍，得戒且戒，不忍不戒，小事成大。」言次，鐘鳴展輪。四十五里，昭山。峯巒拱秀。四十五里，湘潭縣，俗呼「小南京」。市面侈麗。沿湘十餘里，船隻林立。早年粵貨由此集散通商。李公邀余往他舟過夜。入晚，雲散風高，清寒習習，碧天銀漢，悄然無聲，明月漸昇於天際，如玉盤之圓瑩而光輝也。自我有生，中秋明月，多為雲掩而不常見。雲水以來，住處不一，不期今夜在此望月。昔日靈山指月，曹溪話月，馬祖玩月，寒山比月，余今乃只在舟中看月也。

次早，登岸，遊海會寺。可愚上人在此，退院與主人皆留住。談及「世上人只知造孽，不知懺悔，但求享福，不肯作福，恐此後世間災禍，正未有艾」，相與歎息不置。

第二十九篇　南岳衡山

民國元年壬子

八月

十七日　由湘潭縣與湘鄉、湘陰共稱「三湘」往南岳。　十五里，湘河口。河通湘鄉縣。　十里，雙板橋。　十里，古塘橋。沿途是產米之鄉，鄉人多豐富。　十里，上星橋。遙望南岳諸峯，隱約雲表。　十里，沙舖。　十五里，景市，住。時當南岳香會之期，千百里外來朝拜者，絡繹不絕。飯舖客棧，全賣素菜。家家門首，設有香案。通宵達旦，行人川流不息。口所稱者，「南岳司天昭上帝」「安邦護國大天君」。二點鐘時，月明如晝，起行。　廿里，花市鎮。東方發明。此去有二路，一由後山上祝融峯。余由前山登。　東向十五里，石壎。峻嶺崇山，茂林修竹。　十五里，茅蓬子。　十里，福田舖。過午。有老者云：「人於顛沛患難之際，用一言化解，即是上報四恩，下濟三有。」　十五里，白雲峯。　五里，蝦蟆洞。　十里，南岳街。衡山在衡州府衡山縣，府縣皆以山名。山南盡衡山縣境，西入衡陽清泉縣，北入湘潭善化境，跨長沙、衡州二府五縣之間。回雁爲首，岳麓爲足。東南以湘水爲界，西以蒸水爲界，北以新樂江爲界。岳頂祝融峯至縣治六十里，至長沙二百七十里。岳爲南幹之山，自崑崙發脈而來，由蜀入黔，迢遞九嶷，連絡五嶺，突起七十二峯，上如車蓋，遥望如陣雲，盤紆八百里。其峯高峻者五，而祝融峯爲最。有十洞、十五岩、三十八泉、廿五溪。沿湘千里，湘水九向九背，歷代皆尊爲南岳。岳市東首祝聖寺。進山門，左右桂樹，正逢花開，香飄雲外。知客師迎入後廳，安息。南岳諸刹，首推祝聖，清規嚴肅，家風峻美。

十九日　由大殿等處參觀經樓，有清藏一部。方丈後西首，羅漢堂，石劖五百羅漢像。後園林木森森，内有塔院數處。上有地藏殿，乃淡雲長老静室，内住念佛僧七八人。善因師招待。中有僧年八旬以外，鬚髮如銀。據云，該僧專修淨土，不説雜話，不用雜心，可謂山中僧寶。仍回寮休息。　午後，謁岳廟正殿。重簷高七丈二尺，内外圓石柱七十二根，房室百餘間。左包四觀，住道士；右圍六寺，住和尚。專爲接待香客之所。正殿爲和尚、道士公共之殿。禮别，回祝聖寺。

廿日　淡雲長老歸，邀余地藏殿午餐。

廿一日　大善寺主人超有邀往。見殿閣輝煌，構造一新。空也法師在座。齋畢回寺。閒步於藥師殿，晤可當法師，乃久住茅蓬者。

廿一日　早餐後上頂，善因師引道，三里，石坡。好似天梯，上鐫曰「雲程初步」，曰「直上南天」。經玉版橋報信嶺，九里，普濟寺。三里，半雲庵，巴巴嶺，又名兩路口。十里，鐵佛寺，內供鐵佛。里許，丹霞寺。住持普潭有道。余等稍息，辭行。寺左觀音洞，右文殊洞。五里，湘南寺，即南天門，則安師住持。寺前下望，岳廟五龍獻珠之形。二里，獅子岩，狀如獅子。岩下有廟，廟內有洞，洞內有僧。里許，上封寺。殿房數十間，全蓋鐵瓦。方丈法輪，首座性明，留住。上封在祝融之陽，隋大業中立寺。夜間烈風怒號，溪聲驚人。

五鼓起身，上望日台，觀日。煙霧四塞，渺無所見。再上，禮舍利塔，草木叢深。下有朝陽洞，內無人居。一叢寒樹，樹高大者約七八尺，謂之短松，皆拳曲臃腫，樛枝下垂，冰雪凝綴。回寺早餐畢，方丈、首座並客僧數人，同昇祝融峯，頂無林木，四面陡險非常，飛鳥難到。時有狂風，人難立足。有殿三間，石牆鐵瓦，俗呼老殿，中供南岳大帝尊像，背坐思齊祖師像，對面壽佛像，余敬禮。傍有廂房三間，亦鐵瓦石牆。再上，登祝融峯。衡山秀甲天下，遠睹蒼翠冉冉出雲際，神靈萃聚之處也。胡宏詩云：「祝融峯高天更高，太空人世如牛毛； 風雲萬變一瞬轉，紅塵奔走真徒勞。」仍回上封。 午後，遊高台寺，昔羅念庵先生讀書處，並有先生手植古松數株，俗呼「念庵松」。 下觀音岩，有洞住二僧。 西行三里，觀音洞。有一僧端坐於中，睜眼云：「南岳深，稱我心。 純白石，勿黃金。 泉聲響，撫牙琴。 有子期，辨此音。」余作禮出。 西向里許，羅漢洞，住一僧。經會仙橋，今圮，奇險難過。 至虎跑泉，見泉水洶湧而出。 仍回上封寺住。 夜間靜坐待旦。 憶古詩云：「禪宮寂寂白雲封，枯坐蒲團萬慮空； 心定不知天已曉，忽驚身在月明中。」通宵香客不絕，至曉東方吐明，紅日上昇，頃刻間赤輪湧出，金光灼灼，日照山河，影沉海底。 人世奇境，固不數數遇也。

再上最高處，覽洞壑之幽邃，俯泉林之隈奧。 歸途遇諸師迎來。 飯畢下山，由南天門，西向約二里許，陰岩小徑，異常陡險，人跡罕至。 草頭零露，忽然足滑，滾下數十丈。幸攀樹枝，並未受傷。 直下三里，松林之間有岩，岩洞內深約三丈餘，闊約二丈零，極寒，非强健之人難居，昔懶殘禪師修道處，故名懶殘岩。 相傳師種三百六十芋，日食一顆。李鄴侯讀書山中，嘗於中夜參師。 師取煨芋分半予之，囑云：「勿多言，領取十年宰相。」後果然。 蓋師能前知也。 橫下數十步，淨瓦岩，岩下有洞。 二里許，到火場。 五里，觀音寺。 進內稍息，住持道行頗好。 左上兜率寺，右下已公岩，岩前茅蓬三間，住有二師，苦志淨修。　二里許，磨鏡台，唐時馬祖道一於此得悟。是處藤蘿蒼翠，洞壑幽深，上下流泉，清碧可鑒。有禪房十餘間。前有海岸和尚，宗教皆通。今住得悟，廣修苦行。室後七祖塔，據云金棺用鐵索懸掛於鳳口。七祖即南岳懷讓禪師，姓杜，金州人，唐儀鳳二年降生。十五歲，荊州玉泉寺出家，參曹溪六祖證道。唐開元中，度沙門道一，即馬祖也。至最勝輪塔，禮塔。再行至嶺上林間稍息，見松鼠花眉大尾黑背白腹，其行如飛。　里許，天柱峯。上無竹木，飛禽罕集，怪石如削，峻嶒陡絕，險不可登。諸峯環繞，滿澗碧流，足以滌慮洗心。下有羅漢洞，最奇，若無引導，覓不可得。　南去約半里許，講經台，大石一方，相傳慧思禪師說法處。傍有虎跑泉，一生岩。西有福嚴寺，淡塵師招待。茶別，寺中遊覽一周。舊名般若寺，陳光大元年慧思禪師創建。師武津李氏子。示眾曰：「道源不遠，性海非遙。但向己求，莫從他覓。覓即不得，得亦不真。」傳有唐太宗御書經卷，今無。清乾隆間賜藏一部。殿房數十間，見壁上嚴玉森書贈海岸和尚詩云：「幽澗松陰冷，炎荒雪意新；十年餘結侶，一笑看時人。冰石三生影，風雷萬里春；南台好遺址，與君晚爲鄰。」首座明誠，乃寄禪長老師弟，與後堂果海，博通藏教，研窮心理。晤談畢，隨參玄妙上人，共話玄妙勝語。據云住此三十餘年，未曾下山。真不可多得。

次日告別，至明月峯前，謁三生塔，乃慧思禪師之塔。相傳師於此歷修三生，故名三生塔。塔院四面皆山，門前池塘。碧水蒼山開慧性，疏鐘幽磬破迷津。里許，南台寺。晤澄清和尚，談及石頭希遷禪師曹溪得度，遺命謁青原，後入南台之東，有狀如台，乃結庵其上，頓悟心宗，時號石頭和尚。後有藏禪師示衆曰：「南台靜坐一爐香，終日凝然萬慮忘；不是息心除妄想，都緣無事可思量。」**蒲團子按** 據查，此詩爲明末詩僧讀徹所作。遊大殿藏經閣，有日本僧梅曉六休所贈日本藏經一部。回丈室閒談，主人云：「從靜中觀物動，向閒處看人忙，纔得超塵脱俗的趣味；遇忙處會偷閒，處鬧中能取靜，便是安身立命的工夫。」此寺乃衡岳之名刹，石頭之古蹟，梁天監特建，歷代興衰不一，近歲荒頽，淡雲長老始謀興復，並修祝聖、清涼等寺。

二十六日 早。辭行。里許，石頭禪師塔。羣峯四立，形如蓮花，塔安於心。禮畢南行。遥望岣嶁峯，竦立千百丈，連接霄漢。戴延之西征記云：「岣嶁山上有神禹碑。大禹治水，登而祭之，因夢玄夷使者，遂獲金簡玉字之書，得治水之要。」攷衡岳七十二峯，其最尊者五，祝融、天柱、紫蓋、石廩、芙蓉也，而祝融爲最尊。祝融者，即古祝融氏，號赤帝，葬於衡山。自祝融下歷諸峯，前後左右，均有徑路可達。由南天門至上火場、讓祖塔、傳法院、南台寺，可歷覽雲居、赤帝諸峯之勝；由南天門至毗盧洞，過潤泥塘，可歷覽芙蓉諸峯之勝；由南天門至下火場、水濂洞，可歷覽紫蓋諸峯之勝；由上封，取徑老龍池，至方廣寺，可歷覽蓬萊、岣嶁諸峯之勝。祝融之前，爲峯十有六；祝融之後，爲峯十有三。其左其右，南有回雁，北有岳麓，共有十九峯。合爲七十二峯。 下坡十二里，由岳廟回祝聖寺。

廿七日 早。與善因師往朱陵洞，俗呼水簾洞。七里，至六角亭。坐觀飛瀑，水出山腹，垂流與珠簾無異，但見其水，而不見洞。亦有三叠瀑布。稍息，回祝聖寺。

廿八日 早。辭行下山。三十里，衡山縣，城外清涼寺，淡老在此。談及雲開堂，乃昔韓文公祈雲開處。

次早搭船，淡公送至碼頭，曰：「君當爲苦海之慈航。」余曰：「願公爲化城之導師。」合掌而別。

第三十篇　岳麓山　洞庭君山

民國元年壬子

九月

初一日　由衡山縣抵株州，登陸行五十里，渡湘河，至湘潭。

初二日　早。乘小輪，午抵長沙，假住武廟。當家妙觀，頗重道德。與僧度師同往佛學會。適會長吴安舟、張子宜先生，常靜、可愚上人，惠敏法師，正經理會務。惠云：「辦事不易，膽欲大而心欲小，智欲圓而行欲方。」僧度曰：「念念猶如臨敵日，心心常若過橋時。」經坡子大街，市面繁盛，行人如織，擁塞難行。

初三日　出南門，觀白沙井。二井相連，方長數尺，深約尺許。其水白色，味厚美，深二三寸。用瓢取水，晝夜不絕。回遊玉泉山，爲省城香火最勝之處。

初四日　出西門，過湘河，經沙洲，再渡。舟中有人言：「貪是逐物於外，欲是情動於中，君子愛財，取之有道。」言次，已到岸。　七里，岳麓山。是日霧氣濃厚，遥望不見，頃刻雲消，清景如畫，近觀洞壑蔚秀，山色幽奇，又一境矣。嶽麓書院，國中四大書院之一也，内設學校。左至聖殿，李北海碑尚存。右路登山，空谷幽岩，樹深竹密，別有天地。里許，萬壽寺，晉建。大殿供佛，左右羅漢，晉時大鐘一架。知客導引，觀古佛岩。右有白鶴泉，御書亭。經響鼓嶺，相傳行人下足響如鼓。　里許，岳麓峯。登頂四顧，白光如水，彌滿空際。進五岳殿，一覽而出。　依山横行，里許，松蒼竹翠，可以留客。隱逸林中無榮辱，道義路上泯炎涼。　里許，禹王碑。摩崖刻字，建有石亭。絕頂遠眺，江城如畫裏，野氣接長空。遊客談：「山林雖是勝地，縈戀便成市朝；心地苟無染着，欲界亦是仙都。」亦知道語。　原路下山，約十餘里，進城，仍住武廟。

初五日　出城，乘划船，百八十里，蘆林潭。時近二更，過輪船，風狂雨驟。

初六日　仍如故。船至湖堤，不能出口。瀟湘之水，北入洞庭，遥觀洞庭湖中，波浪滔天，白日無色。下午，風減出口，湖中大半淤灘，曲折難行。五點鐘，至岳州。湖中君山，林茂境幽，饒有仙景。　山海經云「洞庭山」，即君山，一名湘山，内有小山十二，狀如螺髻，方六十里，上有神祠，相傳爲堯帝之三姑墓在焉，屢著神異。

次日，抵漢口，乘江輪東下抵滬，住海潮寺。與應老商辦佛學研究所，請諦閑法師主講。又與沈元來居士辦超塵精舍，請興慈法師爲講主。並整理佛經流通，催印佛學叢報，以了手續。

頻伽精舍託余再請月霞法師講經。彼時羅迦陵、姬佛陀二居士，發心供養僧尼男女一百餘眾，成就道場，功莫大焉。法師主講，余指導道場。並將佛經假與尚賢堂各國人研究，收來放去，麻煩非常。外來男女聽眾數百人。研究者，有陳子修、濮一乘、劉濮生、狄楚青、方倫叔、朱峻夫、陳彥通、錢履樛、沈昭武、劉葆良、魏梅蓀、方重審諸君，英人李提摩太、莊士敦、梅殿華、莫安仁，美人李佳白，俄人冠賽林諸公。諦閑法師與陳介石、王采臣、黎燦階、程靜武等，辦有世界宗教會，推余荷擔各執事。光陰迅速，講期圓滿，佛經流通，叢報出版，余願了矣。靜夜檢點自心，名利關頭，五欲苦境，雖然不貪，稍有愛心，隨境所轉，與道不合。故將各事一了，起脚又行，往五台度夏、終南經冬。冶開上人與濟、妙諸老來留，並說因果之事。濟公云：「凡人舉念，關係最重。發機雖微，果報甚大。善造道者，不可不慎。」冶師說：「經云：『發念之機在十惡，則三途之業報已成；發念之機在十善，則人天之業報已成。依四諦發念悟無生，而羅漢果成；依十度發念悟無生，而菩薩果成。悲智平等，則正覺果成。』念凡即凡，念聖即聖，念佛即佛，果不離因，因外無果。故曰：『春種一粒粟，秋受萬顆子；人生爲善惡，果報還如此。』念頭之重，豈不大哉！雖云報在未來，然三際不出一心也。」

第三十一篇　上方山　西域山　白帶山

民國三年甲寅春

抵北京。舊地重遊，寓磚塔胡衕關帝廟青一上人處。

三月

初六日　往上方山。正陽門外乘車，四十里，琉璃河，下車。十五里，上方山，房山縣屬。孤山口五里，中院村。五里，接待庵。當家引導上山。五里，峪口，風景極佳。雲梯庵，左有飛瀑掛壁。至兜率寺，住持遍如，談及山中道風衰落，不勝感慨。

初七日　二師同往雲水洞。洞邊有庵，用火把引進。洞門甚小，入內復大。洞中有景物頗多，天下奇觀也。有臥虎山、芍藥花兒山、棗兒栗子山、菊花山、石鼓、石鐘、石觀音菩薩坐蓮台、石塔、十八羅漢像、八仙過海像。第三重關，翻身入內，空穴極大，上有半陰半晴、八寶蓮池等景，種種奇觀。內有小洞，深不可測，陰氣難受，即出洞。飯畢回寺。

初八日　下午往華嚴洞。開山華嚴祖師。唐宋時，高人最多，今住一山師。談及「世態無常，若在夢中。利藪名場，埋没俊傑；愛河苦海，喪盡英雄。誰能學鐵漢鍊金剛，看破虚花夢一場」。師道念堅固，戒律精嚴，老道友也。

初九日　往一斗泉。住羽士二人。經旱龍潭，遊吕祖閣。天井内有翠柏一株，圍近丈許，高插雲表。昔日住此月餘，今闃無人矣。古有七十二庵，今圮塌大半，皆無人住。山中柏樹滿谷，上列奇峯，若飛若走，必須微細觀看，方見其妙。

廿四日　下山。仍出孤山口，沿麓南行。十八里，西域山，涿州屬，雲居禪林。四面山場，周約廿餘里，形同象王馱寶，氣象偉大。古柏夾道，蒼翠無際。進天王殿，兩大白皮松，外有翠竹香柏等。再上爲毗盧殿、大雄殿、枯木堂、藥師殿、彌陀殿、五觀堂、念佛堂、大悲壇、藏經閣、説法台、旃檀殿，有賴公爺護法像，中有黄金條樹，蟠成坐椅。御碑亭左右亦有樹根蟠椅。院後上行里許，開山琬師塔院。里許，水頭。有泉水大，洶洶湧出，故名曰水頭村。

廿六　早。寺前過河。五里，上山，小西天。經古接待庵，荒地一片，有明碑數塊。再上，有水井，響聲淙淙，幽入雲表。祖師殿有二石洞，洞内大藏經石板滿洞，洞門石窗隔斷，可見不可入。又上，靜室三間，在家道人居。西去石洞二處，亦是藏經石板，並有董其昌書「寶藏」二字。左有石刻金剛經，右有大洞，洞中供佛菩薩像。四石柱，每柱八面刻千佛像，四壁石刻法華經板。西有唐僧洞，再西又有二石洞，洞中藏有經板。上有古大殿基，今則瓦石茂草而已。　殿後有石窟，據云深不可測，每有好事者下去不復返。右有九層石浮屠，上有「功德僧惠權幽州府智」等字蹟，大半模糊矣。西南有字曰「雲居石經」。傍有石碑一塊，不見一字，不知何代建立。　山頂，石浮屠後，有「大唐開元十八年，金仙某主，爲奏聖上，賜大唐新舊譯經四千餘卷，充幽府范陽縣爲石經本」。下有碑一塊，字亦不明。　後有遊人詩，元和四年，是後補刻。　洞前古碑林立。考自隋朝靜琬禪師創刊石經，元朝至正年間，有高麗僧名慧月，朝五台過此，見板塊蕭條，經文殘缺，發願募緣續刊。明憨山夢遊集云：「隋大業中，幽州智泉寺沙門淨琬尊者，恐三災壞劫，慮大法湮没，欲令佛種不斷，乃創刻石藏經板，封於涿州之西白帶山。山有七洞，洞洞皆滿。由大業至唐貞觀十三年，願未滿而化，門人導公繼焉，後儀公、暹公、法公繼焉，而經亦未完。歷唐及宋，代不乏人。至元朝至正間，高麗沙門慧月，尚未卒業。其事具載雲居各碑。」按：自石晉割燕雲十六州歸契丹，此地迄未入宋之版圖，故另有碑記云「契丹聖宗，留心釋典，乃委瑜伽大師可玄補刊釋經。迨及興宗重熙間，續鐫大般若經。自聖宗太平七年，至興宗清寧三年，大寶積經告成」云云。足見古之法師，衛道之心，歷久不磨。傳至今日，爲文化中最堪寶貴者。

廿九日　午後下山，原路經東塔院。立於羣山之中，萬松之間。院上五塔，雄偉氣壯。院外眾塔林立。

四月

初一日　由青龍橋，直上壓經塔，七級浮圖，上書「遼幽州府天慶七年，穿地爲穴，道宗皇帝刊經板百八十餘塊，通理法師刻四千餘小板，藏入其中」。由寺一匝而東，實然師、瑞慈上人迎來，同往舍利塔。四角四小石塔，乃大唐太極元年、景雲二年及開元十五年建。又東園内，有元朝至元二年碑。山門西，大碑字蹟不明。復入方丈院，千佛殿，有銅佛千尊。各處復遊。昔日與妙師來遊，未及詳考，今則了然矣。

第三十二篇　萬壽山　賜兒山　雲崗山　北岳恒山

民國三年甲寅

四月

十日　旅北京，聞月霞法師由五台來，次朝往訪。　至法源寺，見道階法師。　適心愷法師與張、王諸居士亦同寓此，皆欲提倡佛學，挽回頹風。

十二日　陳介石先生來，邀遊天寧寺、白雲觀道教龍門派發祥之地，回經白塔寺、護國寺。

十三日　往雍和宮，禮佛，參拜各殿，巍峨壯觀。　唯西藏銅佛像，經庚子之亂，散失不少。　訪徐、白二喇嘛，談密宗，並言「方便有多門，歸源無二性」。　月霞法師談及「諸山叢林，以勢爲道者多，此是認妄爲真。　勢與道，冰炭不同，勢乃護法者不得已而用之，吾人萬不可用，否則錯認定盤星，與道相違也」。

十四日　吳、李二君來，邀月霞法師與余同遊萬壽山，周約十數里，風景優美，而不脱塵俗氣。清慈禧太后，於此處造頤和園，仁壽門立銅獅一對。再進為仁壽殿，德和園，御膳房。由土山上坡，益壽堂，後山風景極佳。大廟千佛閣，即智慧海。山巔遠眺，北望居庸三關，鎖鑰長城。南觀清、黃諸河，一衣帶水。東瞭大海，浩淼無際。西嶺高峻，插入雲端。玉泉、南湖，湖山真境，現於目前。下坡，即小有天，穿堂有西去牌坊，船廳有清晏舫茶社，東向則排雲門。由德輝殿左山洞上，有昆明湖碑，佛教轉輪藏。又穿山洞，至佛香閣，中供接引佛，正門書「湖山大觀」。由西再入山洞，至銅殿，古色斑斕。下坡，經過亭台堂殿樓閣軒館頗多，未能悉載。昆明湖邊有銅牛，石橋有七十二孔，湖中山上有龍王廟、涵靈堂。穿石山洞，渡船至玉瀾堂。經山上花台，出宮門，經朝房回城。沿途談及「造宮室之美，不過享一時之福，彈指即逝。金錢雖廣，難敵無常，蒼狗白雲，轉眼即變。人生天地間，如幻如化，萬不可窮奢極欲而自增罪業。」

十五日　往彌勒院訪彼岸大師。昔日南方同參，今又相逢，並有京中諸大居士廿餘人，會聚一堂，歡喜無量。師云：「吾輩凡流，昏迷多過，生不知來，死不知去，常在苦海之中，造業多端，何時可出？清夜回思，真堪流淚。」

十六日　回寺。月霞法師勸余返南，幫辦華嚴大學。余自愧在滬為提倡佛學事奔走二載，喫盡辛苦，自覺難靠，恐被塵緣所牽、幻境所縛、名利所纏、五欲所害。業重慧輕，道力不充，自尚未度，何能度人？故決定仍入深山，磨煉一番。他日因緣時至，再來隨方設化。余勸法師自定主張，回南宏法利生。

十七日 告別，西直門上車，經沙河、南口、居庸關山洞、五桂頭山洞、石佛寺山洞、青龍橋、八達嶺山洞，出關，經康莊、懷來縣、沙城、新保安、下花園、宣化府、沙嶺子，至張家口。

十八日 由南門西向，約三四里，賜兒山，雲泉寺。天井中有柳樹數株最奇。正面懸崖，東有水洞。洞門對云：「劈開雙玉峽，飛出兩白龍。」水深四五尺。西有冰洞，夏日不化。再西有源泉。前有大佛殿、觀音殿、鐘鼓樓。後上藥王廟、三皇廟，俗呼蓮花洞。洞前一覽亭、大觀亭。水洞左上，水母洞。再上，麟趾洞，上有賜兒洞。又登最高處，關帝殿。殿前遠眺，目窮千里。住持號體塵，頗有維持名山之意，奈無人相助。寺前有碑，洪武時清月老和尚開山。

十九日 乘張綏火車，經郭磊莊、柴溝堡、西灣堡、永嘉堡、天鎮縣，下車，五里，入城。關帝廟訪戒體上人，昔日亦赤山同學，今朝相遇，共話滄桑。並言：「作者是心，受者是身，貪瞋癡愛，迷失本性，沉淪五欲，墮落三途。人能證得真如性，罪滅心空出網羅。」上人工夫綿密，日不虛度，可敬。

廿日　搭車，經羅文皂、陽皋、周士莊等處，抵大同府，寓西關白衣寺。當家能宥師，信根尚好。沿途皆是沙漠，出產不旺，廣種薄收。

廿一日　住持同余遊雲崗山。十里，望雲寺。十里，觀音寺。十六里，雲崗山。山峯不高，面橫長溪。寺名石佛，石白如玉。洞中佛像高數丈許，巋然雄峙。寺三層，四面皆佛像，上接引像，下觀音殿，西六大洞，雕刻天龍八部、天花散花、萬佛圍繞。小洞甚多，全是唐刻。所有石佛，皆就山雕琢，古代美術有光國史者也。但今無人保護，石佛多被愚人打碎，真堪痛惜。余勸當家廣玉師維持，並勸以石砌牆，保護雲崗石刻，功莫大焉。　午餐畢，返大同。

廿二日　入城，禮上華嚴寺。殿上五尊大佛，遼時建，銅像六尊，石佛五尊。

廿三日　往關外。　三十里，水泊村，關帝廟，訪正悟上人，禪機活潑，出言玄妙，非有年久月深工夫，不能到也。

廿四日　午後，仍回大同。

廿五日　遊九龍。照壁前有池，名九龍神池。池前有坊，上有「龍門」二字，有碑曰「九龍遺跡」，載龍神顯聖事。　往圓通寺，訪本田上人。言：「具足淨戒，常修梵行，身心不動，漸證般若。」開蓮法師云：「以慈修身，善入佛慧，通達大智，到於彼岸。」　本日仍回白衣寺。

廿六日 開蓮法師與妙師同來，李佛聲居士邀余等十齋，遂同入城。順遊古皇宮，有演真台，琉璃九龍造成，據云北魏文帝建都於此。經古樓大街，四牌樓，鐘樓雄壯，匾曰「音衝雲衢，聲聞四達」。至上華嚴寺，有二法師同餐，談及經言「諸法所生，唯心所現，一切因果世界微塵，因心成體，從體發用，故有天災人禍，皆由自心造成也」。魏、張二公說：「先去私心，能辨公事，纔可以學佛；先平己見，能聽人言，纔可以聞經。」又謂：「以佛學提倡道德，最爲當機。」

廿七日 辭別。行五里，渾河，俗呼御河。由沙嶺渡，廿五里，新莊。十五里，長南村。十五里，桑乾河。渡顧家橋，十五里，進山溝。十五里，陀舖，宿。

廿八日 上坡，十五里，三嶺。十五里，二嶺。十三里，土橋舖。十里，渾源州。進城住店。遊北城頭真武宮。城無北門。永安寺，即大寺，琉璃瓦殿，彫琢莊嚴，但僧無多，芳草盈庭，法門冷落矣。岳廟亦頹。

廿九日 出城南行。七里，唐家莊，南嶼口，石門，崖石聳翠，峻如削壁，左右水磨林立。里許，懸空寺。善慈上人，戒行精嚴。此處就崖壁鑿洞成殿，高下七層，精巧玲瓏，天然妙境。上坡，入山門，中佛殿，左右鐘鼓樓，庫房，客堂。由佛殿再上，懸空卍字曲橋。

上三教殿，中觀音殿，下呂祖殿，靜室空無人居。洞傍元帝殿，上廿四諸天。西行北斗閣，中有大佛殿。再西三聖殿，左觀音殿，十二圓覺。東文昌閣，右首羅漢洞等。下山里許，下板鋪，恒岳頭山門，有牌樓，殘碑頗多。是時大雨一陣，塵障盡洗，萬慮皆空。上坡，有米襄陽題「塞北第一山」。上山五里，真武廟。上半里許，壁題「恒泉」，下有泉水，味美。仍由大道，上半里許，有牌坊曰「虎風口」。又上里許，有坊曰「北岳恒宗」。太乙十王殿。上坡，崇靈門，直上天梯，百零四層，入南天門，即北岳玄聖大帝殿。傍羽士室，有蕭道者談云：「惜氣存精更養神，少思寡慾勿勞心。皈心靜默，可以長春。」住持已十八載矣。時有朝山善士，唱楊昇庵四足歌云：「茅屋是吾居，華麗的畫梁不久棲。只求他能遮能蔽風和雨，再休想高樓大厦，但得個不漏足矣。」聽之亦足警醒癡迷。

卅日 上行百餘步，御碑亭，曰「化垂悠久」。禮玉皇閣。會仙府門匾曰「南眺四岳」。中供福、禄、壽三星，左右皆供神仙。上有懸崖，壁立千仞。東壁上有「天開靈勝」字。清氣台上有石棋盤。原路下坡回，住於正殿東樓之下。

五月

初一日 過關，東向，白雲靈穴。下行，還元洞，飛石窟。前有亭台，明碑，題詠頗多。

經九天聖母各廟，均無人居，仍回正殿。是夜與蕭言，意欲暫居飛石窟。蕭老贊成，但云恐其太苦。余答：「苦與道合，余絕不畏懼，請辦麥麵五斤，先去試住十日。」

初二日 移住飛石窟，每日以野菜和麵一食，二六時中，狂心漸息，唯覺山靈之氣不如五台。瞬目半月，蕭老來看，遂告以將往五台。

十七日 下山，返渾源州，仍回清涼山過夏。五台山又名清涼山。

第三十三篇　五台山

民國三年甲寅

五月

十八日　由渾源州出城。十里，郭家莊。十里，新莊。十五里，西防城。廿里，羅莊。沿途沙漠，種植不發達，無肥料，望天收。廿五里，正子梁。十里，應州。宿塔寺，即佛宮寺。內有大塔一座，全木造成，外七級，內九層。僧云：「周約四十丈，高三十六丈。」匾曰「高出雲表」，又曰「突兀碧空」，門前匾曰「天下奇觀」，遼金時建。登臨遠眺，山河入望，恍似身登閬苑。又曰「金城雁塔」。俗云：「滄州獅子應州塔，正定府的大菩薩。」皆名著神州者也。當家師邀郁、蘇諸君聚談，言：「知止自能除妄想，學道真爲救世方。」

十九日　廿五里，北塞。廿五里，山陰縣。西正街有佛塔一座，七層，白石鐫就。廿十里，西河村。十五里，雙塞寬嶼口，住。昔日曾於此往謁兩狼山李陵碑，嘯天塔。廿里，趙家堡。

廿日　十里，入口，廣武鎮。鎮在山澗兩岸，古有城，百年前被水沖去，至今未復。嶺上長城，山上兩峯有炮台，城猶是秦始皇造。是時狂風暴雨，周身已濕。不得已仍行。照顧自己念頭，忽覺晴空萬里。慢慢上山。　十五里，後舖。是時雨止。　五里，神水井。半里，北城門上石匾曰「雁門關」。左右聯曰：「三邊衝要無雙地，九塞尊崇第一關。」門內有關帝廟，觀音堂。城中南北二門，無室無人，周約半里，古之要塞，今廢基矣。北門樓謁楊六將軍像，昔曾在此一宿。南門匾曰「古塞」。城外即鎮邊寺，住持善全上人，開單接眾。余勸伊剪除礙道荆榛，修補崎嶇之路。適南山寺主維經從寧武來，同住於此。

廿一日　復往雁門內一遊，即行下坡。　十里，阜村坪。　五里，紅園。　十里，南口。　五里，試刀石，即楊六將軍試刀處。　十里，代州城。　三十里，經滹沱河、夢王鎮、磨坊，入峨口。上文殊、白雲雙寺，慧寬師出迎，留住。是日應霍虛居士邀請。慧師談：「爭名奪利枉徒勞，大限來時那裏逃。」午餐別歸。

廿二日　十里，穆家寨。　十里，岩頭鎮。　上坡五里，木叉祖師塔。上秘密禪林，山門內，四天王，左右鐘鼓樓。大殿左右，庫房，客堂，西官廳，東大寮。後上文殊殿，左右客房。再上藏經閣，左退居寮，右方丈室。天井中舉頭上望，三面赤城，壁立千仞，高插雲表，左鐘峯，右鼓峯，中書「圓屏峯」。是晚恒修師來。

廿三日 與諸師同上茅蓬，岩畔石洞林立，有六處，內住七人，專門靜修，不染一塵。昔木叉祖師時，有茅蓬三十六處，今只存六處而已。上坡里許，遇三僧，皆舊友，隨往各洞一看，西洞住有本玉、榮枝二師，十數高僧，同會一處。午餐後，與諸師同朝龍洞。上里許，甘露泉，內住喇嘛。再上二里許，直上天梯。龍門最險。又登岸邊龍洞，雙崖合成，下有觀音殿，傍有茅蓬，路極險，無人居。有師來邀，路由圭峯過嶺，約廿餘里，抵鳳凰泉，極樂寺。谷中清苦異常，內住三四人，皆是苦志發心。

廿四日 嚴體師約余同訪老彼岸師，遂由顧家莊，渡滹沱河，經筆峯東村楊善人處一談，天涯海角，獲遇知音，一快事也。隨進繁峙縣，至三官廟，訪覺證禪師。師言：「修行人本分，不求名聞利養，不貪欲樂，念念上求佛道，心心下化眾生。」留住一日，仍返圭峯寺。

廿七日 經岩頭，廿里，老爺廟。十五里，茶房。十里，上坡，獅子窩。卅五里，五台山。寓大顯通寺，晤成春方丈、怡老退居。

廿八日 禮文殊殿，有清藏一部。銅殿左右，皆喇嘛住，內有明藏一部，頗多損失，並請方丈檢點保護。每日看經並禮塔，自求懺悔。雁門道尹鄒聲甫來，談華嚴經云：「不爲自身求安樂，專爲救護諸眾生。」午餐後，邀余看庫寶，內藏歷朝所賜金玉七寶等佛並供器，及吴道子畫觀音像等件。數目太多，未記。

六月

十五日 台山大會，大喇嘛出巡。詳前記。

十六日 朝東台，台頂稍添房子數間，住天津人。午後至廣濟茅蓬，恒修、乘參留住。

十七日 朝禮北台。

十八日 恒、乘二師，同往禮中台。西台新造房屋頗多，住者人少。下坡十二里，宿清涼橋。當家覺乘，招待周到。

十九日 十里，獅子窩。十里，金閣寺，係關東諸大善士新造。是時遇雨。下午，三里，宿清涼石。

廿日 廿里，南台頂，住二人。余初禮五台時，台上無人居，遠方來者甚少。今鐵路築成，交通便利，遠來者多。下台十里，金燈寺。五里，千佛洞。本如當家，招呼過午。十五里，白雲寺。往鎮海寺，蒙古喇嘛廟。回顯通寺。

廿一日 朝五郎溝，金剛窟，興國寺，衍慶寺，管家河亞力託，蒙古喇嘛。普樂院，俗呼靜室里，乃蒙古喇嘛章嘉大國師呼圖克圖常居之所，有管家桑獨魯，俗名譚金太保。同至宏泉寺，見阿悟旺巴得喇嘛，更拜謁章嘉國師，蒙摩頂授記，賜哈達一方。仍回顯通。

廿四日　上坡，圓照寺，廣宗寺，至菩薩頂。各殿參禮完畢，往訪丁維保，號益之，關東人，引見掌印堪布大喇嘛默爾根諾們，並承用梵經摩頂授記，賜哈達一方。禮謝辭出，小喇嘛引往後院。前清時，内住三千喇嘛，今只住數百人。余愧不通藏語，翻譯不全，遂辭別而回。

廿五日　喇嘛管家暴達喜，同往十方院，謁大喇嘛，開示密宗一番，即由玉花池回。山中古蹟、高僧等事，詳見第十六及第廿七篇，兹不重述。道經街中，適遇乘參、恒修二師，邀往墖院寺，商量廣濟茅蓬設下院事。

廿六日　與二師禮文殊寺，有明藏錦面線裝一部。往善財洞，觀音洞。仍返顯通。

廿七日　先商顯通二退老，隨邀圓照、文殊、塔院諸老，同往棲賢寺内，送五十元租借院内房地，爲廣濟茅蓬下院。余代書施契一紙。後因意見不合，遷往碧山寺，投爲子孫矣。

次日，喇嘛暴達喜來邀，禮七佛、般若、壽寧、三泉、鐵佛、普庵諸寺，皆西藏喇嘛僧，種種莊嚴，皆西藏式。殿殿有銅佛菩薩，金銀珍寶供器頗多，仍中外國王、大臣、宰官、居士所供養敬奉也。

光陰迅速，不覺數月。

第三十四篇　西岳華山　終南山

民國三年甲寅

七月

廿四日　由五台起脚，向終南去，經忻州、太原、介休、靈石、霍州、洪洞、平陽、解州、蒲州，路程已見第十七篇中，故此不贅。

回憶清光緒廿二年，由五台往終南，道經晉省，適逢旱荒奇重，赤地千重，雖有官義兩振救濟，彼時交通困難，車馬運糧遲緩，有遠水不救近火之感。余行至太原、平陽間，路遇吴雲青君，施放義振，勸余相助，偕同調查户口。有某村富户，一家七口，閉門餓死。見該富翁花翎朝服，項懸朝珠，主婦滿頭珠翠，金飾五種，兩人對坐廳堂，撫之已僵。金珠珍寶，不能療饑，以致身罹此劫，悲哉！

八月

初十日 過黃河風陵渡，至潼關，進東門，城中住店。

十一日 小雨。十里，吊橋。廿里，華岳廟。氣象頗大。廟城周約三里許，東西牌樓，市場頗盛。三大門中，午朝門上，有五鳳樓。進內左右鐘鼓樓。再進三門中，有金城門，內有石牌坊，曰「天威咫尺」。兩邊廊房，碑亭林立，松柏成行。院內青牛樹，即李老子扣牛處；有掛甲松，唐尉遲敬德掛甲於此。中有西岳金天大帝殿，御書樓匾曰「嶽靈廷樹」。東院林中，有秦代古柏，內一株樹有異香，被人刮去四分之一，仍取之不禁，勢必頹倒。爲住持者，當請地方官出示保護也。由中再入石坊，曰「蓐收之府」。前有放生池。上坡，城頭萬壽閣，高三層。登樓觀岳，五峯如指，高插雲表，左右皆有樓閣。院內有道家六房，皆酬應門庭。

次晨，往太華山。五里，華陰縣，古有華封三祝碑。十里，入張超谷，希夷祠。上山四十里，大華頂。五峯直立如掌，「華岳仙掌」，「關中八景」之一也。此山靈蹟、高人，已載第廿一篇中。

在山十數日，下山，仍至華陰縣。

廿二日　經敷水柳子，六十里，華州。　五十里，渭南，宿。

廿三日　七十里，赤水。　四十里，新豐。宿臨潼縣。出南門，城上匾曰「天設金湯」。華清地温泉有三池。第一池，水最好，容數十人；第二官池，左廳内容三四人；第三下池，亦容十數人。余至官池浴。西有女浴池二處。

廿四日　由此登山。五里，驪山。山巔有廟，羽士居焉。「驪山晚照」，「關中八景」之一也。下山再浴。

廿五日　三十里，灞橋。石料造成，七十二孔，長約里許。灞陵原之水，由此入渭，合流東下，入黃河，兩岸老楊成行，名曰「灞橋風雪」，「關中八景」之一也。廿里，西安省城。進東關，至柏樹林陸海里臥龍寺。入門適逢徐壽宣、俞月如諸公在丈室，與方丈定慧、監院了然暢談。舊雨相逢，倍增親切。

余自滬發肝氣疾，至五台患痢病，今未復原，了師請醫來治。休息十數天。長安市上，今非昔比，亦有大馬路、浴堂，氣象一新。

余欲住嘉午台後谷，了師及諸老主張住南五台茅蓬，上下便利。

九月

初六日，上終南山大茅蓬。當家圓湛師已派人來接。出南城，經大興善寺，體安長老已生西矣，真空上人接住。左右大小雁塔，兩寺至今未能重興。廿五里，經俞趣牛頭寺，即少陵原之頭，形若牛頭，寺因得名，在半山之中。寺有杜工部祠。留住。

次早，監院送余登山。劉村午餐。是晚住淨業茅蓬妙靜師處，亦是舊友。師山西人，戒行精嚴，禪淨雙修，住此已廿餘年。

次早，經極樂茅蓬，午飯後，過嶺，至大茅蓬。

次朝，諸上善人聚集暢談，公推志純大師當家。

十二日，入住拴龍茅蓬。相傳觀音大士降伏毒龍處，故名拴龍。昔冶開上人自建。山之形勢如鳳，三面懸岩，左右二峯如翅，故云鳳凰展翅。其下數百丈，有泉在焉。左去數百武，觀音洞茅蓬，青山老師住，湖南人，見地高超，洞徹心源；右去數百武，湘子洞茅蓬，妙樹大師住，湖北人，精究禪宗，力量出眾，禁語加工，頗有心得。山中龍象頗眾。按：龍象，指佛教中高士而言，讀者勿誤會。

住數日後，自覺霧散雲消，諸病不藥而愈，行住坐臥，身心自在。白狼匪眾，由山下經過，山中寂然無聞。時在九月終，大雪封山，銀色一片，玉花冰樹，蒲團暖坐，靜見雪嶺山川。往年曾住深谷洞中，無路與世接，頓忘歲月，坐斷春秋，以寂靜之心，念念返照，今則不如矣。昔日採食水菓、野菜、柿子、毛栗、桃、棗之類，今則米麵無缺矣。嘗聞妙樹大師與青老等談「心生法生，心滅法滅，性海澄清，廓然無際，心光開朗，性月流輝」等等無生妙理，令人心開意解。

光陰如流，不覺臘去春來，已民國四年矣。一日，志純老人邀諸上善人聚集大茅蓬，會談「山中靈骨頗多，無掩埋之處，累議建塔，有願未果，今請高居士發心成就此舉」云云。余見終南茅蓬，修道爲天下之冠，因即慨允，致函滬上冶、微二老及狄公並舍親，湊成二百元，秦中禪一、寶參、清池、圓諶諸師，湊集六十餘千文，將覺師募修石穴現成水池，切實整理，水源改道。穴內造成三面台子數級，置諸靈罎。上建瓦房三楹，中建磚塔一座，上奉佛，中供靈位，東蓋廚房，西搭客寮，後造房間，名曰「十方普同塔院」，又名念佛堂。西谷上築文殊維摩茅蓬，下有舊屋三間倒塌，今亦重修。工竣時，秋來矣。設蓮社祈禱國泰民安，並荐刀兵水火陣亡將士等眾。適恒修師從五台來。北台茅蓬，師與乘參創辦，余亦相助而成，開單接眾。今遇於此，天緣也，故請伊管堂，余擔任供養一切。時有朝山行脚者廿餘眾，及秦中諸山長老，皆來赴會，念佛經冬。

一日大雪，妙樹大師來我茅蓬，談及母病及高旻來函頗多。明軒方丈，昔與余同學，今亦有函囑余勸伊回揚，因此余勸伊先儘孝道，後歸高旻，將來必有機緣，撐持法幢。伊云：「我無執事之想，那有住持之心。」余言「機緣湊合，水到渠成，亦不由你作主，此言謹記」云云。次朝，送伊下山。沿途師談：「枯木崖邊，是助道緣；靜裏工夫，縱橫無礙。」且行且談，不覺十餘里，仍有念念不捨之意。別後，仍返拴龍茅蓬。

轉瞬又屆民五春，華嚴茅蓬智興長老與志純上人來，力勸創辦女普同塔院念佛堂，以分男女，故於太峪呂祖洞上施家灣購山場周圍四百步，建築石岸石洞，內藏靈骨。外造佛堂三間，院子一所，皆碎石造成，定名曰「報恩庵」。江西老尼當家，住三四人。又修理天橋下觀音洞及房屋，並重修大茅蓬所屬觀音、湘子、拴龍、虎窩四小茅蓬，直至初夏告竣。

一日，大頂圓光寺，香期極盛，晚間不戒於火，煙霧滿天，紅光遍地。寺居絕頂懸崖，無水施救，數小時，錦繡殿宇，成爲焦土。如我之一念不覺，煩惱火生，頃刻間功德林被焚矣。故須慎之。

日月如梭，光陰似箭，民六春天來矣。

一日，文殊台常明老當家與智興老人來云：「屢言願讓天橋溝山場與你結茅開單接衆，今奉上送契一紙，上至天橋，左至攝身崖脚，右至靈應台根，下至施姓爲界。」智老囑送香儀五十千文代價，其上有松、柏、柿、桃等樹在內。又購施姓山場一段，下至大石刻，東西至礫背上爲界，樹木在內。恒、清二師，智、常二老，發願幫忙，籌畫建築。先定名曰「西林大覺茅蓬」，預備印光法師回陝來住。

剎那夏去秋來，時瘴癘已退，余願已了。連接諦閑、印光二老及狄、王諸公郵電云：「京津水災奇重，各教紛往拯救，唯我教無人發心，所謂慈憫衆生者何在？望火速出山，發菩薩心，設法救濟。」余自慚道力淺薄，恐未能副諸公之願望，唯決定下山一行。

第三十五篇　京津勘災放振

民國六年丁巳

十月

初二日　由終南踏雪下山，住福昌寺。

初三日　入長安，仍寓臥龍寺。了然上人云：「目前大雪封山，來城不易，有何要事？」余言：「京津水災奇重，各教皆往救濟，唯我佛教尚無人參加，因此諸公來函，邀我發心辦此。」

次日，俞、徐、晁諸居士與興善寺主及了然上人等邀余會談。

初五日　告辭出省，仍由臨潼、渭南、華州、華陰。沿途風雪交加。三百餘里，抵潼關。

初八日　出東門，沿山上半里許，金陡關，又曰第一關。由此沿黃河南岸，重山疊嶂，多有匪警。唯救濟在急，亦不怖畏。廿里，文底鎮。廿里，盤頭鎮。午後風雪嚴寒，頗覺難受。　廿里，閿鄉縣，陝、豫交界。

初九日　廿里，達子營。　廿里，籌桑。路人皆云谷中不靖，須候多人同行。　廿里，函谷關。關頭城樓，供有老子像，匾曰「函關」。聯曰：「未許田文輕策馬，願逢老子再騎牛。」昔日李老子騎青牛過函谷關，造道德經五千餘言，遺蹟尚存。　五里，過澗河二道，宿靈寶縣南關。

初十日　廿五里，大營。　十里，温湯。　十里，橋頭溝。　十五里，陝州。　沿途皆聞匪警，住南關。西北二門，近黃河。

十一日　廿里，唐家頂。　十里，磁鐘。　廿五里，張毛鎮。是日朔風怒號，雪大如掌。余一切不顧。　十五里，蓮花廟溝。　五里，峽石。　廿五里，宿觀音堂。始通火車。

十二日　乘潼洛火車，經澠池縣、鐵門、新安縣、河南府即洛陽城，東有白馬寺、偃師縣、黑石關、鞏縣此地多山洞，過洛河、汜水縣、滎陽縣、鐵爐、鄭州，下車。

十三日　搭京漢車北上，經廣武，過黃河、衛輝、彰德、順德、正定，至保定。

十四日　往東西二鄉，探訪災情，仍有許多地方水尚未退。鄉人談及饑寒交逼，苦無生路，令人不忍見聞。

十五日　往天津。沿途水災奇重。

十六日　往鄉察看，房屋冲圮，無家可歸者極多。

十七日　搭京浦車南下。由德州、濟南、徐州、蚌埠、浦口，渡江，轉滬寧車。

十九日　至上海。狄、王諸先生談北方水災之苦，發心辦振救濟，推余請治開上人及諦、印二老並有力長者相助。

廿一日　乘輪往普陀山，抵法雨寺。方丈了清、庫房、監院、首座皆舊相識，見面歡喜。印老云：「北方來函，京津水災奇重，各善團中外人士及各教皆往救濟，唯我佛教無人，爲人輕視，將來如何立足？近來天災人禍，紛至沓來，雖是眾生業力所造，但佛教慈悲，不可不援手也。」余言：「滬上狄、王諸大居士，商辦救濟會，囑余與治老北上施放，特請老法師贊成。」

次日，往普濟寺、錫麟堂、長生庵、佛頂等處，與各住持商議，皆發心相助。數日，告別離山。

廿八日　至寧波觀宗寺，謁諦閑法師，談北方災情及滬上諸公發起救濟會事，請法師提倡。師云：「末法眾生，業重福輕，天災人禍，重重而來，目下以救命爲第一要義。諸大居士發心，我當然幫忙。」復往天童、育王謁方丈、監院等，皆發心贊助。

冬月

初三日，乘輪返申，報告諸公，言由終南出山，沿途視察水災來源，皆由各處水道不利，素日不注重浚河，因此水無出路。

次日，假玉佛寺開會，諸老會商，定名曰「佛教慈悲會」，會址暫假玉佛寺。狄公指導會務，予往各處接洽，並請冶開、濟南二上人幫忙，以及西園、靈隱各寺協力勸募。

直至民七年正月，集有成數，多賴狄、王、應、程、莊諸大居士之雄力也。

民國七年戊午

三月一日，乘海輪抵津。探得新安縣最苦，當急施放。旋到北京，略一接洽，復星夜乘車返滬，與諸老商決，懇商馮夢華、魏梅蓀二老，轉請曹樂均先生擔任查放。往返數次，乃偕振友十餘人，一同到京。與冶老商定後，熊督辦派汪委護送，由保定乘船。曹先生談及：

「放振事最難辦，要分別受災輕重之等差，酌量發給票款之多寡。其手續以查災民户口爲第一關鍵。查户真切，則事事有濟；查户含混，則項項虛糜。以救命不救貧爲主旨，達到救人須救澈之目的。人既有少壯殘疾之各異，振自有極貧次貧緩急之不同。蓋振款有限，恩難遍施，或相蓓蓰，或相什伯。只要破除情面，不以公濟私，不以緩害急，本諸良心，隨機應變，則不均而自均，斯得查放之旨矣。」誠哉斯言！　九十里，抵新安縣，即舊安州，住關帝廟。

次日，手續辦妥。開查時，各縣皆來求振。余復往勘他縣，回時，即偕諸友分班施放。諸友皆忍苦耐勞，事必躬親，而心力交瘁，均染時邪，齊集天津醫治。余勘得壩縣災情亦重，商請義振協會方主任，代查壩縣最苦村莊。冶老及諸友皆病，先行南歸。熊秉老邀余與曹君會商，將振餘撥助湖南，余即電商諸老允准。余專候壩縣查放完畢，仍擬入山休養。結束時，有諸居士邀往故宮古物陳列所一遊。由天安門西首入，古柏夾道，南殿前有社稷壇。經端門，上天安門樓，太廟矗立，高出雲表。進東華門，經文華殿，進東便門，灣向正南午門，入太和門，石欄似玉，有古銅爐鼎，上有銅龜銅鶴。左體仁閣，正中太和殿，今改大禮堂。後中和殿。再後保和殿，此殿後則乾清宮。仍出太和門，過御橋，出西便門，入武英殿，古物字畫珍寶，種種羅列，令人目迷五色。華嚴經云：「是人臨命終時，一切威勢，悉皆退失，宮城內外，象馬車乘，珍寶伏藏。如是一切，無復相隨。」今不待命終，而已全屬他人，福兮禍所伏，循環之理也。

次日，往西四牌樓廣濟寺，訪退居悟然長老及現明方丈、張克成諸大居士，暢談半夜。

次晨，往通明寺，住持學義，紅螺山普泉和尚，相見共話滄桑，忽忽間十餘載矣。振務事了，回南結束。

自出山時，晝夜奔走，已七八月。由此腦氣兩傷，仍返山中休養。不料關中大亂，渭河北岸駐民軍，河之南是北軍，互戰不休。行經華州、渭南、臨潼間，路上少行人，只見逃難人民，抱兒攜女，絡繹於途，哭聲遍野，慘不忍聞。各村鎮空無人居，門窗破碎，物件雜亂，不堪入目。間有一二老弱看門者。至新豐鎮，一日夜，被南北軍捉去七次，所幸余住終南日久，隨處知名，雖被捉去，終仍優待釋放，並欲派兵護送。余告以「山林野人，身無長物，不勞護送」。獨行至省，頗難進城。展轉報明上官，始肯放入。先到臥龍寺。寺內屍棺，不計其數，皆是陣亡官兵，暫寄於此，臭氣衝天。了然方丈云：「我曾任州縣數十載，未見此次之亂也。」隨訪張延齡諸友。

次朝即返終南。經過村莊，大抵不靖，風雨飄搖，遍滿山中，不便休養，遂將前存江村各處修造之糧，及新購山場等，統交源湛大師，移作大茅蓬掛單接眾之用。西林大覺茅蓬，由此高擱，如廬山之竹隱也。

下山，由省東行不通，復轉西山陳倉古道，至紫柏深處，洞中小隱。閒尋野菜和雲煑，聊拾枯松帶雪燒。荒山高臥，萬慮皆空，不復問人世事矣。

第三十六篇　紫柏山　崆峒山　武當山　中岳嵩山

民國七年戊午秋

遊紫柏山，内有三十六洞、七十二塘，皆非凡境，相傳張子房求道於赤松子處。谷中崎嶇，行人稀少。余住後山深處無名洞，休養數月，負帶小米一斗，尋覓野菜草根充饑而已。是時萬念皆空，一塵不起，心如秋月，性海澄清。山居不隨流水去，安靜常笑白雲忙。山靈之氣，助道甚佳，道念薄弱者難住也。後恐大雪封山，草根難尋，因此出山。約行廿里，觀音洞，昔日高僧聖性律師行道處。　十五里，谷口，即棧道。　廿里，連雲寺。悟乘禪師，朝山相遇，同行。　卅里，廢邱關。　此去陳倉古道。　四十里，鳳嶺。　廿里，鳳縣。　卅里，王家台，住。　四十里，草涼驛。　卅五里，黃牛舖。　卅里，東河橋，宿。　卅里，連雲棧道，北關口。　廿五里，總口夷門鎮。　十五里，寶雞縣。住。　與師分路。　同寓有吴君，往崆峒，談人處逆境須用開拓法、處順境須用收斂法。　七十里，鳳翔縣。

途中不靖。繞道二三日，抵甘肅省平涼縣南關外崆峒山，即軒轅黃帝問道於廣成子處，有問道宮。趙老真人開示云：「寵辱無驚，肝木自寧；動靜以敬，心火自消；飲食有節，脾土不洩；調息寡言，肺金自全；恬淡寡欲，腎水自足：如是能行，是修行法。」又說：「涵養冲虛，省除煩惱，是調攝身心之法。」叩別出山。七十里，華亭縣。九十里，隆德縣。一百十里，安定縣。一百八十里，蘭州府皋蘭縣。東關外吊橋，即黃河，相傳「天下黃河一條橋」。土人云：「冬至後人馬從冰渡，立春後仍由橋上行。」

陸行七日，經小康、內官、蘆張、洮州，六百廿里，至鞏昌府隴西縣。途遇唐、胡二君朝崆峒來同行。九十里，寧遠縣。八十里，禮縣。祁山廟，孔明出師處。胡君言：「人有百折不回之真心，纔有萬變不窮之妙用。」七十里，西和縣。五十里，青羊鎮。三十里，石峽關。九十里，川子。九十里，七防關。胡君言：「衰後罪孽，都是盛時作的；老來疾病，都是壯年招的。」此處一百里中，有水路可以搭船至陝省略陽縣。八十里，峽口驛，有路通陽平關。八十里，沔縣。此地大道通四川。與二人分路。胡君言：「流水下灘非有意，白雲出岫本無心。」遂各別而行。十里，定軍山，禮武侯墓。漢柏森森，直透雲霄。諸葛廟內住羽士，道風頗高。城中有貨船可搭，百廿里下水，至漢中府南鄭縣，有漢高祖拜將台。沿途皆可搭船，最快。客談：「鬧裏有禪，靜處安身，來如風雨，去似微塵。長江後浪推前浪，世上新人換舊人。」同舟有陸羽士，談武侯之言曰：「君子之行，靜以修身，儉以養德，非澹泊無以明志，非寧靜無以致遠。」七十里，城固縣。五十里，洋縣。九十里，廟上。九十里，水道最險，渭門。百八十里，石泉縣。百八十里，馬家營。百里，紫陽縣。舟中人說：「世事如棋局，不著的纔是好手。」九十里，小河道。百九十里，興安州。百二十里，洵陽縣。舟中客唱：「黃菜葉，白鹽炒，只要撐得肚皮飽；若因滋味妄貪求，從茲俯仰增煩惱。粗布衣，無價寶，補上又補年年好；盈箱滿篋替人藏，何曾件件穿到老。」百四十里，樹河關。百里，夾河關。百八十里，鄖陽府鄖縣。百八十里，均州城，禮極樂宮，宿南門。此處距武當山一百廿里。

次日陸行，遙觀七十二峯，秀出雲表，障於天際。卅里，經草店、玄武門、仙關、遇真宮、冲虛宮、會仙館、好漢坡，洞天深處。卅里，磨針井，上十八盤。香客唱修道歌云：「修道人，心要空，勞勞碌碌苦無窮。成聚壞，總歸空，世事無常若夢中。利藪名場埋俊傑，愛河欲海喪英雄。」卅里，走石坎，入九渡澗，過劍河舖，經龍泉院、文津橋、九渡岩、太和澗。客談：「知足之人，雖臥地上，心中安樂；不知足者，雖處天堂，亦不稱意。知足者雖貧而富，不知足者雖富而貧。」卅里，遊瓊台觀，有「仙蹟流風」、榔梅樹。上南天門，黑虎廟，七星洞，掛劍松。　十五里，展旗峯，紫霄宮。道家叢林，規模頗好。訪黃真人。山岩秀拔，勢若凌空。過五龍宮，七星池，天地、日月等池，甘露水，橋亭美觀。萬松亭，七星岩，轉上即雷神洞。自南岩宮，直上峯頂殿，禮北極元天上帝。有田羽士示云：「毋以妄心害真心，勿以習氣傷元氣。忿怒時要耐得過，嗜慾生要忍得過。忍耐之法，受用大矣。」前到天柱峯下，有六房，皆羽士，住香客，秋天不如春天多。余住山十餘天，遍訪高人，指示各法，受益不小。山靈之氣，助道甚佳。就是香火太盛，有擾靜修。山中宮殿、樓台、峯洞勝蹟，詳見第廿二篇中。

下山，途遇碧天洞蕭羽士談：「慎風寒，節飲食，寡嗜慾，戒煩惱，即是却病良方。」同行抵均州。

次早，渡漢河，伊乘舟往漢。余陸行二日，一百八十里，河南省南陽縣。西門外十里，臥龍崗，諸葛廟。前殿武侯像，羽扇、巾、車等物。草廬後進，先生三代聖像在前，劉、關、張殿後，即三顧堂。看出師表碑。有客談：「木有根則榮，根壞則枯；魚有水則活，水涸則死；燈有油則明，油盡則滅；人有精則壽，精盡則殀。」聞之有味。仍由府城，五十五里，石橋汎。　七十里，南召縣。聞行路人言：「瓜田不納履，李下不整冠。貪心害己，利口損身。」　九十里，魯山縣。　五十里，寶豐縣。　四十里，郟縣。　四十里，紅場。不可走小道，須行大道爲宜。　四十里，經方崗，至白沙。　十五里，由費莊，至膠莊。朝岳香客，沿途不絕。　十五里，告城鎮。看量天尺、無影石、天心地膽等等。　廿里，中岳大帝廟。古來靈氣融厚，道力充足，易於入道，今則山氣不聚，行道頗難成也。觀嵩山瀑布，峯頂有一片雲光舒卷，頓令眼界俱空。適遇浩華大師云：「一別十數年，今朝雲水又相逢，當更見高明。」余答：「名高惹人忌，名下衆人輕。慚愧無道德，六時將心耕。如能內行其道，外行其德，以救濟工作，作實際利生事業，方是最上乘也。」

第三十七篇　雲台山　宿城山　鷹游山　華蓋山

民國七年戊午

十一月

初二日　自淮安發足，九十里，過舊黃河。兩岸仍有許多空地，未曾耕種，殊少生產。安東縣，宿。

初三日　五十里，烏江口。　四十里，興安鎮。

初四日　天晴氣和。遥觀雲台諸峯插天，在隱顯之間。山屬海州，分屬灌雲。昔此山四環皆海，今悉淤平。遠近朝參者虔趨不絕，春日尤盛。歷竹節嶺，過南天門，始詣聖宮。百步九折，真仙境也。　廿里，龍溝。　廿里，五障河。　廿里，宿。大伊山，周圍約五六里，高約里許，山有蜘蛛洞。鄉老談往事，洞有蜘蛛精，常現老人形，土人呼爲「朱道人」。清舒立人先生蜘蛛綱龍篇云：「海州有蜘蛛怪，不知何代物也，能吹氣爲黑風。居民每望風起，如黑煙蓬蓬，則皆嚴閉户牖，行者面牆壁伏，風過乃已，習爲常事，亦無他害。一日龍擊之，雷雨既作，蛛吐絲網，龍窘不能出，格鬬凡數十，而海濱皆水矣。始有火龍者二，焚網出龍，蜘蛛尋莫識所往，詰旦於數十里外，有物縱橫散落，圓膩而色灰，如人臂，長數寸至尺，若干處，金石無所傷，而兩頭皆火痕。」以上所言，非久遠事，故亦記之。街市沿運河，頗盛。

初五 早。出鎮，雲台山在望矣。五十里，板浦場，今灌雲縣，以山河得名。昔年多次來山，皆由中正場東山村或凌州小道上山，近約十里。今由大道。

初六日 十八里，南城，匾曰「古鳳凰城」。形勢如鳳，故名。爲宋平章賈似道築，累石爲牆，枕山控海。城中居民稠密，晨起炊煙，望之如霧。城在雲台西南山麓，内有玉皇宫，在東山絕頂懸岩，丹翠流空，輕煙晚炊，映帶成景。碧霞宫，在西峯巔，俗呼娘娘廟。登臨一望，滿城風景，全在眼底，相傳唐太宗征東駐所也。出北門五里，九嶺。山峯至此，蜿蜒九疊，故名。五里，龍灘。三里，黨路村，有庵。古時竹徑成林，今則不見矣。途與灌雲人楊君談：「我鄉山民之稼穡，旱則導源以灌之，澇則疏流以洩之，以形勢則可壯金湯，以樹藝則可資民生，以山水清幽則可供仙子之優遊、真人之修煉，非名山中之特出者乎？」七里，地藏殿，大村，長橋飛瀑，有王朗墓、老君堂。上清海寺，宿。寺前有大塔九級，高十餘丈，遠近瞻仰。相傳傍有三元祖墓，前人所稱桃花源，光景相同。有朝山僧談「輪迴之苦，愛欲是根本。百計制之，無可除滅。須用不淨觀對治」云云。沿途庵宮寺院，皆可食宿。

初七日　五里，山徑幽曲，草木暢茂，十八盤迴旋而上。竹節嶺上爲一天門。右去三里許，森林，即唐王洞，今樹藝公司西圃門。　五里道上，仰見林樾蔚然，一關聳峙，是南天門。攀緣而登，衆山皆小。南爲孔雀溝，昔日叢竹翠碧參天，夏月納涼，令人忘暑。今成荒溝矣。萬靈道人苦修於此。回望翠微之間，紺宮巍巍，即三元殿也。　里許，萬壽橋，高數丈，橋下九澗匯流，銀濤奔馳，懸瀑琤琮。過橋，茶庵小憩。古木陰森，山水爭奇，爲入山第一勝境。　三里，廿四氣，左有自在天、長生庵，右有靈官殿。直上石級，名「五十三參」。陶澍題聯云：「海甸湧山名，洞天開福地。」入三山門，額曰「護國三元宮，敕賜海寧寺，明天啟間太監高晉卿監修」。羣峯環抱，雲氣卷舒，豁人心目，觀者有物外之想。正瞻眺間，有參訪僧下山云：「居士好看山松水竹，如能不染，就可入道。」進靈官殿，天井中老杏樹二株，枝葉蒼榮，住持迎入官廳休息。

初八日　晨。敬禮三元諸殿。東有華嚴閣，藏明神宗賜紫金像、玉圭，太后手制萬佛袈裟、金鐏等，又玄奘法師千佛等像，康熙時有御書「遙鎮洪流」四字。雲台山爲三元大帝行宮，道家所謂天、地、水三官，能爲人賜福是也。殿右，藝耕堂，大悲庵，屏竹社。東竹園，有天然石，明唐元伯遊青峯記勒其上。

初九日　上團圓宮，即祀三元大帝處。唐開元廿二年十月勅曰：「道家三元，首重戒殺，以後兩都及天下諸州，每年正、七、十三元日，十三至十五，禁斷屠宰漁獵等三日。」又唐武宗記：「會昌四年正月勅：三元日，各斷屠三日。」雖是道家之言，而天道福善禍淫之理，實千古不易。又上水濂洞，御題「印心」。石室內有靈泉，冬夏不涸。再登清風頂，有海曙樓，又名望海樓，今圮，留有小室數楹，道友居之。東望大海，浩渺無際；西觀海州諸山，羅列現前；南瞻江淮，縱目千里；北瞰魯齊瑯琊諸山，若隱若顯。誦謝元淮詩「又踏金牛頂上行，海風送我上蓬瀛」，襟懷爲之一壯。昔寓後鼎悟正庵數月，嘗上峯巔觀日，聞山下雞鳴時，初見黑氣漸白，海天一色。再海水漸紅，金光燦爛，雲水相連，現霞光萬道。日漸上昇，如紅車輪。回望西北，則見波濤之上，各有紅輪。千萬波濤，千萬紅日，頃刻變化，可謂山海之奇觀。略略記之。憶光緒卅二年，勘徐海水災，來此祈禱平安，次年災區果大熟，故此重修南鼎紫雲山，亦奉三官大帝。

初十日　往遊竹澗。昔日叢竹滿山，今爲樵伐，漸成荒澗，理當禁止濫伐。

十一日　早。往東側嘯雲洞。洞門有石台，洞上雙峯對峙，常生雲霧，傍有朝陽洞。

僧言：「冤家恩愛，悉作平等之觀； 菩薩慈悲，不見可憎之物。」上有一線天，二石對立，高十數丈，闊尺許，透出。說經台，昔人修道處。登台俯視，蓬萊縹緲，水天相連。頂後倒座岩，稱爲北海觀音。又一峯昂首至岩，俗呼「上山龍，下山佛」。謝元淮詩：「一龍上山來，一佛下山去； 龍止不敢前，佛乃跏趺坐。萬古海山中，煙雲常擁護； 昔有立禪僧，三年立此處。即無相禪師，嘗立此用功。傍有菩提樹，饑食松花。」華嚴洞傍，峭壁陡立，飛瀑空懸，忽於巨石中劃一洞天，宛然如鑿，有鬼斧神工之妙。

十二日 往海天洞，乃吾舊友悟五上人創造。下山，至二仙洞，即金牛洞。訪隆超大師，暢談生死根本，必須深究實參，照破生死之根，則憂畏淫怒，無處著脚。

十三日 飯畢，往西澗，看蟠龍松，宋徐仲先生稱爲三代時物。志云：「郁州之山有松，勢若老龍。」昔曾來觀，老幹蒼秀，陰滿一山，今竟遭火刦，賸枯柴數枝，可惜也。澗邊有開山無相祖師墓在焉。

十四日 五里，往唐王洞，相傳太宗駐蹕處。後有仙洞，下有徐茂公洞，今稱徐圃。過嶺，關裏村，今有樹藝公司，十數里樹木濃陰，中一澗水，不啻桃源也。訪晤徐星槎先生，十數年不見矣。

十五日 復遊水濂洞，清峯頂。

十六日　再訪海天、天仙諸洞。

十七日　往屏竹社。昔時松柏滿山，下臨溪澗，每遇風清月朗，松濤鼓籟，聽之有絕塵之想，今來多不見矣。

十八　早。東南行。　里許，公司磨坊。　半里許，北局水池房十餘間。　二里許，古牛蛋。石大如蛋，故名。　一里，圍屏山。　一里，鳳凰坡。　里許，紗帽石。　下出東圃門。沿途溪山坡澗，皆種松樹，濃蔭蔽天，但新栽者多，老者亦希。時有朝山人來言：「不說無益之話，不做無益之事，不交無益之友，不讀無益之書。」問之，乃淮陰人也。　二里，東磊。岩石奇秀。前有護國延福觀，供奉三元諸像；後有圍屏山，崗巒疊翠，古木傾斜，倒掛千仞，昔見桃李極盛，今亦殘敗矣，山中春遊最佳。北岩下，斗姆閣，後有洞，亂石所成。觀前有天台石、三磊石，名人題壁頗多。東北龍潭澗，有上、中、下三潭，傳有龍藏其中，風雨之時，雲興潭接，水光接天。南岩下有龍松頗奇。此地岩壑幽秀，遊者應接不暇。汪金台詩云：「圍屏不染俗塵埃，海國文風自此開；願與大家留一夕，幾生修得到蓬萊。」觀右靜室，有客互說：「性鮮貪瞋，六時畏作惡趣；心能領略，四季都是良辰。」

十九日　下山。經大小金蟬島。昔在大海之中，今則揚塵矣。　五里，魚灣。山中有龍潭三，相距數武，瀑布疊掛，噴出數丈。潭上有石如梁，自北達南，約三四丈，水從石上橫落，恍如珠簾。傍有石棚，可避風雨。抵潭探之，頗深，黑風自內出，寒氣徹骨。謝元淮詩：「芒鞋踏遍古雲台，又見峯巒萬仞開；拔地奇松撐翠蓋，接天飛瀑駕雲來。」仍下魚灣，人家多在山邊煙樹中。雲台山瀕海村落，物產豐富，民氣淳樸，雞犬相聞，有唐虞熙皞之風。五里，諸麻村。十五里，黃泥嶺，土色深紅。外有楊家山、李家山，爲雲台外障。下即湖南岸，與留雲嶺相對，爲入宿城孔道。山形至此斷而脈接，中隔五洋湖，故有前後雲台之稱。湖中草蕩，海漲沙淤，今成平陸。十二里，過湖，湖口嶺，即留雲嶺。嶺頭碑云：「仙山海氣深，此是留雲處。」下坡里許，松林頗幽，鄭墓在焉。里許，宿城山。諸峯矗兀，環抱如城，名宿城村。法起寺，俗呼後鼎，漢建，爲清修勝地，今則香火而已。止宿於此。

廿日　觀鷲峯石塔，漢建，重修於明季。後有羅漢墓，東爲晉參軍陶靖節祠。前爲放生池，清流激湍，映帶左右。山田甚渥，無水旱憂。其民淳古，或老死不至城市。東溪有龍湫，祈雨最驗。寺側有瀑布泉，無梁殿，現住者振亞大師。西北半里許，有「仙人屋」，陶澍題。洞深約四丈，高六七尺，闊四五尺許，前門西向，後門南開，中有一窗，名曰玉女。再西有金剛石，頗大，下有「虹梁石」，亦陶題。再上，岩壑幽深。五里，悟正庵，又名三教寺。地極幽僻，人跡罕至。後山迴合如屏，雲樹映帶，春夏間野花奇草，蓊於雲際，宛若畫圖。策杖而登，據樹而坐。庵前有古杏二株，土人呼爲放生樹，周匝子樹林立。昔年來此結茅處，憩息數月，嘗於峯頭靜坐觀日，山海相連，水光接天，並見蜃氣幻成海市重樓山水人物行動之狀，屈指已三十年。今來山水如舊，而漏室無人，只一俗子應門，助道無緣矣。許多湮没變遷，人事亦有不同也。東去八里許，仙人洞。深不可測，俯首而入，陰氣逼人。土人曰：「炎夏尤寒。」仍返原寓。是夜大雪寸許。

廿一日　放晴。滿山玉樹冰花，銀色世界。

廿二日　午，雪消。沿山海邊皆鹽池，灶丁蓄水晒鹽。七八里許，與鄉老談，高公島，土人呼爲保駕山，在海中，僱漁舟往，約三里許，晉朔寧將軍高雅之伐孫恩駐此，故名。島上居户頗多，皆漁業。昔有礮台東海營駐此。並談，陽焰如火煙，騰起水面，乃山海之氣，每於夏秋間見。夜潮初上，望若繁星萬點，呼爲火星潮，晒鹽之户以爲吉兆。

廿三日　有老者來談西京雜記云：「昔有人遊東海，風惡船破，隨風飄蕩，莫知所之。一日一夜，得一孤洲，下纜登洲，煑食。食未竟而洲沉。斫斷其纜，船得免溺，方知向者所認孤洲，乃大魚也，衝波破浪而去。」午後，散步於廟前。詢土人：「海中出何魚？」伊云：「有美人魚，魚如美人形。又有牛魚、虎魚，各如其形。」

廿四日　西行，沃穰山，上有田橫崗。遇客談：「蓑衣僧，泗水人，隱此山中，常有羣鹿隨之。」又言：「丹霞僧居雲台，結草棲禪，夜誦經，有少女求宿，拒之，女即不見，今流水村遺址尚存。」由萬金湖，通平山村，西有萬金閘，共廿里，即墟溝城，又曰北城。入鎮海門，即西門。南固山峯直下，中分一磵，即墟溝。環抱二嶺，澗居其中。詩云：「千巒競向雲台出，一夕飛從海上來。」外有舍利山，土人呼爲黄嘴，又曰海頭，半入海中，船好避風。北有竹島、鴨島。據云海中有神路，十里通秦島，即神山。上有碧霞宫，昔曾一遊，今聞殘敗無人矣。由墟溝出東門，南行，孫家山，元孝子孫通居此。山之東，沿海有釣台，危崖壁立，怪石森聳，相傳漢蕭望之釣處，台上有隋開皇三年王謨題。時有遊客述東海仙跡詩云：「迢迢郁州山，石室有仙士；不談亦不對，無從問名氏。」渡海，有鷹游山，羣鷹集其上，故名。兩峯聯起，上矗雲霄，名東西連島。漁户頗多。西南支嶺，突出海中里許，有清幽之塢，鎮海寺在焉。宋咸淳中，有鷲峯和尚，結茅開山。寺前有灣，乃海船待潮避風之所。寺後高山，爲東連島，約長廿餘里，總名鷹游山。狀若天闕，俗稱鷹游門，其諸島綿亘數十里，奇岫叠出，爲雲台外障也。唐仲冕重九詩：「登高須登海上山，望遠須望海邊天；山不在高高臨海，海不必遠海無邊。」夜宿寺中。當家外出。山中閒遊，老漁翁談云：「鷹游門，數十年後，恐亦將淤爲平地。因五洋湖在五十年前即五洋門，爲海船通行之道，今已變成陸地草蕩也。」

廿五日 乘舟仍回墟溝。此地人民豐富，而無郵局、旅社，如隴海鐵路通，則當大興矣。

廿六日 經蔣家跳、大小板跳，過五洋湖草蕩，沿南山麓轉北，約廿五里，華蓋山。東溪雲崗，蓑衣道人棲真之地。北近石城村，高千餘丈，首起湖北峯，東抵大海，西止修堰。折而北，爲平村之東山。又折而東，爲墟溝之南山。再東則孫家山。由高公島絡繹不絕，直抵大洋。今由北山西行。五里，漢孝婦祠。每年三月三日，居民競爲賽會，百戲雜陳，遠近爭赴。祠有房數十間，題詠甚多，住僧一人。經新縣，十里，猴嘴。廿里，新浦鎮，宿。由此直往勞山。沿途海邊山坡上，空地極大，種植最宜。五洋湖雖淤成蕩田，仍未耕種也。

第三十八篇　青島勞山

民國七年戊午

十一月

廿七日　由雲台山新浦鎮發足，二里，渡潮河，即臨洪口。　五十七里，宿青口場。沿海濱陸行，漁鹽頗豐。

廿八日　十五里，經大沙河，贛榆縣。東去二三里即海。　十五里，龍王廟。　經小沙河，卅里，柘汪鎮，宿。

廿九日　經蘇、魯交界處，廿里，汾河鎮，屬沂州。　三里，山東廟。　十五里，虎山舖。　十二里，楊家溝。　十八里，濤雒鎮，宿。　即雒場。沿途水不暢利。

卅日　十八里，夾倉鎮。　卅里，魁山。高約三四里，下有大王廟，上有娘娘廟。　過河五里，石臼所，宿。　新造石城，周約里許。此城亦通海要口，有税房等。

十二月

初一日　乘海輪，與胡君談：「靜能制動，沉能制浮，寬能制褊，緩能制急。如是行道，最上乘也。」

初二日　午，至青島。

初三日　由青島，廿里，東鎮。廿五里，李村。沿途村莊，皆書「某某町」字，蓋其時正在日本人管轄之下。

初四日　廿五里，進口，漸見勞山。此山三面環海，其中峯嶺數十，總名勞山。東南尖隅，潮流橫蕩於山腰；西北平巒，嶺勢倒壓於峯側。以其僻在海隅，人跡罕至，故自漢以來，修真守靜之流，多依於此。周約二百餘里，在即墨縣東南五十里，村落數萬。古有九宮、八觀、七十二名庵，今則圮敗，湮没大半矣。九水山環，澗中磊落怪石，曲折無比，幽雅絕倫。水中有觀川台，岩脚有日人稽查室。路逢善友，談及宋儒程子教學者，靜坐中看喜怒哀樂未發時作何氣象，此實養心之要。經彈月橋，峭壁奇峯。十二里，柳樹台。即勞山之陰。德人建築洋房，日德之戰，轟燬大半。又上五里，台頭，即墨縣屬。洋房數處，亦被炮彈所傷，今爲賣柴場。五里，九水廟。四面皆山，風景清幽，羽士住。兩崖德人防守炮台仍在。　十里，東嶺。路僻，少人行。　十里，峽口。夜宿王哥莊土圩內。南門修真廟，昔李太監創建，現有警備隊，以近來多匪患，夜間盤查極嚴。

初五日　由東麓南行。十五里，山坡上，林木幽森，松竹清秀，太平宮在焉。位鎮東溟，砥柱狂瀾，三齊靈秀，盤結起伏，委蛇奔騰，而歸宿於此。　羽客陪上獅子峯，約五六里許。沿途談云：「學道之士，要積德累功，慈心於物，忠孝友悌，正己化人，矜孤恤寡，敬老懷幼，昆蟲草木猶不可傷，而況於人？」　抵獅子峯，懸岩高數千仞，其上觀日最佳。傍有槐樹洞，右有明明崖。寰宇記言：「秦始皇登勞山望蓬萊。」李白詩云：「我昔東海上，勞山餐紫霞。」東望小島爲豹山，其上嶙峋特出，較羣峯獨尊。　又有小蓬萊，與鶴山對峙，靈秀突兀。　回宮飯畢，下坡，三里許，王林口。　周迴峭壁如月城。從西北向東南，岩壁高處，上有石門，瀑布從中下，注地成潭，深不可測。　或遇迴風一射，瀑布水直撲面來，亦奇觀也。　南崖觀海濤冲激，直至峯下，千里一瞬。　峯北下，有仙人橋，大澗之水，自西而東入海。　當入宮之道，有天生巨石。　由東折南，沿山橫行，下爲大海。　勞峯盤結聳峙，收齊魯之秀，會大海氣，蓄而不洩。　行約七八里，有大鐘石，「山海奇觀」四大字。　坡上樹木幽秀，老槐盤結，即華嚴庵。　背倚高山，面臨大海。　有僧相識，接進，入解脫門，上有藏經閣，下有雲水堂。　天風海濤，聲震大千。　大殿名那羅寶殿，立佛一尊，左藏塔一座，右藏佛一尊。聯曰：「一天風月流空界，隔嶺鐘魚應海潮。」後有大悲殿，左法堂，聯曰「江月不隨流水去，天風直送海濤來」。右祖堂，有古黃芽、耐冬樹各一株。四圍僧房，並有開山慈霑老人塔院。後山老幹林立。

初六日　西上峯頂，崎嶇難行。五里許，有那羅延窟。山上石壁萬仞，高入雲表，滄海在足下，沐日浴月之勝，舉目得之。頂有天然巨石，層疊若城門。勞山皆渾樸，而此獨玲瓏峻秀。窟門北向，其中四壁完好，底石平且光，儼然石閣也。尤妙者，後壁有薄石，架出丈許，如閣之覆板，結爲龕，可供佛座。上有圓竇，徑可丈餘，直透天光。真天造地設之石室也！窟西有大石，可畝許，中凹爲池，積水生蒲，大旱不涸。窟之東，有釣龍磯。西望岱岳諸峯，雲中影現；東望滄海，一碧空濛；南瞰瑯琊，雲山疊疊。巨窟頂上，朔風凜烈，寒氣逼人。仍回華嚴庵宿。

初七日　早。由窯貨山削壁下，徑寬不及二尺餘，下臨大海，奇險非常。過窯河，沿山靠海，十二里，番良口。路人談及山中不靖，夜間不能安枕。八里，黃山。有村。嶺頭稍息。舉目一望，碧波無涯，羣島星列，海鷗聚鳴，別有人間。五里，青山村。上山七八里，明霞洞。山峯峻極，危岩峭壁間，別開靜宇。開山爲孫選青真人，今住者李是齋羽士，言：「道生於安靜，德生於卑退，福生於清儉，命生於和暢。日日要太和元氣一團，即是却病延年之法。」其言却有至理。　由林中直上里許，即明霞洞，人工造成，與西岳三官、回心等洞彷彿。　現無人住。

初八日　更上一層，約二三里，登頂峯。　峯爲萬山之主，羣山羅列，如臣朝帝闕之勢，唯會心人可以領略，粗遊者不見其造化之妙也。　目收全山之勝。

初九日　下三里，上清宮，宋建，有銀杏三株，白牡丹一棵，宋碑一座。　兩傍大山，面前大海。　由山坡入林，小徑七里，下清宮。　在天門北海濱，邱長春修道處。　三面高山，巨海當前，氣象偉大。　止宿於此。

初十日　參禮各殿，所供皆道家之三官、三皇、王母、呂祖等像，亦是叢林。　內有龍頭榆、紫薇、銀杏、耐冬等老樹十餘株。　有神水泉，明萬曆間，憨山大師曾居此，後至嶺南曹溪開化。　此地自日德兵劫之後，屢遭匪災，現聞有軍隊來辦勦撫。　夜半大雪三四寸許。

十一日　早起，飯畢，踏雪而行，見遍山琪花玉樹，如在終南之境。　途中雪深不見路，以杖試行。　五里，青山村。　是時雪花如掌，狂風怒吼，迷漫一色。　山徑中高低莫測，若一失足，即不免跌入深溝，埋入雪窟。　幸心念中明朗，以杖撥開，數十分鐘，得到澗上華嚴庵。　時值深冬，未能盡遊。　又逢山中匪警，更難立足，立好往泰山度歲也。

第三十九篇　千佛山　東岳泰山　孔林

民國七年戊午

十二月

十四日　下勞山，仍由柳樹台、九水，出口。至李村，天將昏黑，幸有日人所開汽車末班，搭至青島。

十五日　乘車往濟南，彼時車路亦歸日人掌管，買票魚貫而入，秩序頗佳。登車經膠州、濰縣、青州等站，晚抵濟南。沿路亦有荒田，少人耕種。

十六日　早。與友往北門，觀趵突泉。泉水如斗大，趵突湧出不息。又小泉數處，頗爲奇觀。前五進，左右内外廂房，店舖、茶坊、酒肆頗多，碑題林立。

十七日　出南門。遥觀千佛山，林木幽秀。五里，盤旋而登。山中牌樓四字曰：「齊煙九點。」自觀音堂上西山，又有牌樓。峯回路轉，岩邊聖帝殿，觀音殿。山門岩邊水洞上，有大佛洞。　再上，呂祖洞。洞前後殿宇甚多。下望省城，全在眼底，西北黃河，架有鐵橋。

十八日　至南城内，慈雲禪院。本修上人留飯畢，與某僧同遊大明湖。從鵲化橋，遊張勤果公祠。前有匯泉寺；　左有會波樓；　東有文昌閣；　西北臨湖大殿，一佛二菩薩，並有大舟一隻，中艙供奉地藏大士。西北高處北極閣，羽士居。南爲古歷亭，相傳乾隆避暑地，有御碑二塊，奉於亭中。一名歷下亭，又曰古水亭。其中樓台殿閣，四面環水，非舟莫登。西北鐵公祠，南爲李文忠公祠。有覺漚亭，樓閣清雅，其水自督署泉流出。相傳濟有七十二明泉，其源概由東城外黑虎泉發源云云。

十九日　乘車至泰安。

廿日　入西關，街中有雙龍池，二龍吐水。轉入岱廟，城始於漢，周數里，前有坊曰「遥參門」。三山門，東曰仰高，西曰見大，北曰魯瞻，各有樓。内碧霞元君殿。後重門石坊，高約二丈，闊約五尺，明建，古柏森森，歷朝碑石林立，有秦李斯殘碑、唐顯應間殘碑、宋鐵桶記、錢伯言遊山記、金大定中等碑，明清碑記更多。有炳靈殿，尚存漢柏六七株，内一株最大者，約五圍，心空而葉茂。西唐槐心亦空，人能從中出入。前有配天門，北有扶桑石數塊。後爲峻極殿，中奉東岳大帝像。額曰：「配天作鎮。」吴雲聯曰：「帝出乎震，人生於寅。」御祭額曰：「大德曰生。」後殿頹壞未修，東院至今爲教育圖書館，其古物有雕牙笏、銅鼎、文竹、香桶、磁瓶等，宋真宗書殘碑一塊；西道院有檜柏一株，頗奇。焦羽士捧出御賜温涼玉圭，約長尺許，寬約三四寸。玉渾白，微青色，以手試之，面温底涼，乾隆朝所賜寶物也。

廿一日　出北門，曰仰望，岱岳大道也。峯岩掩蔽，不見絕頂。在山西南視之，則見正面矣。晉郭璞山海經註：「從下至巔，四十八里，三百步。周百六十里。」泰山記云：「先後種柏二萬二千株，故有柏洞之稱。」一里，「岱宗」石坊。傍有玉皇閣，所稱白雀泉涸矣。東爲酆都廟，即十王中之泰山王，額曰「現因果法」。墀下有古柏，柏頂寄生檜一株，根枝鬱茂，俗呼「飛來柏」。西南有鳳凰台，漢書載「鳳凰集泰山」。今觀台基，芳草叢深而已。直上二里許，關帝廟。內有漢柏，陰遮牆外。傍有乾隆所建行宮，向多古柏，今只存數株。沿途兩傍，廟基林立，不唯全數頹壞，且湮没大半矣。路東老君堂，即舊岱岳觀之一隅也。後荒地中，有唐碑，雙合束之，俗呼「鴛鴦碑」，四面皆字，每面作四五層，書法不一。再東爲王母池，有武則天碑，字跡模糊難辨。上有梳洗樓，亦圮。以中溪水流繞府城東南，名曰梳洗河，山海經所謂「環水」也，有環水橋。呂祖洞，純陽煉丹於此。里許，「一天門」坊，孔子登臨處。「紅門宮」坊，僧住，題壁甚多。有「瞻岩初步」坊，羅洪先題。傍有盤路工程碑。北爲觀音閣，東爲便衣亭，今改彌勒院。東北草木森蔚，溪内片石如几，飲馬、石峽大澗，東爲箭竿峪，水南流，匯入石馬灣，經呂仙橋，入梳洗河。元君廟西北爲大藏嶺，巔有石屋，其南丹壁懸岩，則所謂「紅門」也。西爲鬼兒峪，水南流入溹河。觀音閣北，跨道數百武，爲萬仙樓，額曰「謝恩處」，舊稱望都。下爲隱真洞，羅漢崖。其東澗水匯碧泉峽，澗多櫻桃、綠竹，曰櫻桃園。古詩云：「冉冉孤生竹，結根太山阿。」或即此也。有山僧與余同坐，休息於石，偶談：「經云：『未能自利，先利人者，菩薩發心。』斯言甘露也，不善用之，則翻成毒藥。反而思之，我是菩薩否？自疾不能救，而能救他人，無有是處。故學人必求證果，而後可以入五濁惡世度人也。」此言極有見地。行三里，斗姆宮，尼僧住持。門前有臥龍槐，古龍泉觀。觀傍澗中有潭，袁寒雲題「流水音」三字。側有古塔，精刻尊勝咒經文及羅漢像，蓋普同塔也。往觀金經石，過高老橋，有龍泉水從西北峽經此東注，橋北山勢突起，古柏濃陰，有三官廟。東北約里許，轉過山坡，有漱玉橋，已圮。上爲抱高嶺，谷中平石闊大，刻有金剛經一卷，年久月深，被瀑水亂石冲毀大半。傍有高山流水石亭一座，匾曰「源頭活水」，泰山道里記云是宋陳國瑞題。石經峪石坪，廣畝許，古刻隸書金剛經於上，字大如斗，筆法奇古雄秀，不記姓名年號，殘毀過半。明王世懋輩疑爲宋元人筆，而無所指實。按北齊武平時，梁父令王子椿好内典，嘗於徂徠山刻經二，俱隸書，字跡古勁，與此如出一手，則是經或子椿書耶？其餘題刻甚多。東爲龍泉峯。原路折回大道。

廿二日 由三官廟，三里，水濂洞。橋跨澗上，危壁飛瀑，東注中溪。兩岸唐槐六七株。由登仙橋，東折而上，歇馬崖，傳爲呂祖蹟。大學士趙國麟詩曰：「一澗空中落，雙崖勢欲連。」約六里許，昇仙閣，今名壺天閣，對面元君廟，乾隆駐蹕於此，並有御題詩額等。里許，老君殿，上爲玉皇廟。官廳古柏唐槐，外飯店數家。其上盤崖叠嶂，爲迴馬嶺。有坊名「石關」，又名「天關」。至此馬不能登矣。東爲十峯嶺，西爲九峯山，水南流，會石經峪。經步天橋，有十二連盤，北爲黃峴嶺，土色黃赤，水南流，中溪發源於此。上中天門至此約五里，是爲登岱之半。有伏虎廟，巨石如二虎，故名。三里，跨虹橋。仰望南天門，直入霄漢，如西岳之通天門。西爲增福廟。西北舊有迎天坊，已圮。上有老槐甚古，陰滿山谷，虬盤若龍，爲迴龍橋。岩壁有「天空」二字。又北而西三里，過雪花橋，再上三蹬崖，東爲御帳岩，宋真宗駐蹕處，有石竅存焉。前爲飛瀑岩，瀑水懸流，濺花鋪玉而下，曰護駕泉，又名銀河，仁皇帝製百丈崖摩壁曰「銀河落九天，飛泉掛碧峯」。一里，五大夫松。史記云：「秦始皇登泰山，遇暴風雨，休大松樹下，因封其樹爲五大夫。」又泰山記云：「小天門有秦時五大夫松。」泰山紀事云：「舊有二株，蒼秀參天，四圍碧石爲欄，其根無土，蟠於石上。萬曆卅年起蛟，遂失松所在，以爲化龍去。」唐陸贄稱爲五株，後栽五株，有坊曰「五大夫」，皆好事者爲之，今一大二小也。石坊東有五松亭。東山有洞，元初劉朗然修道處。下爲三義溝。西上里許，朝陽洞。深廣如巨室，洞口向日，舊名迎陽。東爲御風岩、萬丈碑。洞北一松，獨秀山崖，曰「處士松」，又曰「獨立大夫」，亦秦封。

四里，北爲對松山，兩峯路夾，蒼松對峙，亦名萬松山。對松亭詩云：「岱岳最佳處，對松絕奇古。」五里，過雲門，亦名龍門坊。寶珠洞即大龍峪，衆水歸峽，飛泉若瀉。北有雞冠峯，片石懸立於上，東爲盤口、度天橋，南有蓮花峯等。北上岩縫吐水，曰大龍口，水自中出。三里，北爲石壁峪。兩山竦削壁立，東曰飛龍岩，西曰翔鳳嶺，中爲十八盤。

上二里，樂仙坊。有小石廟，内奉南極壽翁石像，壁題有「知止觀止」。攀躋似上天梯，約二里，仰觀天門，如穴中窺天。賴其羊腸逶迤，名曰環道，往往有絙索可得而登也。登陟之狀，皆互相扶掖，後人之頂，前人之履，所謂搿石捫天之難也。直上南天門，其上有摩空閣，奉觀音大士，萬邦俯臨，千嶂奇觀。岩有老松七八株。門外有自然碑，元天門銘，杜仁傑撰，嚴忠範五書，字徑二寸，銘辭古雅，書法端嚴，佳刻也。宋真宗見三神人於天門，因建祀關帝廟，額曰「乾坤正氣」。上頂，西有兩石環立，名曰西天門。下爲桃花峪源，西注混源池。南爲神霄山，雙峯峻突。廟東爲天街，廬而市者，約二三十家，不如廿年前之盛也。　上一里，行宮，乾隆建，御書「雲巢」，今圮。按此地古有五賢堂，肩吾軒、石林館，皆其故址。西爲萬福泉，石穴湧出，甘洌異常。　下半里許，白雲洞。深約數丈，高約五六尺，内供三大士鐵像，明題「臥雲」二字。洞中氣温。昔曾住此數日。天街傳爲唐蘇元明讀書處。北爲鳳凰山；　西爲象山，又名鎖雲岩；　南有深谷陡峻，爲百丈崖，水出西南鳳凰山；　東爲圍屏峯，碧霞元君正殿。東有聖水井，味甚甘美。祥符時造玉像、玉印，篆刻「天仙照鑒」四字，不知毀於何時。而歷朝所賜，大都無存。孫清淨詩：「巍巍泰岱接蒼穹，天下雲山一望中；　努力前程登極頂，日輪紅護碧霞宮。」天仙宮石筍最佳，上有列仙祠，傍有觀音樓，後有黃花洞，石屏客廳數楹。　里許，鉢盂池。自此半山諸峯如蓮花，故名蓮花峯。其上如白梅花，故稱五花崖。東岩有東天門，岩頭巨石如臥虎，下有奇松，名「鷂子翻身」。遠眺諸水，皆入大河，轉東折北，圍繞泰山。傍有溝曰神路，松門臥松甚老，明題「松蘿淩壑」。　自魯班洞二里許，東爲碧霞祠，氣象宏敞，頂蓋銅鐵瓦，殿門封閉，香客舖物由窗中抛下，由縣府取配分與道士。鐵瓦正殿，明萬曆建。金闕，有方從哲撰金闕記銅碑，及天啟賜靈佑宮銅碑，高丈餘，闊三四尺，厚尺許。舊有秦碑，載始皇銘辭。東西碑亭，南爲重門，舊額「神秀門」。東西鐘鼓樓，南爲大門，額曰「金闕」。東北上數百步，東岳廟，即封禪處也。唐元宗紀泰山銘磨崖碑，又宋真宗述功德碑。廟後重岩，名大觀峯。西北數百武，青帝宮，西爲後寢宮，有元君臥像。西爲望吳峯，壁題「岱岳靈鍾，萬代瞻仰」。二里，西有崇崗，曰登仙台。北爲泰山絕頂，今名玉皇頂，古太清宮，額曰「妙運無爲」。正殿亦是鐵瓦，東西厢房各三楹，遊客可以憩息，壁有碑曰「古登台」。殿前有巨石突出，爲泰山頂門石。内住羽士，丹墀有井，傍有「置身霄漢」字。於此假客室度歲。

歲底甚寒，幸有火爐作伴。年頭朝山者頗多，余訪有白雲洞頗暖，特往靜坐數日。

民國八年己未

正月

初六日　風平天和，往遊文廟。有「登泰山而小天下」、「仰之彌高」、「出乎其類，拔乎其萃」等題。東南有登封台，秦封門外，有無字碑，高丈餘，寬三尺六寸，厚二尺四寸，石光青色，幢蓋形，或曰表神主，或言其下有金書玉簡，世傳秦皇無字碑，顧炎武以爲漢武帝立。東北有探海石，横出懸空。劉先登題云：「登臨出世界，突兀壓神州。」又有「拔地通天」等題。東南上日觀峯。昔日來朝，雞鳴時，遥見海中瀰漫，如鋪金赤色，頃刻金光洞明，海天一色，一輪紅日，陡昇天際，此觀浴日之勝也。今來十數日，未見往日之境。古封禪壇，俗呼寶藏庫，以所瘞金書玉簡故也。南行數百武，爲捨身崖。三面陡削，愚民往往爲親病，誓以身代，躍身投崖以死。明繚垣示禁，石上勒「禁止捨身」四大字，改名愛身崖。中立一石，高丈許，曰瞻魯台。東崖題「海日奇觀」。西爲仙人橋，兩崖啣接如梁。北崖一洞極深，曰清淨石屋，中有清泉，元初女冠孫清靜修道處。川林僻曠，塵跡罕至，俗呼仙人塲。北爲空明山，極頂中，穴通明，午穿日光。西北爲丈人峯，狀如老人，題「天下第一山」，曰「天柱獨立」。唐宋碑銘林立，歷代磨崖頗多，難以盡記。西爲石馬山，黃華洞進路也。因洞路崎嶇難行，故稱迴鑾崖。北爲北天門，額曰「元武門」。又北爲摩雲嶺，丹嶂凌空。東有八仙洞，危若鶻棲。北崖環敞如牆，其上松石杈枒如筍，鍾惺謂之筍城。東南爲雙鳳嶺，大小燭峯，因形命名。南臨洗鶴灣，獨足盤。東北有石塢，爲元君廟，內有萬松亭、彌勒殿，自東而上，蔚然閣，今皆殘敗不堪矣。廟北爲天空山，羣峯秀列，儼若屏嶂。其巔平坦，呼爲堯觀台。岱史云：「堯常觀於此。」台前有古洞，外多黃花，因名黃華洞。懸崖丹邱中，有靈異泉。東有洞曰蓮花，石瓣倒綴如蓮，懸霤涓滴之石乳積冰，恍如玉柱，有御題蓮花洞詩勒石，即岱史所謂「後石屋」也。然鐘亭下亦有石屋，由地道可通蔚然閣，後人於其地立元君墓。自迴鑾崖迤邐至此，總名後石塢。由南天門至此十五里，爲奧區，稱洞天福地，仍通後山大道、津口等處。祝山東有虎狼谷，俗傳黃巢戰敗，自髡爲僧，得脱於此。東北三里，爲九頂山，黃巢墓在焉。宋羽士談，後山古蹟頗多。有冰牢峪，陰壑層冰；有眺平台，舊多花木。城東有漢明堂遺址。石汶源出天井灣，納諸谷之水，東南流繞周明堂。古時齊宣王於山巔之上築長城，東至海，西至濟，千餘里。郡記云：「泰山西北，有古長城，至瑯琊、雲台，防海寇也。」

十六日 下山，行至天街，遇李慧成先生，泰安人，性好道。昔遊靈崖，在雨花岩相晤，今日又遇於此，屈指廿餘載，光陰如白駒過隙。伊談：「山中明孔山、巢鶴峯、向雲洞、可公亭諸勝，是泰山背後最幽絶處，並有歷朝磨崖古蹟，靈異頗多。」並談：「孔子所謂『居處恭，執事敬，與人忠』，便是存心之法。如說話覺得不是，便莫說；做事覺得不是，便莫做：亦是存心之法。」行至紅門宮分手，遂宿紅門宮。復往帝廟行宮看龍松，又至王母宮，再觀唐鴛鴦碑及武則天碑。是晚老僧談：「對松山東有松崖，老松森疎，陰靄蔽日；西北有妻子洞，高深險僻，傳漢妻敬曾棲此。」

十七日 約四五里，普照寺。院宇寬暢，老松幽秀。應山義澄大師乃余舊友也，留住，休息三日。寺乃唐宋時古刹，金大定間勅建，明永樂間高麗滿空禪師重建，清初詩僧元玉卓錫於此。石堂傍有元玉塔，西北有投書澗。宋安定先生胡瑗曾讀書於此，十年不歸，得家書見上有「平安」字，即投澗中。上爲泰山書院。澗中諸水西南流，會於西溪。義澄師說：「映佛岩上，刻隸書般若經，爲北齊時冠軍將軍梁父縣令王子椿所造，與金石峪字體相彷彿也。」並言：「因果善惡之報，如影隨形。善因樂果，惡因苦果，一毫不爽。」

廿日　告別出山，往孔林。乘車經大汶口，至曲阜，下車。沿路亦有荒地，少人種植。過泗水，水淺，清澈啣沙。宿曲阜城內店家。出遊，見石坊，題有「陋巷」二字。北街頭顏子廟，殿宇亦宏，中奉顏子像，内多古柏。陋巷東，爲退省堂，前有白皮松，皮如鱗，遠看似玉柱，葉綠翠，色美異常，大三四抱，蔭蔽天日，中供復聖顏子神位。曲阜四門，東爲秉禮，西爲宗魯，南爲崇信，北爲迎恩。經過大街，見聯語云：「利人時出有益語，修己常存改過心。」如能依而行之，即大道也。

廿一日　謁孔廟。第一即「金聲玉振」坊；第二弘道門；第三「大中門」，宋仁宗筆；第四同文門。再進爲大成殿，莊嚴高大，聖像亦偉，傍有四配十二哲，崇聖祠在東。孔宅有舊井，井西魯壁。漢魯恭王欲壞孔子舊宅，忽聞金石絲竹之聲，乃不敢壞。其後孔安國發壁中，得孔鮒所藏竹簡古文尚書、論語、孝經諸書。前殿牆壁，漢、魏、唐、宋歷朝古碑林立，真萬世師表也。右啟聖殿，祀孔子父母，有白皮松數株，大三四圍，蒼翠奇秀。又孔子手植檜，在大成門左側，屢榮屢枯，至明洪武時，高三丈餘，與故本無異，而弘治間廟被焚，至今不枯不榮，其堅於鐵，俗呼爲鐵樹。　奎文閣三層，內藏歷代書籍碑板。杏壇在大成殿前，漢明帝嘗命太子、諸王講經於此。　東西牌樓，題「德侔天地，道冠古今」。　又東爲衍聖公府。　聯曰：「與國咸休，安富尊榮公府第；　同天並老，文章道德聖人家。」門有衛官。　參畢仍回旅寓。

廿二日　出北門，往孔林。　墓道石路寬平，夾道古柏。　經文津橋、「萬古長春」坊，傍有村，即孔里也。　進爲「至聖林」坊。　再北，至聖門，上有重樓，左右如鳳凰展翼。　東爲宋真宗輦路，氣象宏大。　西爲洙水橋，有坊。　東西二小橋，松柏林立。　過橋甬道，有翁仲、元豹、角端、華表等器，皆漢永壽年魯相韓勅所建。　後子貢手植楷，只存枯幹。　聖墓碑高丈許，宋題「大成至聖文宣王墓」。　頂上有長鬚草，用爲蓍草最靈。　聖墓東稍南，內爲泗水侯伯魚墓；　西爲沂國公子思子墓。　聖墓前東向，爲子貢廬墓處，有祠三楹。　林中聖裔坟墓重疊，蓋七十餘世矣，圍牆周約三四里。　出林東行數里，少昊陵，亦有松柏四圍，南面有磊，上有少昊像。　前去顏子林，亦有古柏圍繞。　道經鄉村人家，門對曰：「四時和平之福，只在隨緣；　一身牽惹之勞，都因多事。」其語甚善，依而行之有益也。　前即周公廟，中靈星門，進成德門，古柏濃陰，舊碑林立，大殿中供元聖文憲王周公神位，傳爲少昊氏故宮，有謂漢靈光殿故址。　參觀各處，不如昔日之氣象矣。

第四十篇　湘南放振

民國八年己未

二月

初一日，乘瑞陽輪船出發，王一亭先生爲佛教慈悲會領袖，與余及松師同行，天明出吴淞口。一老言：「對岸昔日大海，今成桑田。長江後浪，推滅前波。夢幻泡影，刹那即空。」時舟中帳房，請一老寫對，句云：「公己公人，吴越是一家；自私自利，父子成讎敵。」江之北岸有山，浮於江上，塔在雲中，即是狼山，上供大聖，菩薩化導之場，靈感非常。左右軍山、劍山、黄泥山、馬鞍山，昔日荒坵，今成幽勝，上有亭台樓閣，乃張季直先生布置也。一老與余等皆素食，遇見孤獨苦人，即行布施。大江之南，遠觀虞山清秀，有虞仲坟、言父子墓、興福寺。中峯三峯，松竹撑天，綠陰布地，頂有北極祖師殿、拂水崖諸勝。沿江兩岸，港口頗多。未幾，至江陰。舟中執事請一老書聯，句云：「富貴人不肯從寬，必遭橫禍；　聰明人不肯學厚，必殃天年。」　夜經三江營、圌山、象焦二山要塞，至京口停，上下貨。　四時開，經江北瓜州口，內通淮揚，西上儀徵、十二圩、泗源溝。　江南一峯插天，即空青山。　山如華蓋，即寶華山。　山有霞色，即棲霞山。　黃天蕩、八卦洲、燕子磯、鐵索練孤舟、沿山十二洞等勝，已詳前記。　輪抵下關，停約一時許開。　江北浦口、津浦鐵路，通魯、津等埠。　經牛頭山、祖堂山、歷山、江陵鎮、彩石磯，上有銅佛寺。　江北和州，西梁山。　過蕪湖縣，上來客與一老談：「徵事宜讀史，澄心宜靜坐，學道宜訪友，求福宜積德。」五時開，經當塗、狄港、繁昌、銅陵，夜至和悅洲，對岸大道，往九華、黃山大道。江中稍停，天明到安慶，停約二時。　一老邀遊迎江寺。　寶塔鎮守，江濱古蹟。　見厨房手提一籃烏魚，一老買回放生，云：「我肉眾生肉，名殊體不殊。」舟中閒話云：「物力艱難，要知喫飯、穿衣，談何容易？　光陰迅速，即使讀書行善，能有幾時？」江南即東流縣，馬當要塞。　經彭澤小姑山，其形如鞋，豎立江心，上有九曲、千丈岩、天后殿等勝，又名小孤山。　湖口有石鍾山，南有大孤山，浮於湖上。　遙見高山如陣雲初起，障於南天，其中隱現樓台亭閣，即廬山牯嶺。　九江停輪一時許，一老書古詩贈某君云：「萬峯圍繞一峯深，到此常修苦行心；　自掃雪中歸鹿跡，天明猶恐獵人尋。」此去匡廬不遠，有南潯鐵路通南昌。　夜過黃石港、武穴、黃州，至漢口，即漢江之口，水陸通商大埠，京漢、粵漢，此爲中心。漢河之西，即漢陽府，龜山上有晴川閣。對江黃鵠磯頭有黃鶴樓，呂祖仙蹟。隨換輪船往湖南，由城陵磯進口。舟中清談：「魚吞餌，蛾撲火，未得而先喪其身；猩醉醴，蚊飽血，已得而隨亡其軀。」入洞庭湖，岳陽城停。上岳陽樓，呂祖勝蹟。湖中君山，汪洋一片。湖中淤灘更大，無人提倡浚河築堤、種植收穫。諺云「三山六水一分田，世上農民種不全」是也。入口，白玉堤，湘陰縣，至長沙登岸。

次日乘車，由株州至醴陵縣。一老沿途先施小振，見魚隨買隨放，遇善堂及廟宇皆有樂助。城内破壞不堪，大橋交通斷絕。綠江之水，出於湘江合流。時與義振協會合放。方頌如先生，辦振有年，經驗豐富。余陪同一老，災區視察，見有小孩打鳥，一老以錢化之，勸伊勿打。湖南磁器，此處最佳，磁窰亦被炮毀。湘省出產豐富，此地亦是出米之鄉。事畢，一老先回長沙，余往衡岳。經衡山縣，往禮祝融峯。時值陰雲密布，頃刻大放光明。憶韓詩云：「須臾靜掃眾峯出，仰見突兀撐晴空。」將到絕頂，正禮南岳大帝時，李柏農先生專人趕至，函述簡照南兄弟意欲施捨南園，開辦道場，附有魏梅老函，欲於金陵下關開放生河，即望回申，一商辦法。

南岳風景古蹟載前第廿八篇中。

余留山中一宿，遂趕至長沙，仍與一老乘輪離湘。途中一老作松鶴亭畫幅贈余，永爲紀念。並詩云：「半百年華駒隙過，茫茫苦海欲如河；漫言末世隨波逐，且把明心當鏡磨。濟普慈航乘大願，惱憑慧劍斫煩魔；愛聽鶴語維摩後，響答松濤一鉢歌。」船至漢口，歡迎者頗眾，內有商會會長，即佛教居士林林長，王森甫諸公，邀往圓照寺午餐。

次日，友邀余等同遊抱冰堂、黃鶴樓，坡上坐一女傭，領小孩，並攜洋犬，小孩手執洋釘，亂刺洋犬，犬痛大叫，二人喜躍。一老見犬流血不忍，隨與一元，將洋釘換來，丟入江中。登舟展輪過潯陽時，一老聞有人將螞蟻掃倒江中，即與二元，命送岸上。沿途放生，救濟苦難之人，慈善機關廟宇，皆有隨喜功德，所謂「行時時方便，作種種陰功」、「諸惡莫作，眾善奉行」是也。一老又書四句云：「世間最苦是饑荒，提起應拋泣萬行；借貸無門煙火斷，救人性命感上蒼。」

舟抵滬江，簡氏兄弟與李柏農長者妥商，願將南園樓台殿閣、船廳池沼大半施捨，改造大殿、佛堂、經樓、放生池等，建築道場，邀余商辦；濟南上人、冶開和尚邀勸盛府，將戈登路地皮，建造玉佛寺上院；哈同花園羅迦陵、姬佛陀復開華嚴學校，邀往參觀；興慈法師來商法藏寺修造等事；程雪樓先生發意還報國寺；楚泉法師邀往蘇州參加；魏梅蓀先生趕來，同往金陵下關勘放生河基。民國元年時，提倡佛學，少人問津，今則佛法大興。

事畢，往九華山度夏。是年陰騭大會，余想山中香客最多，遂設佛教同仁會，開醫院於東岩下院。沈惺叔、簡玉階、王一亭、狄楚青諸公施藥，余邀西醫陸伯和、中醫陳子修自備川資來山施醫數月。

閏七月

三十，香客數萬人，各處無立足地，稻田中露宿者亦復不少。江輪中人滿，落水者亦有所聞。危險時機，不可不慎。施藥分送數省，不捐分文。余貼有限，亦是方便救濟之法。

山中勝蹟，另篇記載。

洞庭湖，相傳周圍約八百里，上游湖底淤灘最高，土肥而壯，大可築堤、植樹、耕種。生產偉大，應由地方官紳報告國家，以大雄大力開辦，可能成也。

第四十一篇 九華山

山中度夏兼辦臨時醫院送診施藥

民國八年己未

六月

初一日 早。由和悅洲渡江，抵大通，乘小舟入湖湖周數十里，冬來湖乾，可以做圩，耕種生產。遙觀九華諸峯，秀出雲表，舊名九子山，李太白在江中見九峯如蓮華，改名九華。高數千仞，廣二百餘里，在皖省青陽縣，清流環繞。劉禹錫詩云：「天河掛綠水，秀出九芙蓉。」唐金地藏和尚駐錫於此，靈異甚著。今爲江東香火之宗。四山圍繞如城，內有水田千頃，寺院林立。是日順風，二小時行四十里，即到錢家隴。登岸，午飯畢，十里，抵嶺庵，宿。有客僧說：「我等不能隨方設化，救度眾生，少年登座者多，佛法所以日衰也。」老當家談：「人身一失，萬劫難復，學人宜緊記此語。」

初二日 早。十里，半邊街。五里，六泉口。九華之水，由此出江。昔常遇春伏兵敗陳友諒處。　五里，五溪橋。「五溪山色」，十景之一也。　五里，老田村。　五里，過橋，與青陽大道接，去縣城四十里。沿坡乞丐草蓬不絕。　里許，二聖殿，奉文武神像。　三里，一宿庵。　二里，大橋庵。　盤折而上，松竹遮道。　三里，一天門。　數十石級，甘露寺。岩壁清幽，陰遮天日。黃華詩云：「到此禪關宿，方知山色多；萬松圍古寺，孤月上寒坡。」亭間稍息。　上百餘級，二天門。　再登，二里許，龍池庵，即清隱庵。　明陳鳳梧詩：「引絙千尺上高峯，身在翠微第幾重。」　又上二里許，半霄亭。經大仙橋、萬壽寺，二里許，新建華天寺。谷口三天門，聚龍庵。側有招待處，石道平坦，數百武，即百歲宮下院。　其右祇園寺，山中諸水，總匯於此，下峽出六泉口，四山圍繞，翠滿長空。　半里，陰隲堂，太白書堂。　前有龍女泉，澗邊有龍祠。　隨澗而行，天池立庵，九華街市，東岩下院。　側有菩提閣，後有綠雲庵。　自入三天門內，兩岸稻田頗盛。由大定庵，上普同塔，經法華庵，心堅和尚創建，稍息。　並談地藏菩薩願力宏深，經云「眾生度盡，方證菩提」。　上五里，林徑清幽，濃陰蔽日，石壁危岩，至東崖禪院止宿。方丈筱月，監院道崖。　東岩寺右，摩空嶺上，有說法台、堆雲洞，唐金地藏常晏坐於此，因名晏坐岩，後異僧周金棲焉。「東岩晏坐」，亦十景之一也。　明儒王陽明，平「宸濠之亂」遭謗，亦曾在是處宴坐。　考陽明年譜，宏治十四年，奉命審錄江北，事竣，遊九華，見蔡蓬頭，一笑而別。聞地藏洞有異人，不火食，訪之。其人謂：「周濂溪、程明道是儒家兩個好秀才。」清同治間，定慧上人募建。有聯云：「草屋何人方管樂，老僧相伴有煙霞。」

初三日 下坡五里，華街。店鋪四五十家，街中有放生池，魚頗大。石級上即化城寺，曰「化城晚鐘」，十景之一也。北倚中峯，面向青龍岡，即小天台。四山環繞如城，故名化城。康熙、乾隆兩朝，疊賜御書龍額，咸豐間燬於兵。光緒己丑，劉薌琳先生倡建山門、前殿，正殿，三大佛，四金剛，諸天羅漢，咸備。後藏經樓上，供佛菩薩，左右藏經。有銅獸一，名曰地聽，重約二百餘斤。櫃內藏有地藏菩薩衣鞋等物，香客觀看及請印，雖取費不多，頗有收入。山中禾田千頃。東西僧房，約有廿處。右有石坊，曰「高山仰止」，內王陽明祠。西有龍庵、自然庵、佛陀里，前拱金閣、栴檀林、長生、定慧、九蓮、天池、海渡、寶積、永慶諸庵，皆是接待香客之所。溪邊街頭，轉上山坡，約三里，有支路，昔日由池州府經九子嶺，至此合路。上坡，經念佛堂，上禪堂。一路溪聲山色，松濤竹音，美不勝賞。轉上正天門，王靈官殿，據云靈應非常。至十王殿，沿途林木幽深，蒼翠遮道。殿後石堦矗立，八十四級，於左右繫鐵索，攀之而上，登塔殿，即金地藏菩薩真身塔，肉身在焉。四周老幹林立，松竹幽清。唐時新羅國王金憲英之近族，自幼出家，法名喬覺，於肅宗至德二載，航海而來，卓錫九華。初棲東崖，白土雜粟而食。邑人諸葛節等，爲建化城寺居之。貞元十年，壽年九十九，跏趺示寂。因靈異昭著，識者以爲是地藏菩薩化身，斂以缸葬，造塔在化城寺之西，神光嶺上。塔外建殿。其地時發光彩，故號神光。案：地藏菩薩由女身度母生天，遂發大願，地獄不空，誓不成佛。有本願經、占察業報經、十輪經，爲地藏三經，廣讚地藏菩薩願力，爲各大菩薩所不能及，凡稱名敬禮者，滅無量罪，得無量福。佛更於已身滅度後，彌勒未生前，以娑婆眾生，託付地藏菩薩，教誨護持，使不墮落，故菩薩實爲大地眾生之監護人。塔殿係清康熙間喻成龍中丞重修，至今朝拜者，數千里接踵而來，歲無虛日。香火之盛，甲於天下。東岩下有閔公塔，名讓和，青陽人，九子山係其故址，時施與金地藏開叢林。唐一夔詩：「渡海離鄉國，辭榮就苦空；結茅雙樹底，成塔萬年中。」禮塔畢，順平田岡行，曰「平岡積雪」，乃十景之一也。昔松竹成林，今則一二老幹而已。仍回東崖寺。佛岩首坐談：「出家真正不容易。地藏經云：『若有眾生，僞作沙門，心非沙門，破用常住，欺誑白衣，違背戒律，種種造惡，如是等輩，當墮無間地獄，千萬億劫，求出無期。』」

初四日　二里，松竹幽深，回香閣在焉。對觀真身塔，全被雲封。望天台諸峯挺峻，秀出雲表。下坡三里，過橋。產茶。上閔園二里，華雲庵。一里，慧慶庵。一里許，吉祥寺。二里，盤折而上，長生洞，巨石磊疊。二里許，道傍石刻曰「漸入佳境」。

有朝陽洞，大石窿起，一石對峙成峽。洞外室三楹。里許，吊橋，翠雲庵，舊友法如上人於民國二年示寂，肉身在焉。越危岩險道，二里許，觀音峯，有庵，今則重樓數層，龍泉師住持。一里，拜經台。住持隆明師留宿。昔余初朝九華，昌光老人留住度夏，談及本庵，「紅羊」後，開山第一代，紅髮羅漢福緣，彭剛直公之師也。時一柯松茅蓬定朗師、觀音堂茅蓬普淨師，皆有人住，羅漢墩頗盛，今則全無矣。上有臘燭峯，中有加官、玉女、十王諸峯，以形得名。岩上雲霞色，澗中風濤聲，山居佳境，非塵俗所能知也。

初五日　盤旋而登，三里許，青龍背，即小天台頂。「天台曉日」，十景之一也。有石刻三字，曰「非人間」。初來時，火災後片瓦無存，今則殿閣十數間矣，名曰地藏禪林，香火頗盛。至拱日亭，遠眺九華，如九龍奪珠。天台爲主峯，羣峯羅列其下，長江如帶繞於前，黃山若屏障於後，故李太白、王陽明等，題詠極多。八里許，轉過山岡數處，遊道生洞，即古慈雲庵。覺凡上人，亦舊友，年七十，而神氣如舊。談山中生活，多產茶，並種洋芋，可以敷衍。回經真如庵、正常住、中常住、老常住，此四家皆接徽、寧等縣香客。余昔日往黃山、白岳，由此羊腸鳥道，至陵陽鎮。見第九篇中。東南行，約三里許，獅子洞。住一僧，苦行頗高。下里許，五里亭，悟源大師留宿於此。談及「念念不生秋月現，心心無所覺花圓」，是於淨業中指出禪理也。

初六日　悟師與獅洞等三人，帶鐮刀，沿途割去茅草，覓路而行。約十五里，至上華台。峯崖壁峻，高出雲表。山場寬闊，有古日照庵基。坡中金剛洞。中華台有烏龜洞。下華台有普同塔及茅蓬，普光、如意二師住。昔見此山老幹頗多，今被人斫伐欲盡矣。下坡，約行廿餘里，一路山色幽秀，至毛田嶺六畝田住。

初八日　往翠峯。沿坡多松竹，約十數里，即翠峯茅蓬，昔日故友月霞法師談經處。

初九日　細雨後乍晴，上坡，往九子岩。「九子泉聲」，十景之一也。約五六里，見危岩懸壁下，有一洞，名干巴洞。又上五里許，峯如蓮瓣，嘗有雲出。「蓮花雲海」，十景之一也。有上、中、下之分，可坐看雲起。側有獅子峯、天光峯、五老峯。新舊茅蓬，皆是清修之人。仍返翠峯。

初十日　行五里許，見一峯直立，名天柱峯。「天柱仙蹤」，十景之一也。再上四五里許，轉過山岡，北背即三昧庵。昔開傳、心徹二上人，結茅於此，後建爲庵，亦是德化所感也。暫憩於此。夜雨達旦。

十一日　出觀雲海。日上三竿，雲海漸歸烏有之鄉，不如黃山之奇。飯畢，往碧岩觀瀑。「碧岩瀑布」，十景之一也。休養數日。

廿日　雲霧瀰漫，九華諸峯全在蒼茫煙雨中。下坡，仍經翠峯，六畝田茅蓬住。

廿一日　五里，蘇家蕩。　上十里，碧雲亭。側有大乘岩。　五里，大姑峯。危岩絕壁，遠觀似人，故名。　過嶺三里，黄家庵，俗人住。　七里，閔園。　七里，東崖寺。接友函云今年閏七月三十日，是地藏王菩薩真生日，聞新羅國王來山開塔，欲來參觀。余往各寺探訪，實無其事。

廿二日　晨。由回香閣横行，道路崎嶇。五里，至十王殿，禮塔。下坡經華市東崖下院，又得友函多件，皆欲來山參觀。山中籌備頗忙，恐有人滿之患。香客及苦力、乞化者，較平時當加百千倍。沿途炎熱，山中氣寒，易於生病，而無醫藥。余即函王、狄諸老，假東岩下院樓上，爲臨時醫院，施診送藥。購藥及用費，概由余負責，未捐分文。又函蘇、滬，邀請醫友陸伯和、陳子修二君，來山度夏救濟。

七月初開院，至廿四、五日，各省僧俗善友雲集，應接不暇。自住之房間，亦讓與諸友共住，而歸宿東崖。於天未明時，即至醫院，辦理一切。時山中各廟及客寓皆滿，香客露宿風餐，病者極眾。聞有外國婦人，率數人同來，江輪靠岸時，外國婦失足落水死，其他隨流飄去者尚有其人，有銀錢失落者，有被騙者，有忍饑受渴者，有染病受傷者。趕此熱鬧，而危險實多也。余寓東崖上院，目收全山之勝，此時山中有百子會，或三二十人，或百餘人，人各攜一燈籠，魚貫而行，一人口誦「南無幽冥教主本尊赦罪地藏王菩薩」，眾人皆接誦「阿彌陀佛」。彼時體察來山朝拜者，皆虔誠恭敬。夜間會來，如火龍登山，去時似紅流入澗，通宵達旦，川流不息，塔前火光衝入天際，煥雲霧作彩色，亦大觀也。

第四十二篇　粵秀山　鼎湖山

民國八年己未

秋，抵廣東省，古稱五羊城。城内粵秀山，新建功德林。拾級而上，有石坊刻「佛山」二字。再登，有額曰「萬善法界」，並有彭玉麟、曾國荃等題額。盤折再上，爲觀音閣，中供大士像，兩傍十八羅漢殿，明建，碑記林立，有粵秀樓。

東行里許，城在山上。城頭建五層樓，名曰鎮海樓，又名五羊樓。背倚高山，面臨珠江，明朱光祖建，雄峙粵嶺。遠眺南溟，近觀省會，如在掌中。

下坡，六榕寺。古名淨慧，後以東坡手植六榕，遂易今名。寺中有六祖銅鑄坐像，高五六尺。亭台池園，莊嚴風雅。有塔名淨慧，宋建，九級直立霄漢。進登絕頂，夕陽返照中，飛鳥數點，已自遠而歸巢矣。

次朝，遊雙門大佛寺。聯云：「大道有岸，佛法無邊。」大殿銅佛三尊，銅觀音一尊。光孝街爲西來初地。寺有六祖髮塔、菩提樹等勝。

次朝，往遊華林、海幢、白雲各寺，氣象宏大，然已呈衰落之象矣。

十月

初四日　乘廣三鐵路，經佛山，至三水縣。

初五日　乘肇廣輪渡，過廣利墟。十里，羅人冲。下船，至鼎湖下院，即憩庵，爲往來遊客駐足之所。湖山佳處，跨於南郡，瞻望雲頂，遠隔塵寰，一庵臨水，萬木參天。

初六日　途中遥望，林木森鬱，形如飛鳳。三寶峯，鳳之首也；左青獅嶺，右白象嶺，爲鳳兩翅；中爲蓮花洞，鳳之腹也，慶雲寺建於此。五里，鼎湖山。山距高要縣四十里，高千餘丈，周迴百里，屹然鼎峙，爲端州巨鎮。山頂有湖，四時不竭，天欲雨而山先出雲。上有龍湫，深不可測，一名天湖，一名雲頂，慶雲寺之屏障也。由虎頭山上五里，經飛水潭，飛泉瀑布，掛於壁間。雨過則噴湧怒號，乘風則飄颺飛舞，旦暮陰晴，千態萬狀。下有浴龍池，相傳爲蟄龍之窟。行數百武，有開山祖塔。又上半里，即慶雲寺。寺倚三寶峯，並列如珠，端岩峻極。入寺晤增秀師，昔在浮玉相遇。未幾笑航師來，亦舊友也，歡喜無量。敬禮大雄殿、浮圖殿，中供鐵塔七層，内藏如來舍利四顆，從匡廬金輪塔分來，備極莊嚴。並有藏經閣、大悲樓、準提閣、禪堂等，行博山規矩。法堂、淨業堂，專修念佛。宗堂供奉雲棲、憨山、無異、寄莽、碧岩五大士。聚賢堂爲十方緇素往來款待之所。息心堂，奉流水長者子、慧遠、智者、永明、蓮池諸大像，皆是放生祖師。

初七日 笑航、增秀二師，陪往老鼎湖。笑師說：「鼎湖山高而谷深，四面無縫，八風不動，盛夏清涼，隆冬不寒，風雨頃刻聚散，忽而霧蔚霞蒸，忽而虹銷雨霽。二六時中，千變萬化，春來羣芳競秀，秋冬菊梅爭妍，四時香花不缺，十里溪山回互，人傑地靈，風和氣厚。」 由伏虎崗、天龍嶺，至蓮花洞。萬山環抱，狀若蓮花，故名。昔憨山大師過此，心賞其地。 至老鼎湖，白雲寺。六祖弟子智常禪師開建。山外招提有三十六，宋元興廢失稽，至明憨山師弟子金山重興，迎憨主席，雲水輻輳，堂室難容。山外精舍，有結茅再造者，今復荒廢矣。並與筏可大師相見，同觀涅槃台。山勢峭峻，攀援乃至，石平如掌，鐫刻「正法眼藏，涅槃妙心」八字，相傳智常禪師降龍處。下有三昧龍潭，水出三疊，聲如雷吼，不可近視。寺傍種有佳茗，以龍口爲最，味清香潔。雲棲故址猶存，寺傍有羅漢橋。白雲寺去二里許，東玩谷水，石間可人，別有天地，人跡罕至。釣魚台等勝，未能盡視。反白雲。

初八日 仍回慶雲。一路笑師談山中十景，曰「湖山鼎峙」、「峽水朝宗」、「憩庵環翠」、「小歇羣峯」、「方池月印」、「曲徑雲封」、「龍潭飛瀑」、「鳳嶺踈鐘」、「菩提花雨」、「墖院和風」。增師云：「如我寺者，嶺表名藍，端州勝境，幽人雅士，瞻仰湖山，不可勝數。始祖開山以來，不置田產，三年至祖鄉托鉢一次。禪堂坐香，淨堂念佛，四月結夏安居，七月解夏，日中誦華嚴經貳卷，晚問發願，朔望誦戒律。刻有僧眾百餘，幼者居多。近來募緣甚難，所以倚靠經懺。故殿堂不能如法也。」遊憩二日，告別下山，由肇、廣、梧州往桂林。沿江兩岸淤灘，冬來可以築堤種植生產。

第四十三篇　韶州曹溪

民國九年庚申

二月

由廣州至韶關。同行者，微軍、德浩諸大禪師，簡照南、玉階、琴石、玉濤諸先生，共廿餘人。

至馬壩，已落西山。夜行十二里，至曹溪。北去韶州三十里，南去廣州數百里，清源、翁源之間，曲江縣屬。溪之上流，爲南華寺，即六祖大鑒禪師駐錫之所。千山圍繞，覺路頓開；一水縈洄，迷津普渡。洵曲江無雙福地，爲嶺南第一禪林。寺居河北，去濛浬卅里，山勢自庾嶺分脈，蜿蜒磅礴數百里，融結寶林。梁時有西竺智藥三藏，於曹溪口掬水飲之，香美異常，謂其徒曰：「此水與西天之水無別，源上必有勝地，堪爲蘭若。」遡流而上，至曹侯村，顧山水環合，峯巒奇秀，歎曰：「宛如西天寶林山也。」因謂居民曰：「可於此山，建一梵刹，一百七十年後，當有僧寶於此演化，得道者如林。」聖僧預記，非偶然也。

次朝，敬禮六祖及憨山、丹田二大師像，皆肉身裝金。頭山門額曰「曹溪」，又「敕賜南華禪寺」。聯云：「塵緣空寶鏡，嶺表一袈裟。」二山門額曰「寶林」，彌勒殿，韋馱殿，上有五百羅漢樓。大殿前，左有鐵塔五級，上千佛像。後五祖殿，額曰「復振南宗」。左有五級塔，中奉憨山大師肉身，塔後施主陳亞僊坟。六祖殿，額曰「本來面目」，中供六祖真身，座下並有腰石，上鐫「龍朔元年盧居士誌」八字。祖在黃梅，腰石舂米，受衣鉢南歸，石留黃梅。明嘉靖間，韶州人有官黃梅者，舁以歸。至今謁師者，未嘗不覩石而生道心焉。六祖事蹟，詳見壇經，茲不贅述。左供聖父母，前奉龍神；右供南岳青原禪師，前奉通靈使者，靈驗異常。上有藏經閣，殿左有明丹田真身，右有香厨、僧寮，殿後蘇程庵故址。常住存衣鉢並手卷，明御筆題書二卷。羅漢峯，在寺正南，諸峯磊落，有如羅漢環拱之狀。象嶺，寺之主山也，自寶山分支，勢正形昂，坡陀蹲伏，真若白象駝經負寶之狀，故名。曹溪水，發源狗耳嶺，西流廿里，經曹侯村，盤繞寺門，折而北流，復折而東，與湞溪合，入湞江。有毗盧井、羅漢井、降龍塔，在殿前左側。伏虎亭，在龍王井前。拜石，在北天王嶺前，古記祖師於此拜佛。坐石，在象山之麓，祖師當日打坐處。避難石，在寺南五里，三石品列，其中獨巨。祖師居寶林九月，忽然心動，預知惡黨尋害，遯於前山。惡黨果至，縱火焚草木，師隱身挨入石中，得免。石色紅紫，深二三尺，宛如一龕。招隱崖，在寺西十里，有巨石卓起，高數十丈。其半有岩，志能禪師常隱居於此。外有寺十三所，皆久廢。曹溪村，魏武帝玄孫曹叔良避地所居，以姓名村，故稱曹溪，今相公橋左王宅園是也。雪濤泉，出寶蓋山下，從地濆湧，味殊甘洌，舊爲祖師玩憩處。

按：西域智藥三藏航海而來，初登五羊，至法性寺，以所攜菩提樹一株，植於宋求那跋陀三藏所建戒壇之前，讖曰：「後百六十年，當有肉身菩薩，於此樹下，開演大乘，度人無量，得道如林。」隋末時，寺罹兵火，遂廢。至唐龍朔元年，六祖歸曹溪，居民曹叔良等，率眾於寶林故址，建營梵宇，延祖居之，四眾雲集，俄成寶坊。此寺之中興也。存庫法寶，有傳法信衣；龍衣鉢盂一個，被魏提學擊碎；明憨山制鐵錫杖一枝，瑪瑙一串，今無；墜腰石一塊，景泰時鐵鼓一只，響鞋一雙，唐武則天勅書一道，梵書明正統御書寶藏一卷，有寶五顆半，元免差勅一道，梵書墨蹟如新，天順八年慈濟國師鎖南嶺占巴藏卜譯，尚存；元延佑四年賜金書孔雀經一道、法華經二部，明賜大字華嚴經一部，無存；又天順間欽賜小字華嚴經一部，成化間賜無盡燈一盞，皆無存。曹溪門、寶林門、羅漢門，夾道皆古樹盤礴，蒼鬱茂密，蔽虧雲日。蓋自有寺以來，即有此樹，遊憩者多作清涼極樂之思，是山門第一勝景。庵有御筆「敬佛」二大字碑，近李印泉先生重建。卓錫泉，並有蘇軾題泉銘，憨山大師塔銘。蘇軾詩云：「水香知是曹溪口，眼淨同看古佛衣；不向南華結香火，此生何處是真依。」又云：「雲月自明暗，山川無古今；念到忘言處，休論佛與心。」又云：「欲見本來真面目，焚香終夜讀壇經。」又云：「靈骨千年在，禪心一物無。」紫柏老人詩云：「踏來空翠幾千重，曲折曹溪鎖梵宮，欲問嶺南傳底事，青山白鳥水聲中。」憨山謁六祖詩云：

「曹溪滴水自靈淵，流入滄溟浪拍天；多少魚龍從變化，源頭一脈尚泠然。樵斧纔抛石墜腰，黃梅夜半寂無聊；自持一鉢南歸後，從此兒孫氣日驕。」祝川幽詩云：「絕學誰超最上乘，壇經了却十年燈；姓名不向能師道，自許曹溪行脚僧。」趙霖吉太守題肉身塔云：「千載如何不放參，燈燃五葉照前龕；從來四大原非有，留得皮囊自解慚。」題傳衣云：「人人爭看破袈裟，衣底明珠莫認差；傳道豈關襤褸服，聖凡相隔不爭些。」詠風旛云：「心病還須心藥醫，風旛動處不容思；胡猜亂想俱無着，水到成渠即自知。道場不必向他求，只在當人一念頭；自性但能全體現，何愁法海不橫流。」詩詠頗多，未能詳載。此乃昔日最興盛道場，今時衰落，內住慈謙僧三人。

由此三十里，至濛浬村。煙樹陰濃蔽日，又一番異境也。

月華寺，天竺智藥法師真身在焉，內住二僧。

飯別，仍回曹溪。由韶關往丹霞山，沿途亦有許多荒野，無人種植，甚可惜也。

第四十四篇　昆明西山　點蒼山　雞足山

民國九年庚申

某月，往雲南雞足山。由香港起程，此地本廣州珠江海口，清道光間，割與英國，今爲通商大埠。黎乙真先生代辦護照、食物等，送余上輪。時先生與潘、張諸君言及「做工夫，鬧時鍊心，靜時養心，動時制心，行時驗心。但說者易，行者難」云云。遂別登岸。

次晨四時，起輪，沿途水國，苦海無邊。

次暮，經北海廉州，古合浦地。漢書載，海出寶珠，以宰守貪黷，珠徙於交趾，至孟嘗爲太守，去珠復還。佛經云「貪業能使世界窮苦」，不誠然哉？船停二小時，靜修法師往滇，不約而遇。又與滇省嚴公及北海李競武先生閒談。靜師云：「人莫欺心，自有生成造化；事有天定，何必巧用機關。」頗覺得味。

第三日下午，至安南建安省屬之海防，下輪，行李運去嚴查，至次日發回。是日天熱，友邀遊公園。約六七里許，園臨大河，上架大橋，馬路兩傍，樹木成行。時正將收稻，土地肥美，每年產米，銷於中國頗鉅。園中飛禽走獸，虎熊猴鹿皆備，樹木成林，而樓台殿閣點綴其間，一大觀也。

次早，驗對護照。下午一鐘，搭車，經海陽省左北寧省，右安興省，至嘉林站，過數里鐵橋，即東京，爲安南國都。安南古稱交趾，秦時置桂林南海象郡。漢置九郡，交趾居其一。唐分嶺南爲東西二道，立五筦，安南隸焉。宋後乃自立爲國，而仍請中國勅封。明永樂時國亂，西平侯沐晟討平之，復郡縣其地，計十七府，百五十七縣。至清復立爲國，爲中國藩屬。迨中法戰爭，遂爲所併。都城名河內，屬河東省。下車，寓店。是晚炎熱，友邀遊湖一周，約三四里許。湖中及岸上，古木參天，風景清幽。市上商業，除法國、安南人外，皆閩、粵人。安南四時皆夏，男女大都赤足不鞋，周年身穿紅色粗布褂褲，而貌與吾人同。因食鮮檳榔故，皆黑齒。

次日，友邀同遊公園，傍即法國大都督府，其中古樹森森，花草鮮妍，榕木濃蔭蔽天。遊春祠篩山靈廟，珍禽奇獸，唯猴最多。其他樓台殿閣，池水行樹，橋亭莊嚴，種種風景，難盡述。

次早九鐘，乘車，經越池河、安沛、塞闊、良溪、保河、富流諸站，至老街站。

次朝，候查檢畢，過鐵橋，即河口，屬雲南省。我國交通阻滯，各省人士，欲至雲南，須由英屬香港，法屬安南，而後達此。安南至蒙自鐵路，係法人建築，鐵軌下用鐵枕。經過崇山峻嶺，盤旋而上，沿途岩洞甚多，瀑布千丈而下。穿洞而行，澗邊猿猴躍舞，坡上羣鹿狂奔。沿途風景，天然圖畫。從灣塘棧，穿山過峽，盤上山巔數十里，至平地莊村站，搭客漸多。早在河口是炎夏，至此忽秋矣。經蒙自縣、黑虎潭、碧風寨，另有小火車道至蒙自。晚七點半，抵阿迷州下車，住大安棧。時有滇張魏三先生相遇云：「眼界要闊，遍歷名山大川；度量要洪，熟讀五經諸史。」

次早六鐘，上車，卅里，小龍潭。此去七八里，名曰布艸峽，火光遍地，煙迷山谷，據云有匪警。經宜良縣，下午五時，抵雲南省城，與靜師同寓忠列祠。

次朝，虛雲法師來，邀住江右會館。虛老談：「自出終南，由峨嵋，朝雞山，山中好道者稀，今非昔比，故發起勇猛心，以廢庵舊基，募建祝聖寺，奔走南洋，募修大殿樓閣，並請藏經，開單接眾，春天傳戒，開學戒堂，夏則講經，冬則參禪，瞬目間，過十餘載，無常迅速可畏也。」時有王竹村、張拙仙二先生來。虛老談：「古人作事，純公而無私，今人純私而無公，所以是非顛倒也。」靜師云：「其病根在不明心地。」竹公曰：「或明而不行，奈何？」拙老云：「學一分道義，有一分進步。」虛老云：「大著肚皮容物，立定脚跟做人。」暢談經日，皆謂若要挽回世道人心，非積極提倡道德不可。時有歐陽竟無先生，由唐督軍聘來講經。

次日，同虛老遊圓通寺，後坡上新建念佛堂，全城在目。

又次日，與虛老、靜師往遊南詢寺。相傳善才童子南詢至此，故名。寺院宏敞。再觀南城外東西二塔，「金馬」、「碧雞」二坊，雄跨大街，頗爲壯觀。城中公園，湖心亭，風景幽雅。回時告辭。虛老云：「望君日久，何得遽行？」余因腦氣二傷，幻軀難支，欲往雞山修養。虛老不允，將余之衣單川資密藏。

次早，候伊靜坐時，不辭而行。向友借洋四元，由大觀樓搭舟，廿五里，楊家村。半里，高嶢普賢寺。過楊昇庵先生祠，遊西山華亭圓覺寺，登太華山，覽佛岩、羅漢二寺，氣象宏大，皆明時建。更登普陀崖，觀昆明池。省城風景，一目全收。至觀音崖、三清閣，所謂「四面清風雲外地，山頭明月海中天」，真勝地也。中有石壁，人工天成。入雲華洞，石刻而成，殿閣深幽，引人入勝，吴道人中興。飛雲閣，半壁飛樓，標奇出異，更有孔殿及三皇、五老等殿頗多。達天閣，有石刻經文。藥王殿，有石月台、石棋杆。仙泉，孝牛泉，石像，石壽星，石龍吐水。天然海境，種種奇景，清道光間，朱家闔闢山開洞，九載告成。下有大佛寺、石台數座、千歲岩、如意泉等勝。壁題「滇省雄觀」。有句云：「異景奇花觀不盡，分明生就小蓬萊。」回宿普賢寺。有陳友蘭先生，談昇庵先生故事。

廿四日，告辭。上坡二里，碧雞關。卅里，三華山。四十里，響水寺。廿五里，富民縣，宿。

廿五日。廿里，站上。四十里，清流寺。四十里，武定州，宿。

廿六日。上山。山如獅形，故名獅子山，明建文帝出家處。寺名正續，昔頗莊嚴，後殿繪建文帝像，兩傍殉難諸臣位。有建文自題詩云：「飄泊西南十八秋，蒼蒼白髮已盈頭；乾坤有分家何在，江漢無情水自流。長樂宮中春晝永，朝元閣上雨聲收；青蒲細柳年年綠，野老吞聲哭未休。」一代帝王，如此結局，可歎！

廿七日。原路下山，宿富民縣。

廿八日。九十里，溫湯，宿雲濤寺。螳螂江岸，傍有溫泉，名清華池。池分男女，有二官池，小池中有石桌石櫈，坐浴頗暢。另有普通大池，溫泉勝過關中臨潼華清之水。

廿九日。再浴。午後十五里，至安寧洲，遊太極山。

三十日。卅里，草鋪。十里，青龍哨。廿里，安車營。十五里，上坡，下即老鴉關。

次月初一日。十五里，白涵廠。途遇楊天福部下攔阻，遂同上山見首領。

初二日。放予下山，並蒙優待。廿里，腰站街，羅次縣屬。五十五里，面坡舖。

初三日。五里，雲石庵，觀音崖，風景甚好。十里，祿豐縣。入南關，過西門大橋。十里，淨蓮寺，住持留住。並談：「妄念纔興神即遷，神遷六賊亂心田；心田既亂身無主，六道輪迴在目前。」誦之令人警省。

初四日。卅里，響水關。卅里，捨資街。廿五里，蒙七舖。廿五里，廣通縣。

初五日。十五里，回蹬關。十五里，石澗舖。十五里，馬石舖，羅川縣屬。卅五里，楚雄府。西門外，萬壽宮，遇志大師，發心開單接眾，往訪。適遇雲泉主人，接余上山。三里，高頂山，雲泉寺。品珠當家，留余休息。寺中大佛殿、觀音樓。寺外樹木菁密，風景幽清。品師同往福成寺過午，城中人會談，皆曰老同鄉，蓋明時穆國公抽丁來此，皆我江蘇大江南北之人故也。並談「富貴又窮窮又富，滄江成路路成河；十年之後看如何，百歲光陰一剎那」云云。

初七日。卅里，大石舖，定遠縣屬。卅里，呂合街。卅里，鎮南州。

初八日。卅里，沙橋。廿里，新舖。廿里，苴力舖。十里，鸚鵡關。十里，天申塘。

廿里，普昌河，屬姚安縣。

初九日。十五里，普棚塘。廿五里，安南關。廿里，沐滂舖。廿里，雲南驛。

初十日。十五里，晒經坡，相傳唐僧晒經處。十里，青華塘。十里，清華洞，洞內異景頗多。　行約數里許，有石桌石床等跡。　廿五里，加買塘。　十五里，紅崖。　八里，白崖。　即橋頭，昔諸葛武侯在此七擒孟獲，立銅柱紀功。　楊慎詩云：「碧雞金馬古梁州，銅柱鐵橋天際頭；　試問平滇功第一，逢人唯說潁州侯。」　十里，定西嶺，宿雲濤寺。

十一日。十五里，大哨。　三十里，趙州。　七里，飛來寺。　廿里，下關。　廿里，藥師寺。主人談：「忍氣喫虧，安身大寶；　忘情割愛，立命真符。」　里許，觀音堂。香火盛旺，普師當家，發心開單接眾，留住。　後上半里，感通山。昔有大雲堂金殿等，目前遍地瓦礫，只妙原師結一茅蓬而已。　三里，波羅崖。　覺根大師朝山憩此，晝夜精進，實行苦行。

十二日。十二里，一塔寺，門外一塔。　進東門，古大理府。　城中五華樓，五華街，寓趙居士處。　城居蒼山之麓，面對洱海，即西耳河，長六十里，闊二三十里，水出南海瀾滄江。楊慎詩云：「化城樓閣壯人寰，澤國封疆鎮兩關；　雲氣開成銀色界，天工斲出點蒼山。」山高四十里，十九峯，峯巔遠眺如點，故名點蒼山。　西門外，三塔寺，門扁曰「佛都」，有唐造雨銅觀音像。　按洱海叢談，此處唐時爲崇聖寺，天寶間，僧募造大士像未就，夜驟雨，溝澮皆流銅汁，即用鑄像，高二丈四尺。　又銅佛三尊，鳴鐘上刻證道歌，又碑上書勸修淨土偈云：「若肯回心修淨土，了明法性入慈航；　胸中業障消除盡，親見彌陀大願王。」

十三日。西行五里，即蒼山。中有數峯，出大理石，白質黑紋，剖開中有人物山水、樹木花草、飛禽走獸等形。山巔六月積雪不化，中則蒼翠可愛，共十九峯，下則白水一片。

廿五里，羅刹閣。洱海叢談，大理府初爲羅刹所據，觀音來此跏趺，今磐陀石尚存，乃向羅刹募一袈裟地，羅刹許之，大士即展伽黎，遍覆千里，羅刹哀乞棲息之地，乃許遷往峯頂，今黑白二龍池地是也。仍回大理。由城南上五里許，蒼山中崖，號雪山，世傳爲佛苦行之地，草石皆有栴檀香氣，叢林梵刹，諸峯相望，蓋舊在天竺幅員之內，爲阿育王封域，故國有三千蘭若，今存者什一耳。茲山三峯迴抱，萬水奔朝，洞穴幽奇，岩壁陡峻，實甲西南，且林阻谷奧，而從無虎蛇之患，其爲佛地無疑矣。宋太祖時，王全斌既平蜀，欲乘兵威取滇，以圖進於上。太祖鑒唐之禍，基於南詔，以玉斧畫大渡河曰：「此外非吾有也。」由是雲南三百年不通中國，故宋人作洞天福地記，南中見遺。

十四日。出東門，渡洱海，對面卅里，約三小時登岸。時雞山祝聖寺莊房佃人得信，在此候接，即行。卅里，祝聖莊房，是晚宿焉。

十五日。晨。佃人送余行，云沿途頗不安靜。六十里，雞足山麓，沙址村，「靈山一會」坊，前有雞足大王廟。雞足山者，脈自崑崙來，古屬西域天竺界内，梵語「屈屈叱播陀」，此名雞足山。由漢、晉高僧傳法於此山，大唐西域記諸經書，皆言迦葉尊者入定處。山高九千四百丈，周四百里，前列三崗，後拖一峯，宛然雞足形也。雄據六詔，控引西番，前臨蒼洱，後帶金沙，連接三州，風和土美。南有畢鉢羅窟，北有石寶山，俱菩薩顯化道場。其間奇峯幽壑，川石溪泉，崖洞壁窟，林坪峽谷，以及賢蹤聖蹟，寶刹琳宮，懸虹飛瀑，古木名花，靈鳥異獸，不可勝數。洱海叢談載觀音七化，蓋此地於大士最有緣也。華首門，一名迦葉門，在峯頂南側，崖如平劈，高數百仞，廣且數倍，岩壁有痕而剜，厥狀如門，雙闕宛然。上簷飛突丈餘，周迴隆起。圓扉對掩，中裂一隙，其左右各三丈三尺，高倍之，而門嵌其中，鬼斧神工。相傳迦葉奉佛金縷衣入定於此，以待彌勒下生。昔阿難與阿闍世王來朝，石門自開，去後復閉。夫羅浮二岫，風雨合離，蓬萊三山，隨波上下，宇宙大矣，誠未可以淺見測也。阿難刻像，建迦葉殿，供奉其中。仰視矗陡，俯瞰無際，下覩佛光，人人可見。谷中樹木參天，林深徑窈，遊者悚怖。聞古產獅子、野人，今只熊鹿獐猿而已。昔有三百六十蘭若，高僧衆多，今寺院卅餘處，知識希少矣。右去接待寺，有「蓬萊初地」坊。上三里許，過橋，有「地勝龍靈」坊。上坡里許，大士閣。有「西來第一」坊，在象頭山前，明沈公建。東有黃猿洞，猴蓄山果其中，人往覓焉，或得數斛。再上三里，解脱坡，傍有牟尼庵，明建，有僧結茅施茶。對看玉龍瀑布，乃雞足第一瀑，名曰「飛瀑穿雲」。徐霞客詩云：「三支東向誰爲鑰，匹練中懸萬壑前；鼎足共瞻雞在後，濤頭忽見馬爭先。」蓋指此也。二里，宿祝聖寺，乃虛雲禪師開山，募得鉅金，興築此寺，歷十餘年而成。

次早，寶山方丈同遊悉檀寺。寺在滿月峯，右有「鶩直去」坊，下有大龍潭，上靠石鼓峯，明萬曆間僧與麗江土府建。五里，文筆山，尊勝塔院，名曰「塔院秋月」。崇禎間，麗江府與僧道源建，乃雞足左峯盡處。迴顧諸山，儼如千幅圖畫。塔高六丈六尺，周匝禪室四十餘楹。順治間，鑄鉅鐘二千餘斤，晨夕鐘聲，響震山谷。塔院當家談，山後有僧靜聞骨塔，乃徐霞客帶來葬此。霞客名弘祖，江南江陰人，好遊天下名山。僧靜聞慕雞足之勝，與同行，至廣西而病，將死，囑徐焚身取骨，負至山中，以了其願，故葬文筆山之陰，建塔，黃郊爲之銘。按霞客遊記，靜聞爲蓮舟法嗣，禪誦垂二十年，刺血寫法華經，願供之雞足。崇禎丙子，同霞客西遊，抵湘江遇盜，絜墜灘水，靜聞戴經於頂，得不遺失，後以創病死。霞客爲函骨與經，供雞足之悉檀寺，並瘞骨焉。霞客有哭靜聞詩云：「鶴影萍蹤總莫憑，浮生誰爲證三生；護經白刃身寧捨，守律清流唾不輕。一簣難將餘骨補，半途空託寸心盟；別時已恐無時見，幾度臨行未忍行。」

次晨，聖空大師陪同上山頂。里許，石鐘寺。在仙鶴峯下。寺創於唐時，明永樂、正統間，勅賜大少林寺。康熙間，僧洪、廣二公，重建殿閣，供佛接衆。寺名石鐘者，閣之左有澄潭，上懸岩石，扣之如鐘鳴，故名。今潭、石俱廢矣。一里，興雲寺。里許，大覺寺。在紫雲峯前，有「羣峯拱秀」坊，明建，並請藏經。内有恭節公祠。寺左有龍華寺，在白花山前，内有木太守祠。因山中修建功德，唯公最多，故祠焉。近有極樂庵，右有萬壽庵。

三里，寂光寺。有「萬松深處」坊，在錦霞峯之下，背靠栴檀林，弘治年初剏。有花椒庵，嘉靖卅七年，蘇、楊二公建，俗呼大鍋寺。後倚錦屏峯，左有貫花樓，右有藏經樓，大殿前有大銅鍋二口，明萬曆時高菩士鑄。東上小路二里許，古蘭陀寺，萬曆間，黔國公建，延法師真澄居之。後上有九金龍潭，昔有金龍潛伏於此，今廢。西走華嚴寺，在雞足山中峯之中，背倚熊羆崗，面向九重岩，嘉靖間，僧真圓建庵，張、郭二公擴爲寺。按寺址林巒深邃，原係熊窟，真圓公選勝至此，趺坐通宵，衆熊大吼散去，遂居焉，内有沐國公祠。中路直上十里，彌勒院。今慈風大師住持，修築十餘楹。前崗古有空心樹，高數十丈，大十餘圍，其下分開，可安蒲團，昔有高僧名老廣西，坐化於此，今杳不見矣。東去古有明歌坪，有八大明王歌碑，明創勝峯寺，今亦碑、寺俱没。里許，慧燈庵，明僧洪平結茅習靜處。

五里，金欄寺，又名迦葉殿，中奉迦葉尊者，原名袈裟殿，在插屏峯麓絕頂懸岩之半。

此寺創始年代莫考。古碣有云：「周昭王丙辰，牟尼佛出世，傳衣在此，故名袈裟殿。唐天寶時，供刻像於中，屢遭焚燬。順治間，山東僧靜極徒慧輝募請南藏全部，接衆飯僧。」內有土王殿，相傳沙漠土王，神至西域，隨護迦葉尊者至此。殿有小像，即阿難尊者塑奉，匾曰「飲光法會」，又曰「光流百代」。殿中有書版經數十函。後倚插屏峯，形勢如壁上掛燈，東有羅漢壁，懸崖萬仞，明時有五十三修士，架木懸岩爲空室，名曰「五十三參」，今一無所見矣。　二里，真武洞。　二里，銅瓦殿。當家留宿於此。殿在金頂峯下，正德間，北勝州土官高士懋與僧圓成重修此殿，因山頂風冽，嚴冬積雪，屋瓦凍裂，遂冶銅爲瓦以覆。左有袈裟石，右約百餘步即華首門，石門闊三丈有餘，高數倍，迦葉尊者守衣入定處。前有太子閣，全銅造成。閣前觀音樓，下有佛殿，華首洞，翠障千層，上倚陡壁，下臨絕壑，扶杖而行，俯而視之，山形尤奇絕焉。門傍有眼藥水，水僅勺許，而旱曝不涸。

次晨，上猴猻梯。亂石槎枒，鑿空而出，僅容半足，下臨無際，梯數十級，捫手躡足，支膝抵胸，漸漸移步，不敢下視，下視則魂搖足顫，不能自主矣。　三里，大悲閣。　再上二里，四觀峯，住金頂寺。寺在天柱山峯上，古有方塔一座，今毀。弘治間，有僧建庵其上。嘉靖年，郡人李元陽建普光殿、觀風閣、方長閣、善雨亭，築羅城，上立四觀樓。崇禎辛巳，黔國公沐天波移雲南省鸚鵡太和宮金殿來山。康熙卅年，殿閣俱災，唯銅殿獨存；卅一年，總督范公、提督諸公與僧及姚安土官重建。山頂風厲，冬春之間，積雪不消，而寺居其上，孤聳寒寂，非有志者不能久居也。　頭山門彌勒殿，二門護法殿，內銅殿，中奉迦葉尊者。後佛殿。兩廂寮房。老當家留住。過午，出後門，隨遊虎跳澗、太子玄關、八功德水諸勝。是晚稍寒，圍爐品茗。當家談：「古有僧名老河南，臨終辭世偈云：『我原本無我，人亦且無人；會得老僧意，大地現全身。』」

次早，北眺雪山，東觀紅日，西望洱海，南眄雲光，胸次一快。

次日，回祝聖寺關房，乃虛老退居寮。

次日，遊傳衣寺。前有「竹林清隱」坊，傍有萬松庵，曇花庵，即八角庵。當家談及土主故事，此神舊在迦葉殿，祀用血食，萬曆間有陝西僧來山，將其神像負之而去，本寺僧眾逐而奪之。其僧曰：「尊者道場，何可牲酒作污？我已告巡道，准斥此神下山建廟住矣。」至今神甚靈顯，遠近皆敬祀焉。

次日，至華嚴寺塔院，訪某老，談明羅念庵、李元陽等故事。數日訪得九重岩東，難陀寺後，有空茅蓬一處，前有某僧修建未好即去，今則無人，余欲往住。方丈、執事等云：「此蓬去此七里，深谷幽林，日光不入，陰氣最深，且爲熊窩猴窟，恐有瘴氣難受。」余云：「生死有定，絕不畏懼，但須借半年之糧。」方丈乃率諸大執事送余入茅蓬。二六時中，雜念不掃而淨，此是因境而顯。晝有靈鷲鳥，土人呼爲旱鶴，即念佛鳥，每啼「彌陀佛」三字。林中潮陰，出雞鐘松子極佳。每日食蠶豆飯、野菜一盂。食時有群猴來索，分洒地下，眾猴爭食，喜躍奔跳，亦足粲也。或有熊過，亦無恐怖。憶古詩云：「隱居幽谷別何求，地有胡麻飯豈愁；一榻煙霞貧自足，半肩風霧樂忘憂。鶴翔松頂鳴新月，猴躍林間戲晚秋；謾說野人無伴侶，黃花翠竹好同儔。」

一日，陰雲往來不絕，即往峯頂觀佛光。時在秋前，早七時，至金頂寺。老當家云：「來得正好。」即指黃光遍現頂上，殿閣左右，無不瀰漫。余好奇，經行光中，約三時許始散。午餐畢，經行羅城數匝，靜坐。午後三點鐘，僧來報告，今日湊巧，佛光數現，請前面觀看。即至月台上，視山腰下，白雲瀰漫，圓光五色現其中。時觀者十餘人。余跪拜，圓光中亦影現跪拜；有人舞跳，圓光中亦現舞跳。大圓鏡中，幻身幻色，重重無盡，俗謂之攝身光。約半時許消滅。此種奇怪，他方所無。徐霞客詩云：「靈區迴合轉祥輪，五色氤氳法界新；透覺塵關空即色，翻成寶相影皆真。蜃樓非海誰噓氣，玉鏡中天獨攝身；轉覺一山凡草木，含輝濯影頓精神。」觀畢，回茅蓬。

一日，後閣二法師與恍老陪靜修法師來暢談。並常惠贈小菜。

一日，祝聖首座，邀余及法師往遊華嚴洞，在雞坪關石洞村。十五里，至村，有悉檀寺田莊。入口五里，經龍潭，里許，見洞門洪暢，高九丈餘，闊五六十步。門上左右，石乳飛懸倒流，儼如珠貫，大小方圓長短，千百異狀。余先入，策杖緩步，漸高，上數十步，別有一洞，高數丈，闊約丈許，深約十丈許，亦有石柱、石欖、石塔、石鼓、石鐘等，岩穴突凹，具雲綱散落之勢。更進小洞，路徑歧雜，斜穿倒迴，急難辨認。石髓結冰，而成人物山水、飛禽走獸、花果草木，種種奇形，雖鬼斧神工，不能窮其巧妙。再進小洞，深不可測，亦如上方山雲水洞彷彿也。徐霞客詩云：「鸞鶴空山路渺茫，重巒絕處逗雲房；何人天外能來往，有洞花間獨閟藏。瑶草瓊枝開自落，金莖玉乳滴還長；神龍百尺潭時護，不許桃花出夜郎。」夜郎，古南夷地名。回至悉檀田莊，午飯畢，回茅蓬。

一日，夜半大雨，蓬内水深尺許，豆米皆沉水中，由此得病，多日不食，幻軀弱不能起。彼時一念清淨，寸絲不掛。此處人跡罕至，無可呼應。正危急時，忽山下來一土人云猪被老熊拖去，到此尋覓。余遂託伊帶信與祝聖寺，午後方丈即來。余云：「我以病苦爲良藥，以患難爲逍遥，只要自有主宰耳。」彼等將余背下山，請恍老醫治。據云危險萬分。試服一劑，而得心應手，當夜即有轉機。研究病原，茅蓬在獅子林之間，左有重岩，右有山崗，森林蔽天，日光不入，水氣瘴毒，結於腹中。今遇恍老，着手成春。

纏綿十數日，仍返茅蓬。經過後閣。後閣者，本名教義閣。恍老及靜法師留余休息三日。恍老做點心，靜師辦素菜，世味與法味，共成無上妙味。自慚無福享受，告辭回茅蓬休養。心似白雲常自在，境如流水任西東。

光陰荏苒數月。省中虛老諸公，疊函來邀，不得已而出山，雞山緣影，遂長留腦海中矣。自香港經北海、安南，過深山，抵滇省，至大理雞足山，沿途水府山谷，皆有空閒之地，可以開墾種植造林。

雞山八景

一　天柱佛光　天柱爲雞山正峯，最高，仰插青漢。遊觀者至山頂，適遇風止雨收，則佛光現於山下，其變幻種種不一。詳具四觀峯下。

二　華首晴雷　華首門，當山之極高處，雷雨皆在其下，每見山下雲暗，一方雷聲殷然，則知其下澍雨。然山上日光四炤，晴明如故。

三　蒼山積雪　點蒼山積雪，冬夏不消，蒼素相間，煙雲繚繞，實宇內奇觀，而榆城近山反不能見。唯此山正對，了了如觀圖畫，乃天造地設以爲雞足之景。

四　洱海迴嵐　洱水明淨，與點蒼十九峯相映，每風日晴明，煙嵐映帶，有非丹青所能繪者，雞山全收其勝，非真具山水勝情老於此山者不知。

五　塔院秋月　尊勝塔院，在文筆山，塔高六丈六尺，飾以堊粉，瑩白如玉，秋月當空，皎潔互映。加以院宇宏敞，廊廡清幽，山空夜靜，恍如濯魄冰壺矣。

六　萬壑松濤　雞山遍產松樹，自巔至麓，綿亘數十里。加以此山深邃窈窕，松陰幽映，別一天地，清風謖謖，音韻悠揚，恨不令陶弘景聽之耳。

七　飛瀑穿雲　出中瀑布，大小十餘處，而玉龍瀑爲第一，懸流千尺，掩映崖樹。有時煙嵐旋繞，隱蔽出没，對嶺遥觀，忽疑中斷矣。

八　重崖返照　九重崖居山之東側，壁立千仞，正對西方，每當夕陽返炤，霞光炫彩，紅紫紛呈。自羅漢壁亘九重岩廿餘里，岩壁盡赤，樹、石皆爲雲錦，亦一奇觀也。

第四十五篇　羅浮山　杯渡山　大嶼山

民國十年辛酉

九月

初六日　由香港搭廣九火車，抵石龍鎮。於龍庵晤妙參諸友，約同遊羅浮。

初七日　僱船往九子潭。遥觀羅浮衆峯，如蓮花千朵浮於北天半壁。兩粤五嶺以南，山水神奇，絡繹數千里，而羅浮尤著也。　山在粤東廣、惠之交，高三千六百餘丈，延袤數百里，峯巒、瀑布、石室、溪澗、川源不可勝數，脈發庾嶺，門出浮丘，塵寰之仙境也。羅山峙於西北，虎豹窟宅，猺獞居之；浮山爲先賢講學、佛子焚修之勝地。其交界處，爲源泉山，遠近遊者，覽勝於兹。　其爲疆也，東南屬博羅，去縣五十里；　西北屬增城，去縣四十里；　西南屬東莞，去縣七十里。　海中番舶，遥望是山爲歸宿焉。　飛雲頂，羅山最高處，與浮山絕頂上界三峯並峙，下爲分水凹，上薄霄漢。　峯爲天柱，下有阿耨池。同時，山上下雨晴各異。諸友談：「山中岩巒岢嵂，溪壑迴環；勝蹟仙蹤，在在都有；珍禽異卉，人世所希。自古來嶺南者，必來此山探幽索隱，故名公鉅卿，高人韻士，題詠宏富。」三十六里，到九子潭上岸。陸行十里，經鐵廠明月寺，即羅浮初地。東行三里，古賣酒田，荒草一片。二里，延祥寺。唐賜明月戒壇，度僧於此。壇有鐵佛像，寺已殘敗。三里，經梅花書院，遭匪火劫。上三里許，寶積寺。宋朝賜額，前有宋太宗、真宗、仁宗賜書，景德賜佛衣，嘉祐賜藏經，今皆無矣。與諸善友止息於此。

初八日 敬禮大殿，有銅佛像，後有卓錫泉，即景泰禪師卓錫泉湧處。泉有九孔，又呼爲九眼井，後人因泉而建寺，遂爲羅浮名刹。凌雲塔，爲禪師入定處。其上羅漢岩，老僧幼參居焉。岩洞上蓋有巨石，穴通深遠。出岩，傍有佛跡石，上有林一仙洗藥池。前人詩句云：「中峯環繞半間屋，萬境空閒一個僧。」下有錫杖潭，上有伏虎崖，因隋僧惠越嘗引虎枕其膝，故名。或云，鄭思遠，每出，騎雄虎，虎子負經書、衣、藥以從，故名。岩上徑路可通，約十里許，大小石樓，其狀如樓，有石門，俯視滄溟，夜半見日。側有通天岩，亦清修之地，今荒無人居。宋廣業圖讚云：「天作高山，神靈之宅。第七洞天，佑命南極。福地泉源，二山若一。鐵橋亘虛，丹梯接迹。遠矚增城，煇煌金碧。俯視滄海，淴瀁蕩滌。

按圖索驥，眼觀耳食。臥遊神往，心空境寂。」仍由原道回寶積寺。

初九日　同行十餘人，自山脊而上，險峻約五里，至黃龍洞。洞口有滌塵橋、龍珠潭。此洞山水奇勝，稱黃龍仙境，額曰「金砂隱現」。有蝦公岩，橫翠遮蓋，題「天生靈壑」四字。觀住羽士二人。昔周濂溪、羅豫章諸公，嘗遊於此。外有獅子洞、龍珠台、雲谷岩、桃源洞。七星壇，有古松七株。瀑布潭，有明儒龐嵩遺址。弼存精舍，有李子虎詩云：「延祥寺迴寒生户，白鶴洞幽涼浸衣；　何似此山萬松裏，滿天風雨玉龍飛。」山如屏障，中峯突出雲外如人，故曰老人峯。其下林木森森，蒼翠峻秀。過抱珠橋，五里，華首寺，即華首台，在孤青峯，山岩峻極，林木幽深，松徑蒼翠，秀塞長空。滿目巨石，如獅如象，如几如欖，如門如床。　經雨花橋，風濤遍谷，音聲如琴。頭山門額曰「仙山佛國」，又曰「嶺南第一山」，寺名資福。二門額曰「古華首台」，對聯曰「一門深入羅浮塔，五百重登華首台」，空禪師題。羅浮異記謂，五百華首（華首即白髮老人），遊息於此，故名。唐開元建，明萬曆間千山天然隱空禪師大闡宗風，祖堂有隱空禪師像，客廳有天然上人詩軸。天然，明孝廉也。後岩曲徑崎嶇，至別洞天處，登洗衲石，上望奇壁千仞，有瀑布倒瀉而下龍潭，東坡題壁「飛雲躍雪」四字。寺分東西二溪，皆幽勝。東溪石刻「洗心石」三字，上有合掌岩、飛水潭、龍珠亭。有夜樂池，昔夜常聞仙樂。有明照崖，側徑寬廣一竅，上貫山頂，仰見天日，空明透徹，故曰通天。有半月岩，巨唅呀成門，上有洞，名逍遥石室，古木遮蓋，雲藏其中，悉空禪師說法於此。上有龍王壇，景泰禪師說法，有龍來聽。首座師談及明蓮池大師曰：「世俗許願，要在自盡己心，廣行衆善，忠孝友悌，憐貧敬老，救災濟苦，戒殺放生，種種陰騭方便，隨分所能也。」

初十日　東行十五里，白鶴觀，在羅山之麓，麻姑峯下，石刻「羅浮」二大字，亦是天然幽境。白鶴祥雲，時集其上。唐天寶間，何仙姑曾來，因立祠祀焉。傍有五龍潭，「舞鶴騰龍」，張子房書。石刻「朱明洞天」四字、「長壽澗」三字，宋時石刻及他勒石字頗多。五里，冲虛觀，亦羅山之麓，即朱明洞，唐置守祠，宋賜觀曰「冲虛」，道家叢林。中爲三清殿，前有御簡亭；右葛仙祠，東坡書「稚川丹竈」四字；後蓬萊閣；再後遺履軒，朱靈芝在此昇仙。黃野人廬在觀側。觀有南漢鑄鐵玉皇像，並有古銅魚六。舊志蘇軾云：「近於朝斗壇獲之，永爲觀中鎮山之寶也。」有鳥紅翠，鳴聲如搗藥；有一尺二十節之菖蒲。東坡山房在觀右。觀星台，桃源洞天，釣魚台，在觀東南，有石如台，水繞其前。朱明洞後，有青霞洞、水濂洞，多奇石。蝴蝶洞，有大小蝴蝶，云是葛仙遺衣所化。東數里，有蓬萊洞。洞之左，兩峯突起，相對峭立如丫髻。再下松徑口、羅漢溪，產籠葱竹，約十大圍，節長二丈，葉如芭蕉。仍回寶積寺。幻師談：「深求禪悅，照破生死之根，則憂畏淫怒，無處著脚。但枯其根，枝葉自瘁。」此至論也。

十一日　沿山廿里，九天觀。老松圍繞，別有幽境。即古明福觀。十里，雲水庵，有木稺花。十里步步登高，石刻曰「仙凡路別」。漸入幽境，佛子坳，又名佛子凹。遥觀上界三峯，插入雲際。再上三里，石刻「分霞嶺」，張南山題，羅、浮二山分界處。又上，鳥道崎嶇，遊者裹足，余賈勇直登。蓬萊門，舊蹟頗多，有「思源」二字。鐵橋峯，爲羅、浮二山連接處，在煙靄中，人罕能見。峯爲泉源，山石如長虹隱空，砥柱對立，故呼爲鐵橋。前有會仙峯、瑶石台、玉鵝峯，挺立崢嶸。側有雲洞、雨洞、風洞。青羊石，上有羊足跡。鳳皇谷，極樂洞，度仙橋，大小石樓。中有天漢橋，橋石長五六丈如虹，晉末王叔之隱此，並有石刻「飛雲」字。再七里，萬山叢叠，羅浮最深處，酥醪觀。相傳葛仙於此飛昇。觀内有響泉書屋、香露亭、惜陰別墅、洗夢軒、眠雲室、浮山第一樓等勝。羽士談道德經云：「聖人常善救人，故無棄人；常善救物，故無棄物。故善人者不善人之師，不善人者善人之資。」有釀泉，冬夏不涸。上行三四里，峻嶺懸岩，竹密林深，遥見瀑布掛壁數千仞，近則緑陰遮蔽。俯視酥醪，四面山崗，老幹圍繞，所謂「松竹漸開池上月，樓台深鎖洞中天」。回觀宿。

十二日　仍返寶積，旋往杯渡山經冬。

後於次年十月又來羅浮，未與人知，於九子潭，購米一斗，鹽一斤，僱工送至飛雲頂，岩壁之下，覓有石室舊蓬暫棲。雖在高山，而南方氣暖風和，尋些野菜，每日和米一餐。終日或行或坐，或於峯頭高臥，縱目千里，萬緣放下，心空境寂。實地察驗，羅、浮二山，風離雨合之說，真有此景。此外，尚有所謂三觀者。一曰日觀。五鼓時觀日出，余之目覩理想，皆由風雲水氣有無多少之動轉，故有霞影煙濤之變幻。天台、岱岳、雲台、普陀諸山，觀日之變態，皆大同小異。二曰海觀。峯上遥觀滄海，空濛縹緲無際。三曰雲觀。朝起每見煙雲在山下，乃被陰霾之氣所壓，伏於羣山之中，如大海中白蓮千朶，浮動往來，致眾山峯尖露出者，亦飄搖若動。唯雨後晴霽，次朝觀之最佳，但不如黃山雲海之奇也。唯此外境三觀，皆因心動而顯，若能回光返照，頓時空寂，則所謂奇景者，不過心識變現耳。

羅浮近山一帶，土質尚好，浚河開荒種植最宜。

民國十年冬

由羅浮至香港沌門杯渡山，即青山，昔杯渡禪師遊行之地也。去港九十里，山高約十里，昔韓文公遊此，峯上題曰「高山第一」。中岩洞口有坊，曰「杯渡遺跡」。廟名青山禪院，黎一真先生與陳春亭、張純白諸君所倡修。余假院西里許空室一處，掩關百日度歲。

李柏農、潘達微、李公達諸先生來訪，談六朝劉宋時代杯渡大師神蹟故事甚詳。因其常乘木杯渡水，故以爲名。出關後，性蓮、智妙、妙參、朝琳、願參諸友來，邀往大峪山、觀音山等處一遊。

民國十一年壬戌

正月

廿日　乘小輪，一時許，入大澳山，登岸，即大嶼山麓，海中一島耳，英屬，有魚市。上山五里，有亭，左右靜室三五處，皆女士居，非佛非道，皆是抱獨身主義。又上三里，松林陰森，秀滿半山，即徹悟居二靜室，鹿湖洞在焉，古純陽觀，有廣清禪師掛錫於此。再行十里，昂平，即山巔，崇山峻嶺，上闢一陸，闊數頃，上有蓮池庵，左數百武，普明庵，遠參、仁海法師及性蓮老，相見歡喜無量。此地道場，約五六十眾。是夜性老講「崖前鬱鬱西方境，山外青青極樂天；識得其中真淨土，彌陀接引入蓮池」等語。側有大茅蓬，大雨師母子居。栴檀林，定修師居。

廿一日　由後谷茂林，參觀華嚴閣。下坡，乘輪抵港，往澳門三巴子街，有功德林，乃張玉濤居士所創設，朝林大師領導。

次日至港，與陳公往申。黎居士等來船送行，談及「富貴學道難，貧窮布施難，忍色離欲難，見好不求難，有勢不用難」。黎公發心有年，與陳、張二公，於青山設道場，志在普渡眾生也。到滬後，轉寧波觀宗寺，介紹陳君投諦閑老法師出家，取名顯奇，受三壇大戒。時陳君宿業發現，余代替之，諦老作記。事畢，陳君回山，南洋數萬徒眾皆歸依正道。

第四十六篇　天台山

民國十一年壬戌

五月

由滬乘輪，沿海南行，見山坡水邊，有多處可以植樹，補助生產。

初十日　至浙省海門，搭小輪，至黃岩縣，宿。同行者有余元流君。

十三日　一百里，台州府，宿。

十四日　六十里，避雨紫陽觀，張紫陽修道處，林木環溪。卅里，天台縣，宿。時值水災，滬上王一老，囑順道視察災情。城內佑聖觀，韓擇木斷碑在焉，宋濟顛僧故里。

十五日　出城，即見天台諸峯，秀接長空。孫興公賦云：「倒影於重溟之上，磅礴於霄漢之間。」仙釋都會，中多異人。仙道門中，若白道猷、葛孝先等，靈蹟素著。西域記載云：「天台石梁方廣寺，五百阿羅漢居焉。」則天台之稱，其來久矣。五里，漸入竹徑，五峯環抱，雙澗奏音，和以松濤之勝。經豐干橋，宿國清寺。方丈可興。

十六日　往赤城觀霞。沿山麓西行，過小石嶺，十里，赤城山。登紫雲、華陽諸洞，皆道家居。唯玉京洞住一僧，昔年於此度夏。又經數小洞，直上絕頂，禮舍利塔，曇猷洗腸池，雲皆霞色，崖極深廣。詩云：「曉山遙見赤城霞，近遠人煙四五家；　昨夜不知何時雨，滿溪流出碧桃花。」仍回國清。

十七日　十里，清溪橋。眾溪匯流，碧波千頃，名曰「清溪落雁」，八景之一也。十五里，洪家山。雨後路滑，泥濘難行。　廿五里，岩頭廟、平鎮。　廿里，寒岩寺，寒山子棲息處。四山聳秀，千澗瀑流，院置岩下煙雲紫翠間。故南山之勝，推寒、明二岩。　上寒山寺，殘敗，內住二人。　再上寒岩洞，洞極高大，裏有龍髮洞、潛真洞，名曰「寒岩夕照」，八景之一也。寒山詩云：「爲愛寒山道，絕無事馬喧；　獨臥重岩下，長伴白雲間。」

十八日　午後。五里，明岩寺，僧全宰棲禪處。岩谷道狹，兩石夾峙，號石門。前對奇峯，重岩疊壑，相傳寒山、拾得隱身地。唐貞觀中，豐干和尚謂閭邱太守曰：「寒山、拾得，文殊、普賢化身也。」詩云：「有路不通世，無心庶可攀；　石床孤夜坐，圓月出寒山。」

十九日　五里，張家隴。　十里，廣嚴寺，懷容羅漢肉身在焉。另有二肉身，不知何代僧，香火頗盛，天井老杉數株。

廿日　六十里，仍回國清。

廿一日　十里，上金地嶺。壁立萬仞，峻似天梯，回觀國清，落我杖底矣。　五里，真覺寺。寺在平崗之上，隋建，智者大師葬焉。龕前雙石塔，號定慧真身塔院，眾庶瞻仰，人天供奉。　五里，高明寺，唐建。重崖疊嶂，松生葱蒨，寺在其中。古詩云：「高明宮殿鎖煙霞，水繞山迴自一家。」乃紀實也。　觀幽溪道場，院宇衰落，今定融和尚勉强維持，復請龍衣、寶鉢、貝葉經一觀。　午後，東行數百武，爲響岩。峭壁百仞，隨人呼喚，響答分明。　圓通洞，在幽溪上，一石橫架，廣丈許，下則玲瓏空洞，四牕開豁，松風溪流，隱隱送來，於靜中可悟耳根圓通。　内住如泉大師，談及「真禪不可心思言議」云云。

廿二日　往螺溪一遊。下約四五里，折北沿溪上二三里許，溪中產螺螄，潭水頗深，上有石筍崖，高峙柱空。　於此稍坐，水光潭影，照空我心。「螺溪釣艇」，八景之一也。　沿溪再上，松竹幽深，蒼翠非常。　有白雲峯，上拂霄漢，下連磬石。　林中有樵農數家，彷彿世外桃源。　經太平寺，復觀晏坐岩、石鼓、石床、看經台等遺蹟。　小室三間，内住一人。　往禮幽溪墓。

廿三日　直上廿里，經佛隴，至察嶺。　萬山之中，其嶺陂陀，高察舊隱之地。　此山在下望之，不啻千仞，及昇其巔，四通八達，數十里如在平地，並產茶米、竹木、藥草等。　十里，華頂寺。山光明媚，水色澄鮮，竹木蔽天，真阿蘭若，即今興善寺。方丈月泉云：「昔智者嘗晏坐於此，相傳王右軍書經墨池在焉。歷朝至今，嘗燬於火，今用白鐵蓋殿，暫敝風雨。」入寺，問華最諸友，已生西方，相識者希。歎人生幻化，轉瞬即逝。

廿四日　朝華頂。仍經地藏殿、太白堂、華頂峯、拜經台、降魔塔等處。昔人詩云：「天台眾峯外，華頂當其空；有時半不見，崔嵬在雲中。」敬禮拜經台，住持定華法師，出外講經，關房靜悟師、如茂師留飯。午後，下坡，往龍泉庵。昔日親近融鏡老法師於此，屈指廿餘載矣。現住華海師，談及融老為苦海之慈航、化城之導師。往黃經洞，一空師所，示云：「不去不來之法，不即不離之道。」辭別上嶺，至太白堂，訪惠湛上人，談及「山中寂靜，每日攝心念佛，靜坐須臾，勝過塵世一年」。老人苦志虔修，今之僧寶也。又往地藏殿，訪靜參老人。時有指月、破懷二師，談及「桎梏之上，因泉石成膏肓；解脫之賓，以山林為藥石」。見地甚高。拜畢仍回興善。

廿五日　往永慶寺。入定居，昔永明大師習定處。主人云：「近年學者，貪圖口頭三昧，不得真實受用，紙上談兵，有何利益？」

廿六日　往西谷彌陀庵，訪靜慧老人，云：「世人只知造孽，不知懺悔；但知受福，不肯作福。」

廿七日　往藥師庵。貫通當家，開有念佛堂，余君發心念佛，往住數日。

六月

初三日，因余君不慣山中食宿，送往中方廣。此地山水幽勝，又吾舊友興慈法師出家處。經上方廣寺，進内參禮各殿，殘敗異常。茂林一轉，即中方廣寺。昔日門外即石梁瀑澗，頗覺危險，今以牆遮，免人失足。入門，與某師談，戊戌年來朝，正逢炎災之後，照禪上人苦心維持，殿宇落成，諸像未就，今來曇華，又遇祝融，興慈法師重建將竣，佛像未成，與上次來時彷佛一樣，亦奇矣。門前觀瀑一周，足稱天下最勝。憶楊公詩云：「積雪懸岩照幽谷，轟雷破石響空山；真疑天上銀河水，倒瀉千崖萬壑間。」

初四日，余君留住，獨返華頂。下約三四里許，名曰景星岩。壁傍有一硤，穹窿幽邃，下視攢峯壘嶂，如列翠屏，即簡堂大師修道處。昔吴公芾佚老於休堂和陶淵明詩云：「我自歸林下，已與世相疎；賴有善知識，時能過我廬。伴我説道話，愛我讀佛書；既爲崖上去，我亦爲膏車。便欲展我鉢，隨師同飯蔬；脱此塵俗累，長與岩石居。此岩固高矣，卓出山海圖；若比吾師高，此岩還不如。」又曰：「雲山千里見，泉石四時流；我今纔一到，已勝五湖遊。」住持了開大師，苦修於此，一見有緣，假小樓休息度夏。

一日，出寺，右首里許，西谷茂林中，一溪清流，隨山灣屈。人行澗上，林園清幽，別有天地。深約五里，茅庵林立，約廿餘處。

一日，與了師往天封道一遊。横行竹徑，道路寬暢，上下左右茅庵林立，皆在松竹間，若隱若現，如一幅圖畫。人在畫中行，約十二里，抵天封寺。昔入天台之大道，即智者大士十二修禪地之一也。歷代出有高僧，今甚殘敗。午飡而返，仰望諸峯挺秀，陵谷深幽。順道天興庵，訪妙瑞上人，已西歸，不禁悵然。經小室崖，有僧晝夜持誦金剛經，已三十年無間斷。南明庵，定昌、契理二師互談：「知罪肯懺，知過肯改，知福肯作，知心肯修，學佛也不難。」仍返景星崖。

一日，上文殊崖，見許樾身居士題有「福德因緣」四字。遊玉樹林、桃林、靈墟等處，盤石可坐，精廬可居。約四五里，修篁蔽路，直下般若庵、面壁岩，竹林内蘭若數楹。原路上坡，經林下溪邊石上稍憩，有隱修如冰師立於崖前，語及「儒家談性理不談因果，論是非不論報應，只爲上人說法，不能度中下人」。日落回寮，山被雲封，不得其門而入，幸了師來迎。山中茅庵甚多，共約九十餘處，或爲長者福聚，或爲衲子化城，各有竹園茶圃，兼靠香火募緣作生活也。

一日，往華峯觀勝，與余君遇於嶺頭，遂同至中方廣。時值亢旱，禾苗半枯，新昌民眾約數百人來此禱雨。

次午，霈然大雨，歷三晝夜，約七八寸許，澗水高丈許。二瀑爭流，飛雪四射，山川震動，可驚可怖。由下方廣前下數百武，即觀瀑橋。「石橋觀瀑」，爲八景中之一也。時石梁橋口，天河倒瀉，噴射至數十丈，轟耳眩目，橋頭難以立足，真奇觀也。兩岸松竹，翠接長空。石橋下，有惠澤潭，據云其龍甚靈。

次晨，由中方廣，十里過嶺，經數村，至龍王堂。五里，由清溪而入，嶺路九折。洞門一望，諸峯環繞。下坡，桐柏宮，即金庭洞天，唐建，有吳越王銅天尊像十位、昭明太子聖蹟。元明宮、洞天宮有禹鐘，迎真宮有伯夷、叔齊像。龍潭二里爲瓊台，大壑之心，一峯突起，狀如削瓜。下俯百丈龍湫，不可近視。「瓊台雙闕」，八景之一也。

次早，七里，桃源觀瀑。金澗三井之泉，懸掛於蒼岩翠壁之間，如白練數百丈。宮前農田十數頃，佳禾盛茂。

次早，過桐柏嶺，碎砂路滑難行。十八里，桃源洞。谷内兩岸植桃，右有護國寺。再上里許，道狹如羊腸。三里荒谷，石崖阻不可上。口北小廟三間，名曰秦游嶺。口外煙樹叢叢，人家頗盛。「桃源春曉」，八景之一也。詩云：「數點殘星掛綠蘿，看桃行入舊山阿；桃源洞口紅成陣，沙麓崖前翠作渦。天外曙光驚鶴夢，水邊啼鳥和漁歌；劉郎去後無人到，吟倚東風草色多。」　三十里，沿山麓溪行，抵國清寺。詢問日期，已七月七日矣。適友人沈心師在此作水陸佛事，打千僧齋，熱鬧異常。有伽藍殿，即元弼廣濟真人，天台主神，據云祈夢甚靈，通宵男女不絕。

第四十七篇　雁蕩山

民國十一年壬戌

七月

十六日　出天台山，晚至台州。

十七日　乘船至黄岩縣，宿。

十八日　午，抵海門。飯畢，往遊白楓山清修寺。沿山徑約行四五里，中有一峯，突兀空懸。盤旋而登，左右諸峯林立。面對海洋，一望無涯。相傳宋高宗駐蹕於此，並有御題聯句。再往海口一遊，古蹟均湮廢矣。

十九日　海門僱小船，六十里，宿大溪鎮，屬黄岩、温嶺二縣。

廿日　出鎮。遥觀雁山諸峯插天，透出雲表。雁蕩風景，首推二靈爲最，其景物聚集故也。卅里，大荆鎮。七里，接佛寺。遥觀有大石如人立山坡，名老僧崖。二里，石梁洞。梁懸洞上，有天窗透光，內有清泉，冬夏不涸，下有石梁寺。三里，謝公嶺。遥望諸崖，爭奇競怪。二里，天冠峯，雲板洞，果盒橋，南爲連雲嶂，西行靈峯寺，昔日寓此，今則頹敗。左上北斗洞。西上數百武，觀音洞，又名羅漢洞。在合掌峯下，相傳唐時多怪異，有高僧獨處其中，誦法華經，怪不爲害。宋供觀音像，邇來香火頗盛。又曰一線天。聞內有秦檜摩岩一處，遍尋不見。洞內陟九壇，三四百級，有珠簾水、漱玉泉等。殿傍有洗心池各勝蹟。沿山直上，三里許，碧霄洞，金玉峯居士中興。由鳳凰洞，至長春洞，阮石泉先生重修。上有五老、鳳凰諸峯，皆奇秀。至洞休息，時當風雨連朝，行路頗難。

廿二日 遊淨名寺。昔頗壯觀，今則住持無人，僅有善友照管而已。行三里，折向南，沿翠微嶂，行響岩，入靈岩谷，至靈岩寺。寺亦無僧。後岩蔣叔南先生築有山房，並發意維持雁蕩各寺古蹟，蒙派人引導指示一切，因留宿。靈岩面對錦屏、獨秀諸峯，羅列環抱於寺右。登數百級，爲龍鼻洞，有龍鼻水，壁間有唐宋摩崖頗多，足寶貴也。上有小龍湫瀑布等勝。折回靈岩。

廿三日 出谷南向，二里許，靈岩村。五里，上馬鞍嶺，東西谷分界。下嶺，石城嶂。五六里，入谷。里許，大龍湫瀑布，天下奇觀。諺云：「欲畫龍湫難下筆，不遊雁蕩枉爲人。」傍有龍井，深不可測。　折回谷口，外行二里，華嚴嶺。　里許，羅漢寺。明臥雲和尚開山，今住俗人數家，犬豕成羣。　昔日清淨蘭若，今成糞穢之場，可歎！　前有宋建石橋。　由筋竹澗，約三四里，能仁寺，內有一僧，假宿於此。

廿四日　余一人獨行，攜竹杖、草帽、乾糧，往雁蕩山頂一遊。　三里，芙蓉鎮。　二里，石門村。　村內僱樵人引導，由連雲嶺，約十五里，先經深林，後上荒山，崎嶇難行。　抵山巔，廣闊數里，人跡罕至。　低窪之處即雁蕩。　周約里許，滿蕩青草，水藏其下，中有數泉，古有雁宿，今亦不見矣。　遥望大海，茫無津涯，天台、括蒼，秀出雲表。沿海空地可以植樹，亦能生產。　頃刻霧起雲飛，千峯不見。　樵夫曰：「快快走，雨來了。」　下坡約二三里，烏雲四合，狂風暴雨，無處迴避，周身透濕，心中照顧念頭，不爲所轉。　經黃泥坡，坡陡路滑，樵人滑下，將余打倒，扶起同行。　余又滑下，將樵人跌下。　是時風狂雨大，行快跌快，扒起快，溜下快，拖泥帶水。　一時許，抵石門村，至樵家稍息，仍回能仁寺。

廿五日　折回北斗洞，古名伏虎洞，宗松羽士募修樓閣數層。　在此休息數日。　洞前石龍戲水，諸峯拱秀，崖石爭奇，惜其氣不能聚耳。

第四十八篇　九華山　黃山

民國十二年癸亥

五月

廿四日　陰雨初霽，著芒鞋，攜竹杖，帶草帽，由九華東岩起行。　三里，平田岡。登頂，九華羣峯悉見，拱秀爭奇，山下浮雲遍鋪如海，恍如白浪滾滾，奔騰活潑，非筆墨能言其妙也。轉觀黃山，千峯插天，煙雲無際。　五里，經後三天門，普濟亭。　五里，金光洞，廟宇房屋頗多，倚崖面山，中橫一溪。昔日茂林修竹，今則一變爲衰頹氣象矣。　五里，過嶺，二天門。　三里，進天門。　五里，一天門。　五里，渡澗轉上，名頭天門。沿途山水風景，不如前山之勝。　五里，南陽灣。市鎮極小。店中午餐，適有歙縣汪先生談：「不見高山峻險，那知平地坦蕩。」黃山圖經云：「黃山爲玄聖之都，仙靈窟宅，舊名黟山，盤據宣、歙二郡，廣五百里，其中七十二峯、廿四洞，岩溪泉源，不記其數。唐天寶間，勅改黃山。」周書異記云：「昔軒轅黃帝在山訪道於浮丘公，曰棲隱修真，必假山水靈秀之地，唯有黟山，雲凝碧漢，氣冠羣山，神仙止焉。」今由大道，十五里，陵陽鎮。客談：「做好人性情舒暢，血氣和平，夢裏清淨。」卅五里，銅官寺，宿。

廿五日　晨。五里，琉璃嶺。嶺有關，險要如山西之石嶺。關側有嚴關寺，石埭縣界。出關，昔日由桃嶺、羊棧嶺，往白岳山。今東行。五里，蔭涼橋。此處山水極佳。五里，陵陽寺。南里許，即石埭縣城。十五里，楊家河。此河上通祁門，下達蕪湖。有雲水僧自黃海來談云：「信因果者，其心常畏，畏則不敢做惡；不信因果者，其心常肆，肆則無所忌憚。」七里，觀音橋。七里，密嚴關。有應聲峯。五里，望岩嶺。十里，三折嶺。八里，甘棠鎮，宿。客談：「仰天但使心無愧，作善何須人盡知。」距太平縣城十里。

廿六日　微雨上山。十里，張家埂。十里，府村。半里，過澗。黃山山麓，有庵名脚庵，殘敗。陡上七里許，時雨漸大。經芙蓉橋，對岩瀑布，如千丈白龍下降，亦如廬山青玉峽也。上里許，芙蓉洞。諸峯爭秀，勢若芙蓉。今產茶。傍有土崗，堪種樹，有僧結茅於此。冒雨下坡，三里許，龍淵。下有大小油潭，是時山水泛漲，聲如巨雷，瀑水由高崖直下，如數百丈銀虹，飛舞而來。松谷庵左數十武，有石橋一座，西來澗水，從橋上奔騰，聲震山谷，不能渡過，眾水爭流，濺花四射，風聲雨聲，塞滿虛空，而回顧一念，如杲日當空也。無法過橋，拖泥帶水，復回芙蓉洞，從小徑覓得破屋一所，室漏水深，看山老人允假住，而無宿處。用門扇懸架梁上，靜坐休息。所攜衵褲皆溼，亦不能換。大雨連夜，山水奇觀，漏室無糧，尤覺境寂心空，有快樂無煩惱也。

廿七日 雨止雲消，橋已露出水面，渡過至松谷庵。庵在疊嶂峯前，壁掛藤蘿，與日光相映，傍有明碑一座，抬頭，奇峯蔽天。庵主興雲師，昔在九華之小天台翠雲庵，今來此處八載矣。取出僧衣來換，並談翠雲事。

廿八日 禮觀音殿，師陪看老人、蝦蟆、鉢盂諸峯，往遊五龍潭，及大小油潭。瀑水躍潭，活潑潑地，見者方知其妙。

廿九日 自後溪上，經開山祖墓，往觀老龍潭等勝，並有石刻數處。憶程楠詩云：「雨過羣峯翠欲飛，白雲松徑鳥聲微；山僧閒臥聞鐘起，共話無生見月歸。」師談：「山有雲霧茶，玉蘭、杜鵑、山海棠等花。名儒羅洪先、温伯雪曾遯跡山中。」

六月

初一日 直上五里，如意亭。有劉景洲築亭記。五六里山色溪聲，迥絕塵境。沿途有五老、寶塔、展旗諸峯，皆有老松，短小曲折，盤旋於峯石之上。又四五里，有加官、十王、八仙、三佛諸峯羅列，尤若山陰道上，應接不暇矣。又三四里許，至獅子峯。危岩挺秀，有一巨石，名說法台，稍坐休息，見遍山松林如海，古柏濃陰，好似終南翠華之境。獅子峯下，有獅子禪林，唐建，屢圮復修。庵中住持爲宏定，並有老友李法周居士在此，專誦法華有年。昔在九華會晤，今又舊雨重逢，心喜無量。

初二日　法老同遊，邀余發起建造圓通殿。上坡三百餘步，至清涼頂，新造房屋未成，乃王森甫居士倡建，住持法空大師。客談：「種松得松，種豆得豆。天網恢恢，疎而不漏。螳螂捕蟬，不知黃雀在後。」亦慨世語也。

初三日　散步谷中，昔日老松如傘，遍滿山中，今遭斫伐，又被火劫，去其大半矣。古名松塢，亦名松海，石怪松奇，他處未有也。

初四日　晨。霧氣籠罩，對面不見人影。客僧談：「佛言財色於人，譬如刀刃有蜜，食之不足充饑，舐之則有割舌之患。」

初五日　雲消日出，法老等陪遊光明頂、散花塢。約三里許，經茂林濕徑，轉過獨石危橋，北岩一松，橫伸如橋欄，岩下深不可測，上即始信峯。峯頂平周約數丈，絕壁懸岩如削，下臨絕壑，上有巨石數塊、老松數株。其上有大小石刻，隸書「麗田生彈琴處」，行書

「寒江子獨坐」。另有石刻頗多，未記。白雲往來，羣峯皆露。法老指看石筍矼、繡球峯、圓屏、獅、象諸峯，羅列奇秀，並老松怪石之狀。黃山志云，有三十六峯，析之爲三百六十峯，溪源泉洞，數亦如是。歷代高僧靈異事蹟甚多，山誌可考。旋回林午飯，復談獅林精舍，「昔五台僧一乘募建，常居始信峯，近來庵中生活全靠太平縣境民人布旋也」。性航有詩云：「二十年來不出山，花開花謝守松關；岩前多少庵居者，乞食王城總未還。」

初六日 霧雨。

初七日 早，晴。頗遇天緣，先觀日出，繼看雲海。此地夏季雨多晴少，若值雨後天霽，趁早觀雲早佳。因雲霧之氣被壓，滿舖山谷之下，如大海中波浪奔騰，故黃山雲海，爲天下大觀。九華稱「少海」，黃山爲「老海」，他處更莫能比也。日上三竿，霧氣消散，不足觀矣。山中度夏，曾無炎暑。

十一日 遊光明頂。上里許，到頂，平處約一畝地。羣峯皆石，唯此處全土。四面諸峯，高峙若城，頂爲中心，即古大悲頂基。古有大鐘，上刻金剛經，重五千零四十八斤。側有一柏若龍，名曰遊龍柏。頂下有廓然大師建大悲院淨業林數楹，磚瓦全無，唯空架已豎立年餘，木料皆伐千百年古樹充用，已覺可惜，如再不遮蓋，完全爛壞矣。西行里許，山中有一茅蓬。某師談：「山有神鴉，迎送賓客先鳴。雀類少，而碧鷄、鴛鴦以及蒼豹、硃砂鼠、猿猴、麞鹿、山羊皆有。門前稍有砂土之地，可種菜芋敷口。我來住山不遊山，行住坐臥如閉關；只見道來不見山，谷中聲色我不看。」其言頗覺有味。

十二日 夜雨初霽，散步谷中，怪石林立，飛泉轟轟。經散花塢，觀擾龍松，往始信峯。坐觀雲流，下臨絕壑，古松穿插，千態萬狀，一片幽奇，黃海之勝也。

十三日 由獅頂觀海，霧氣濃厚，而始信峯大放光明，往觀。鄒匡明云：「石筍矼諸峯，亭亭屹立，有驚起、獨拔、直折等狀。石骨中皆有怪松，倒直橫生，葱蒨相糾。對岸有接引松，人不敢渡。」正靜坐間，霧氣漸起，雲上見松，頃刻間松埋雲裏。

十四日 至光明頂西麓，雲氣拍面而來，山溪盡香，一片蒼茫，唯帶兩袖白雲而歸。

十五日 至清涼頂。是日雲霧充滿山谷，對面不見人影。如我一念不覺，業風吹動，萬念紛飛，全在無明㲄中也。

十六日 晴空萬里。法老云：「今日往擲鉢源，在鉢盂峯下，一名丞相源，相傳宋丞相營菟裘處，其中石刻頗多。」經雪莊、金骨塔、白沙嶺，沿途峯巒挺峻，風景幽秀。共約十五里，雲谷寺，擲鉢禪院，明建。傳南朝有僧居鉢盂峯下，斷絕色味，枯坐寒岩三十餘年，神異漸著，擲鉢空中，久而始下。石上有卓錫泉。住持定青師，亦舊相識，外出，幸有工人備餐畢，導觀江麗田墓、丞相坟、靈谷開山等塔，並觀九龍潭、江老琴台等勝。前後兩遊，皆草草也。

十七日　晨。沿途望天都、蓮花、鉢盂、青鸞諸峯，虛空擁翠，一瞬即被雲遮。至獅子峯，天色昏黑矣。

十八日　告別。法老送余經光明頂麓，西向折南，共約五六里，出竹林松徑，山岡砂石。西南二里許，有山岡，南爲前海，北爲後海，中即天平矼。法老云：「黃帝軒轅氏，來山訪道於浮丘公，故稱黃山。」二里，天海峯，相傳軒轅墓在焉。西南沿路小石堆爲指路碑。翻山越嶺，過天海岡。法老談：「黃山採藥源，在青鸞峯下。山崖水滸，藥草生焉，如峨眉之洪椿坪也。」由石岡脊行，法老說：「唐天寶間，李白亦曾來遊。」里許，鰲魚背，有洞。穿洞，怪石林立，半壁飛泉而下。沿壁寬約尺許，長約二三百步，下臨絕壑，不見其底，奇險非常，名曰百步雲梯。將入此道，法老云：「照顧脚下，一失足時千古恨。明徐霞客過此，意骨俱蘇。」詢余如何。答云：「余遊山數十載，唯終南深處，崎嶇險絕，萬無路時，壁坡皆能行，非畏境險，只怕我心險也。」轉過山坡，隆然而起者，即蓮花峯。峯下有古蓮花庵址，昔僧靈虛結茅處也。不數武，石上有泉，法老云：「月池也。」傍有老龍松，石刻「天海大觀」，汪洋所題。谷中石級，曲折陡險，僅容足尖。俯身盤旋而上，有數石當關，轉逕爲虛洞，洞上如井通天，太華之猴猻梯無此險也，高數十丈。出洞登頂上，平周約二丈許，下臨千仞，不敢傍視。此峯與天都對峙，昔日嘗遊之地也。頂台靜坐，北望九華，東觀天目，西看白岳，四顧海闊天空，如置身霄漢，身爲天人。文殊院人來催午膳，余戀戀不捨，法老呼喚下。里許，蓮蕊峯。沿途多產龍髮草。又里許，穿雲渡，從大士岩流出。過大小閻王壁，德圓老人來接。至文殊院。院三楹，一厨連臥室。今院外新築一小樓，止宿於此。有額曰：「到者方知。」聯云：「孤雲臥此中，萬山拜其下。」飯畢同遊。德老云：「文殊院四圍，峯岩如石椅，位於天都、蓮花峯間，後倚玉屏峯，前爲文殊台，左獅右象。」又言：「用功之法無多，最要明心。心體一明，頭頭是道。」談至深夜。

十九日 德、法二老同遊，右行，其下有洞，可出千尺峽，有石刻「觀止」二字。再下經石洞，有「雲巢」二字。經天都峯下，觀日落。返照紅霞，金光遍滿山谷。德老指：「此去上有鍊丹峯，相傳浮丘公鍊丹處，天都與此峯相並，高九百仞，卓立天表。萬年松，天都最多，蓮花諸峯懸岩皆有，曲折盤旋，生於石上，大者長約尺許，小者二三寸不等，經冬不凋。如連根拔收，歷數年，取置水盌內，一夜即開，蒼翠如新。復收藏數十年，亦復如是。奇物也。」余答：「西岳太華，亦有斯等萬年松，其最小寸許者，遊人每購之，攜至江南送友。」法老云：「此山有石蘭花，香味超羣。有雲霧草，或生松杉，或生峭壁，狀如亂絲，不粘寸土，唯飽雲霧爲生，性寒寒辣，能愈疫癘。」至天門坎，蓮花洞，復回。仍經小心坡、蒲團松、迎送松、困龍松。坡下沿壁而行，過仙度橋、蓬萊島、一線天，入文殊洞。石窟内陰氣逼人，不能久立。歸來晚餐，皆以石耳爲上菜。是晚德老談：「行人來山，如猴穿洞，從黑暗中轉出見天，衆山盡露。清涼頂之曠，桃花源之幽，石筍矼之異，唯我文殊院普見其勝，所以有『到者方知』四字也。」法老云：「黄山無山不石，無石不松，松奇石怪，非意想所可及。」並談：「危岩壁上產石耳，性奇寒，小民捐軀冒險採之不易也。」山中特產野朮、紅朮，真者稀少，皆是買來種者。土產有黄精、黄連、紫芝。法老說：「有仙猿一，白猴二，常在蓮花峯腰，不與衆猿爲伍，不常見之。凡猴頗多羣行，不獨行，竄在懸岩陡壁間，深夜下山偷包穀，此時山麓人家難安枕也。並有獨角獸；硃砂鼠，色純赤，不多見。山羊諸峯皆有。飛鳥絶跡，唯蓮花洞以下谷中有奇鳥焉。」

廿日 法老飯畢而歸，余與德老送之。是日薄霧微風，日光不現。沿途德老談：「近來末法，衆生障深業重，淨土法門，最爲當機。我等凡夫，非仗佛力接引，決難出生死海也。」至百步雲梯，法老云：「我於獅林擇地，搭個小茅蓬，願兄來住，年老不必回終南，辛苦吃不下了。」余答「謝謝」而別。彼時霧散雲消，青天獨露。復至蓮花峯，登頂趺坐，遠眺山下，一片汪洋，雲流如湧。約一小時許，霧忽上昇，諸峯不見，即下峯來，仍回文殊院。德老送來雲霧茶約一兩，云：「真天都雲霧，每春採覓，不過斤許。又野朮三塊，石耳斤許，此是黃山土產也。」

廿一日　出遊遇雨，拖泥帶水，歸來獨坐小樓，山雨漸大，不但全無暑氣，更覺料峭生寒。

廿二日　風雨滿空，寒氣滿樓。余與德老談：「上年勸修山路，至今有多處被山水沖壞，如不再修，必至斷絕往來矣。」時有汪君朝山，被阻於此，談「天道循環，因果不昧」之理。

廿三日　告別而行，德老與汪君同送至洞口。余云：「送至千里，終有一別。」合掌獨行。仍經文殊洞、一線天、蓬萊島，折轉危岩，龍洞真如天關奇險，度雲巢洞，過天門坎，蘭香陣陣送來。約六七里許，道傍有杉木排成茅蓬。僧談「欲於此處普接良緣，結個茅蓬留客住，修條大路與人行」云云。經叢林深處，濃陰蔽日，陰氣迫人。沿山皆有奇松怪石，險道難行。經飛洞、鼓洞、球洞等處，景極幽美，膽小之人不敢傍視也。約七八里許，出林，即見硃砂峯，此處歙縣屬。下坡有普門大師塔院，明碑記之。敬禮畢，前行，至山門，額曰「慈光寺」。硃砂庵者，因峯得名。入寺，詢雪嶺上人，已歸西去矣，今繼住者爲滌塵師。正殿內，銅塔一座，千佛繞毗盧，仍是金碧輝煌。殿後洗眼泉，水甘可供千人。寺基宏大，難復舊觀。是夜宿於此。

廿四日　出寺，下坡，石級里許，得心亭，古木陰濃，不見天日。　里許，谷口。　溪中怪石，如斗如星，似恒河沙數。　雨後瀑流，雪捲濤湧，激鬭有聲，如撾金戞鼓，諸水下匯於湯口。　經紫雲庵下，數十武，即温泉，名蒸雲泉，因就濯浴，塵垢清淨，勝過關中、滇寧之清華二池也。　浴畢，過小補橋，往觀祥符寺，破敗無人居。　返經紫雲禪林，昔性海上人重興，又名天下第一茅蓬，今亦衰敗。　仍回硃砂庵。　每日經行，來浴一次或二次。　有韓君談焦靜山詩：「渟渟靈水養靈珠，籟定波生注玉壺；　洗盡塵勞多少客，不知還解洗心無？」

七月

初二日　晨。　天光晴明。　出山三里，谷口。　由小徑中折出，三里，上湯嶺關。　關上無人居。　上嶺下坡，皆土路，頗滑。　沿山荒草一片，岩上猴鳴鳥語，與水聲相應答。　十里，吊橋庵。　內住一人。　十五里，椒村。　沿途轉旋難行，聞陳少峯君修山志，往訪即別。　十里，焦村，黟縣屬。　城上觀宿。　聞住持勸士人云：「得忍且忍，得耐且耐，不忍不耐，小事成大。」

初三日　隨山過溪，五里，張村分路。　廿里，入兩山峽中，有大溪，七孔大橋。　十里，上壤嶺。是時暴雨忽至，冒雨直至嶺頂，雨止，就一茅舍飯店過午。　又行廿五里，烏石隴。　十里，夏村，宿店。鄉人夜防野猪，又防猴來偷包穀，徹夜不寐。

初四日　廿里，柳家渡。此去五里，石埭縣城。　五里，琉琉嶺。　五里，銅官寺。　卅里，陵陽鎮。　四十里，青陽縣，宿。沿途山水風景極佳，懶於瑣瑣記載。途遇僧談：「妄念勝於佛念，業識障於智識，口雖念佛，心不染道，出生死終無把握。」

初五日　乘小舟至大通。遊大士閣。渡峽江，三里，和悅洲。遊蓮花寺。僧談：「學道務須步步踏實，事事認真。工夫純熟，因緣時至，乃能上報四恩，下濟三有。」伊回漢口，余乘江輪順流而下。

次暮，達鎮江金山寺。

第四十九篇　雲居山　廬山

民國十三年甲子

五月

初二日　由九江乘南潯車，經沙河、馬迴嶺各站，至建昌下車。道中遙觀雲居，峯巒峻拔，秀出霄漢。雲居山在江西省永修縣，即建昌，古稱歐阜山，相傳楚將歐岌隱此，故名。又山高藏雲，故名雲居。既躡其頂，復又入谷，爲大平地，田園千頃，雲中雞犬相聞，羣峯環抱，天然城廓，真若桃源。有真如古刹，坐萬仞峯頭，五宗禪老，有四十八代，皆傑出龍象。山有明月湖、碧溪橋、五龍潭、趙州關、仰天窩、雷門洞諸勝，奇秀天然，形容莫盡。蘇長公云：「雲居冠世絕境，大士所廬，其中湖開明月，瀲灔寺門，三面平田，四山帶礪，崖巒盤曲，宛如蓮瓣。」朱晦庵題「蓮華城」。黃山谷云：「四時美景觀難盡，半點紅塵到不能。」　七里，永修城。入東門，經大街，市面冷落。　復出北門，三里荒僻之處，半山坡上，冷水觀茅室數楹，即雲居下院。當家天貴師，能苦行。適昌桂和尚在此。是晚閒談：「猛獸容易伏，人心最難降；溪壑終能填，人心却難滿。」有慨乎言之也。

初三日　晨飯畢，昌老陪余上山。西門外，渡大溪，經山峽叢中，宛折而行。四十五里，姚店寺。村無飯鋪，食物稀少。卅五里，真日寺，即雲居山脚。側有山上莊房，佃户造飯，餐畢登山。舊山重來，余昔由匡廬陸行，五日抵山，今有火車，兩日可到。時已日落西山，坡谷荒草難行，幸有佃人引導，上十五里，至真如寺，已更深矣。

初四日　濃霧滿山，上殿禮佛。殿上蓋鐵瓦，額曰「真見如來」。前有天王殿，東有廂房十數間，内住一香燈師。

初五日　狂風大雨。昌老談：「雲居歷奉勅建，宋唐最勝，劫運既經，荒榛滿目，然古制規模，大有可徵。旻相國碣云：『登奥阼者五百室，丹墀四十八。』當年法席之隆，可想見也。今大雄、天王兩殿仍舊，明萬曆間奉勅建，王時敏書額曰『天上雲居』。藏經閣亦同時建，上覆鐵瓦，中奉滲金毗盧佛像。」香燈師言：「昔日住衆七八十，今三五人而已。」

蒲團子按　「旻相國碣」，或爲「晏相國碑」。據相關資料，「登奥阼者五百室」諸字見於署名爲「宋晏殊撰」的雲居山重修真如禪院碑銘一文。

初六日　安師陪遊谷口，古有石坊，曰「雲居第一山」。鉢盂山適當月湖前，端正周圓，天然作案。五老峯在寺後。寺之來脈主山，儼若雪頂。龍珠峯圓整秀聳，後枕玉屏，前選佛場。四山之水，匯於明月湖，流三里許出口，有五龍潭，大龍窩瀑布懸掛，遠望如匹練懸空，與匡廬爭勝。

初七日　往西嶺禮羅漢塔、講經台各聖蹟。晦山禪師偈云：「天上雲居更有天，奎章塔半共雲煙；閩山粵水來歸隱，永仰浮圖億萬年。」與昌、安二老同下山坡，四十里，馬祖寺。地近俗家，寺住二三人，午飯而還。某師談：「此山有道容、道膺、佛印諸大禪師，學人須向高高山頂立，深深海底行，方有些氣息。」

初八日　與安師禮祖塔，遊呼童橋，在南山跨馬尾水。世傳唐洪覺禪師於此呼童，故名。人傳蘇、黃諸老登匡廬，過雲居，目擊湖山名勝，慨然樂之，題壁甚多。紫柏云：「青天如鏡，空雷陡發，雲嶺甲江右，名高四百州。」寺前有無心杏樹，大數圍，老幹參天，杏菓無心。故真可詩云：「有實無心事最真，難將此語對傍人；只須自己親嘗嚼，始信歐峯別樣春。」折東行四五里，田地荒蕪。轉北，出東谷口，有茅蓬兩處，亦無人居。傍有樵徑，約六七里，通山下。

初九日　與安師出後谷，廿里，雲門寺，爲匡真禪師靜隱處。寺今廢圮，只有小庵。一僧出外，有俗人討債代守門，可歎！此去數里，有溫泉，芳草叢深，路影全無。志云「摩崖頗多」，余來二次，未能一覩，名跡湮沒可惜也。歸來遷新禪堂樓住，斯堂乃久參上人開單接衆，慶峯禪師助募，葉施主建築，約二三載成，今已漏室無人矣。

十五日　雲開新霽，散步峯巔，南望鄱陽，縹緲無際；　北顧長江，盤繞如帶；　東觀匡廬，諸峯插天；　西瞻翠崖，秀出雲表。　令人心曠神怡。

十六日　安師同遊佛印橋。　雲居外望，山勢最雄，纔一進嶺，坦然平正，四面峯圍，儼如蓮華，又宛如一大城廓，內有湖田。　祖庭絕勝，故朱晦老題云：　「千層台擁浮幢寺，十丈蓮攢大華圖。」碧溪近寺前，佛印橋跨其上，傍有談心石、磬石。　木魚石，在膺祖塔前，遊人敲打如魚聲。　龜、蛇二石，關鎖龍潭水口。　有歡喜石，當寺東，壁立陡削，登高遠眺，頓爾忘倦。　往來衲子談：　「一上歡喜石，終身不出山。」石船可坐數人，音明詩云：　「度生已畢似閒舟，恒泊雲灣溪水頭；　不住中流藏此壑，何年撐出竹林秋？」

十七日　安師陪遊，談歐岌將軍爲楚將，以懷王入秦，而後裔康王避難於廬山谷中，王翦追之急，天忽雷雨烈風，翦人馬不能前，因名康王谷，而將軍覓嗣主不得，遂遯此修煉得道，故名歐山。　仰天窩，昔有靜室，今圮。　雷門洞，在小湖坪之右，拔地千尋，嶙峋對峙，寒風叱咤，祈雨輒應。

十八日　禮祖塔，昌老談：　「雲居古刹，坐落萬仞峯頭，開山於唐憲宗元和間，有道者初至山南瑶田，謂道容禪師曰：　『吾自南岳來，尋此山十五載，今獲勝地，願與師闡揚佛教。』命樵人開道登山，有白鹿啣花前導，自横嶺折而北，數百步，地平如掌，湖澄如鏡，巒岫環列如屏，即其地治基建寺。昔龍昌圓悟云：『不到此山遊，不識此山美；此山霧騰雲，明月一湖水。』真可達觀詩云：『千尺盤桓到上方，雲居蕭索實堪傷；趙州關外秋風冷，佛印橋頭夜月涼。唐宋碑題文字古，蘇黄翰墨鮮苔蒼；最憐清淨金仙地，返作豪門放牧場。』德清示雲居常元禪師云：『出世原爲究此心，非圖名字掛叢林；話頭參到無心處，不向他家外面尋。』山中稻田千畝，峯上茶子松竹並茂，皆佳產也。昔住千衆，今亦可供養百人。」

六月

一日　與安師同禮開山祖塔。沿路談：「人隨情欲，貪世虛名，而不學道，枉受辛苦。」言次，經碧溪橋。子瞻題云：「欲與白雲論心事，碧溪橋下水潺潺。」安師又言：「佛說愛欲莫甚於色，色之爲欲，其大無外。」到明月湖，獨石橋跨其上。陳忠詩云：「山涵湖水水涵天，別有乾坤在嶺巔。」安師又言：「愛欲之人，猶如執炬逆風而行，必有燒手之患。」正談間，一山當面，即趙州關，三字石刻猶存。蘇東坡和黄山谷詩云：「一行行到趙州關，怪底山頭更有山。」余觀山靈之氣，助道甚好。惜無道伴，故思出山。時值連日暴雨，所有殿堂盡漏，無安身處，如再不修，必有倒塌之患也。

十日　下山，昌老送余出谷，談及蓮池大師跋佛印元禪師與東坡書云：「時人忌子瞻作宰相耳，三十年功名富貴，過眼成空，何不猛與一刀割斷？」余別師到建昌，搭車回九江，寓能仁寺。途中受暑頗重，友人介紹往廬山小天池休養。舊山重逢，時有竇介人先生，日來談道，聞孫厚在、謝鑄陳諸居士，妙培諸師，於牯嶺右岡大林冲坡上，開一道場，談經念佛，歡喜讚歎。黃龍寺，青松上人，留住度夏。

第五十篇　潮州韓山

民國十四年

一月 即甲子歲十二月

由滬乘輪至汕頭。已屆歲底，船停不開，余乘潮汕火車軌枕皆石，其他鐵路軌枕皆木，唯安滇路是鐵枕，經彩塘、浮陽、鶴巢等埠，至潮州城。入西關，出廣濟門，俗呼寒江門，城上有匾曰「寒江樓」。百餘武有橋，名湘子橋。橋有十數孔，皆鉅石造成。每孔有石五條，每條約長二丈許，闊約三尺許，厚約尺許。每孔石墩上，對面皆有小廟。相傳韓文公貶潮陽時，開江入海，造橋難就，湘子以神力助而成之，故水名韓江，橋曰湘子橋。渡橋上坡，即韓山。有韓文公祠，老幹十數株圍繞，前殿供關聖像，正殿奉韓文公像，傍有湘子像，左右兩廊，碑記甚多，匾額曰「高山仰止」，曰「浩然獨存」，曰「仰如泰斗」。側有學校，時放假度歲，只有堂介守門。余見祠中無人，與堂介商，暫住數日。旋伊復回家過年，余一人獨居，非常清淨，竟日不舉火，市上亦無素食，只以自帶茶食度饑而已。

正月

初二日　有陳明惠居士來祠朝禮，談佛言：「惡人害賢者，猶如仰天而唾，唾不至天，還從己墮。」即四十二章經文也。

初四日　下山，渡湘子橋，入城，遊開元寺。途遇邱有亭君，邀遊北城。城外金山，清秀壯麗。近有西湖，嘉樹蔭蔽。入峽登山，半山有華陀、葛仙諸殿。更有觀音殿，香火頗盛。僧室上有巨石，石刻「畫境」二字。登頂一望，韓江如帶，城中風景，一目全收。復回汕頭大峯廟一遊，遇曹居士言：「浮心慕道道難會，守志奉法法易行。」遊畢，登輪。

初五日　開香港，仍往杯渡青山矣。

第五十一篇　花塢　穹窿山　香山　靈岩山

民國三十六年丁亥春

雲水飄飄，往浙西山中不靖，經白雀寺、弁山、莫干山，至杭州花塢。憶清末時，余寓樹雪林經冬，茅蓬數處，皆是清苦行道之所。後來陸續新建數十家別墅華堂，成爲享樂之境，惹起盜劫多次，人不敢住，刹那間洋房精舍，頓覺淒凉矣。西湖舊地重遊，環湖馬路，交通便利，遊客更多。

往六通寺，訪幻如上人，即洪青立君，前清科甲出身，歷任州縣，素好佛學，深達禪宗，因二子皆亡，悟人生如夢，遂依道老出家，捨榮華，學苦空，實行脫俗離塵，真希有也。今來未晤，聞已赴他處參訪去矣。

復入太湖七十二峯中第一山穹窿寺，即明初姚廣孝修道處。今道堅上人，禪宗健者，雄力重興；方丈步雲，苦行超羣；明開、隆暄諸師，皆品學兼優。左上有上真觀，殿宇頗多，香火極盛。傍有寧邦寺，石如長者，廣種福田。觀月台外有名泉。穹窿寺四圍，林木叢深，上有赤松子煉丹台、朱買臣讀書石，下有古今名人坟山頗多，接連三里，陰氣逼人，直到谷口，全無人家。楞嚴台相傳爲明朝永樂皇姑修道處。寺右上山，過大嶺，嶺有九曲，下坡即香山草庵，觀音岩，假住經夏，承性慧法師殷勤招待。師性情孤高，學問頗好。本山無種植之地，蒙范老道友常送小菜，黃、徐二君特別照應，心感無量。每日一食，身心自在，萬慮皆空，雖入山不深，而紅塵隔斷。此處位居半山之中，背倚高峯，面臨太湖，縱目千里，四周松竹，老幹參天，無人往來，清靜非常。修道之人，因境現心。

終日見聞：

山色水色曠野色雲霞色　見同未見
風聲水聲松濤聲奇鳥聲　聞而不聞
有時風送太湖去　時有雨帶青山來

秋高氣爽，暑往寒來，白馬寺方丈、玄墓山首座石樓當家，與范老居士來，邀往茅蓬，同上九曲嶺，古南天門，回頭一望，太湖萬頃，白雲青嶂，七十二峯，全落杖底。太湖周約八百里，東北淤灘最大，約有千餘頃，可以築堤，泥肥種植極佳。

陡下，穹窿寺，又來福地靜修之處，主人留息數日。後步行至靈岩，參觀印公塔院落成。方丈妙真，福慧俱足，指導有方；護法監理王善祥、胡松年、樂慧斌諸大居士，本寺首座了然，德森西堂，後堂、堂主、維那、知客、糾察、書記、正副當家、諸大執事，皆是法門龍象，羣力相助而成。九月十九日，觀音大士聖誕，恭逢印公舍利入塔典禮，諸山老長、諸大法師、諸大居士、各紀念會代表、位尊之士，頗多參加。僧俗數千人，朝拜參觀，數十年來希有之勝也。

事畢，主持及諸大職事留住，自慚無道，福地不能享受，行雲流水，隨緣而去。忽聞交通便利，擬回掃墓一看，至泰仍未通行。沿途流亡載道，苦楚萬端。覩茲慘狀，良足悲傷。只以大劫方殷，人都自顧不暇，難以救濟耳。

經揚州高旻，入寺晤方丈。來公普告諸師，言三十年前終南修道同參故事，皆大歡喜，堅留度歲，共話滄桑。承送客廳，換衣沐浴。食處精潔，招待優美。暮鼓晨鐘，寺風猶昔。住眾二百有餘。七期未滿，來老精神矍鑠，日講開示，發揮西來大意，機鋒活潑，轉語敏捷，磬石妙訣，少室家風，言言見禪中之淨，句句有淨中之禪。歲尾年頭，上堂說法，皆是昔日終南所得之寶，供養海眾。首領執事，都是法門龍象。邗上證果法師，趙、陸諸大居士來寺，談及清雍正時，有天慧徹祖，賜紫沙門，宗風大振，歷代高僧頗多云云。今來老主持廿餘載，發大願心，修造五大工程，因時機不湊，尚未完成。

次日渡江，金山一宿，即往姑蘇，寓報國寺。因我淨院諸人，流亡江南，亟謀安插，幸承聶、馬諸公相助。是時妙真和尚與余商辦救濟四眾，安插住所，代薦工作等事。於是奔走半載，精神不繼，結束了事，隨往穹窿山，假得楞嚴台漏破房間度夏，清淨非常。又承寺主特別優待，心感無量。

第五十二篇　堯峯山　金山　穹窿山 楞嚴台度夏

蘇州胥門，乘東山輪，過上方山、石湖、棲上，至前莊下。　二里，前莊西庵。　蒙當家相送。　三里，堯峯山後麓，山徑崎嶇，行人絕跡。　上行五里，嶺頭。　西行三里，山嶴中古樹數株，碎石牆高數尺，周圍約里許，三峯環繞，寺在其中，即上堯峯。　以地形論，獨缺一面。　前面照壁，傍有水池，可供數十人飲料。　殿堂、廂樓、客廳等約廿餘間，閒人不至，誠爲靜修勝地。　頂有圓墩，名堯峯，相傳昔日堯王避暑於此。　寺主圓亮大師，陪遊諸勝。　西行過坡二里，中堯峯，古寺數處，殘敗久矣。　西北巔有石圍牆，中有石造普同塔，莊嚴宏偉，刻工精美，明代建，滿藏靈骨。　後下數百武，有石門，名觀音洞，上有雲形石，下是懸崖。

次晨下山，仍由中堯峯下坡，觀音堂即下院。　北去十里，爲木瀆。

回蘇城，突接友函言，金山大火，樓閣燒盡，死傷僧眾廿餘人云云。　余與靈岩方丈妙公，同往慰問。　至金山，與霜老及當家諸師暢談，皆不知起火原因。　妙高台、藏經樓、藏經全焚。　法堂延及雄跨堂、來鶴樓，並新建之浮翠樓上客房，暨留玉閣、東坡樓、至游堂、問梅軒、蘄王殿、韋馱殿、維那寮、祖堂、十間樓、班首寮、如意寮、大徹堂、千華台、玉鑑堂、方丈室、悟心樓、衣鉢寮、莊嚴樓、盤山廊、上下懸橋、七峯閣即宋岳武穆派何立問道悦禪師處、文殊閣、永思堂，悉付焚如。僅留達摩崖、庫房、南衖齋堂、樓上水陸堂。此外，如東坡玉帶、周鼎、漢鐘、諸葛鼓及名人手卷，僅略傷損。當時幸有軍警奮力撲救，並將房屋拆斷，得以保全餘屋。其未燬者，有客堂、尊客樓、雲水堂、天王殿、關帝殿、龍王殿、上客堂、涅槃堂、中架房，後即延壽堂，北行念佛堂、串樓昔年余住經樓，常老建念佛堂，余資修一寮房，今幸未燬，足資紀念也、倉房、大寮、吕祖殿、誌公堂、退居寮、忠烈祠、地藏鐘樓、財神殿、二座御碑亭、大小觀音閣、慈壽寶塔、法海洞頂上江天一覽亭等，猶矗立無恙。據傳燒死僧人，並無其事。蓋當時秩序紛亂，禪堂諸師，欲出無由，乃復入内，打通後牆，避至江濱。衆見未出，故有此誤。

考金山續志，自東晉開山以來，共遭火災七次，上次爲咸豐三年二月廿二日巳時，今則民國三十七年二月廿七日未時，真奇劫也。

飯畢，與妙公出後門，遊紫竹林，殿房數椽而已。内有八仙洞，轉灣，萬佛樓，係十餘年前新建。後爲朝陽洞。下有白龍洞，頗深。洞口建築房屋，頗稱佳構。經放生池，圍山如帶，有閘通江。池上精舍廿餘間，光緒末年建。本山初有裴公、佛印、圓悟諸大禪師，暨歷代高僧卓錫其間。隱儒和尚主持十八年，重建慈壽塔，復修大雄殿、大禪堂、千華台、玉鑑堂、悟心堂、至游堂、七峯閣等，莊嚴燦爛，金碧輝煌。復置齋田若干頃。

余自光緒廿六年遊五台、峨嵋歸，至金山，住藏經樓，前後往來金山六十年。初見山在江中，半浮水面，半沉水底，故又名浮玉山。今則淤灘長自江心，山已與岸相連。覩茲不禁滄桑變幻、人事昇沉之感。俗傳「打馬上金山，大地作戰場」，此言果驗。經云「世界有成住壞空」，足資警悟。

余幼來鎭江，市面繁盛，爲蘇北、皖南等地商船往來麕集之處，今則市況蕭條，遠遜當年矣。

翌晨，與妙公同遊竹林寺，參觀佛教學校。方丈與校長，品學俱優。飯畢，返蘇。回憶余遵秋岩濟南上人之命，襄辦水旱義振，事後深山遯跡，獨坐觀心，數十餘載，石火電光，轉瞬老矣。

忽聞道堅禪師圓寂，乃往吊奠。道老當日建造大殿、藏經樓、法堂、客廳等，勞心廿年，撒手西去，傳法於步雲和尚，參學有年，苦行卓越。余即假住楞嚴台度夏。距寺三里，境地清幽，人跡鮮至。陋室數椽，四面崇山峻嶺，諸峯羅列。斷溪有路難通世，塵俗隔山飛不來。因境顯心，於一微塵中轉大法輪。去年今日，境雖不同，而其心一如。二六時中祈禱，求消災劫，略盡吾心而已。

余來此數星期，適逢陰雨連綿，樹林叢中，隱藏瘴癘之氣，而一念中，浮光幻影，不掃而盡，心地清涼。承步公及諸師照應，范老、隆師諸友，常送小菜，心感無涯。靜師問：「現辦何事？」余曰：「專爲守死。」又問：「辦救濟否？」答：「不會辦，不好辦，不易辦，不敢辦。因良心問題，因果關係，怕造罪也。」問：「居士後去如何？」曰：「仍似野鶴閒雲。屍送何處，未有一定。妙行無住，只有隨緣而已。流水行雲爲上客，逍遥自在任遊行。」

第五十三篇　蘇州上方山　天池山　小華山

蘇州閶門外，乘車西行，十餘里，橫塘。三里許，九龍橋。橋跨石湖東口，即古石崇湖也，西出太湖。過橋，石坊，精工希有。海潮寺，倚山面湖，氣象雄壯，住僧無多。經治平寺，適主人外出，晤妙通法師，學識均優，世法圓融。

過站下村，約二里許，到上方山，高數十丈，形如半月，周約三四里，半爲墓地。山脈盡處，上有楞伽寺，殿宇廿餘間，供五神，皆稱老爺殿。峯巔七級浮圖，奉聖母像，據云靈感非常，香火極盛，每年中秋左右，各處來朝拜者，絡繹不絕，遊人亦多趕香會，肩摩踵接，攤篷延長達數里，湖中船隻櫛比，一時稱盛。登峯遠眺，湖山佳境，縱目千里，太湖萬頃中，有洞庭諸勝，星羅棋布。

昔由靈岩、范坟、御花園、白馬澗，入華山初地，今則道路不靖，須由原路至橫塘，搭車到善人橋。七里，入天池山。衆峯環抱，擁有平地五六畝。中有大池曰天池，有寺曰西方寂鑑，左右石刻藥師、彌陀二佛，怪石多奇，竹徑茶園，天然風景，爲梁時開山和尚誌公結茅處。歷朝興廢，高僧疊出。元至正年間，最爲鼎盛，殿宇百餘間，莊嚴巍峨。石刻石佛殿，又名西天古寺，清乾隆南遊，錫名寂鑑，惜咸豐時燬於兵燹，僅存石佛殿。余清末訪道過此，殿房只廿餘間，民初復興近百間，唯少大殿。木料石柱，皆已全備，時艱未能開工，四周圍牆頗好，乃妙通和尚十數年之苦心也。永德、隆參諸師，學行均優，招待備至。

三里，上蓮花峯。羊腸鳥道，崎嶇難行，以石如蓮花得名。下坡即小華山。里許，經御碑石，暨五十三參石，樹林茂密處，翠岩寺在焉。相傳清乾隆帝南遊，欽賜高雲和尚爲真方丈。「紅羊」後，寺宇盡燬，大殿獨存。創於晉而建於明，代出高人，其山形勢如椅，靈氣所鍾，真修之地也。當家寬成及許居士，熱誠招待可感。仍回香崖。

戊子年改訂本

名山遊訪記 外編

山中歸來略記自序

高鶴年

三界無安，猶如火宅，茫茫孽海，長劫沉淪，此皆眾生之心造，同分之業感，由慳貪嫉妒而生，情慾瞋愛而有，眾業所感，惡業成熟，故刀兵水火、風旱瘟疫等災，隨業感報，自作自受，無可逃避，所謂「善惡之報，如影隨形」也。吾人自曠劫以來，念念背覺合塵，作種種業，以致今日受種種苦，莫能自拔。若再顛倒沉迷，逐妄波而不息，則宿業愈積而愈深，惡果亦愈結而愈大。言念及此，能不懍然懲前戒後、畏果怖因？須知真源湛寂，罪性本空，若能回光反照，背塵合覺，歷劫惡業，當念冰消。六道升沉，一心所造耳。伏願日行方便，早作陰功，事事有益於世道人心，處處關懷於仁慈濟物，諸惡莫作，眾善奉行，則黑暗變為光明，火熖化為清涼，饑饉而稻粱，干戈而玉帛，可操左券。

鶴年老病無常，不久人寰，唯念念心香默禱，祈求風調雨順，國泰民安。倘獲世界昇平，是生歿之願也。

余自幼多病，每覺人命無常，垂諸呼吸之間，空被七情六慾所纏，名韁利鎖所縛，既無治國衛民之能，徒受三途八難之苦，殊無意義。以此遍遊名山，參訪知識，水邊林下，拙守枯岩，與風月作伴，虎狼爲友，時於山野靜坐，時來城市救災，時於峯頭偃臥，時在岩壁研經，五湖四海，逍遥自在，數十載光陰，如石火電光，刹那已過。近廿年來，水旱、滷蝗、兵火等災，接踵不息。余不忍坐視，勉力從事救濟。其中臥薪嘗膽，困苦非常，腦氣兩傷，幻軀難支，諸事一了，即返山中，填溝壑，滿本願矣。

山中歸來略記

高鶴年

民國十年春，自滇、粵歸，祭掃祖墓。因基地清幽，欲設婦女淨土安老院，倡辦各種慈善事業，奈心餘力絀，只能靜待機會，留與智氏守墓。不期李長者柏農（關中人，民元任廣東中山縣長）跟蹤訪道而來，一見相契，三生之約，於此發現。伊云：「我等宦海餘生，回溯從前，無心之罪難免。今爲懺悔起見，擬在蘇、杭等地設立道場，糾正佛教習弊，挽回世道人心。」余示以前意，公勸立辦，與簡照南、簡玉階、沈惺叔、王一亭諸公出資以助，建築該院大殿及兩廂樓。未幾經濟告竭，余素不肯向人開口，更不願沿門托鉢。爲難之際，忽得黃涵之、聶雲台、趙雲韶、關絅之、魏梅蓀諸公集資來助，工程因而成其大半。旋以江、浙戰起，絕難繼續，又得緣人李公再來，復與簡、沈諸公等，續發大願，完成九仞之功，三年告竣。手訂章程，經印光、諦閑二法師及諸大明公核定，各省來學者頗眾。朝暮功課，研經靜修，祈禱和平，干戈永息，風調雨順，上報四恩，下濟三苦。夏施良藥，冬辦粥振寒衣，並其他種種慈善。

十五年，九華山度夏。八月初四夜歸，次早洗劫劉莊，公安局、保衛團、緝私營死傷十餘人，我院幸免。冬季倡辦粥振，以濟難民。

十六年春，南軍北伐，我院設立婦孺收容所，數次收容本市婦孺、客舟婦孺及外方眷屬等千餘人，日供食宿，不募分文，並助本市紅十字會商會款糧。市上晝夜不安，被劫多次，我院幸免。是冬鄉間植樹數千株，無人衛護，奈何！奈何！

十七年春，滷蝗旱災，沈公惺叔助洋。江蘇義振會朱仲堅先生查放劉莊、白駒、戴窰、安豐各圩，以救難民，費用及不足之處，由我院負擔。並開埧車水，救濟數百家之飲料。

十八年夏，大旱。冬初，與興化石金聲、王某二公往申乞振。義會籌款困難，奔走月餘始定。回時適逢天寒地凍，陸行於冰天雪地之中。趕回之日，正某軍與省軍互戰於劉莊，槍炮之聲隆隆，市街成爲戰場。不期於槍炮聲中，雜以鐘梵之聲，隱隱可辨。際此殘冬，借款補助劉、白、戴、安四鎮粥廠。

十九年，春荒緊逼，大振緩不濟急，非獨自擔當，不能急救燃眉。於是設法抵押款項，於古曆正月初，成立劉莊粥廠。並邀請諸上善友相助，設救命團，不分日夜，各處借款，增設白駒、安豐、戴窰三廠。時興化振會囑往滬乞振，歸來視察，各鄉時值青黃不接，災民奄奄一息，而明搶暗劫，尤有朝不保暮之勢，心中念念不安。義振會因籌款困難，不能按期開查，余在舟中，徹夜焦思，如待大振之來，則遍地生命多填溝壑。考慮之下，非多辦粥廠不能渡此危急關頭。無奈點金乏術，只有捨命救命之法，捨我一命，而能救千萬之命。宗旨既定，隨發電至簡玉階、沈惺叔、聶雲台、李柏農諸公，懇借萬元急款，匯東轉劉，以便增加粥廠。當承陳叔仁、劉少軒等諸公借助款項，又邀諸友相助，在永豐圩、合塔圩、下圩、中圩、老圩、蕭莊、大營、大團、鄒莊，東台屬，西團、草堰、鹽城屬，曹家廟、東岡等十四處卞倉鄉，往大團鄉吃各設粥廠一所，由余擔負糧款全責、各廠查察。每數日一往城中借款辦糧，維持各廠現狀。後因流亡續歸，饑民日眾，大有難乎爲繼之勢。當此精疲力竭，千鈞一髮，設法無門。是夜由大鄒莊粥廠往城，忽來盜船數隻，電光灼灼，喝阻余船。舟子噤不能言，余即至艙口，說明事由，匪徒感未阻擾。天明趕至城中，時有七廠糧船停泊碼頭，待余發糧。余屬客船稍遲聽信，心則默持「救苦救難觀音」聖號，直向蓮池庵走去，擬入蓮池捨命。捨我一命，纔能救數十萬人之命，只有甕中捕鼈之法。不料行至南城根，突遇振務分會差役尋來，告以上海沈惺叔居士匯來六千元，助辦粥廠。余聞頗奇，查義振會來款，向匯興化，至於余借之款，概匯東台，而今日誤匯興化，蒙佛悲憫眾生。如昔日救濟山西旱災、丙午徐淮海水災、民六京津大水、民八湘南兵劫，只要肯發願犧牲，其中自有感應。因緣奇巧，不可思議。於是維持各廠至小滿節，義會大振亦來，麥亦可收，余願亦償，體氣大傷。范堤改築省道，劉、白、草各善堂，熱心拾骨施材，我救命團在沿堤造骨塔十一座，名曰萬靈塔，南至東台丁溪，北至鹽属卞倉。又於劉莊北郊購地，遷坟三百餘所。是秋大亂，市無行人，我院收容之婦孺，竟安然無事，托佛庇佑也。冬天助辦粥廠數處。鬭龍港渡舟破沉，溺死三命，余聞，造船送去。此渡是大豐至劉之要道。

廿年春，堤東十三灶旱荒，曾設立粥廠二處。事後結束，所借數萬餘元，即用安老院中各人自備口糧之基金，填還上項欠款。救命團徵信錄出版，余腦氣大傷，精神疲憊，擬返終南，旋以滬友邀往莫干山靜室，修養旬餘。又接王一老電召，以江北洪水爲災，囑即到滬，相助水災義振。余復趕歸，催加各圩堤岸。不料運堤崩潰廿餘處，洪水漫下，大地陸沉。劉、白諸上善友來商，仍設救命團，並設救生會十餘處，立即僱舟四出救護，少壯者送往高地，老弱者帶回收容。並請周楚白、楊紀雲、朱勉之、柏維翰、王兆斌、束天照諸兄，攜款往安豐、戴窰、永豐圩、鄒莊、中堡、竹橫等處，視察災情，助辦救生會，設收容所六處，老弱婦孺頗眾。諸友見義勇爲，余亦僱舟往來於洪濤駭浪之中，四處挪借款項，暫救眉急。又設耕牛收容所。後幸得各地義會、省府先後撥款來與救濟。義振會囑往大豐視察，開口出水，與民眾合作互助，利益頗大。將我救命團所辦各處難民收容所，移交義會接辦，度過寒冬。

廿一年春，滬戰發生，義會無法顧及江北春荒，近城有華洋義振會，余等遂設粥廠救濟。沈靜庭君交來顧加才君募洋四千六百元，辦玉米相助，後得國家救濟會發美麥來振。事後我團助修各圩堤及冲破圩口。冬仍辦粥廠數處。義振會諸上善人助院二千餘元，移建劉莊北大橋，我院擔任完成，朱智氏諸公相助。

廿二年，各圩橋被水冲去，助地方重建。又結束各粥廠。徵信錄出版，蒙沈惺叔諸公捐助舟資數千元。凡遇旱年，我院開溝車水，接濟民眾飲料。

廿三年，江南旱災，赤地千里，王公囑余往災區探查振會捐册，請各粥廠熱心善友一體勸募，得五千餘元，内有三百餘元，蒙城鄉諸公欲代余勒石紀念，余亦交會，改作救災之用。我院附設手工廠，並在鄉間辦農林試驗場。

廿四年秋，江河泛濫，數省水災，上海籌募各省水災義振會，又囑相助，老友囑往河南、蘇北視察，蒙陳叔仁、劉少軒、陳步蟾、徐沐三諸兄，募得數千餘元送會，指振陝、豫、揚州、西山等處。

廿五年，川、陝、豫、甘等省，旱荒奇重，上海慈善團體聯合救災會捐册寄來。余於冬春自備川資，災地奔走，將善友助院口糧轉會，指振川災。

廿六年，春夏間，川、豫災重，上海各慈善會均囑勸募，承興化商會諸君勸助，直匯上海王一亭先生收。秋冬江南各埠逃來興化難民最多，諸友助二百餘元，送交興化難民救濟會。劉莊亦有少數難民，沈靜庭諸君籌募收容，我院亦補助秈稻廿石。隆冬遠來難友，我院給寒衣川資等費，聊盡寸心。

廿七年春，時局緊張，本市作戰場，居民逃散。其老弱貧苦，有願捨命而不願捨家者，坐以待斃。余心不忍，乃放零星小振，救其燃眉。後敵機轟炸，繼以火燒，百餘家盡成焦土。我院自春至秋，明放暗施，並借款放稻、麥、糝米等急救。然後省亦放麥。秋天黃水下注，盡成澤國，余往外設法。適逢蘇、滬各地兵劫之後，慘狀尤甚。省助三千元，興化難民救濟會三千元，會合查放。我院亦與善友湊集千餘元，救濟沿堤貧民搭篷之資。水災最重者十三灶、南北漥等處。余復多方奔走，設法倡辦粥廠廿餘處。後承上海慈善會、紅會黃涵之、聞蘭亭二公捐助一千元。是時金、石、朱諸公沿堤監放兵災振款，目覩水災慘狀，籌助三千餘元，補助各廠。

廿八年一月，余與各廠主任，到城領糧。適值時局緊張，而各糧船幸均安然而返。二、三月間，局勢仍然嚴重，范堤一帶軍隊林立，各處交通均告斷絕，災民嗷嗷待哺，故積極挪借糧款，專救重災，各廠改放乾糧。四月間，蘇北國際救濟會及范師撥助粥振四千元，歸來，順道白駒，市民逃散，訪請楊培之、周楚白先生借糧急救，並商以工代振，浚南窪河，以資補救。並往十三灶、南北窪視察，難民無力布種者，遍地皆是，即辦玉米蘆秫等種糧施放。五月，外國華災會囑代查放各廠粥振，計四千九百七十三元。顧公及諸君熱心，商請開浚新溝河，並築堤修往大豐之路，亦係以工代振。夏令各災區時疫流行，我院復備藥水丸藥等十餘種，施送各鄉。省政府爲防黄害，通令各處做圩。貧民無力工作者，余撥玉米九十七石，各圩查放。顧、葉二公捐洋三千元，指振十三灶及北窪災區；聶雲老二千四百元，指振重災之地。以上各振，均值秋禾未穫，急要接濟。華洋義振會二千元，自放五百元振教友，另一千五百元囑振十三灶。鬬龍港西岸，其時秋收將屆，查放更難，乃設法預放，以工代振，改作浚河築堤之用。鄉老王仙舟、韋秀慶、朱子祥諸君，領導辦理。十、冬月間，貧民貸款所，我院與地方合辦，各廠賬目彙編徵信錄，並登新申報，公布報銷，淨欠二千餘元，由我院負擔。各粥廠自捐之款頗鉅，不在此内。若非各會諸公慈悲，源源接濟，及諸善友努力相助，余一人實無能爲也。

廿九年春，時局仍然不靖，單、周諸君關懷災民疾苦，輸送款稻，指振劉、白。嗣又久旱不雨，河水枯涸，湖蕩可以陸行，飲料缺乏，余又設法車水救濟。秧苗全然死盡，赤地千里。入冬後，不忍坐視，借款買胡蘿蔔，冬春施放，暫救眉急，並零星接濟寒衣等事。後承杜、劉、徐諸君代爲墊還，不敷之處，仍由我院負擔。另印有水旱振災徵信錄，各册詳記。

三十年，春荒緊逼，青黄不接，災民嗷嗷待哺，施放芋米兩次，粥少人多，難以普濟，盡心而已。王居士來院，提倡紡織、工藝、種植、田園等事。秋間，余與地方諸公擴充因利堂，建築貧民小工廠，收容貧民，學習蘆蓆、斗篷等輕便工藝，虧欠萬餘元，概由我院擔任，借貸償還。冬間又與諸公興辦粥廠，送寒衣。余由山中歸來，創辦婦女安老院，已廿餘載，疊遇水旱、滷蝗、刀兵等災，不忍坐視，設法救濟，故將院中各人自備養老口糧之基金用去，又將院眾衣棺零用等資數千元用盡，仍欠萬餘元。

三十一年春，新建之屋，籌辦貧女紡織所，附設圖書館、閱書室，所用器具雜物，皆由我院供給。未久，紡織所爲和平軍借住，工作停輟。適值青黃不接之秋，仍由我院勉力設法，施放胡蘿蔔、野芋等物救濟。

三十二、三、四年，仍照舊例，每年春放小賑、夏施良藥、冬賑棉衣、開辦粥廠等事。

三十五年，余南來，經過七縣邊境，沿海淤灘上行，見所有墾植公司大都未成。政府如能重視，實行築堤，開墾種植，數年後，產量偉大，國富民豐，永享安樂矣。陸行十數日，轉至蘇州山中，小憩修養。後聞解放軍紀律嚴明，行平等法，維護我鄉婦女淨土安老工藝院，片瓦未動，樹木如舊。院中除先後散去廿餘眾，仍有老弱貧苦三十餘人，承地方政府憐憫指導，努力農作織工，勉渡生活而外，尚能朝暮功課，祈禱和平。

余早欲入山，未能如願。近數年來，與院不通消息，隔斷一切麻煩，大好機緣。不了而了，還我本來面目，仍是野鶴閒雲。余年近八旬，風燭殘年，老病龍鍾，朝難保夕，昔日捨命尚能救命，今則犧牲不能救生。我院成立，並非沿門托鉢，概由善友發願相助，及住眾工資集合而成。此後仍望地方政府、父老兄弟姊妹仁德指導，酌量維護，則老弱貧苦，受惠多矣。

中華民國三十七年冬雲溪高鶴年記於蘇州香山草庵觀音崖

諸篇總跋

回憶近來數載，飄泊湖山，屢經冬夏。客春假住穹窿山楞嚴台，門前古樹四株，約有數百年。諺云：「山中倒有千年樹，世上難逢百歲人。」夏去秋來，有馬雲程諸君來訪，見余房間上漏下破，難避風雨，伊遂與穹窿寺步雲和尚密商，合搭茅蓬，便余棲身。由寺後上千竹園外，萬松林間，圓屏峯中，朱買臣讀書石相對處，左有鐘峯，右有鼓峯，東西兩山，蜿蜒而下，圈成椅形。三里許至谷口，無人家，皆是古今名人墳墓。楚公云：「華墳美墓千年在，子孫成敗半途亡。」人生夢幻泡影，如是如是。茅蓬牆後，四五尺許，掘得甘泉，味厚而美。泉有五眼，吴谷宜先生取名曰鶴來泉。此係老佛加被，龍神所賜，否則數百步以外取水，山路高低不平，真正困難。水是世間寶，不可一日無。余昔在終南，結茅多處，皆苦無水，今得此泉，因緣奇巧，不易逢也。室内未乾，又逢陰雨連綿，日夜忙於理溝出水，兼之自造茶飯、搬柴炊火、日食二餐、洗掃雜務等事，每日約需四小時爲身工作。

祈禱功課，每日亦有十六小時。因命光無多，故加緊用功。靜中常檢自過，默裏省察己非。慚愧不自認識，又不識人，不會說話做事，諸多名實不符，不能衛國衛民，已成爲廢人也。仔細思量，八十年來，錯處太多。無心之過，從有心而來；有心之過，從無心而起。有心無心，只有自己檢點，晝夜虔誠懺悔，蕩滌累世冤愆，洗濯千生罪垢，所謂「枯木崖前苦心事，個中能有幾人知」。

己丑歲夏季終南侍者雲溪高鶴年暫棲姑蘇穹窿山寺大覺茅蓬

戊子年
改訂本

名山遊訪記 附編

鶴年居士靜默無華，若習禪者行雲流水，若遊方者不事積儲，遵僧制勇於布施行六度，是誠福慧兼修、圓融無礙者矣。承示肖像，集波斯匿王偈贊之。丁丑初夏 屈映光

三世諸佛權化有情遊百國，檀施清淨利羣生；入理般若名爲住，十住十行十迴向。於中學，無量功德於中攝；能斷三障迷心惑，得變易身常自在。

民國二一年送鶴年居士朝五台 七律三首 陳攖寧

煩惱菩提事一般，刹那迷悟隔千山；直心到處堪回向，淨土何妨在世間。平地風波人道苦，漫天荊棘路途艱；羨君妙手空空也，南北東西自往還。

水陸兼程達上方，霎時炎熱化清涼；曾經雪嶺安禪寂，又向雲峯禮法王。參學驗知梅子熟，逢僧許問木樨香；金剛窟裏傳消息，話到三三莫較量。

愧我無緣難附驥，此身猶滯滬江濱；暗將去日推來日，願換前因作後因。六月仙槎

泛青島海程經過青島，五台花雨洗紅塵；歸期未便輕相問，我亦萍蹤浪跡人。

民國六年鶴年居士行脚住靈岩山題贈

程德全

隨緣知幻即真宗，日用先須達苦空；識轉便成無漏智，頭頭是道顯家風。

民國二年題高居士鶴年小像七絕二首

李審言

自愛名山自打包，鐘魚聽慣不須敲；道人豈有宣光想，漫自將身託海巢居士與元末遺民丁海巢同名。

成佛應須慧業多，病坊淨業識維摩；蓮花未着東風緩，神骨相看奈我何昌黎贈僧澄觀詩「坐睨神骨空潛然」。

民國二年於四明接待寺贈鶴年居士七絕四首

釋圓瑛

東坡箬笠是前身，不捨塵勞不染塵；撥草瞻風圓見性，此心唯與道相親。

百城煙水一身遊，度嶺穿雲春復秋；　任運隨緣無罣礙，也無煩惱也無憂。
橫擔楖栗自西東，一段飄然道者風；　直入千峯萬峯去，此身常在白雲中。
芒鞋拄杖日從容，踏破雲山幾萬重；　無位真人真面目，於無覓處處相逢。

贈鶴年　錢三照

十五年前一首詩，今朝展卷忽瞻之；　迢迢雲樹隔千里，記否僧樓夜話時？

跋高居士遊訪記後　錢三照

南北知名高鶴年，草鞋踏遍萬山巔；　冒風冒雨冒煙霧，尋友尋師尋聖賢。　坐守蒲團慚我拙，練成鐵骨羡公堅；　新書一册記遊訪，可作千秋行脚篇。

讀遊訪記畢又題二絕　錢三照

何必尋人問路頭，不須喚渡覓來舟；　但教執卷齋中坐，天下名山可遍遊。

一枝妙筆記遊仙，勝地分明在目前；讀到此書宜拜賜，省人脚力省人錢。

鶴年先生精通内典，遍朝名山，民國二年雁蕩相遇賦贈

蔣叔南

飄然雲外鶴，傾慕各西東；難得羣峯下，相逢一笑中。襟期秋夜月，擔荷佛家風；雁蕩多奇勝，君應細細窮。

乙亥秋七月上浣承鶴年高老居士惠贈名山遊訪記，捧閱之餘，頓開覺路，勉成七言十絕聊以誌感

陳永穀

行脚孤身訪至人，名山歷遍卅年春；談經悟澈真原理，明月當空不染塵。

行到峨嵋少息肩，桫欏樹下好參禪（桫欏樹見峨嵋山桫欏坪。再雲南雞足山有空心樹，高數十丈，大可十餘圍，其下可安蒲團，爲道者之禪座，皆非人間所有）；合眸靜把玄機悟，不管滄桑幾變遷。

岩居茅隱養天真居士在終南山結茅有年，並添修茅蓬六處，供養十方高士，建造骨塔，成就念佛堂。杯渡山掩關百日，雞足山借茅息隱，熊猿不畏，捨己忘家有幾人居士捨自有之家園，建婦女淨土安老院，規模嚴肅，令人欽佩；誰說捨身修爲己，須知救眾在修身峨嵋山高僧有言：「凡聖賢捨身，必有益於天下。捨身以救眾生，是地上菩薩所行之事」。

五台聳秀是南台，異草奇花日日開五台山唯南台獨秀，亦名仙花山，自古產靈芝、神藥，然非肉眼可識。他如金芙蓉、日日菊、陸地蓮、零苓香，種種奇花，繁不勝數，亦非人間所有；四至金剛無所見台上有金剛窟，在般若寺左畔，深不可測，今已杜塞，三世諸佛供養器俱藏於此，居士四至未見，心覺有憾，迷途喜遇化身來居士遇急難時，文殊菩薩化身牧童騎牛以導之。 **寧按** 此事見第十六篇遊訪記中。

磨鍊身心三十年，備嘗艱險志尤堅如凍地冰天，雪夜迷蹤，風捲身空，滑足墮澗，虎豹怪物疊見，遇匪脱難，七次被軍捉去，種種奇險，非楮墨所能罄述；追蹤不讓徐霞客明末有徐霞客者，名弘祖，乃江南江陰人也，雖不以佛者名，而遊蹤爲最遠，記載亦獨富，雞足山題詠最多。居士抖擻追蹤，不讓霞客專美也，五岳歸來譽共傳。

振災心切返塵寰，跋涉京津幾往還；窮谷匪多拚捨命，漫天風雪過潼關。京津水災奇重，居士爲佛教會振災一份子，不辭三百里風雪交加，且不畏谷中多匪，以已饑已溺爲懷，的是菩薩心腸。

滔滔洪水憶當年，力挽狂瀾救萬千民國廿年，江北洪水爲災，我海東尤甚。幸居士提倡救命團，遍設收容所，活災民達萬千之數；莫道慈航無覓處，海東自有渡人船。

山川雲水我無緣，政事勞人俗未捐余年已逾七旬，公事俗事未能脱卸，雖雲水有情，而我無緣，慚愧弗如；此日得觀遊訪記，始知踏遍界三千今觀遊訪記，始知居士遊蹤之廣，凡志士高僧，無不見到；名勝古蹟，道場梵宇，歷代石刻經版，名人題詠，風土人情，路程月日，無不一一詳載。卅年苦行，無愧道中矜式。

碌碌虛生七二年，自慚乏善答雲天勉成十絕，聊以奉答，亦他日雲中爪印也；也知方外乾坤大，白髮蒼顏怎學禪？

仁言利溥貌慈祥，淨院功成願已償；衆善奉行毫不倦，應徵無量壽而康。

鶴年大居士發心最早，修道頗專，指示迷津，因以有悟。今歡迎出山往京津水災救濟，口占兩偈為贈

長安臥龍寺釋了然

拔出紅塵夢裏身，回看苦海半沉淪；慈航普渡無休息，厭世翻成救世人。

入山載得寶歸來，淨土唯心不用猜；願向東林重結社，大家攜手上蓮台。

鶴年先生枉過談經奉贈

潘飛聲

吾愛高居士，談經到日斜；名山盡行脚，壯歲已辭家。聽雪都忘耳，添薪自煮茶；不聞獅子吼，悟徹九蓮花。

鶴山遇鶴年居士

潘飛聲

雪嶺天台好置身，談經無著與天親；遊蹤遠過徐霞客，佛理深於蔣虎臣。家室幾人抛世界，妻孥偶爾證前因；憐余瓶鉢垂垂老，猶待松林共拂塵。

贈高居士鶴年　沈臚仙

一葉扁舟繞水鄉，人人都道是慈航；昭陽有個高居士，作善無憂降百祥。

懷鶴年老居士七絕八首　石鳴鏞

羨君超逸脱塵埃，慧覺光明有自來；修道更能宏救濟，是仙是佛費疑猜。

四方行脚訪名山，小住終南幾往還；虎嘯一聲知斂跡，老猿獻菓到禪關。老居士所著名山遊訪記有山中遇虎、老猿獻菓事實。

印老吾華大法師，先生杖履溯追隨；偏圓解釋標真諦，踏遍名山豈是癡？印光大法師所撰老居士像讚，有「居士性偏」「偏即是圓」之説。

白龍妙筆善傳真，竹笠芒鞋寫有神；古樹參天山徑裏，同修佛學證前因。十八年旱災，愚偕老居士至滬乞振，王一亭先生語余曰，高居士與予是前生同修道友，今世又結修道緣云。白龍山人，是王一老外號。

旱災乞振意相投，呼我同行赴滬求；旅舍談禪初破曉，一天風雪促歸舟。民國十八年十二月，至滬乞振，返鎮江時，風雪交加，老居士與愚計議，恐被凍阻，冒雪回里。

一片汪洋二十年，滿場無策哭徒然；波濤洶湧常來往，四境災黎賴保全。民國二十年，運堤決口十七處，老居士來城，在縣中開會，全場痛哭失聲。

別來數載各西東，遞我音書勸悟空；指示一條明白路，平生知己孰如公。客歲秋，老居士賜書勸愚誦佛經。

院中修道近如何，淨土皈依信女多；寄語常開祈禱會，全球息戰弭風波。

送鶴年禪兄由廬山往五台七絕三首　黎端甫

連年奔走逐風塵，誰識當初錯用心；來去有無今斬却，慢留纖芥惜行人。

匡山不比紫雲山，晝不安門夜不關；雲在峯頭泉在壑，任君登至幾重岩。

皇皇北渡禮文殊，要識文殊有與無；此個毒蟲消未盡，南蔬北筍不關渠。

鶴年老居士自江北來滬枉顧長譚感賦奉詒五律二首　濮一乘

海內高居士，芒鞋老不閒；心銘七佛偈，足藺九州山。久別仍能健，憐予尚自頑；因緣如有在，共爨白雲間。

三十年來事，茫茫剩歎嗟；故人多宿草，勝會一曇花。世變誠難問，吾生亦有涯；相逢疑夢裏，塵劫數河沙。

鶴年居士將歸興化，賦此贈行兼訂後會　濮一乘

吾衰甘斂羽，君老尚猶龍；當代徐霞客，前身鄧隱峯。不堪譚往事，無計阻遊蹤；去矣荒江上，時清或再逢。

奉題鶴年先生名山遊訪記

成靜生

禪中好友兼三益，江上青峯訪六朝；稱物將爲天下雨，白頭廣厦傍湖苕。

題鶴年居士淨照

王震

卅年苦行尋，踏破嶺頭雲；參秀禪三昧，鐘聲出定聞。

贈高老居士

姚定中

誠信感人德自孚，振金冒險記中途；哀嗷鴻雁聲堪憫，侵城豺狼念化無。坦白一生明己志，災黎四境免庚呼；印心我佛慈悲護，涸鮒將乾困復蘇。

贈高老居士

楊繼洙

淹没無多足縠翁，可堪十室九家空；仁言溥利私慚愧，清話高情氣感通。殘喘災黎全性命，精誠坦白見慈衷；車薪杯水虞難度，國府源源濟鞠藭。

贈高老居士

祝澍

聖參仙佛道同源，善果生成有慧根；一念精誠操坦白，萬家性命憫黎元。西江鮒涸乾能濟，東海鴻嗷聲不吞；聞說雲溪高鶴老，鄉關利溥拜仁言。

贈高老居士

釋醉禪

楚陽屬境降奇災，萬井斷炊眼莫開；民命饑寒驅不去，佛緣善信廣如來。西江水引擔肩負，東里惠周假手培；爲想楊枝甘露滴，雲溪恍現白蓮台。

調寄浪淘沙・贈高老居士

錢春華

搔首問穹蒼，白馬紅羊，哀鴻遍野實悽愴。柔柚其空徒壁立，四顧徬徨。連歲苦饑荒，目擊心傷，熱忱移粟景梁王。生佛萬家咸禱祝，百世流芳。

菩薩蠻・贈高老居士

華世忠

大兵之後有凶年，況有凶年二歲連。强者翻成弱，老者轉溝壑。誰把仁漿濟，雲溪高居士。災黎賴以生，此德五中銘。

浪淘沙·鹽南災況贈高老居士

周雲鵬

十室九無人，散盡雞豚，呼庚呼癸那堪聞。仰屋吁嗟徒壁立，竈釜生塵。　老弱苦逃奔，哀動鬼神，生於亂世貴爲貧。幸獲高君施舉救，一路福星。

贈鶴年老居士

陳廷桂

拱公世第永流芳，祖武相繩姓字香；澤泛海東甘雨露，名標淮北熱心腸。災黎載德爭銘石，亞聖知音勸發棠；　遥望雲溪時仰止，全憑佛道展恩光。

贈鶴年老居士 七言長歌一首

陳永釗

滷旱蝗災連番起，疫癘流行慘桑梓。守財虜與足穀翁，若個熱忱籌井里。老居士，杖佛力，杯水車薪苦不給。風雪連天不憚勞，託鉢呼號江南北。仁言利溥拯義漿，十萬災黎咸飽德。方冀圓滿告功成，仍入山中事休息。那知堤決又成災，巨浸稽天滾滾下。游十圩，破八九，流離失所喪家狗。救生宏濟大願船，設所收容爲保全。不惜勞瘁精神奮，維持大局籌義振。具此捨命救命心，漫言施濟病堯舜。吁嗟乎！漫言施濟病堯舜，天留此老回劫運。

贈鶴年老居士 七絕十二首　宗儒任正學校

六度布施居第一，散財說法本同仁；法施能了人生死，尤重財施生死人。

公是維摩詰化身，闡揚佛法度羣倫；時當末劫多災患，兼法慈悲救難民。

昔有給孤獨長者，多財自易濟貧寒；公今兩袖清風客，乞振災黎較萬難。

旱蝗滷水一齊臨，費盡前年慘淡心；走遍大江南與北，始將粥廠立如林。

喜慶南風麥有秋，災民從此盡亡愁；萬家生佛回山去，安定禪心得自由。

不圖今又降奇災，洪水漫天澎湃來；嗟我昭陽居釜底，檐前牆畔浪成堆。

田禾隨水全淹没，廬舍沖波毁復傾；鴻雁哀鳴無處集，樹頭屋頂寄殘生。
耗音傳到莫干山，忽動慈心作戚顔；坐解跏趺旋起立，禪關重捲返鄉關。
歸來一片歎汪洋，悲憫清深欲斷腸；未暇救饑先救溺，茫茫苦海駕慈航。
收容運送兩相宜，福粟移民策並施；老弱壯丁咸得所，頌聲無口不成碑。
山中法侶多仁者，海内知交盡鉅公；勸募僅憑廣長舌，輸將到處樂從風。
經營數月力維持，區廣災深費不資；諸上善人欣繼起，免教遺散又流離。

點絳唇・贈鶴公居士

張一留

遊遍名山，問公究竟歸何處。菩提非樹，只有西方土。八十趙州，那怕風和雨。傳真語，法施如許，願度羣生苦。

贈鶴年老居士 七絕九首　吳濟時

名山遊訪歷年多，醒世度人拍手歌；何幸一編承示及，焚香稽首老維摩。

費盡芒鞋穿盡雲，卅年行脚莫如君；名山只爲參求去，度夏經冬兩不分。

妙境當前世慮蠲，苦千苦萬豈徒然；寒灰枯木心存處，病死無非助道緣。

明心見性口難宣，教外拈花別有傳；只是功夫宜做到，得來不費半分錢。

便混漁樵都見道，整天瞌睡莫非禪；真心不是隨緣變，人自聰明我自顛。

我亦蒲團春復秋，幾經光影誤門頭；海航一浪關生死，生死全抛大事休。

主誠主敬莫非功，能忍猶堪稱大雄；　人我關頭都覷破，好鎔禪淨一爐中。

悟自心時定萬魔，坐餘正好念彌陀；　守山鬼與守屍鬼，見道高人一例訶。

筏爲渡人筌爲魚，一齊放下便無餘；　主翁自在家中坐，法法都成信不虛。

贈鶴年高居士

聽翁

善行山者不見山，鶴年行山不計年；　老樵愛入名山住，名在山前我在前。山非我答我非我，我亦非名誰後先；　嗟彼凡夫好爭競，拖泥帶水青山塡。住山不參善知識，虛負平生草鞋錢；　路如行山不見山，石光火中雲水緣。老樵非善才，君亦非普賢；　兩個頭陀行，一東海邊一西川。形分九千里，神則呼吸連；　行坐若行坐，眠亦若同眠。仰看空中月，俯觀水月圓；　水月與空月，原無分媸妍。治亂亦非二，自然不自然；　謝君磨磚鏡，分我親手研。

贈高老居士 七絕八首　彭慧範

煙水瀰濛過百城，善財參後孰賡行；鶴年高叟堪媲美，踏破峯巒遍八紘。

千山行脚豈徒然，知識參求願倍堅；一偈一言都記取，漫雲空費草鞋錢。

悟自心時不見山，行雲流水漫相關；道人澄澈如秋月，俛仰乾坤任往還。

寶閣彈開復面南，蓮邦導引願王參；印師行願公先識，饒舌豐干豈妄探。

無我無人無衆生，在家菩薩度羣氓；賑災救難如臨敵，法雨慈雲到處迎。

一部名山遊訪記，不勞跬步勝參玄；維摩澈悟禪兼淨，微笑拈花教外傳。

回憶靈山獲識荆，幾番歲月訝頻更；新離虎穴來吳會，德攝羣魔孰與京。

相見無言一笑知，拈詞讚歎費尋思；春風得意花千里，秋月揚輝桂一枝。

敬贈高老居士　妙法

數十年來一片心，尋山問水到如今；中郎學佛文章見，柳子讚僧傳記欽。九上洞山古德日，三登投子昔賢吟；我慚未得天涯願，說起維摩歲月深。**蒲團子按**「慚」，原作「漸」，據他本改。

贈鶴年老居士　石金聲

太湖七十二峯中，山有高人是鶴翁；若問高人何所慕，山間明月與清風。

贈鶴公大導師七絕八首　周夢莊

看空人世利名關，野鶴閒雲任往還；煙水百城菩薩行，平生遊訪記名山。

隨方應物大通家，玉骨冰心氣自華；指我迷途歸正路，且從火裏種蓮花。

如在終南一室春，慈顏道誼喜相親；願參大覺同龕果，莫笑拖泥帶水人。

妄生疑竇苦無門，慚愧蹉跎是鈍根；一自雲溪霑法雨，宛如寒木得春温。

四十年來一夢醒，輪迴流浪不飄零；真如本性雖然在，切實修持莫暫停。

滄桑閱歷知多少，光影門頭亂轉心；佛法淺深方便說，休將黃葉認黃金。

菩提有樹待誰栽，心鏡浮塵掃不開；學佛今多求佛貌，靈山怎得見如來。

悟澈真如大照輝，打開漆桶說禪機；須知性相圓融處，歸證彌陀得所依。

讀高鶴年居士寄示印老法師六十年苦行記謹讚五首

江謙

清苦頭陀六十年，晚年說法動人天；大師自得靈峯眼，高唱西方淨土禪。

不聞孔孟烏知佛，佛也詩書醞釀成；　世出世間樓上下，文鈔幾卷佛儒聲。

因果兒孫心性娘，彌陀佛是性中王；　不離心性談因果，乳裏醍醐蔗裏漿。

翩然一鶴伴師來，四色蓮花處處栽；　護法因緣公最久，寶蓮池裏妙高台。

趙州不惜草鞋錢，行脚無方豈計年；　十卷靈峯儒釋論，願公到處作宣傳。靈峯宗論十卷，聞金陵版已燬，揚州江北刻經處版尚存，能設法多印，當使佛儒正學放大光明。

題鶴年高居士名山遊訪記仍介仲書道兄書寄 三首　俞殿荃

杖履春常在，優遊不計年；　從心天縱聖，跣足地行仙。敬梓孚鄉望，拈花證佛緣；
祇園開淨土，敷座有宣傳。

一卷遊山記，文言道俗情；　兼程遵水陸，長揖禮公卿。落墨無餘瀋，開編仰大名；

題詩聊作介，期與話生平。

吾愛高居士，逍遥自在身；同林成道侶，大海覓原人。貧乏饜心得，名流炙手親；援儒非入墨，頓悟脱風塵。

題贈鶴年居士名山遊訪記

鈕敦仁

是佛是仙人不識，翛然屐笠萬山遊；蒲團靜攝生風虎，果獻徐來步月猴。紅葉白雲供眼福，嗷鴻涸鮒寫心憂；願從淨院謀經始，在抱林芸給取求。近擬辦工藝農林場救濟貧民。

贈高居士鶴年

魏儁

龍象精神水復山，維摩幻相涉人間；大雲出谷爲霖雨，潤遍焦枯盡解顔。

贈鶴年居士

嬾石

越天楚地一閒身，過眼煙雲幾見新；指宿不須樵子話，青山半識上方賓。

贈高老居士　薛璜

樂道參禪客，扶危濟困人；風塵伴行脚，水月證前身。衣缽千秋遠，關山一卷新；相逢愧青睞，娓娓指迷津。

贈高老居士 七絕二首　劉麟祥

野鶴孤雲自有天，飄然物外地行仙；名山到處供遊訪，鴻爪雪泥遍大千。

佛說三心頗耐思，我聞如是亦宜之；善緣且喜前生結，一輩難忘救命時。

贈高老居士　張惟一

滄桑驚幾變，劫後喜重逢；曠達乾坤外，纏綿笑語中。感公開覺路，愧我少追蹤；細味名山記，道高最上峯。

甲申三月旅居阮家莊憶高居士 七絕六首　石鳴鏞

六年睽隔倍思君，海角天涯兩地分；白髮蒼蒼東北望，扶笻獨立悵斜曛。

聞勞杖履到吾家，屋舍依然院有花；慰問慇懃頻寄語，常思答訪話煙霞。

東海高人臥草庵，屢思息影到終南；院中修道須維護，普渡羣生靜裏參。

桃紅柳綠感良辰，過眼風光又暮春；若問交遊來往者，大都田舍白頭人。

兩地睽違路不通，八年蹤跡各西東；傳來驚有非常事，幾夜酸心屢夢公。

劫風火起無安宅，苦海波中有渡船；何日宿緣同印證，紫雲山下靜參禪。

題鶴公遊訪記補編

葉胥原

慈悲心量泯吳越，入道精深早捨家；禪定十年鞭虎豹，恩蘇萬劫拔蟲沙。直窺天地緣何許，欲化修羅願未賒；如是山中如是住，歸來行證結蓮華。

讀名山遊訪記贈高老居士

少亭

一搭芒鞵一葉舟，熙熙人海任閒遊；攀登欽得窮通理，更有煙霞紙上留。

鶴年老居士見眎名山遊訪記奉題一律

楊祚緝

淮流莽莽失蒿萊，往歲衝波記救災謂辛未賑災事；蹤跡萬山長踏月，聲名四海早聞雷。仙家瑤草有時拾，佛國曇花無數開；此境待公纔啟發，故應霞客後身來。

讀遊訪記有感呈鶴年老居士

孫仲康

菩提乘願再來人，出水芙蕖不染塵；有志名山遍訪道，無緣俗世漫尋春。性和氣靜功能解，心定神全理自真；耿耿星河歸滿月，白雲峯外一綸巾。

民國十八九年間蘇北旱蝗滷水爲災，哀鴻遍野，所在索然，鶴公老居士發菩提心、運廣長舌乞援南北，創設粥廠多處，活人無算，爰獻數言以留鴻爪

一　七律一首　潘春霆

旱滷蝗災相逼來，嗷嗷待哺盡鴻哀；爲援民命輸仁粟，拚自犧牲築債台。普渡慈航宏誓願，圓成善果具栽培；而今世界多機械，人不絕人天亦回。

二　古體長歌一首　沈定業

噫吁嘻！猗與休哉！先生之能之德實無遮，十方刹海莫不聞風景仰而咨嗟。微妙法音，前生應是維摩詰；甚深悲願，今世何殊須達拏。疇昔先生勇猛精勤求佛道，一瓶一鉢芒鞵竹杖走天涯。苦辣酸辛所不敢顧，唯一此心供養黃面瞿曇老釋迦。面壁當年躋太室，在握靈珠猶恍惚。忽然拔脚下嵩高，遍求天下名山善知識。越盡嶺南十萬山，恒河西上耆闍崛。會須北度絕大荒，東觀滄海摩碣石。藉問誰媲先生之遊蹤，前

有澄江徐霞客。豐草長林虎豹號，山荒谷寂叫鴟梟。渴飲澗泉饑柏實，夜宿繩床懸樹梢。如斯念載窮岩壑，轉入風塵煉大藥。歸來志決禮彌陀，遯隱家園真極樂。八功德水九蓮橋，抱環精舍絕塵囂。中有道場修淨土，經聲曉夜徹雲霄。於時中原還逐鹿，年年烽火照南北。烽火纔過又凶年，水旱頻來空人煙。況復海邊瘠磽地，人民從此難爲全。去年今日尤慘酷，百畝之家無斗粟。草樹根皮掘剝完，兒女傷心何處鬻。人事天心兩渺茫，見此誰人不斷腸。幾爲災黎常洒淚，聲嘶力竭費徬徨。先生憫之長太息，飛電四方懇周急。孤身隻影下江南，不憚山川頻跋涉。所欣集腋盡成裘，粥廠安排作急賙。七八萬人同活命，萬家生佛一齊謳。而今痛定倍思痛，當時再造恩難頌。聊題匾額上莊嚴，永誌慈悲在民衆。吁嗟乎！先生之德之能何其宏，一聲響應萬壑松。如來六個波羅密，盡在先生靈台方寸中。

三　五言古體詩一首　朱繼園

雲溪有高士，襟懷何突兀。舉世難爲榮，平生唯好佛。訪道歷千山，參證善知識。勤苦數十年，乃獲辭岩穴。歸來楚水陽，闢其心所得。穿鑿放生池，葺築華藏室。大開淨土門，度生離火宅。百千匝塵勞，盈盈一水隔。人境之西方，於此真信得。浩歎頻年來，南北烽煙熾。所遭靡有遺，傷心詎可述。去夏罹蝗災，纔秋滷水没。人人悲亂離，處處苦旱魃。數百里范堤，東西一片赤。少壯散他方，老羸乾菜色。茅屋哭啼啼，衡門嗟咄咄。斯大人慈悲，出擔活人職。日夜奔呼援，四方求賑恤。刹那粥廠成，恒供萬人食。嗟哉溝壑資，伊誰肉白骨。海濱劫餘民，無不感其德。所以萬衆心，爲陳一匾額。曷足頌高深，聊爲萬世式。

四　楊繼澍

世德相承文義公，雲溪禪定挹清風；黍粱黄鳥嗟邦復，苗藿白駒惘空谷。活引上流甦涸鮒，生全中澤免哀鴻；南天慈竹施甘露，九節菖蒲感拜同。

五　朱道曾

黼稱有脚是陽春，跋涉他方乞振頻；兩袖清風傳遠邇，一肩明月歷艱辛。羣黎此日均沾澤，五岳當年不染塵；遍聽萬家生佛頌，豐碑矻立海之濱。

六　周福珩

青邱種福勝梅花，四境饑寒若一家；佛手仙心功普濟，義漿仁粟澤無涯。慨謀梓里愁蕣鞠，勝傍蓮台誦法華；苗藿白駒場告罄，雲山紫煥一天霞。

七　五言古體詩一首　楊雪門

濱海無名山，北顧雲光紫。雲山幾徘徊，中有老居士。居士右族高，鶴年記其字。上知性不移，黃中美通理。人海不足觀，浮雲幻差擬。率性皆坦途，中道無偏倚。修德寸心明，天命恒顧諟。沉思仙佛蹤，探訪尋遺址。風雪耐長途，星霜穿敝屣。結茅棲煙霞，居遊偕鹿豕。非窮五岳奇，別參三昧旨。不動證如如，澄空水平止。旋思苦海援，安忍久坐視。旱蝗並潮災，流離慘桑梓。奄奄一息存，何啻饑猶己。惻然請義振，肩擔菩提子。雨雪不辭勞，冰天南北徙。用甦涸鮒乾，灌引西江水。興東接壤區，拯不分遐邇。利溥仁人言，所在歌樂只。吁嗟足穀翁，有囷吝不指。如斯自了漢，雖生亦猶死。菩薩熱心腸，聞之額有泚。結晶善念凝，高誼良足紀。表率積善家，聞風庶興起。

八　程珍

奇荒白首見聞稀，蝗旱潮災海角歸；虎尾堅冰消客棹（謂解振款遇匪不攫），鵝毛片雪沍征衣。嗷鴻中澤哀堪憫，凍雀沿村斂不飛；豪義南天迎鶴背，相將十萬解腰圍。

九　湯英

雲山氣紫毓劉莊，居士真修賦性良；不二門中無苦障，大千界內有慈航。孟書未許歸楊墨，遷史何曾廢老黃；巨子名公崇佛學，拔民水火答穹蒼。

十　馬禎

奔波風雪瘁何辭，尤羨善勞不伐施；援手濟荒無我相，苦心起死有天知。鑄銅羅漢一爐冶，繡像平原五色絲；救命團迎齊念佛，饑腸轆轆誦慈悲。

十一　林之美

哀鴻遍野劫彌天，佛手拈花盡意憐；東海災難開眼界，西江水引灌心田。慈祥允羨人中傑，憂患能爲天下先；　杖策遨遊歸舊里，本來面目地行仙。

十二　余覺民

滷潮蝗旱遇多窮，濱海十家有九空；　民命垂憐援佛手，仁言利溥補天功。　西江渺渺塵薇蕨，南省源源惠鞠藭；　萬象回春生再造，榆鄉四境免哀鴻。

十三　張靜盦

濱海窮簷劇可憐，滷潮未可灌中田；　那知旱魃方爲虐，頃見飛蝗又駕天。　蓬蓽三冬無卒歲，鞠藭萬井斷炊煙；　雲溪幸有高居士，殘喘餘生命苟延。

十四　七絕三首　張紹先

攬勝探奇遍國中，歸來岩穴夕陽紅；　結茅遠在囂塵外，綽有無爲太古風。

五濁能超淨社開，天教此老度人來；　只因億萬羣黎苦，不惜微軀弭浩災。

善人面目佛心腸，一見能教世慮忘；香火因緣今幸結，龍華會上再同堂。

高鶴年老居士名山遊訪記改版行世長歌志佩

龍健行

宿耳老維摩，第二徐霞客。抗志學瞿曇，大處早落脈。授室當冠年，便爾遠聲色。化能刑寡妻，髮比龐婆白。貞節矜無依，安居甘捨宅。飄然事遠遊，屐齒遍南北。五岳嘗陟巔，名山蒐百粵。洱海訪雞山，衣鉢瞻迦葉。匡廬叩遠公，蓮社尋幽跡。所至輒斥貲，興廢飾金碧。欲探宗門源，渴飲曹溪澤。終南緣最深，寒燠一再歷。高僧與隱倫，靡不躬接席。吸水盡西江，蒲團參一默。寧計草鞵錢，餓啖囊中麥。足倦臥荒山，杖策穿雲月。那畏虎狼聲，危岩窮突兀。渾忘死與生，祐荷神天格。凶歲饑黎多，籌濟君尤力。暑汗不遑揮，遲明至日黑。辛亥鼎革時，疆吏遽罷職。皇皇聚申江，觸道懍荆棘。安心君計良，講經延大德。眾志始豁然，從此味法食。羣彥萃東西，期謀聖教翼。佛會巍然興，具體導全國。君友石埭楊，問益得親炙。參方師善財，煙水求知識。晚歲倦遊歸，烽火彌天赤。一志依彌陀，念念不稍易。印師隱洛伽，君言勸移錫。淨業普南洋，豐功寧可沒。相見靈岩山，風雨共晨夕。一編行世久，滿紙名流墨。貽歌讚躅芳，慚玷高文冊。

題高老居士遊訪記七絕二首　續可

慕名久欲接清顏，展卷曾瞻德貌閒；遠躡趙州行腳印，寰中踏盡萬重山。

一編遊記世人傳，爭道先生陸地仙；我媿馳驅南北路，半生孤負草鞵錢。

讀高鶴年老居士名山遊訪記賦此志佩　王慧通

行脚工夫即道場，名山遊遍禮空王；持名後學慚同歲，垂老相逢感異鄉。禪淨兼修門不二，龍蛇無畏窟能藏；一編偈頌傳千古，萬遍終身頌未忘。

鶴年老居士惠贈名山遊訪記不勝感謝勉成七絕四章藉報隆情　王道明

去歲高情惠我書，小窗展讀樂何如；芒鞋踏破關山路，遍訪畸人隱士居。

欲見緣偏一面慳，羨公行脚訪名山；穹窿高處今棲隱，住世何殊出世間。

塵世勞勞且避煩，花開花落總歸根；漫言妙道無人問，林盡終須見水源。

濂溪有癖愛蓮花，三教淵源是一家；我學聖賢君學佛，明心見性理無差。

戊子除夕贈高老居士鶴年 五絕五首　石金聲

居士在山中，潛修淨土功；問君何所慕，明月與清風。

山裏禪餘暇，關懷石磊翁；和平音報導，佳訊送飛鴻。居士來函，謂山中禪餘，散步林間，忽思故人石磊翁，回庵後得予報告和平書云。

岩上香花供，南無觀世音居士住姑蘇香山草庵觀音岩；八旬猶悟道，萬事不關心。

安全淨土院，破碎紫雲山；召伯甘棠愛，春秋祭墓間。劉莊地居范堤，爲軍事所必爭。紫雲山破碎無存，唯淨土院安全存在。院中修道老女士，紡織種植，自食其力，暇則誦經悟道，皈依淨土。往來軍隊，以爲難能可貴，故均加愛護。大門外西南隅，居士先人坟墓在焉。

景物已凋年，高人在眼前除夕日，捧誦居士手書，有「到處山林樂，隨緣陸地仙」之句，現身說法，心嚮往之。滬、蘇通郵，二日可達，何能失領教之機會，故寫詩就正；和平心念念，停戰義爲先居士來書，極盼永久和平。

讀名山遊訪記敬呈鶴年老師七絕四首

弟子七三老人淨禪

秦嶺吴山不計年，百城煙水舊因緣；白雲深處蒲團坐，明月清風證寶蓮。

法雨慈雲叨覆庇，萬家生佛頌當途；閒雲野鶴空留跡，踏盡紅塵半點無。

久慕光儀如泰斗，得親顔色更傾心；慈悲許入春風室，絳帳弘開有宿因。

踏遍名山六十春，雙修禪淨證無生；楞嚴台畔高人臥，放眼乾坤照古今。

本詩作者，即湯呂慧依女居士，系出名門，爲已故武進湯仲桓先生之賢内助，長於詩詞文學，有紅蕖仙館吟稿，尚未刊行。現今壽齡七十有三，專心學佛。編者附注

寄贈高居士

樵谷

不見娑婆高鶴年，蓮台聞說種金蓮；江天今日飛書到，知諒吾逢淨土緣。

高居士行蹤無定　諸公歷年所贈佳章　或有遺漏　敬祈　原諒

後記

戊子秋，淨源諸居士發起改板，便於旅行，利益羣眾。余初遊名山，未有留記。民元由濮一乘、陳子修先生略登佛學叢報，後由許止淨長者願編成册，余了翁君助之。余因救濟水旱等災事忙，無暇預目。時南洋煙草公司簡照南、簡玉階兄弟發心印送兩次，王一亭諸公合印二回。補編由馬開朗善士印贈，續編由葉仲艦、陶德乾、盧象三居士校編流通。改板由吳濟時先生順序，陳攖寧先生發意分編，盛君壽先生助校而成。

雲溪略記

中華民國三十八年秋重出

蒲團子按　本篇原收錄於上海國光印書局戊子年改訂版封三，無標題。此標題係愚根據文義所加。

戊子年改訂本

名山遊訪記 拾遺

名山遊訪記序

虛雲

佛法最上一乘，直指人心，見性成佛。昔人爲向上一着，尋師訪友，不憚千山萬水，畢生行脚。

光緒年間，余習禪金山，顧不知生從何來，死向何處。嗣朝五台、終南嘉午後谷，住小茅蓬，一齊放下，頗得自在受用。爾時高鶴年居士訪道來山，一見相契，頗有宿緣。叩問參禪工夫，答以窮參力究，終能發悟。居士隨向翠微茅蓬，親近法忍上人。余以未了因緣，乃往峨嵋，朝雞足，禮迦葉尊者。見十方僧衆，來山朝拜，無食宿處，因此發意，就鉢盂庵，修葺整理，開單接衆。

民二往北京，請大藏經，道出滬江，居士與月霞法師辦講經會，弘法利生，聽者甚衆。並創佛經流通、佛學叢報等事，利益羣衆。

民九，居士來雞山，相晤於九重岩下。獅子林間，七里松陰，熊猿巢窩，居士住一破殘茅蓬經夏，深受瘴毒。余請其來滇池。時粵省諸公，送余主持華亭寺，余乃爲之改名雲棲，開辦道場。法侶稀少，居士發菩薩心，即赴江、浙，邀約戒成、修靜諸法師等，相助弘揚法化。居士後返故里，捨家歸公，與滬上簡玉階及諸慈善家合創婦女安老救濟院。淨土道場，規模宏大，遠道來學者頗眾。兼辦各種慈善及上海義賑會，救濟水旱災、放賑等事。民十七年，余以寺中人眾缺糧，航海來滬。時居士救災未回，疊函邀請來申，介紹王一亭、狄楚青諸公相見，高談無佛之世，直指當人之心，皆大歡喜。於時，福州鼓山首座二人與省主代表前來邀余復興湧泉寺，居士再四相勸，諸公與我送行。余亦勸居士集稿速印名山遊訪記，引人入勝。良以在家居士，爲道數十載，遊訪名山，參尋知識，洵爲稀有之事。出家人行脚參訪，則一鉢千家飯，孤身萬里遊，尚非難事；若在家居士真正行脚，磨煉身心，參訪知識，則大不易。衝風冒雨，露宿風餐，受寒暑，忍饑渴，歷盡諸苦，言難盡也。

茲以遊記出版，略述因緣如上。

蒲團子按　本序根據覺訊月刊社版收錄。

增補名山遊訪記序

高鶴年

名山遊訪，志在參師求道，磨煉身心。良以人命無常，生死大事，故雖登山臨水，而不愛遊觀，歷涉古蹟名勝，而未加詳考者，恐被分心，難以入道也。是以行雲流水，撥草擔風，曠野荒郊，不避酸風苦雨，深山大谷，那怕帶月披星。及至山中習靜，觸境逢緣，蒼松古柏，全露本地風光，鳥語花香，盡是當人自己，斗笠可以揚眉，草鞋亦能吐氣。

然人事無常，丙午息足金山之念佛樓，徐淮海發生水災，濟南上人含義會之命，勸余往勘災區。嗣於北鼎雲台，許願重修，及南鼎紫雲山。丁未視察春振，順遊嵩岳，冬回金山。戊申設公賑房，一切自備，先修紫雲正殿，夏住九華，與性蓮上人結茅於華台山。己酉春返里，重造紫雲佛殿，新裝海島、二十四諸天、四大菩薩、十八羅漢，仍回金山過冬。庚戌春返劉，創建紫雲藏經閣、千華台，請藏經，圖書館、閱經室、善書報社，設念佛堂，立放生會。辛亥春，紫雲三元大帝裝金，新添佛神等像百餘尊，修理全山各殿，油漆一新。大工告竣，統交住持。所欠百餘千文，由余負責歸還，與紫雲無關。此願了矣，雲水而去。民元，擬入山而未果，阻於滬上，復又混跡風塵，歷境驗心。彼時中外人士避亂申江，具有道德思想者，頗不乏人。爲英雄之退步，作聖賢之入門，月霞法師、狄楚青、沈子培、濮一乘、陳彦通、姬佛陀、羅迦陵及余等提倡佛學，設立講經會於哈同花園，推余辦理其事。中外男女聽衆，至千百餘人。狄公與黎端甫、濮、陳諸君倡辦佛經流通，刊行佛學叢報，邀余相助。時李正剛、歐陽漸、蒯若木、濮一乘諸公辦佛教會，旋由寄禪和尚及諸山長老議設佛教總會，余爲之介紹聯合，並與諦閑法師、陳介石、王采臣、黎燦階、程靖武及各國宗教家梅殿華、李佳白、李提摩太、南條文雄、冠賽林諸公設立世界宗教會，推余理事。余參加各會，純盡義務，故此小半遊訪，大半在滬。比時初將名山遊訪記登載佛學叢報，至十二期。李梅庵、樊雲門、劉樸生、魏梅蓀諸先生勸編成册，自知文意不馴，詎敢遽災梨棗。唯曠觀世界，人心日下，有名必爭，有利必奪。余感於此，故輒貢其愚忱也。

夜闌人靜，檢點身心，自問見利雖不貪戀，而無形中難免圖名。且塵俗習氣日熏於識，實無把握令其不受，終以滬上不慣久居，民三春，復去之北遊。遠離塵囂，雲水飄飄，襟懷蕩蕩，名利不能纏，五欲不能縛。五台度夏，協助恒修、乘參二師設立廣濟茅蓬下院，開單結衆，息足修持；終南經冬，山中諸宿邀余建造普同塔，創立念佛堂。

迨民六京津水災，由狄楚青、王一亭諸公電邀出山。勘災至滬，與狄、王二公，程雪樓、應季中盛府，朱葆三、虞洽卿諸先生，奔走聯合。諦、印二師及江、浙諸山組織佛教慈悲會，推余助理其事。

次春，陪同治開上人京津放賑，余辦總務。事畢返申，簡玉階、許止淨諸公屢促將遊記編册，仍未許行世，即返終南。關中大亂，由他處繞道泰山度歲。

次正南行，禮六祖，朝迦葉，後由雞山歸里，掃墓。經李柏農長者邀往蘇、杭開辦道場，未許其願。因勸就里辦婦女道場，並提倡佛學，普度眾生，掃除習弊，懺悔我等有心無心之過愆，定名貞節淨土院。鳩工建築，開辦收容，旨在「上報四恩，下資三有」。嗣後叠遭水旱滷蝗等災，發願救濟，稍盡棉薄。

剎那之間，忽又十餘載矣。其間復經簡玉階、沈惺叔、王一亭、李柏農共交銀二千元，囑將初次行脚參訪追憶略記，增補於後。塵事卒卒，延至於今。奈年事衰頹，精氣兩傷，所記片段較前差脱益多，然又不得不了此因緣，與前編一併付印，以副簡、沈、王、李諸公之願。

吁！余詳細檢點，參學未徹，利濟未周，人事不知，名過其實，一生蹉跎，慚愧無地。數十載山林也野，石火電光，剎那過矣。故俟此編出世，諸緣已就，即欲送屍入山，了此一身，方滿本願也。

民國三十二年初秋終南侍者鶴年高恒松謹識於雲溪大覺精舍

蒲團子按　本序根據一九四七年上海佛學書局版收錄。

名山遊訪記補編略述

王光越

鶴公吾師，善道人也。幼畏病苦，頓覺生死事大，無常迅速，翛然發願行脚，遍訪名山善知識，百城煙水，百折不回，數十年來足跡遍寰宇。或結茅深山，或隱居古刹，或棲止林下，或頓息水邊，隨遇而安，隨緣而止，不以憂患動其心，不以寒暑易其志，動靜所得，頭頭是道。迨至民國以來，蘇北各縣水旱滷蝗災情緊急，江南義賑諸會，一時籌措不及，我師獨力籌擔數縣災區，立時開辦粥廠十餘處，災民賴此急賑得活者，無慮千萬人。事後朝野諸公聞此義舉，紛紛頒贈詩篇，以誌景仰。江南諸大居士，如魏梅蓀、簡玉階、王一亭、劉樸生等，力勸吾師印行名山記，藉資引人入勝，普渡迷津。許止淨居士發願代爲編訂。惜内有數篇，當時爲友人借閲，歷十七年未曾歸趙。詎料上年秋，原稿忽從黄海寄來，珠還合浦，樂何如之？學人等開卷敬讀，有如甘露法藥，療我心疾，增我善因。欣喜之餘，略記始末，用誌弗諼。

民國三十五年冬月弟子王光越敬述

蒲團子按　本序根據一九四七年上海佛學書局版收錄。

名山遊訪記增編序

湯國黎

高老居士鶴年，早歲捨家求道，究心禪理，中年奔走四方，賑災救難，勤勞不辭，具足善行，外子原編者按即章太炎先生常稱道之。顧耳其名，而未獲面也。

近年，居士息影穹窿，被邀爲蘇州市人民代表，乃得見之。時居士年已八十三歲，神明不衰，接之靄如。叩以修養之功，以圓融平易之理，說無上甚深之法，絕無奥妙玄秘之論，聆之益增欽佩。承惠其所著名山遊訪記，行脚訪道之作也。歷時至三十餘年，水陸經萬里之程，芒鞋竹杖，行李蕭然，乃遍訪名山古刹，參前賢功德之勝蹟，隨處領悟，咸有提撕。至於林壑清幽，煙水浩渺之奇，則其餘事焉。凡關於道路交通、風俗物產、古蹟故事，亦多記述。此豈一尋常雲遊之作者！吾謂此篇豈但作遊記讀，兼可作地理讀，作稗史讀，作佛典讀，作格言讀。緣因人異，瀏覽是編者，作如是觀，應無不歡喜讚歎，樂於受持。且自解放以來，四海一家，嘉賓良友，踵接來遊，倘各供以一卷，亦可知我國山川名勝之富，歷史文物之古，亦導遊者之一助也。

此書今秋老居士托游有維居士增編以前高僧大德序文及外編、附編諸稿，内容更爲圓滿。行將付梓，因贅數語。承老居士之命，亦吾鄭重介紹之意云爾。

一九五六年十月湯國黎謹序

蒲團子按　本序根據一九五六年上海佛教書店版收錄。

行脚住山略記

高鶴年

真爲生死大事者，先須行脚，參訪真善知識，入正知覺，諸緣放下，磨煉身心，以誠治妄，反妄歸真，受饑寒，冒風雪，而滌洗累生罪業，朝暮至誠懺悔宿障，不被境緣所奪，不爲諸魔所動，纖塵不染，萬慮俱消，日久月深，得有主宰，參學事畢，方可住山。結茅於深谷之中，清風作伴； 經行於雲霞之間，松月爲鄰。種芋菜，覓野菓，而修真心。拋棄名聞利養，捨却貪瞋癡愛，成就善根因緣，自然心開意解，澈底澄清。雲散山頭月，春來谷花香。萬里晴空，千江月印。淡泊而度歲月，懺悔以報四恩。上求下化，普利羣生，不爲自己求安樂，但願救護諸眾生。

余於清光緒間，在關中終南山嘉午後谷結茅，橫豎丈二，碎石砌床，石片爲桌，石塊作櫈，小鍋一隻，餘無他物。山中泉水稀少，自圍水塘。天旱無水，下山一二里許，汲水於羊腸鳥道間，不易行也。每日食用水二大碗。

南五台大茅蓬無泉，用石池蓄水，余加卅個工開深，仍無水。山無泥，皆是碎石子，無潤澤氣，所以種芋菜不易成功。而野獸頗多，非揪響器不能保護，故此深山窮谷，無一人家，修行住洞山居者，亦不多見。

秦嶺八百里，僧道隱居者約數十人，近聞已有百餘人。若國家於是山造林，須禁止土人放火燒山，日久林深，則有水利。

余今年逾八十，回首前塵，剎那之間，數十載矣！近廿餘年來，專忙各省水旱等災救濟工作，蘇北最多。嗣後雲水南來，至蘇州與靈岩妙真和尚合辦救濟流亡半載。結束後權借香山草庵經過夏冬。春來假穹窿山寺楞嚴台度夏，時有馬雲程諸君訪道來山，見余房間上漏下破，乃與步雲和尚商議，由寺方出地基，居士出工料等費，在寺後山上建小茅蓬一所，與余修養。建築事承步雲和尚一手經理，出入指導，黃志道司賬，工竣計費用值大米七十石，後由馬雲程、盧象三、陶德乾、陳子修、盛君壽、奚祝昇、王心海、沈松岩等諸君籌補填還寺中。工程建築方半，茅蓬牆後四五尺許正對厨門數步，掘得甘泉，味厚而美。泉有五眼，吴濟時先生題名「鶴來泉」。此係吾佛加彼，否則數百步外取水，行步崎嶇，若非此泉，難以久居。憶余昔在終南結茅多處，皆苦無水，今得此泉，因緣奇巧，不易逢也！雨大之時，泉流成瀑布，響聲震山谷，瀑布數叠，如白龍出水，雄勢奇觀。余進入茅蓬搬柴運水，自燒粥飯，洗掃雜務，皆自勞動。二時功課，祈禱和平，時時檢點，刻刻照察，自愧老病無能，豈敢多貪享受？諺云：「享受多折福，多貪多得禍。」余棲遲林下，白首無知，禪餘偶成偈語如下，以告有緣。

林間小茅蓬，四面皆是山。日月彈指過，白雲去又還。

獨坐松岩上，妙境現前來。泉流觀水意，誰是知音者？

咦！松竹岩前苦行事，世上能有幾人知？

癸巳春終南侍者高鶴年謹記

蒲團子按　本篇根據一九五四年覺訊月刊社版收錄。

妙行無住

吳慎因題

八十年来刹那間
茫茫煙水苦磨練
若問行脚屈山事
江上月照洞中天

野里鶴艸偈

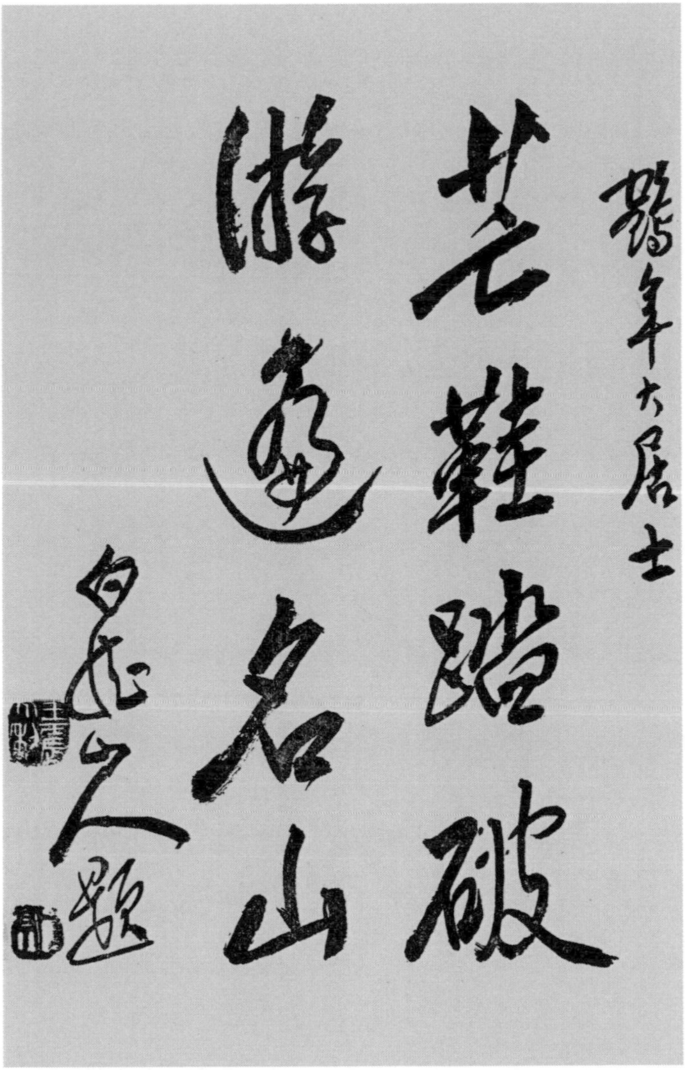
鶴年大居士
芒鞋踏破
游遍名山
白龍山人題

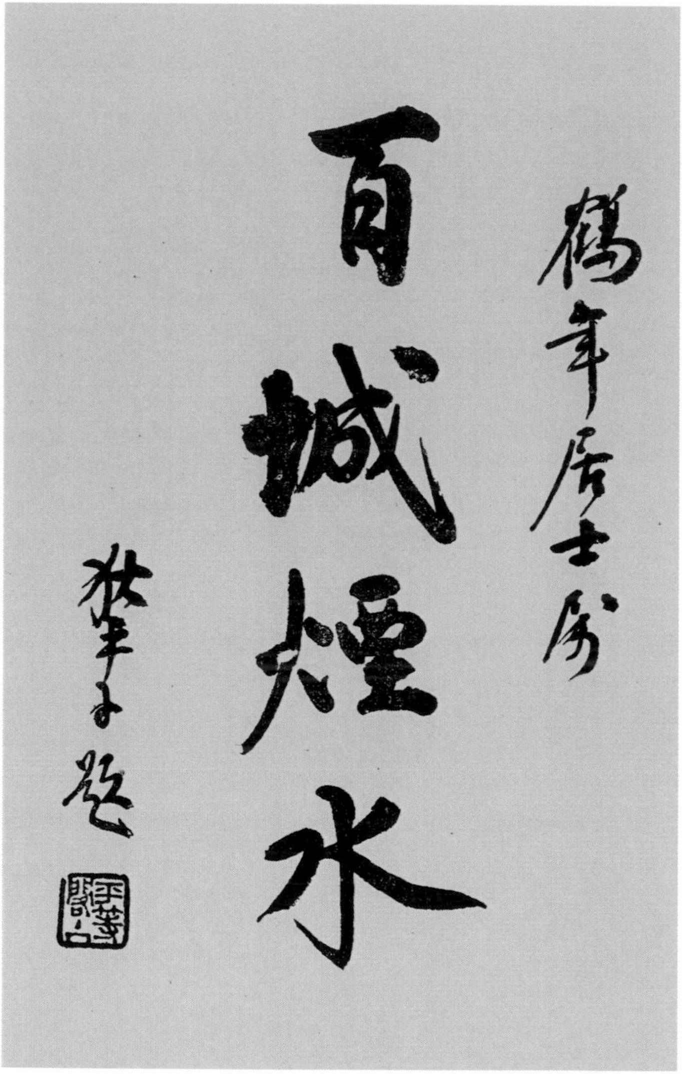
百城煙水
鶴年居士屬

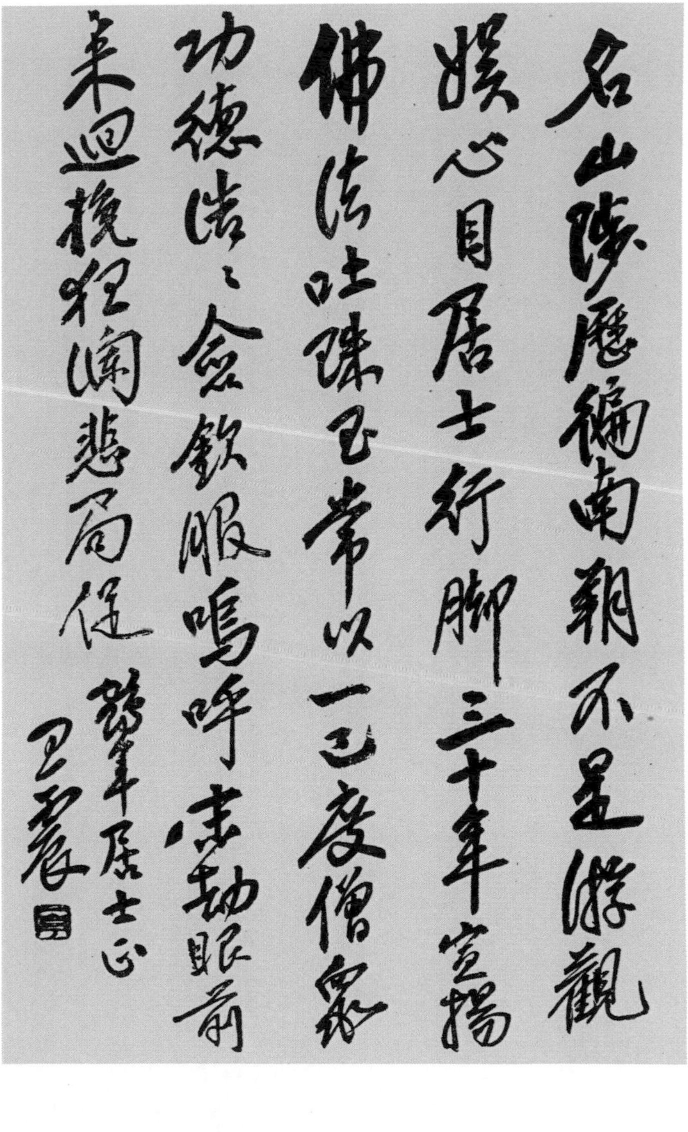
名山勝歷徧南朝不是遊觀
娛心目居士行脚三十年宣揚
佛法吐珠玉常以一己度僧衆
功德浩浩令欽服嗚呼未勒眼前
來迴挽狂瀾悲局促
王震

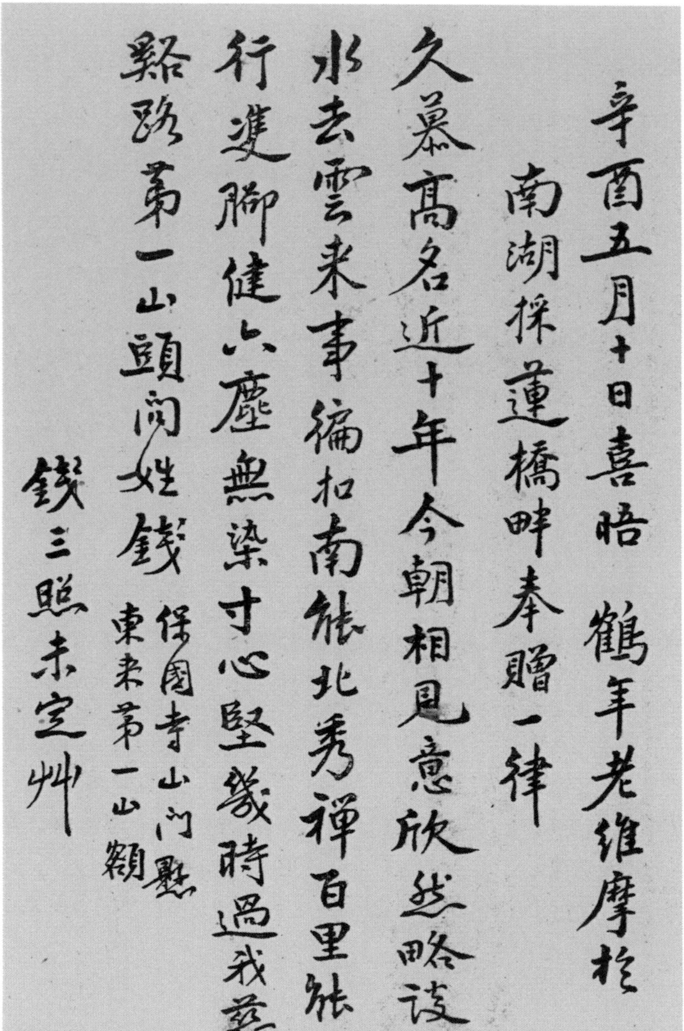
辛酉五月十日喜晤　鶴年老維摩於
南湖採蓮橋畔奉贈一律
久慕高名近十年今朝相見意欣然略談
水去雲來事徧和南能北秀禪百里能
行雙腳健六塵無染寸心堅幾時過我慈
谿路第一山頭問姓錢
保國寺山門懸
東來第一山額
錢三照未定艸

雞足山

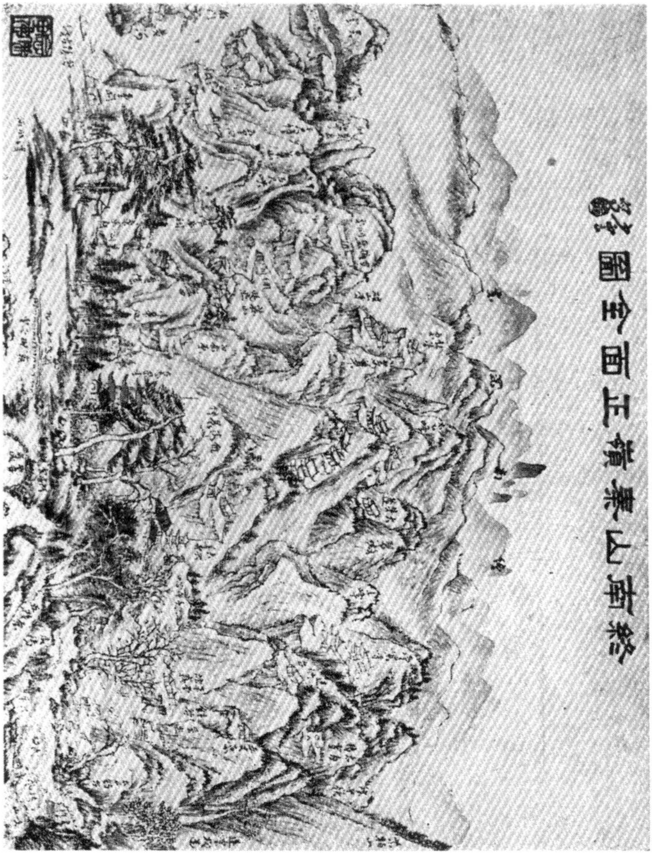

終南山

終南山背面

五台山

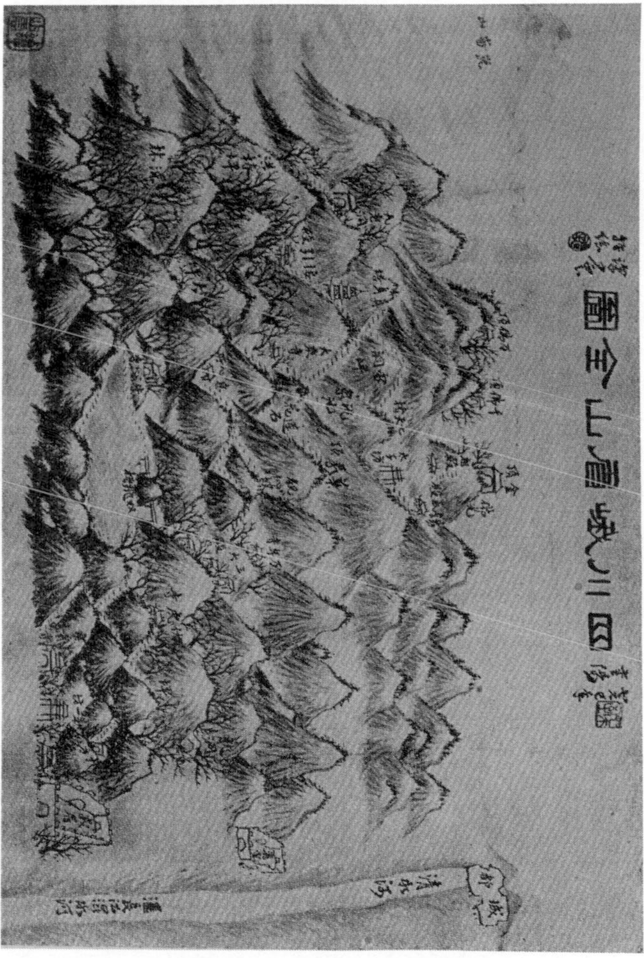

四川峨眉山

九華山

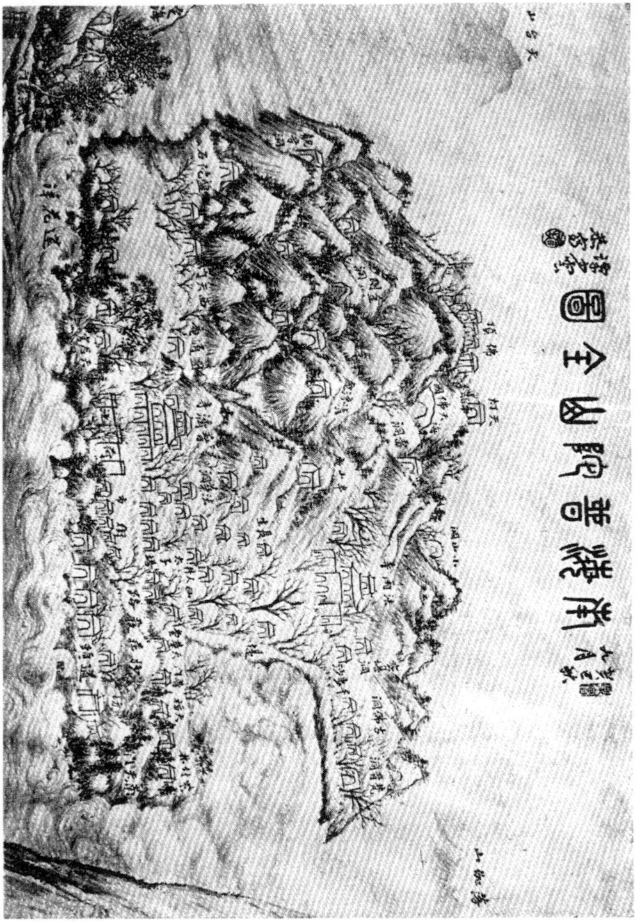

普陀山

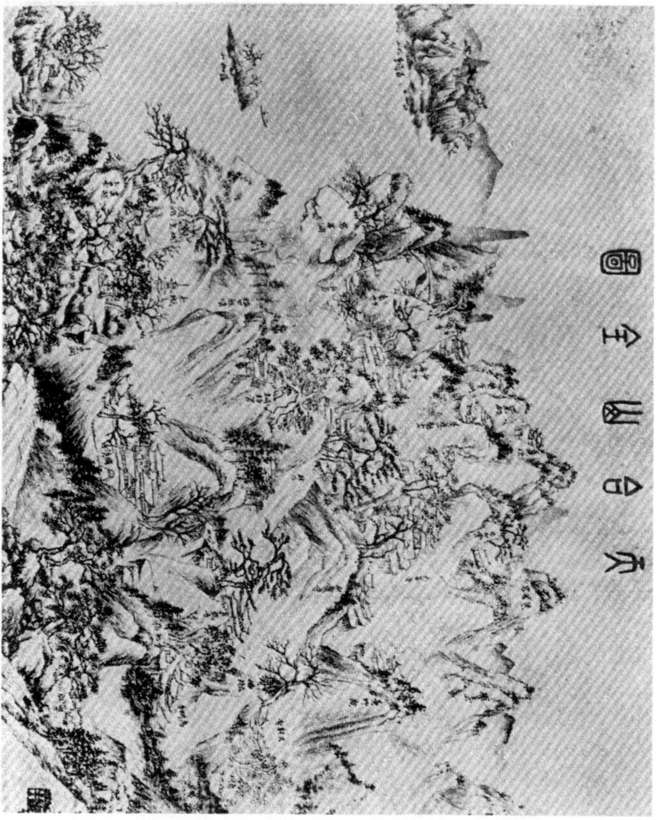

天台山

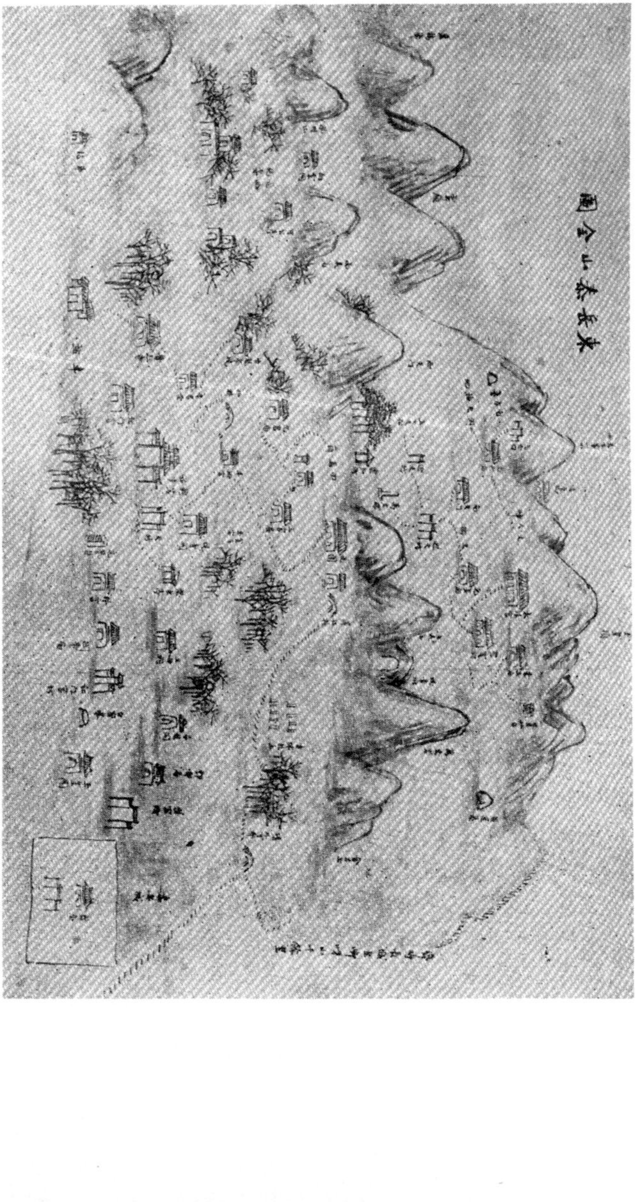

東岳泰山

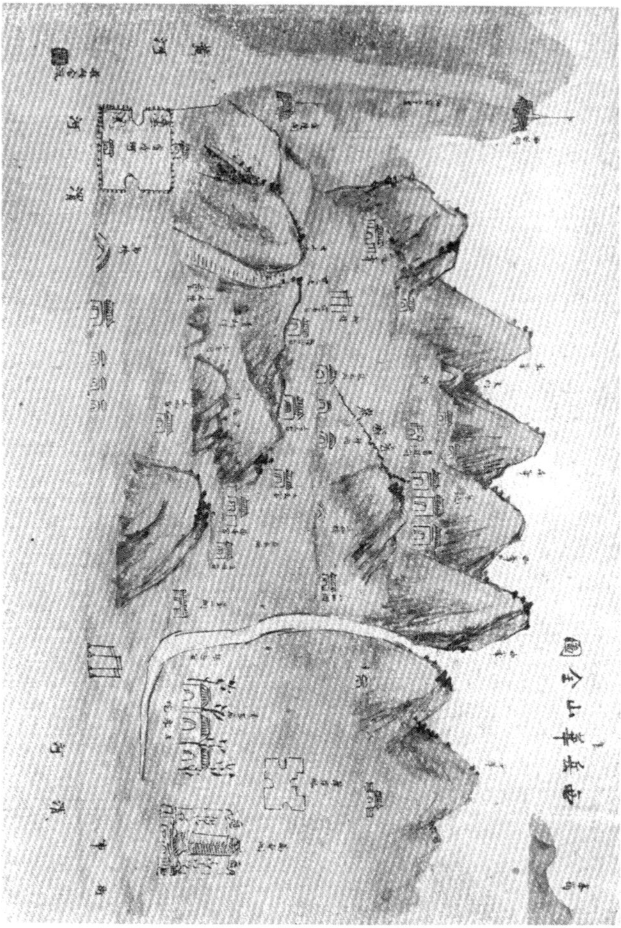

西岳華山

南岳衡山

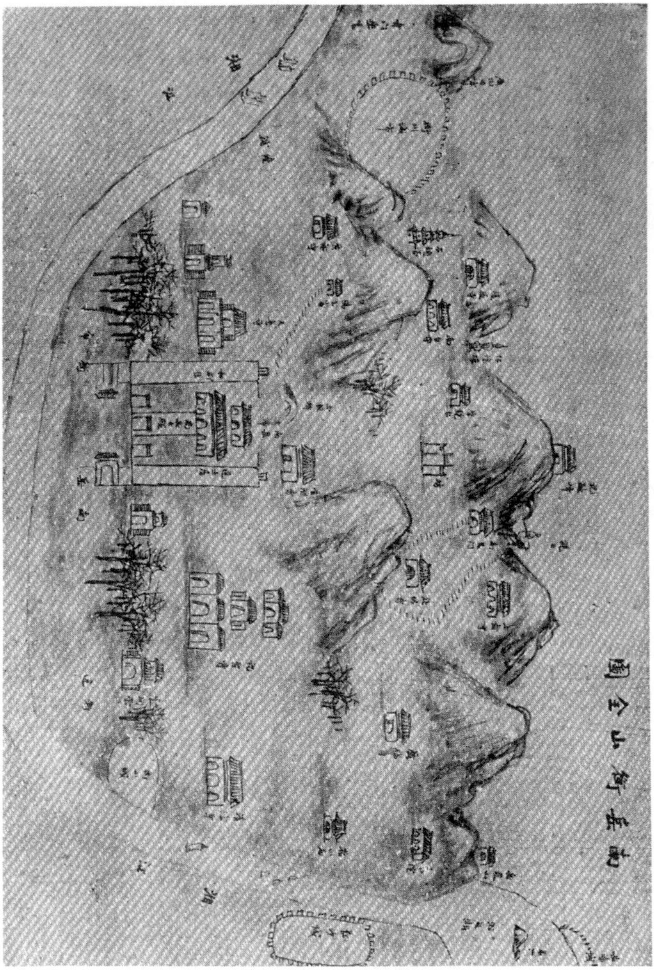

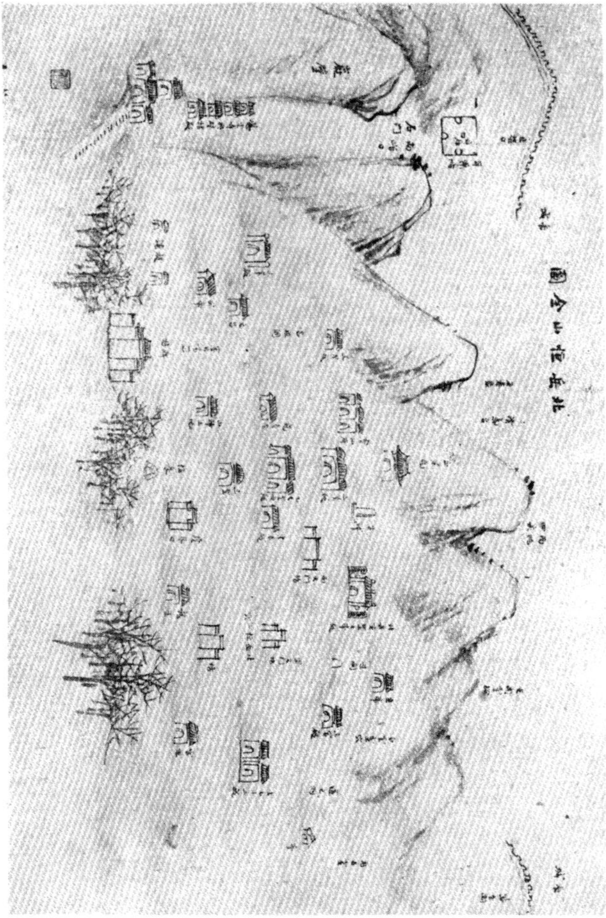

北岳恒山

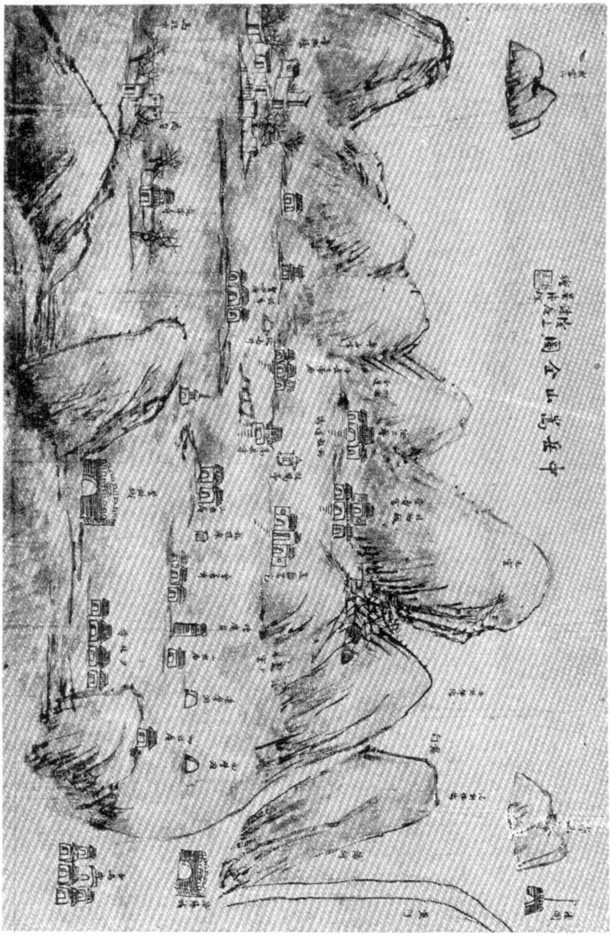

中嶽嵩山

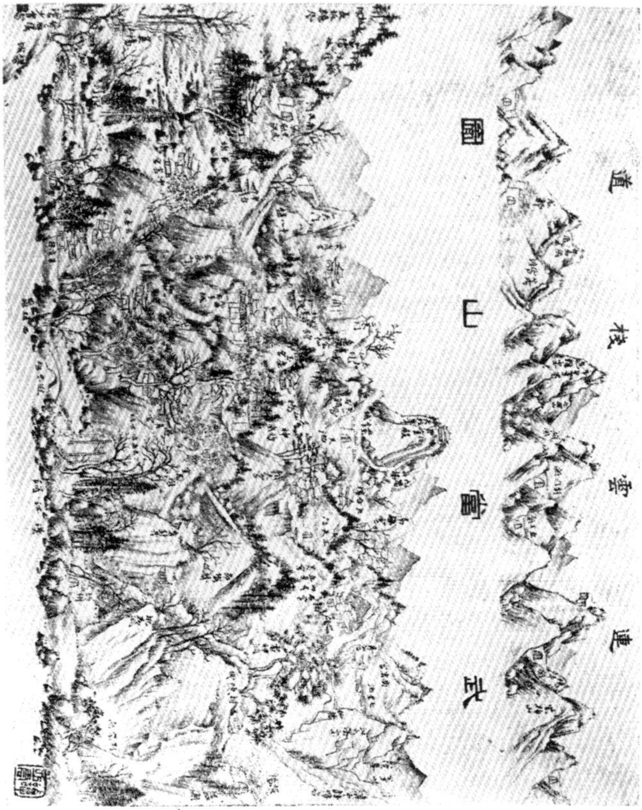

武當山

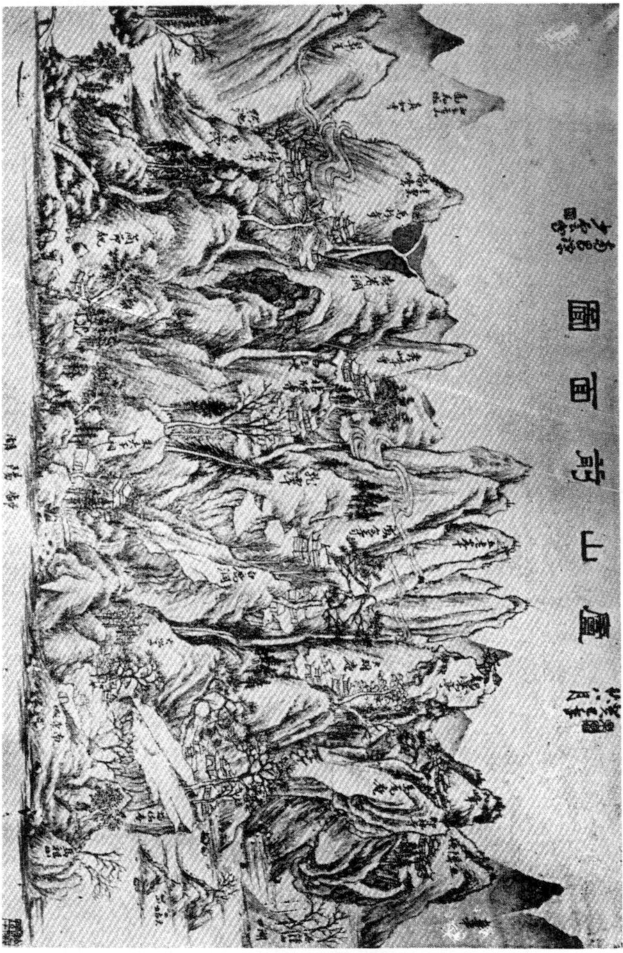

廬山前面

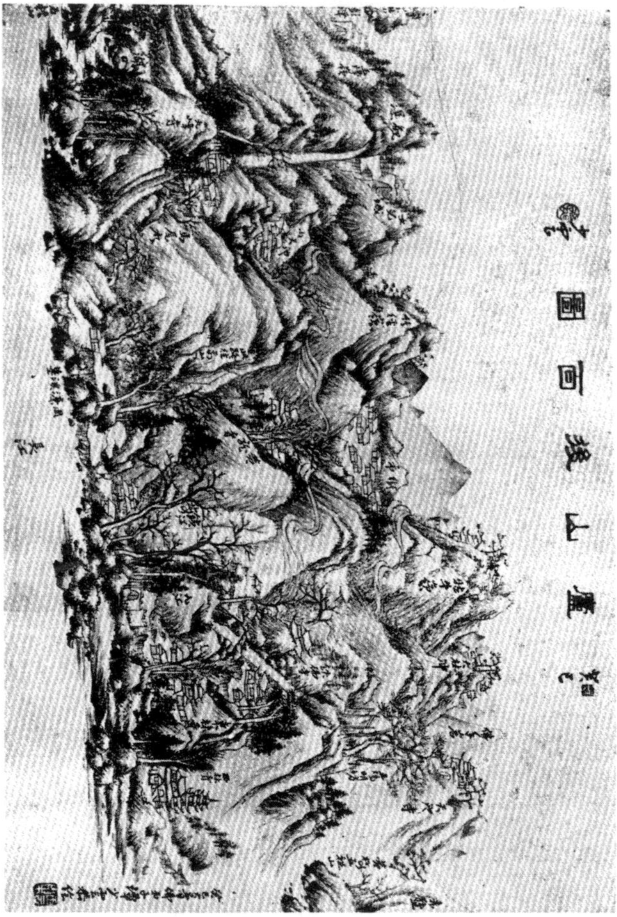

廬山背面

安徽黃山

金全山海震圖

山浮羅

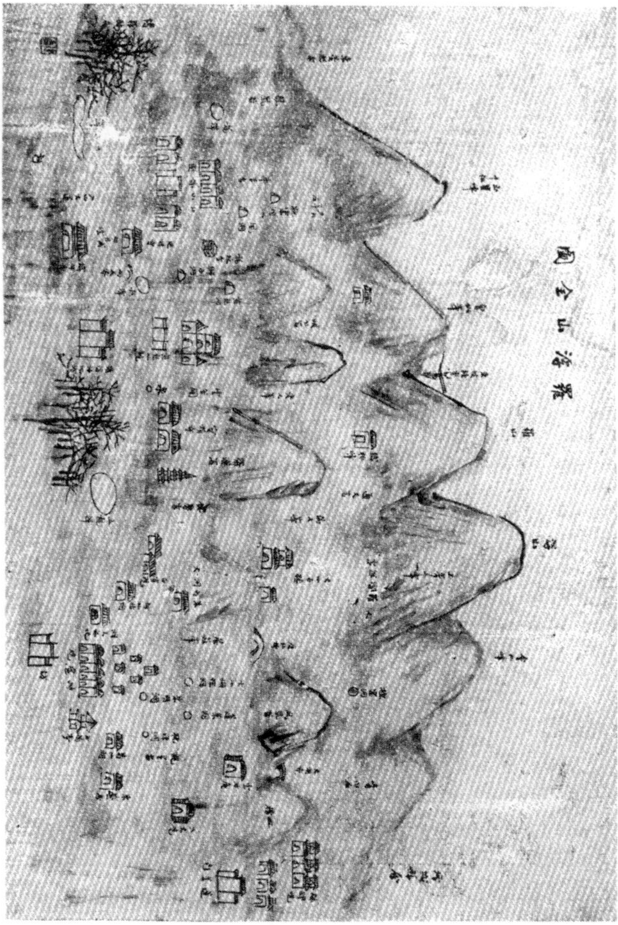

雲台山

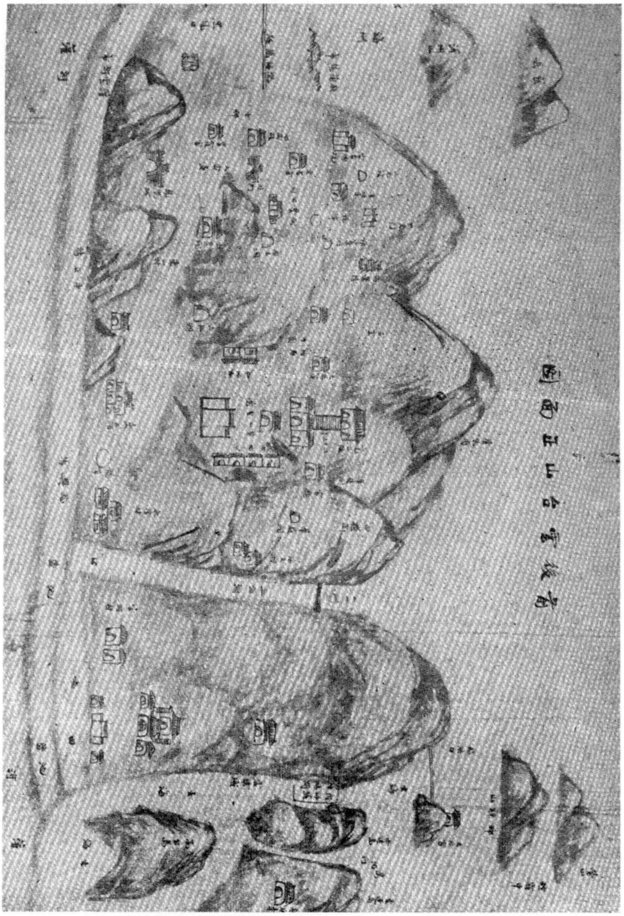

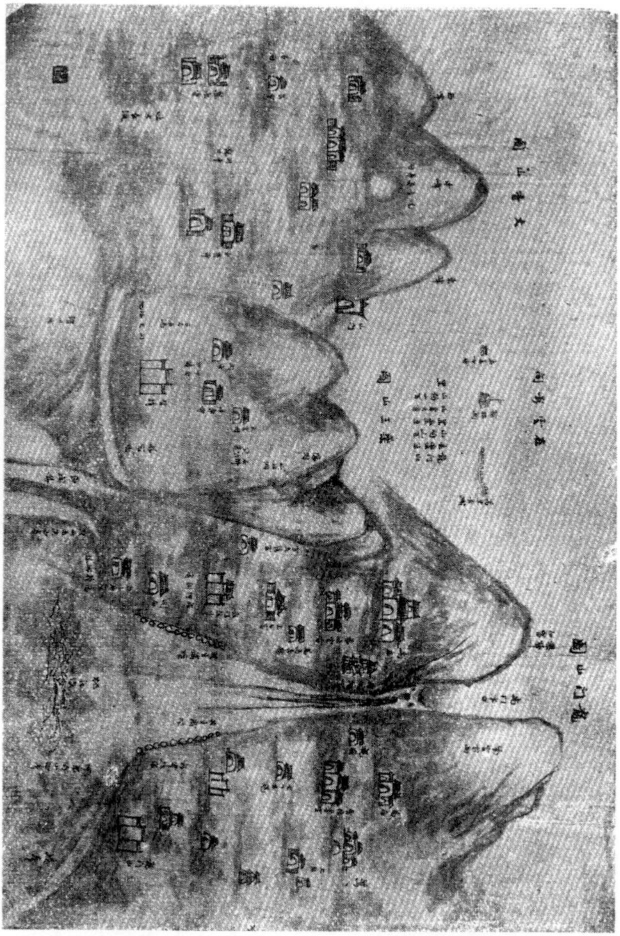

龍門山 樂王山 大香山

雪竇山

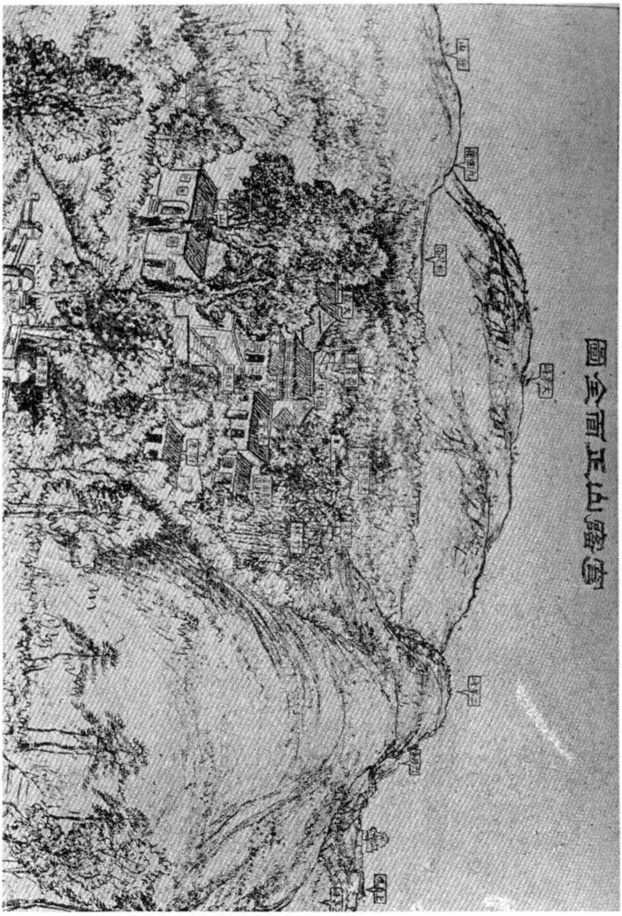

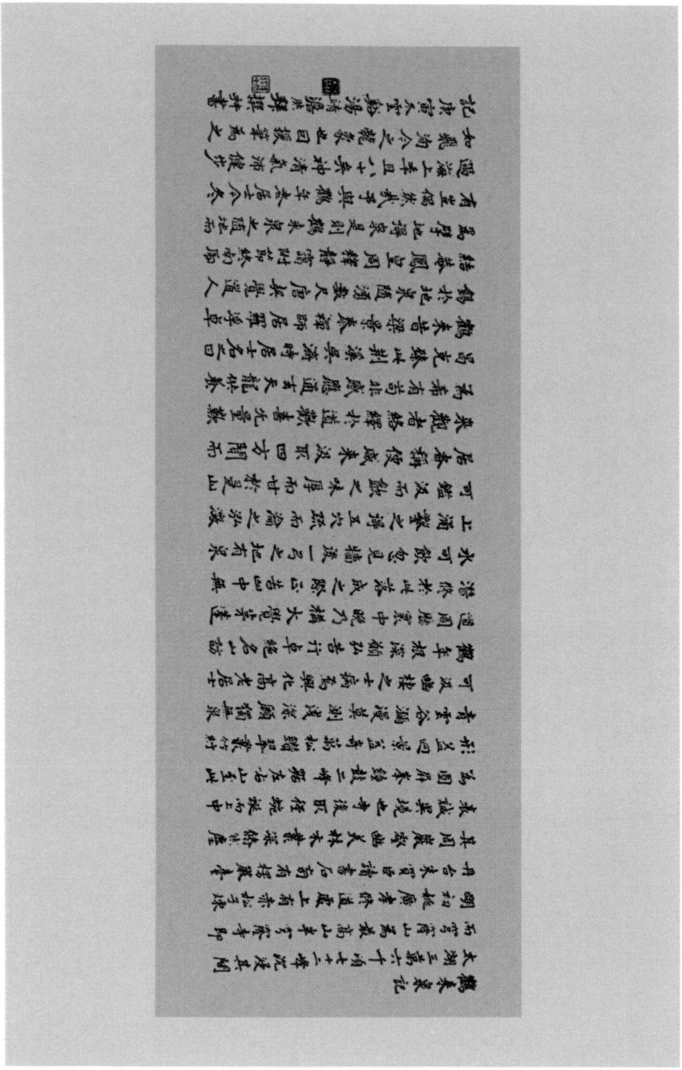

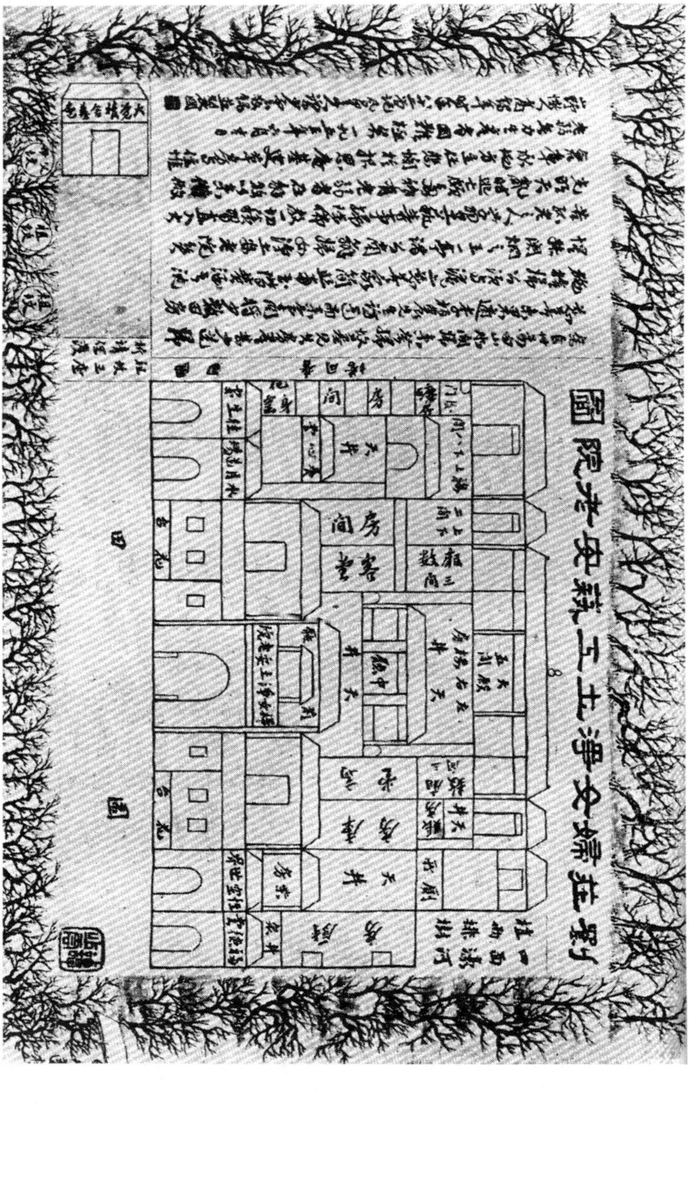

劉莊婦女安老淨土院略記

汪印智

劉莊婦女安老淨土院爲高師鶴年捨宅所建，爲貧苦婦女養老清修之所，印智久慕其道風高峻，於一九三五年十月由外子盧象三自滬偕往參學。其地環境淸幽，濠河圍繞，樹木蓊鬱，入口爲九蓮橋，橋側爲福德堂，南向大門有三，中曰婦女安老淨土院，東曰蓮花世界，西曰水月道場。院外直西數百武有小廬，爲師之靜室，曰大覺精舍。東南小廚房後側有墓道，葬師之父母，有石碣爲地方救濟會贈立。餘隙地爲菜圃。中門入爲清心堂，左右環以寮房，入重門，東西有廻廊，東爲庫房、齋堂、內客堂、賬房，西均爲寮房。中再入經天井爲講堂。佛龕供釋迦佛、彌勒佛等。中奉四大菩薩，韋陀伽藍，左右經櫃供書本藏經及諸方名山志等。講堂附設紡織工具。再進東西門大天井，正殿中供西方三聖像，佛堂東西廂樓上下連後樓皆爲寮房。四週遊廊相屬。下爲延壽堂，祖堂。延後兩側各設關房。樓之東經汲水井、薪房、香積廚、通達齋堂。西爲天井花壇，如意寮，涅槃堂、碓磨房。東西太平巷通中殿、洗晒場、化身窰、靈骨堂、雜料房、大架房。有後門入養心堂。全院規模宏大，像設莊嚴，殿宇計百餘間，寮房共六十餘所。初有百餘衆，常住五六十人，多屬有道之士，六時課誦，晨昏無間。院之後與左右均有圍牆，牆外播種四時蔬茹，沿濠河一週，雜植樹木爲桑榆槐柳松柏桃杏椿楝枇杷石榴銀杏等，約數百株，隔河爲大菜圃，特記其形勝如此，以告他方之發心嚮往者。

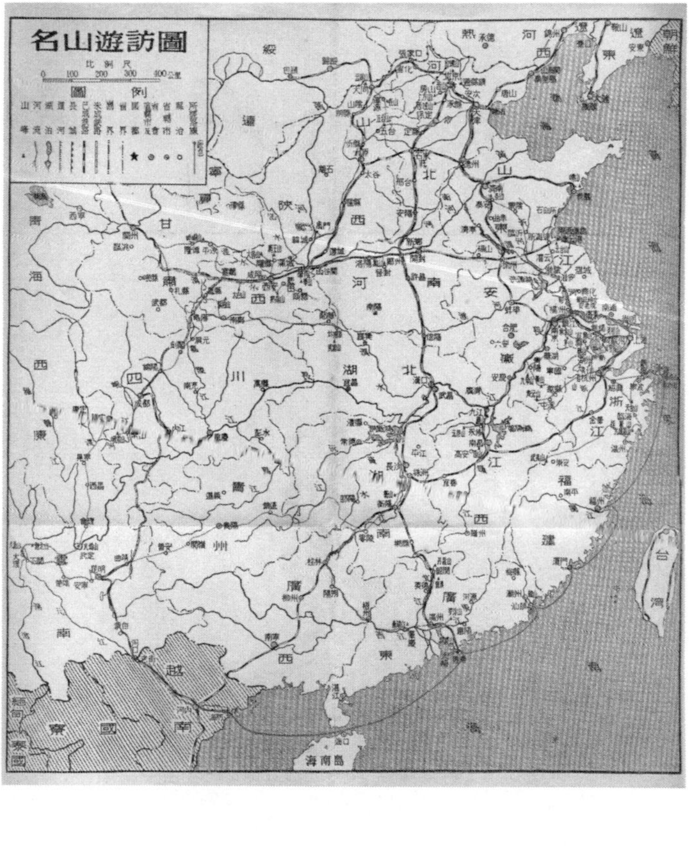
名山遊訪圖
比例尺
0 100 200 300 400公里
圖例
綏遠
河北
山西
山東
陝西
河南
甘肅
青海
四川
湖北
安徽
江蘇
浙江
江西
湖南
福建
台灣
廣東
廣西
貴州
雲南
西康
越南
海南島

存眞書齋仙道經典文庫 已出、即出書目

李涵虛仙道集 蒲團子 編訂
太上十三經註解（純陽宮版，最完整本）等

女子道學小叢書 陳攖寧 訂 蒲團子 輯
附：旁門小術錄 陳攖寧佛學論著拾遺

通一齋四種 方內散人 著 蒲團子 編訂

稀見丹經初編 蒲團子 編訂
修身正印 玉符直指 地仙玄門秘訣等

因是子靜坐法四種 因是子 著 蒲團子 輯

抱一子陳顯微道書二種 陳抱一 著

上陽子仙道集 陳致虛 著 蒲團子 輯

參悟集註 知幾子 集註 蒲團子 編訂

參悟闡幽 朱元育 註 蒲團子 編訂

稀見丹經續編 蒲團子 編訂
業餘講稿 楞嚴耳根圓通法門淺釋（陳攖寧）

重訂女子丹法彙編 蒲團子 編訂

李文燭道書四種 李文燭 著 蒲團子 編訂
陰符經直註 悟眞篇直註 金丹四百字解等

外丹經匯編一 蒲團子 編訂
金火燈 了易先資 夢醒錄 金火錄篇等

戊子本名山遊訪記 高鶴年 著 陳攖寧 編

胡海牙文集 增訂版 胡海牙 著 蒲團子 編訂

龍虎三家「丹法」析判 蒲團子 著